Alle Abbildungen, einschließlich des Schutzumschlagfotos, stammen aus dem Privatbesitz der Autorin, ausgenommen die beiden Aufnahmen auf Seite 147 oben (Beck und Halder), die das Institut für Zeitgeschichte der Universität Wien zur Verfügung stellte.

1. Auflage

MTV · MOLDEN-TASCHENBUCH-VERLAG
EROICA Verlagsgesellschaft mbH, Wien–München
Lizenzausgabe mit freundlicher Genehmigung
des Verlages Fritz Molden, Wien–München–Zürich–Innsbruck

Ungekürzte Ausgabe

Umschlagentwurf: Hans Schaumberger
Gesamtherstellung: Ebner, Ulm
MTV-Band 113, März 1978
ISBN 3-217-05113-0

MOLDEN
TASCHENBUCH
VERLAG

Das Buch

Generaloberst Alfred Jodl, Chef des Wehrmachtführungstabes, einer der engsten militärischen Mitarbeiter Hitlers, wurde 1946 im Nürnberger Prozeß zum Tode durch den Strang verurteilt und hingerichtet. Der Hauptgrund für seine Verurteilung war die Weitergabe des Hitler-Befehls, Kommissare der Roten Armee und sogenannte Kommandotrupps der Alliierten bei Ergreifen hinzurichten.
Jodl, der sein Amt als Chef des Führungstabes des OKW seit August 1939 innehatte, unterzeichnete am 7. Mai 1945 die bedingungslose Kapitulation Deutschlands.
Frau Luise Jodl, die zweite Frau des Generalobersten, war vorher Chefsekretärin führender deutscher Generäle wie Halder und Beck und der „Beauftragten" in der Regierung Mussolini.
Zu ihrem Freundeskreis wie auch zu dem des Generalobersten gehörten Männer, die an der Verschwörung des 20. Juli gegen Hitler teilnahmen. Gespräche mit Jodl, seine Tagebücher und eine Fülle von Augenzeugenberichten zeigen die Entwicklung innerhalb der Deutschen Wehrmacht vor und während des Zweiten Weltkrieges bis zum bitteren Ende. Frau Jodl schildert die Stellung des Generalobersten gegenüber Hitler, die Situation der Generalität und der Wehrmachtführung und die vergeblichen Versuche Jodls und anderer Offiziere, gegen Hitler zu opponieren.

Die Autorin

Luise Katharina Jodl, am 10. September 1905 in Rubkow in Pommern als Luise von Benda geboren, verbrachte ihre Schul- und Gymnasialzeit in Potsdam und Berlin. 1926 kam sie ins Reichswehrministerium, wurde bald Sekretärin des Chefs des Truppenamtes (Generalstab) und arbeitete auch für General Beck während dessen ganzer Amtszeit. 1941 wurde sie nach Rom versetzt, 1943 in das Hauptquartier Mussolinis am Gardasee. Im Oktober 1944 nach Berlin zurückgekehrt, arbeitete sie für das Rote Kreuz, heiratete Anfang 1945 Generaloberst Jodl und flüchtete im April nach Berchtesgaden. Am Nürnberger Prozeß war sie als Assistentin der Verteidigung beteiligt.
Von 1948 an arbeitete sie am Institut für Völkerrecht der Universität München, wo sie auch heute lebt.

Luise Jodl

JENSEITS DES ENDES

Leben und Sterben des Generaloberst Alfred Jodl

Mit 26 Abbildungen

MTV · MOLDEN-TASCHEN
WIEN–MÜNC

„Was Du für den Zweck Deiner Wanderung gehalten
ist nichts als die Schale, die äußere Hülle des Seins
aus welcher das Ziel erst hervortritt, wenn es erreicht ist.
Wenn überhaupt. Entweder Du hattest kein Ziel
oder das Ziel ist jenseits des Endes, das Du voraussahst
und verwandelt sich in der Erfüllung.“

T. S. Eliot, „Four quartets“

Inhalt

Dreimaliger Kuckucksruf 11

DER KRIEG 21

1. Feldpostnummer 10222 23
2. Operationen „Weserübung“ und „Gelb“ 35
3. Vergebliche Hoffnungen 42
4. Rom 51
5. In Staub und Asche 63
6. Im Hauptquartier Mussolinis 76
7. Freunde 85
8. 20. Juli 1944 97
9. Die Brücke 115

AUF GNADE UND UNGNADE 127

1. Bedingungslose Kapitulation 129
2. Take it easy 138
3. Kriegsverbrecher? 158
4. Wichtige Briefe im geteilten Deutschland 166

DER KRIEG GEHT WEITER 173

1. Anklage gegen Hermann Göring und andere 175
2. Ihr werdet zahlen müssen 194
3. Soldaten vor Gericht 214
4. Ankläger und Verteidiger 226
5. Vorbereitungen zur Beweisaufnahme 236
6. Beweisaufnahme – Kriegsverbrechen 252
7. Beweisaufnahme – Kriegführung, Kreuzverhör und Zeugenbefragung 267
8. Ausklang 292
9. Wir sehen uns wieder 301
10. Das Urteil 310
11. Das Kreuz 325

Anmerkungen 339

Register 348

Dieser Versuch einer Darstellung wurde – noch unter dem unmittelbaren Eindruck des Geschehenen – vor etwa 30 Jahren geschrieben und um der Wirklichkeitsnähe willen in der damaligen Fassung belassen. Lediglich in Fußnoten und einigen Ergänzungen wird dem heutigen Wissen Rechnung getragen. Daß die Sicht heute vielfach eine andere ist, versteht sich von selbst.

Die Veröffentlichung geschieht, um eine schicksalhafte Verstrikkung vielleicht klären zu helfen und auf die nur von verhältnismäßig wenigen rechtzeitig erkannten Gefahren eines totalitären Regimes hinzuweisen.

Dreimaliger Kuckucksruf

„Es gibt Tage, an denen eine unendliche Strecke durchmessen wird. Der Geist, wenn er später die Bilder heraufruft, meint dann, ein Jahr habe für diese Bilder kaum Raum genug besessen, aber es war nur ein Tag, ein einziger Tag, der alles enthüllte.“

Gerd Gaiser, „Die sterbende Jagd“

Berlin, April 1945. Nie werden die Einwohner dieser Stadt, deren Name zum Symbol geworden, diese Tage vergessen können. War das Wirklichkeit? – Die Kuppel eines wolkenlosen, lichtblauen Himmels, grüne Schleier über kupferfarbenem Geäst und die ersten Krokusse inmitten der langen Schatten auf dem Gras? Oder war es Wirklichkeit, was unser beklommenes Herz einfach nicht wahrhaben wollte: daß die Rote Armee vor den Toren Berlins stand und nur noch Tage und Stunden die geliebte Stadt vor unvorstellbarem Grauen trennten?

Die Furcht ließ die Menschen verstummen. Wortlos und wie durch eine Glaswand sahen sie einander an, mit der stummen Frage in den Augen, ob dies alles nicht doch nur ein furchtbarer Traum sei. Zuweilen glaubte ich im Heulen der Sirenen, im dumpfen Donner der alliierten Bomberflotten und im fernen Rollen der russischen Artillerie einen seltsamen Laut zu vernehmen, unhörbar und doch alles übertönend: Eine flehentliche Beschwörung, nichts zu vergessen, ein lautloses Weinen um vielleicht unwiederbringlich Verlorenes.

Die Musik im Radio brach ab. Statt dessen ein Ticken und dann der Kuckucksruf – Vorwarnung für Luftangriff. Und nun das heulende Auf und Ab der Sirene – Vollalarm! Mühsam raffte ich mich vom Sofa auf und suchte meine Gedanken zu sammeln, während ich mechanisch die Decke zusammenlegte. Ein Blick auf die Uhr: ½8. So war ich nach der Heimkehr vom Dienst beim Roten Kreuz doch noch eingeschlafen, trotz all der quälenden Bilder, die die tägliche Flut von Anfragen beim Suchdienst hervorriefen: „Können Sie uns Auskunft geben, ob meine Frau beim Untergang der ‚Gustloff' gerettet wurde?"* . . . „Mein Mann war zuletzt beim Volkssturm in Breslau" . . . „Mein Kind soll Stolp mit dem letzten Treck verlassen haben" . . . Und so Tag für Tag, Bündel für Bündel, körbeweise, und nur selten die Möglichkeit, wirklich zu helfen. Sonst nur Worte, Trostworte auf einem gedruckten Formblatt.

Jetzt schrillte die Hausglocke, und unser kleiner Terrier begann wie närrisch zu bellen. Rasch lief ich die Treppe hinunter und öffnete. Atemlos stand unsere Nachbarin vor der Tür und bat um ihren Suppentopf, der bei uns auf dem Herd stand. Wir hatten Strom, weil das Ausweichhauptquartier des Oberkommandos der Wehrmacht in Dahlem über ein eigenes Aggregat verfügte; für die meisten Berliner gab es zu dieser Zeit nur noch Strom bei Luftalarm. Das hatte für das Zubereiten einer Suppe gereicht, solange die Alliierten am Rhein gestanden waren. Jetzt, wo die Front immer näher rückte, ließ die kurze Anflugzeit die Suppe nicht mehr zum Kochen kommen.

Die Flakbatterie am Rande des Grunewaldes begann zu schießen. Ich holte rasch das Alarmgepäck, öffnete die Fenster, damit sie nicht vom Luftdruck der Bomben zertrümmert würden, und lief in den Luftschutzkeller, Putzi bellend hinterher. Die Mitbewohner unseres Hauses, zwei ausgebombte Familien, waren schon geflohen. So war ich froh, den Hund bei mir zu haben. Das Kellertelefon klingelte, ich nahm den Hörer ab. „Vorerst nur einzelne Moskitos",** kam die ruhige Stimme meines Mannes aus der nahegelegenen Dienstbaracke. „Ich denke, ich kann bald kommen, richte das Essen für zwei, ich bringe einen Gast mit." Als ich Alfred mit dem Gebirgsjägergeneral in der Dämmerung über den Rasen kommen sah, fiel mir auf, daß sie die für Alpinisten so typische Bewegungsart hatten, bedachtsam und leicht zugleich. Unter der Haustür blieben sie stehen, ich horchte vom Flurfenster nach unten. „Hätten wir den Rückzug der Division nicht wochenlang vorbereitet, Herr Generaloberst, so hätte es eine Katastrophe gegeben." – „Ich habe dem Führer buchstäblich den Rückzugsbe-

* Der Dampfer „Wilhelm Gustloff" wurde am 30. 2. 1945 mit rund 5000 Flüchtlingen an Bord von russischen U-Booten in der Ostsee torpediert. Etwa 950 Menschen konnten gerettet werden.

** Englische Jagdflugzeuge.

fehl abringen müssen", hörte ich Alfred antworten. „Sie wissen ja, wie er denkt: Halten um jeden Preis."

Im Licht der Flakscheinwerfer sah ich die beiden hineingehen, sie stiegen die steile schmale Treppe hinauf und legten Mantel und Mütze ab. Ich brachte das Essen ins Wohnzimmer – eigentlich verdiente es diesen Namen nicht mehr. Bis auf einen runden Tisch, ein paar Stühle, Alfreds Schreibtisch und ein Bücherbord waren alle Möbel in den Luftschutzkeller gebracht worden. Nach dem Essen schlug ich Alfred vor, mit seinem einstigen Schüler einen Gang durch den Grunewald zu machen. Ich dachte, es würde ihm guttun, sich mit einem Freund aus alten Zeiten auszusprechen. Als sie nach etwa einer Stunde zurückkamen, ging kurze Zeit später das Telefon: Alfred solle in die Reichskanzlei zum Führer kommen. Ich war froh, Gelegenheit zu haben, den Gast etwas zu fragen: „Hat mein Mann sich dazu geäußert, wie er sich das Ende hier denkt?" Der General schüttelte den Kopf. „Kein Wort. Mir scheint, der Generaloberst ist seit August, als ich ihn zuletzt sah, noch viel verschlossener geworden." – „Das sagen alle", mußte ich ihm beistimmen, „sein Luftwaffen-Generalstabsoffizier meinte neulich, man könne es kaum mitansehen, wie er alles in sich hineinfresse." So hatte sich Alfred nicht einmal mit seinem Kameraden und Freund aussprechen können. Und ich selbst mochte nicht fragen; er konnte ja selbst nicht wissen, was alles kommen würde. Wozu da unnötig belasten! Wer Alfred kannte, wirklich kannte, wußte ja ohnehin, was sich hinter dieser Maske der Gelassenheit verbarg: Die Verzweiflung über die Agonie unseres Landes, die jahrelange Einsamkeit der Verantwortung, die völlige Erschöpfung durch die Fruchtlosigkeit allen Tuns und das Wissen – und dies war das schlimmste – um die Sinnlosigkeit des Todes von Millionen.

Wir gingen vor die Haustür und warteten auf den Dienstwagen des Generals. „Von ganz alten Zeiten haben wir gesprochen", sagte er, „von Bergfahrten am Großglockner und gemeinsamen Skifahrten. Jetzt kommt es mir ganz seltsam vor, daß wir davon sprechen konnten." Im Osten flammten die Scheinwerfer erneut auf, die Lichtfinger tasteten den schwarzen Nachthimmel ab. „Und an noch etwas habe ich den Generaloberst erinnert", kam die Stimme aus dem Dunkel. „Daran, daß er bei Regierungsantritt des Führers spontan zu mir sagte: ‚Ich fürchte, das gibt den nächsten Krieg.'" – „Ja", sagte ich, „und nun wird die Welt, nur weil Alfred zu Hitlers engstem Stab gehörte, ihn immer für diesen

Krieg und seinen Ausgang mitverantwortlich machen." – „Die Tragik Ihres Mannes liegt darin, daß das Schicksal ihn auf einen Posten mit unlösbaren Aufgaben stellte", kam die Antwort leise. Im gleichen Augenblick begann die Sirene wieder zu heulen – Voralarm. Mit abgedunkeltem Scheinwerfer rollte der Wagen heran, wortlos trennten wir uns. Wieder dröhnte die Sirene – Vollalarm, die Flak begann zu schießen.

Drei Tage später, am 19. April 1945. Wir saßen beim Abendessen, als das Telefon klingelte. Alfred ging an den Schreibtisch und nahm den Hörer ab. Ich sah, wie sich sein Gesicht spannte. „Jawohl, mein Führer!" – „Ich muß gleich zur Lage",* sagte er zu mir und packte seine Mappe. „Hat es besondere Gründe, daß die Lage heute so früh ist?" fragte ich. Die Russen standen bei Küstrin, nun mußte sich doch bald entscheiden, was werden sollte. Alfred sah mich an; er wußte ohne Worte, wie es in mir aussah. „Im unteren Stockwerk sieht es wüst aus. Schließlich sollen die Russen das Haus eines deutschen Offiziers nicht wie einen Augiasstall vorfinden. Kümmere dich doch ein wenig darum!" Beim Fortgehen drehte er sich auf der Treppe um und sagte mit einem leisen Lächeln: „Nicht schimpfen. Ich glaube, es wird dir guttun."

„Es tut wirklich gut, so ein Blödsinn", dachte ich, als ich Papierfetzen und Scherben zusammenkehrte. Dabei war doch alles völlig sinnlos, in ein paar Tagen würde alles geplündert sein, und wir würden nicht mehr leben. Nur schade um die schönen alten Sachen! Ging da nicht die Sirene? Rasch lief ich hinauf und stellte das Radio an. „Starke britische Bomberverbände im Anflug auf die Reichshauptstadt." Im Keller wartete ich auf die Durchsage der Planquadratziffern für die Flak. Bei „Cäsar-Otto-3, Dora-Friedrich-4" würden die Bomber über der Stadtmitte fliegen. Aber diesmal kamen ganz andere Ziffern, wo mochten sie jetzt bloß sein? Über Potsdam, wo meine Eltern wohnten? Oder Zossen, wo das Hauptquartier des Heeres war? Als ich nach Entwarnung vor die Haustür in die feuchte, dunkle Nacht ging, roch es nach Rauch, und der westliche Horizont stand in orangefarbenen Flammen. Langsam wurde daraus ein dunkelrotes Glühen, und mir war sehr elend zumute.

Als mein Mann nach Mitternacht von der Lagebesprechung bei Hitler zurückkam, sagte er auf meinen fragenden Blick nur:

* Lagebesprechung im Führerhauptquartier.

„Potsdam." Er zündete sich eine Zigarette an. „Ich weiß, Kindchen, daß du nun nach unseren Eltern sehen mußt. Du mußt es! Aber verstehe bitte, wenn ich dir meinen Dienstwagen dafür einfach nicht geben kann. Ich kann und darf dir nicht Vorteile bieten, die meine Leute im Stab auch nicht haben." Ich verstand ihn nur zu gut und sah zu, wie er mit seinen ruhigen Bewegungen seine Mappe auspackte, um noch zu arbeiten. „Ich borge mir ganz einfach ein Rad", sagte ich, „das ist ohnehin wegen der Tiefflieger sicherer."

Ein Quietschen und Kratzen an der Tür, ich öffnete sie, um die kleine Terrierhündin hereinzulassen. Mit einem Sprung war sie im Zimmer, mit dem zweiten auf Alfreds Knien. „Putzi" war eine kleine Italienerin, bei der Räumung Roms von einem Flieger mitgenommen und an den Regierungssitz Mussolinis am Gardasee gebracht worden, zusammen mit fünf kleinen Welpen. Dort hatte ich damals gearbeitet und mir den kleinsten von ihnen ausgesucht: nicht ganz echt, schwarzweiß und sehr zärtlich. Nun saß sie da und verfolgte mit glänzenden Augen jede Bewegung ihres Herrn, als dieser die Schachtel mit eigens dafür gesparten Keks aus der Schublade nahm. Dies war Putzis Stunde wie auch die unsere, die einzige ruhige Stunde des Tages, die uns gehörte. Ich freute mich, wie sich das Gesicht meines Mannes entspannte, während er den Hund fütterte. Noch zeigte sein Gesicht gerötete Flecken, die bei ihm typischen Zeichen eines Ärgers. Jetzt lag eine fast nachdenkliche Ruhe über den Zügen. „Getobt hat der Führer heute mal wieder, weil die Startbahnen der Turbojäger wieder zerstört sind. Aber wie kann man sie in einer Nacht wieder herrichten, bei mehr als 250 Bombentrichtern darin. Solch ein Irrsinn!" Alfred stand auf, setzte den Hund auf den Teppich und begann, die Hände in den Taschen der Reithose, im Zimmer auf und ab zu gehen. „Es scheint", hörte ich ihn mit seiner tiefen Stimme sagen, „daß der Führer nun seinen Entschluß gefaßt hat." Ich fühlte mein Herz bis zum Hals klopfen. „Er will offenbar mit einem kleinen Arbeitsstab ausweichen, ob Nord, ob Süd, ist noch ungewiß und wird sich morgen entscheiden." Nach einer Pause: „Ich möchte, daß wir so lange zusammenbleiben, wie nur irgend möglich." Damit war für einen Tag die Last der Entscheidung von mir genommen, bei wem ich bleiben sollte, bei ihm oder bei den Eltern in Potsdam.

Früh am nächsten Morgen erbat ich Urlaub von meiner Dienststelle, der Landesstelle III des Roten Kreuzes im Grunewald, borgte mir ein Rad und begann nach Potsdam zu radeln. Als ich mein Rad den Wannseeberg hinaufschob, sah ich dichte schwarze Rauchwolken aufqualmen. Über die Glienicker Brücke ging es so schnell ich nur konnte, die Angst um die Eltern nahm mir fast den Atem. Die Parkwege des Neuen Gartens waren mit Splittern übersät, aber die Reifen hielten. Das Marmorpalais stand noch, und jetzt – Gott im Himmel sei Dank! – unser Haus in der Birkenstraße, unversehrt bis auf Dach und Fenster. Atemlos stellte ich das Rad ab und klingelte, klingelte wieder und wieder. Ich hörte Schritte, den Schlüssel im Schloß, sah die Tür sich öffnen, sah das Gesicht meiner Mutter. Die Schrecken der Nacht hatten in ihr vertrautes, liebes Gesicht wie mit einem Griffel ihre Spuren gezeichnet. Das Entsetzen stand noch in ihren Augen. „Wir konnten es erst nicht glauben, nun, wo der Krieg doch zu Ende ist. Alles soll hin sein, die Garnisonkirche, das Rathaus, das ...“ Tränen erstickten ihre Stimme.

Ich hatte meine Mutter kaum je weinen sehen, und jetzt, wo alles um sie herum zusammenstürzte, sollte ich sie und den Vater verlassen? Ich packte meinen Rucksack aus. Ich hatte, was immer wir daheim noch an Eßbarem besaßen, mitgebracht und gewahrte beschämt die Freude dieser beiden geliebten alten Menschen. Würde ich es über mich bringen, sie zu verlassen? Als wir beim Abschied vom „nächsten Mal“ sprachen, wußten wir wohl alle um den Versuch, die Wahrheit von uns zu schieben. Und dann sagte meine Mutter, meine gute verstehende Mutter: „Grüße Alfred, ihr gehört jetzt zusammen, Gott behüte euch beide.“ – „Gott behüte euch, wir sehen uns wieder!“ Ich hörte mich diese Worte, benommen von Schmerz und Scham, wieder und wieder rufen, als ich um das Rasenrondell vor dem Haus radelte. Fern und verloren standen die Gestalten der Eltern im glaslosen Fensterrahmen. Ein kleiner Knall, der Vorderreifen war geplatzt, zerschnitten von Glassplittern. Jetzt mußte ich irgendwie heim, es half nichts. Ohne mich noch einmal umzusehen, lief ich davon, das Rad vor mir herschiebend, durch den Neuen Garten, dankbar fast für den gelegentlichen Stoß des Pedals, weil er die Scham und den rasenden Schmerz im Innern betäubte. In Wannsee bot mir ein Volkssturmmann Platz in seinem Lastwagen an. Wir hoben das Rad hinauf, und so kam ich bis Zehlendorf. Bei der Landesstelle des Roten Kreuzes neue Körbe mit Anfragen nach Vermißten. Ob meine Mutter noch weinte?

Müdigkeit und Apathie – keine Nacht mehr als zwei bis drei Stunden Schlaf – wurden so groß, daß der benommene Verstand die täglichen Ereignisse fast nur mehr mechanisch registrierte. Dem schweren Bombenangriff an Hitlers Geburtstag sahen wir vom Garten zu, Dahlem blieb diesmal verschont. Als Alfred von der Mittagslage aus der Reichskanzlei zurückkam, war er zunächst ganz still. Ich kannte diesen Zustand – nur nicht fragen. Plötzlich nahm er mich bei den Schultern, sah mich an, die Augen waren sehr ruhig. „Weißt du, was der Führer heute sagte? ‚Ich werde kämpfen, solange ein Getreuer noch neben mir kämpft, und wenn mich der letzte verlassen hat, dann werde ich mich erschießen.'" Ich schwieg, aber er verstand meine Frage. „Halte für morgen einen kleinen Koffer mit dem Nötigsten bereit, und laß dich noch heute vom Roten Kreuz beurlauben." Konnte ich das verantworten, meinen Posten, meine Eltern im Stich lassen? Alfred las die Bedenken in meinem Gesicht. Ungeduldig, doch mit Verstehen sagte er: „Glaube doch nicht, daß du nach Einmarsch der Russen auch nur länger als eine halbe Stunde auf freiem Fuße bist; wem nützt du in der Lubjanka?"* (Die Frau des Großadmirals Raeder wurde in der Tat umgehend in die Lubjanka gebracht.) Ich sah seine Argumente ein, aber der Gang zu meinem Vorgesetzten fiel mir schwer. Professor Brekenfeld, Leiter der Landesstelle III, sah mich denn auch nachdenklich an, als er mir den Schein ausschrieb. Dann ging er zum Fenster. „Wie war das doch mit den Wunderwaffen? Ich habe daran geglaubt." Ich ging, wortlos, aber wir gaben uns die Hand. Hätte ich damals gewußt, daß die Dienststelle am nächsten Tag aufgelöst würde, wäre alles leichter gewesen.

In dieser Nacht rief der Kuckuck dreimal seinen Warnruf im Radio. Zum ersten Mal flogen nach den Angriffen britischer und amerikanischer Bomber auch russische Flugzeuge über der Reichshauptstadt. Alfred kam frühmorgens von der Reichskanzlei zurück. Wir gingen in den Garten, die Flak am Luftgaukommando schoß aus allen Rohren. Am blauschwarzen Nachthimmel fingerten die Scheinwerfer, jetzt formten sie ein Lichtbündel, in seinem Griff flatterte eine winzige silberne Mücke. „Dreimaliger Kukkucksruf", sagte ich vor mich hin, „kein gutes Omen für uns." Trotz des unablässigen Feuerns der 8,8-Flak hatte Alfred mich gehört. „Für uns?" wiederholte er. Aus dem Dunkel kam seine Stimme wie erstickt und kaum verständlich. „Was hat denn unser Schicksal noch für eine Bedeutung? Dies ist doch das Ende Deutschlands!"

* Staatsgefängnis in Moskau.

Früh am Morgen kam ein Anruf von Feldmarschall Keitel: Es werde am Nachmittag eine Ju 52 nach dem Süden starten, um einige Offiziere des OKW auszufliegen; Frau Keitel und ich sollten uns anschließen. Alles in mir wehrte sich gegen diesen Vorschlag. „Wenn wir beide nicht zusammenbleiben können, gehe ich wieder zum Roten Kreuz oder zu den Eltern nach Potsdam.“ „Ich kann dir fast mit Sicherheit versprechen, daß ich in spätestens zwei Tagen nachkomme“, beruhigte mich Alfred. „Tu es mir zuliebe!“ Ich spürte, wie mich die Ereignisse überrannten, mich wie in einem Sog mitzogen. Alfred hatte die Mütze aufgesetzt. „Ich muß jetzt zur Lage“, sagte er leise. Ich nahm das Gesicht, das vertraute Gesicht dieses mir so vertrauten Menschen, noch einmal in mich auf: Die tiefen Furchen der Müdigkeit, die lange gerade Nase, die in den letzten Monaten schmal aufeinandergepreßt gewesenen Lippen, die plötzlich weich und jung erschienen; die ganze Gestalt straff und beherrscht wie immer. Die sehr hellen, blauen Augen voll Vertrauen und Liebe, nahm er mein Gesicht zwischen seine großen, warmen Hände: „Wir sehen uns wieder.“

Ich brachte ihn die Treppe hinunter zur Haustür und horchte dem Mahlen der Räder nach. Als ich ins Wohnzimmer zurückkam, sah ich auf Alfreds Schreibtisch einen Brief mit seiner Handschrift liegen. Ich riß den Umschlag auf. Das war doch ein Abschied?

„Sterben ist leicht, zurückbleiben schwer. Der Tod hat mich gerufen. Mir hat das Leben mehr Glück geschenkt als den meisten Menschen, es hat mir in jungen Jahren eine Frau geschenkt, wie es wenige gibt, und es hat Dich erhalten, um in Liebe zu ihr und mir heranzureifen für die Aufgabe, die niemand so wie Du hätte erfüllen können . . .“

Ich versuchte, zu begreifen, den Sinn dieser Worte in mich aufzunehmen; es war mir unmöglich. Das Telefon klingelte. Alfred war am Apparat, er rief mich aus der Reichskanzlei an. „Dein Brief!“ brachte ich mühsam hervor. „Wenn du nicht nachkommst, bitte laß mich hierbleiben.“ „Ich bitte dich inständig, geh! Ich habe dir versprochen: wir sehen uns wieder. Ich kann jetzt am Telefon nicht mehr sagen. Aber ich mußte dich noch einmal sprechen, dir noch einmal danken!“ Das Telefon knackte, die Stimme war fort.

Ich fühlte und wußte, daß es ihm helfen würde, wenn ich Berlin verließ. Bei einem Mann seiner Art, seines Denkens, konnte und durfte es nicht anders sein. Auch jetzt, wo das Schicksalsende seines Landes sich vollzog, gerade in diesen Stunden, mußte alles zurücktreten, was sein persönliches Leben anging. Und hatte ich selbst, wenn ich ehrlich war, in diesen unwirklichen Tagen noch an eine Dauer des Glückes unserer Zweisamkeit glauben können? Mit der Ratio gewiß nicht. Aber unbewußt hatte man sich an eine Hoffnung geklammert, an den schwankenden Schilfhalm einer Hoffnung auf eine, wenn auch völlig unvorstellbare Zukunft. Wo, wie, wann – all das war gleichgültig. Nur das sollte es geben, unser beider *Leben*, die Zueignung durch Verzauberung, wie Ortega y Gasset Liebe erfaßt, sollte doch noch ihre Erfüllung finden.

Jede Zeile meiner hastig gekritzelten Antwort war unsinnig, mir schien nur eines wichtig: ihn nicht jetzt, in letzter Minute, irre werden zu lassen an allem, was ihm als Aufgabe und Ziel vor Augen gestanden. Ich steckte den Brief zusammen mit „Jodlchen", einem Püppchen mit langen Haaren, das mir Jodls während einer langen Erkrankung geschenkt hatten, und Fotografien von Irma, seiner ersten Frau, und mir in Alfreds Koffer.

Es klingelte, meine Cousine, Margaret Böhlau, war gekommen. Bei dem Versuch, Essen hinunterzuwürgen, erzählte ich ihr von unserem Gespräch in der letzten Nacht. Es war darum gegangen, freiwillig aus dem Leben zu scheiden. Alfred hatte das fest und klar abgelehnt. „Ich würde es für unverantwortlich halten, wollten wir führenden Männer uns davonstehlen und anderen die Verantwortung für dieses Chaos überlassen."

Die Hausglocke klingelte, Keitels Adjutant, Major von Szymonski, kam, mich abzuholen. Ich nahm Putzi auf den Arm, ergriff mein Köfferchen und setzte alles wieder ab, um meine Cousine zu umarmen. „Das kann doch alles nicht wahr sein!" sagten wir beide gleichzeitig.

„Es ist wahr, es ist wahr", hämmerte es mir in den Ohren, als mein Bus mich durch die zertrümmerten Straßen von Berlin zum Flugplatz brachte. Das Durcheinander der Gefühle, Schmerz um Alfred, die Eltern, Scham über die Flucht, die Erleichterung, den Russen zu entgehen, all dies wich einer seltsamen Apathie. Der Terrier kletterte aus seiner Tasche heraus und drängte ans Fenster. Durch die regennassen Scheiben sah ich Trecks mit abgemagerten Pferden, zwischen Rauch und Trümmern Menschen mit Koffern hasten. Es kann sein, daß ich weinte, ich weiß es nicht mehr.

Im gleichen Augenblick, als wir den Bus verließen, durchdrang ein gellendes Pfeifen den Himmel, dann erschütterte eine Detonation die Luft, vom Ende des Flugplatzes schossen Stichflammen empor, dann stieg dicker schwarzer Qualm auf. Offenbar war eine

Maschine von russischer Artillerie getroffen worden. Die Businsassen drängten sich eilig in die schon mit laufenden Propellern wartende Ju 52, torkelnd und schwerfällig ob ihres Übergewichts löste sie sich vom Boden. Ich versuchte, ein letztes Bild von Berlin in mich aufzunehmen, aber das gespenstische Gewirr der Ruinen machte jede Orientierung unmöglich. „Fallschirme anlegen!" befahl Major von Szymonski. Die Haken klickten ein, die festen Gurte waren wie ein Schutz. Den Inhalt meiner Handtasche stopfte ich in meine Manteltaschen, um notfalls die Hände für den Hund frei zu haben. Putzi war offensichtlich so wenig an einem Absprung gelegen wie mir. Sie hielt die Augen geschlossen, als die Maschine zu bocken begann, und ich fühlte ihr kleines Herz angstvoll gegen die Rippen klopfen. „Genau wie bei mir", dachte ich; sie war ja ein Teil von Alfred und mir.

Um die Maschine ein graues Nichts. Unter uns marschierten russische Armeen durch deutsches Land. Wann würden sie in Berlin sein, wann in Potsdam? Würde Alfred morgen Berlin verlassen, würde er noch leben? Der Motor dröhnte gleichmäßig, der Regen lief in kleinen Rinnsalen die gewölbte Fläche der Flügeln hinunter. Eine Ölspur nahm den gleichen Weg, aber der Regen lief schneller. Was würde mit Alfred geschehen? Und warum, warum hatte es denn überhaupt zu all diesem, zu diesem Ende, ja vor allem überhaupt zu diesem unseligen Krieg kommen müssen? Der Motor dröhnte, Regen und Öl liefen weiter und zerrannen im Nichts.

Ich lehnte den Kopf an die Scheibe des Fensters und schloß die Augen. Und dann zog alles noch einmal an mir vorüber – der Krieg und Alfred Jodls Weg, so wie ich ihn im Krieg erlebt hatte.

DER KRIEG

1.
Feldpostnummer 10222

„Nichts so Klares wie Zorn oder Vergeltung . . . etwas, das aus den Wassern emporstieg, ein Ungeheuer aus den Tiefen, mit blicklosem Gesicht und peitschendem Schweif."
Evelyn Waugh, „Wiedersehen mit Brideshead"

Ein Frühherbstmorgen im Berliner Tiergarten, 25. August 1939. Das Eichhörnchen starrte mich aus seinen ausdruckslosen ovalen Augen an, mit nachlässiger Sicherheit hielt es sich am Buchenstamm fest. Es war so still, daß ich meinte, das feine Rascheln zu hören, als es herabglitt, um sich sein Zuckerstück zu holen. Das Pferd schnaubte leise, warf den Kopf hoch und witterte in den bunten Blätterwald. Ich sah dem Eichkätzchen zu, wie es auf den buschigen Schwanz gestützt, das Zuckerstück mit den kleinen Pfoten umspannte und hastig knabberte. „Dies ist Frieden", sagte ich halblaut vor mich hin. Und morgen Krieg? Krieg! Auch die lebhafteste Phantasie vermochte sich die volle Bedeutung dieses Wortes nicht vorzustellen, zumal die Kindheitserinnerungen des Ersten Weltkrieges nur mehr vager Art waren. So tauchte neben der ungeheuren Spannung, Angst und einem mit Neugier untermischten Grauen immer wieder die Frage in mir auf: „Kann wirklich der Wille eines Mannes die Welt in Brand setzen, oder bedient sich ein unbekannter Weltgeist dieser Gestalt, um einer Epoche ein Ende zu setzen?"

Viel später las ich, was General de Gaulle hierüber dachte: „Der Konflikt, der jetzt begonnen hat, könnte sich wohl als der längste, umfassendste und heftigste erweisen, der je die Erde heimgesucht hat. Die Wurzeln dieses Konflikts liegen in der politischen, wirtschaftlichen, sozialen und moralischen Krise der Gegenwart. Diese Krise ist so tief und weit verbreitet, daß sie schließlich mit schicksalhafter Gewalt zu einem totalen Umsturz der gegenwärtigen Bedeutung der einzelnen Völker sowie der Struktur und der Kräfteverhältnisse führen wird."

Langsam ritt ich weiter. Die Gedanken wanderten zurück. Mehr als einmal hatte ich als Sekretärin des Generalstabschefs nun schon miterlebt, daß ein Krieg befürchtet wurde oder, wie bei der Sudetenkrise, drohend vor der Tür stand. Und immer war das Gespenst davongeschlichen. Aber wie war es doch 1936, bei der Schlußfeier der Olympiade, gewesen? Als im Lichtdom der Scheinwerfer die Fahnen der Nationen eingeholt wurden, hatte es mich wie in böser Vorahnung geschüttelt, daß die Jugend auf dem Rasen vor mir nie wieder ihre Kräfte in friedlichem Wettkampf messen, sondern im Kampf auf den Schlachtfeldern verbluten würde. Der Stolz und die Begeisterung jener Tage hatte die Vorahnung wieder auf den Grund des Unbewußten sinken lassen, heute – drei Jahre später – fand ich sie bestätigt.

Vom nahen Zoologischen Garten klang der schrille Schrei eines Vogels. Als ich eine Woche zuvor mit den Eltern dort gewesen war, hatte ich die Pinguine beneidet, wie sie mit gravitätischer Ruhe und Sicherheit auf dem Bassinrand standen. „Bis nächsten Sonntag", hatte ich den Eltern nachgerufen, als sie mit der Bahn nach Potsdam fuhren. Gott sei Dank ahnten sie nicht, daß im Kriegsministerium die Mobilmachungskästen bereitstanden.

Wie schwer fiel es doch, sich in alledem zurechtzufinden, zumal das Wissen zu ungenügend war, um die Entwicklung der letzten hektischen Wochen zu übersehen. Gewiß konnte man manches aus Zeitungen herauslesen, aus der „Neuen Zürcher Zeitung" und aus der „Frankfurter Allgemeinen Zeitung", aber dann klangen die Berichte der deutschen Militärattachés aus dem Ausland und die abgehörten Berichte der ausländischen Militärattachés in Berlin, die Admiral Canaris, der Abwehrchef, dem Generalstab sandte, wieder ganz anders. Und wahrscheinlich wirkte das Wunschbild, das man in sich trug, zu stark, um sich verdrängen zu lassen. „Ein Glaube wird nicht durch sachliche Überlegungen erworben", schreibt Arthur Koestler in seinem Buch „The God that failed". Aber wie steht es mit diesem Glauben, wenn er durch sachliche Überlegungen erschüttert wird? Das vergangene Jahr war zu einer harten Prüfung für mein Vertrauen in ein Regime geworden, das unserem Land den Platz unter den Großmächten wiedergewonnen, dem Volk Arbeit gegeben und Klassenunterschiede und Parteiengezänk abgeschafft hatte. Begonnen hatten diese Zweifel im Frühjahr 1938 mit der Entlassung des Generalobersten Frhr. v. Fritsch, des Oberbefehlshabers des Heeres, unter – wie erst allmählich durchsickerte – unwürdigsten Umständen. Mitten hinein in die gespannte Atmosphäre kam Hitlers Befehl, in Österreich einzumarschieren. Vermutlich ein Ablenkungsmanöver, um die spürbare Auflehnung im Offizierskorps in der Strömung eines großen außenpolitischen Erfolges aufzufangen.[1] Und als sich dann über die einmarschierende deutsche Wehrmacht ein Blumenregen ergossen hatte, waren da nicht auch scharfe Kritiker des Regimes kopfschüttelnd aus Wien zurückgekehrt? Dann hatte sich Schachzug um Schachzug die tschechische Krise entwickelt, und wiederum genügte das eigene Wissen nicht, um die Zusammenhänge klar zu erkennen. Dann folgte die stärkste Erschütterung von allen: der Rücktritt meines unmittelbaren Vorgesetzten, des Generalstabschefs Ludwig Beck. Ich wußte: dies war ein Kreuzweg der Entscheidung auch für mich. Wieder war das Wunschbild stärker, Jodls Wort: „Bei jeder Revolution wird Übles nach oben geschwemmt, und die guten und starken Elemente müssen für das Verschwinden sorgen", beschwichtigte das Zweifeln. Und die Münchner Konferenz und das Verhalten der Westmächte trugen das Ihre dazu bei, die Risse dieses Zweifels zu kitten. „Es gibt kein wirksameres Mittel, die Stimmen des Gewissens zu betäuben, als sich selbstlos und von ganzer Seele seiner Arbeit hinzugeben", schrieb Arthur Koestler, ehe er dem Kommunismus abschwor. So erstickte ich den Abscheu und die Erschütterung über die Plünderung jüdischer Geschäfte in der Kristallnacht ebenso in Arbeit wie die warnenden Stimmen beim Einmarsch in die Tschechoslowakei im Frühjahr 1939.

Und nun – Krieg. Vorgestern, am 23. August 1939, waren meine bayrischen Freunde, Generalmajor Alfred Jodl und seine Frau Irma, von Wien kommend eingetroffen. Alfred war als Artillerieführer 44 in Brünn stationiert. Wir trafen uns stumm. Ein Blick in das tiefernste Gesicht Alfreds bestätigte meine Befürchtungen. „Ich bin heute mittag von Keitel in meine mobilmachungsmäßige Verwendung als Chef des Wehrmachtführungsamtes im OKW* eingewiesen worden", sagte Alfred mit halblauter Stimme. „Ich brauche dir ja wohl nicht zu sagen, worum es geht." „Meinst du nicht, daß der Führer wieder mal einen großen Bluff vorhat?" fragte ich. Alfred zuckte die Achseln. „Mir scheint und ich fürchte, diesmal wird es Ernst. Ich weiß noch zuwenig. Aber das ist schließlich Sache der Politiker und gottlob nicht die von uns Soldaten. Sicher ist nur eines: wenn wir einmal dies Boot

* Oberkommando der Wehrmacht.

besteigen, gibt es kein Aussteigen mehr." Irma Jodl standen Tränen in den Augen. „Hätten wir das geahnt, wären wir vorigen Herbst gar nicht erst nach Wien umgezogen." Aus ihrer Handtasche holte sie Fahrscheine hervor, Karten für eine Mittelmeerreise. „Im September sollte es losgehen, unsere erste Auslandsreise. Und was wird nun, was soll ich allein in Wien?" Sie sah sehr blaß aus und blickte ihren Mann immerfort aus weit geöffneten, erschreckten Augen an. Als wir uns bewegt trennten, sagte Alfred leise zu mir: „Wenn du kannst, kümmere dich um Irma, ich werde jetzt wenig Zeit mehr dafür haben. Aber ich fürchte, es wird bei dir nicht viel besser damit bestellt sein."

Das war vorgestern gewesen. Und gestern abend war Befehl von der Zentralabteilung des Generalstabes gekommen, mich zum Dienst mit einem Koffer und dem notwendigsten Reisebedarf einzufinden. Darum mußte ich in aller Morgenfrühe noch einmal den Platz im Tiergarten aufsuchen, der mir beim täglichen Reiten eine stete Quelle der Freude gewesen war. Inmitten des Rondells ehrwürdiger alter Buchen stand die „Amazone" – Touaillons Meisterwerk –, die nackte Schönheit der Körper von Frau und Pferd zärtlich umspielt von den spitzen Schatten der Blätter. Durch das dichte Dach der Baumkronen drang die Sonne in schmalen, blitzenden Lichtbündeln und zeichnete flirrende Lichter auf den Reitweg. Ich lauschte dem Gurren der Wildtauben und nahm alles noch einmal in mich auf – die schweigende Kraft der alten Bäume, das sanfte Schweben eines fallenden Blattes, den sich kündenden Erdgeruch des Herbstes. „Das ist Frieden", wiederholte ich vor mich hin, als könnte ich diesen Begriff, diese Form des Daseins festhalten. Aber der Friede war nun vorbei, endgültig vorbei.

Eine Stunde später. In den Diensträumen des Chefs des Generalstabes arbeitete noch die Putzfrau. „So früh heute?" sagte sie neugierig mit einem Blick auf meinen Handkoffer. Beim Anblick der Mobilmachungskästen mußte ich an eine Episode des vergangenen Jahres denken: Etwa eine Stunde bevor wir von der geplanten Konferenz in München erfahren hatten, war am 28. September 1938 der französische Militärattaché bei General Halder erschienen. Die gleichen Kästen waren auch damals schon bereitgestanden, und der Franzose hatte seine Handschuhe, vielleicht nicht ohne Absicht, auf einen der großen grauen Kästen mit den roten Streifen gelegt. Damals war in letzter Minute noch alles gut abgelaufen. Würde sich solch ein Wunder wiederholen?

Der Tag verlief ruhig, es standen weniger Vorträge beim Generalstabschef als sonst auf dem Programm. Nachmittags gegen 15 Uhr brachte, soweit ich mich erinnere, General Keitel den Mobilmachungsbefehl persönlich zu General Halder. Es wurde kaum gesprochen, jeder war mit dem raschen Einpacken von Akten und Büromaterial beschäftigt. Zum Nachdenken, wie auf das kurze Stichwort „X-Tag = 26. August“ ein Geschehen begann, das die Welt verändern würde, blieb keine Zeit. Alpdruck, Neugier, Angst, Sog der Ungewißheit.

Gegen 16 Uhr verließ General Halder mit seinem Stab das Kriegsministerium, um nach dem Hauptquartier „Zeppelin“ bei Zossen zu fahren. Kurz hinter dem Ort hielten wir an einem Kreuzweg, wo sich Major Strewe, Kommandant des Hauptquartiers, beim Generalstabschef meldete. An Baracken vorbei führte die Fahrt zu einer inmitten von Kiefern gelegenen Baustelle, auf der in rechteckiger Anordnung eine Reihe graugestrichener, niedriger Zementhäuser standen, in der Mitte ein Luftschutzturm.

Wegen des sandigen märkischen Bodens waren zwischen den Betonbaracken lange Holzplanken ausgelegt. Als ich, hinter Halder und seinem ersten Adjutanten, Major i. G. Hauser, hergehend, den hohlen Klang der Bretter unter den Füßen hörte, vergaß ich plötzlich die Gegenwart. Ich fühlte mich in meine Kindheit zurückversetzt, als ich in den Ferien am Ostseestrand solche Planken zum Strand hinuntergelaufen war. Die Zinnowitzer Strandpromenade hatte alles besessen, was ein Kinderherz entzükken konnte: Muschelkästen, Bernsteinketten, bunte Bälle und Wimpel. Und dann der atemlose Moment, wo es vor mir lag, das Meer, glitzernd, atmend, als wartete es nur darauf, mit mir zu spielen. Ich sah mich wieder Löcher in den Sand graben, die sich geheimnisvoll langsam mit Wasser füllten; ich spürte harte kleine Sandrippen unter der Fußsohle beim Versuch, die winzigen Stichlinge mit dem Eimer zu erhaschen; ich rannte mit den Geschwistern die Landungsbrücke entlang, mit dem Wimpel die heimkehrenden Fischerboote begrüßend . . .

Meer, Wimpel, Wellen? Es war doch Krieg! Zement um mich, auf der massigen Panzertür der Baracke die Aufschrift „A 6“. Der Oberfeldwebel Nelson ging mit mir ans Auspacken, als erstes hängten wir die große Karte von Polen im Chefzimmer an die Wand. Plötzlich heulte die Sirene. „Nur Probealarm, damit alle mal die Luftschutzräume kennenlernen“, erklärte Major Strewe. Alle Betonbaracken waren entsprechend ihrer Höhe auch in die

Tiefe gebaut, und alle diese unterirdischen Räume durch Tunnel verbunden, ein vollständiges Hauptquartier unter der Erde.

Wir, das heißt die beiden Adjutanten, der Oberfeldwebel und ich, sondierten gegen 20.30 Uhr noch die komplizierte Tastatur der Telefonanlagen, als die Tür aufgerissen wurde. Der Oberbefehlshaber des Heeres, Generaloberst von Brauchitsch, das gutgeschnittene Gesicht so undurchdringlich wie immer, ging raschen Schrittes in Halders Zimmer. Etwas Außergewöhnliches mußte passiert sein. War doch noch ein Wunder geschehen? Sekunden später verlangte Halder sämtliche Abteilungschefs zu sprechen, beginnend mit dem Transportchef, General Gercke. Der Angriffsbefehl war widerrufen worden. „Also doch wieder ein Bluff", meinte der zweite Adjutant, v. Tarbuk, ein Österreicher. Nur in allerletzter Minute konnte die Truppe angehalten werden, bis auf eine Patrouille, die bei Grabowo bereits die Grenze überschritten hatte. „Das soll uns mal einer nachmachen", stellte Nelson nach Mitternacht zufrieden fest.

Erst Jahre später, während des Nürnberger Prozesses, sollte ich die Geschehnisse dieses denkwürdigen 25. August und der nachfolgenden Tage mit den Friedensbemühungen der Großmächte in ihren Einzelheiten erfahren. Damals wußte die jüngere Generation im Hauptquartier des OKH* überhaupt nichts.[2] Wir waren nur allgemein der Überzeugung, soweit ich mich erinnern kann, daß die ständigen Spannungen an der polnischen Grenze sowie die Wiedergewinnung des Korridors und der verlorenen Ostgebiete militärische Maßnahmen erfordern würden. Wer wäre damals auf den Gedanken gekommen, daß der in der Presse groß herausgestellte „Angriff auf den Sender Gleiwitz durch polnische Insurgenten" ein Scheinmanöver von Reichsführer SS Himmler gewesen ist?[3]

Jodl, direkt von der Truppe kommend und im OKW vor die Tatsache des Kriegsausbruches gestellt, sollte später schreiben: „Kein Soldat konnte wissen, ob es je zu einem solchen Angriff kommen würde, ob dieser Angriff ein provozierter oder unprovozierter, ein Angriffskrieg oder ein Verteidigungskrieg sein würde, denn auch einen politischen Verteidigungskrieg konnte Deutschland, in seiner zentralen Lage und immer vor das Zweifrontenproblem gestellt, nie anders als militärisch offensiv führen. Als dann die Propagandamaschine gegen Polen zu laufen begann, als

* Oberkommando des Heeres.

der Aufmarsch befohlen wurde, da waren sich zwar die führenden Soldaten über das operative Problem im klaren, aber das politische und das strategische blieb ihnen ein verschleiertes Geheimnis. Stand hinter dem Aufmarsch überhaupt der ernste Wille, Polen an den Verhandlungstisch zu zwingen wie 1938 die Tschechei? Mußte diese Hoffnung nicht Gewißheit werden, als der für den 26. befohlene Angriff angehalten wurde? Die allgemeine Atmosphäre, die ich antraf, war so, daß der Pakt mit Rußland eine Sensation darstellte und ein Kriegseintritt Englands und Frankreichs für unwahrscheinlich gehalten wurde. Von den Einzelheiten des politischen Ringens der Großmächte um die Erhaltung des Friedens wußten die Oberbefehlshaber und Generalstabschefs mit Ausnahme von Göring nichts."

„Seit heute morgen wird zurückgeschossen." Nie werde ich die Stunde vergessen, in der Hitler am 1. September 1939 mit seiner seltsam scharf akzentuierenden, zugleich gutturalen Stimme dem deutschen Volk die Kriegseröffnung gegen Polen mitteilte. Dann die Schockwirkung, als am 3. September erst die Kriegserklärung Englands, dann Frankreichs bekanntwurde. Gerüchte liefen um, Hitler sei zutiefst betroffen gewesen. „Über die Polenfrage kann und wird es keinen Krieg mit den Westmächten geben", hatte er, wie man dann hörte, kurz zuvor zu Keitel gesagt. Hitler hatte den Haß gegen das Regime unterschätzt. Der Zweite Weltkrieg hatte begonnen, und niemand konnte übersehen, welche Küsten und Breitengrade diese Sturzflut erreichen würde.

Auf der Lagekarte Polens begannen die Pfeile der deutschen Armeen unaufhaltsam vorzurücken, Zangen gleich, deren Griffe den weichenden Gegner immer wieder umfaßten. Der überraschend schnelle, siegreiche Ablauf der Operationen, die relativ geringen Verluste führten zu einer spürbaren Lockerung der gespannten Atmosphäre. Das passive Verhalten der 110 französischen Divisionen, denen nur 20 deutsche am Westwall gegenüberstanden, empfand man wie ein Wunder. „Est rien de nouveau", stand über einer französischen Karikatur, die Oberst i. G. von Tippelskirch, Leiter der Abteilung Fremde Heere West, General Halder brachte: Deutsche und französische Soldaten angelten friedlich zu beiden Seiten des Rheins. Ein französischer Veteran, mit Löchern und Spinnweben im Bart, belehrte einen jungen Rekruten: „Celà a commencé du temps de mon grandpère, mais on ne sait pas pourquoi."

Hatte mich dieses „pourquoi" vor Kriegsbeginn quälend verfolgt, so war es jetzt verdrängt. Nun, da der Krieg im Gange war, standen wir vor der Notwendigkeit, ihn zu gewinnen, und ich glaube sagen zu können, daß wenige im Hauptquartier anderer Auffassung gewesen sind. Der Gedanke, sein Teil hiezu beizutragen, bildete ein einigendes Band. Wir, das war die Dienststelle Feldpostnummer 10222, der Stab des Generalstabschefs mit General der Artillerie Halder an der Spitze. Pünktlich morgens um 8 Uhr saß Halder an seinem Schreibtisch in der Baracke „A 6", die nicht abreißende Kette der Vorträge entgegennehmend, um dann selbst täglich beim ObdH,* zuweilen auch beim Obersten Befehlshaber, Hitler, vorzutragen. Für die eigene Arbeit konnte er fast nur die Nachtstunden benutzen, so daß selten vor 1 Uhr morgens Dienstschluß war. Halder, der erste Generalstabschef bayrischer Herkunft, war ein begeisterter Reiter. Kurz gestutzte graubraune Haare, braune Augen hinter dem Kneifer und scharfe Falten von Nase zu Kinn gaben dem Gesicht eher das Gepräge eines Gelehrten als des typischen Soldaten. Ich achtete und bewunderte seine Pflichtauffassung, sein Rechtsempfinden, die äußere Beherrschtheit trotz aller sich damals schon abzeichnenden Spannungen mit dem Führerhauptquartier. Das Maß der Verehrung, das ich seinem Vorgänger, Generaloberst Ludwig Beck, entgegenbrachte, habe ich niemals für ihn empfinden können. Daß sich hinter Halders scheinbarer Gelassenheit schwerste Konflikte zwischen soldatischem Eid und Auflehnung gegen Hitler abspielten, ahnte ich damals nicht. Halders erster Adjutant, Major i. G. Hauser, war ein kluger, humorvoller Württemberger, mit dem ich mich häufig über Wert- und Kulturvergleiche zwischen Nord und Süd stritt. Unser „Ostmärker", Hauptmann von Tarbuk, brachte es fertig, nach einer Siegesmeldung einen Krakowiak auf dem Kartentisch zu tanzen, ohne mit den Sporen einen Kratzer zu hinterlassen. Oberfeldwebel Nelson, ein kräftiger und ruhiger Mecklenburger, fühlte sich mit unserem Stab ebenso verwachsen wie die Kraftfahrer und ich. Jeder von uns war stolz, zur Feldpostnummer 10222 zu gehören.

Wir weiblichen Mitglieder von „Zeppelin" besaßen damals noch keinen militärischen Status. Wir trugen weder Uniform noch einen Dienstgrad, noch unterstanden wir einer weiblichen Vorgesetzten. Ich bezweifle jedoch, ob die später erlassenen Bestimmungen für „Stabshelferinnen" strenger gewesen sind als die ungeschriebenen

* Oberbefehlshaber des Heeres.

Gesetze, die wir uns selbst auferlegten und die uns noch heute zusammenbinden. Sie waren nichts anderes als der Niederschlag einer ungemein lauteren Atmosphäre, die uns trug und umgab.

In den ersten Jahren meiner Tätigkeit im Kriegsministerium hatte es mir oft zu schaffen gemacht, daß für ein privates Leben – außer dem morgendlichen Reiten – wenig Zeit blieb; alles kam zu kurz, Familie, Freunde, Bücher, die kulturellen Genüsse, die Berlin bieten konnte. Im Laufe der Jahre, im Bann des historischen Geschehens, war dann der Dienst immer mehr mein eigentliches Leben geworden – vom Allerpersönlichsten abgesehen. Um wieviel mehr war das nun der Fall. Herausgelöst aus den Nichtigkeiten des Alltags, befreit von persönlichen Problemen und ihrer Verantwortlichkeit, galt das Denken ausschließlich der Gegenwart, dem Dienst. Daß dabei auch die bewußten oder unbewußten Strömungen von Sympathien dem Alltag kleine Glanzlichter aufsetzten, wer würde es leugnen? Im übrigen bedeutete es eine ungeheure Erleichterung, nun endlich über vieles sprechen zu können, was zuvor infolge der Schweigepflicht wie ein Alpdruck auf mir gelegen. Noch immer durften die Schriftstücke mit dem blauen Stempel „Chefsache" nur von Offizieren gelesen werden, aber oft konnten auch wir einen Blick darauf werfen, behielten aber das Gelesene für uns.

Bald sollte ich zu meinem Erstaunen feststellen, daß sich der Dienstbetrieb bei einem Generalstabschef im Krieg nicht wesentlich von dem in Friedenszeiten unterschied. Ich kam mir oft vor wie in einem Schaltraum eines riesigen Stellwerkes, in dem erfahrene Hände die Hebel bedienten, um irgendwo in weiter Ferne die Weichen des Weltgeschehens zu stellen. So kam es wohl, daß mir zum stärksten Erleben des Polenfeldzuges nicht so sehr das Geschehen an der Front als vielmehr der Tod und letzte Weg eines Mannes wurde: Generaloberst Werner Freiherr von Fritsch, ehemaliger Oberbefehlshaber des Heeres.

Die Hintergründe, die 1938 zur Entlassung dieses Offiziers geführt hatten, sind heute in den Einzelheiten bekannt: Himmler ließ den unerwünschten Hüter soldatischer Tradition mittels eines meineidigen Zeugen des Vergehens gegen den § 175 verdächtigen, Fritsch wurde verabschiedet. Rückschauend betrachtet, muß wohl das Hinnehmen dieser Intrige als die Schicksalsstunde des deutschen Offizierskorps angesehen werden, aber noch war die Erschütterung durch die Mesalliance des Kriegsministers Feldmarschall von Blomberg nicht verarbeitet, das Wissen zu gering.

Oberst i. G. Alfred Jodl, damals Leiter der Abteilung L (Landesverteidigung) im Wehrmachtsamt, hat diese Krise um Fritsch in seinem Tagebuch – es sollte im Nürnberger Prozeß eine verhängnisvolle Rolle spielen – anschaulich festgehalten, vor allem die Verworrenheit der Situation. Am 2. Februar 1938 schrieb er: „Man tappt noch völlig im dunkeln, nach dem Urteil des Justizministers Gürtner scheint das Material stichhaltig zu sein“; einen Monat später sah Jodl klarer, er notierte am 6. März: „Die Hauptverhandlung ist auf den 9. 3. 38 verlegt. Sie muß die Unschuld des Oberbefehlshabers klar herausstellen und in die Hintergründe der Verdächtigung hineinleuchten.“ Obwohl damals ein Bewunderer Hitlers, erfüllte Jodl heiße Sorge vor parteipolitischen Einflüssen in der Wehrmacht:

„Jeder Riß, den sie in sich trägt, bietet anderen Kräften willkommenen Anlaß, in das Gefüge einzubrechen . . . Ich rate Keitel, doch mit allen Personalveränderungen äußerst vorsichtig zu sein, damit nicht aus politischen Gründen unübersehbarer Schaden angerichtet wird. Wir können es uns nicht leisten, unsere besten oberen Führer zu verlieren, die unersetzlich sind . . . Das Beste wäre, wenn sich Beck entschließen könnte, zu bleiben . . .“ Das war 1938 gewesen.

Am 22. September 1939 ging eine tiefe Erschütterung durch die Wehrmacht. Von der Heeresgruppe C in Polen wurde gemeldet, Generaloberst Freiherr v. Fritsch sei in der Nähe von Warschau bei einer Patrouille an vorderster Front gefallen. Fritsch hatte gebeten, mit dem Artillerieregiment Nr. 12, zu dessen Ehrenkommandeur man ihn ernannt hatte, ins Feld zu rücken. Für ihm Nahestehende konnte es keinen Zweifel geben, daß er den Soldatentod gesucht hatte. Ein letzter Brief an seine Mutter bestätigte diese Vermutung.

Für den einstigen Oberbefehlshaber des Heeres wurde ein Staatsbegräbnis in Berlin angeordnet. Wegen verwandtschaftlicher und freundschaftlicher Bindungen zu dem Toten erhielt ich Urlaub, um an der Feier teilzunehmen. Von Beck hatte ich einmal die Äußerung gehört, Preußen wäre 1918 begraben worden. Mir war bei der Trauerfeier im großen Saal des Kriegsministeriums zumute, als würde Preußen heute an diesem Tag und mit diesem Mann begraben. Bewegungslos, voller Ehrfurcht und Erschütterung standen in langen Reihen die Oberbefehlshaber der Front- und Heimattruppen vor dem Sarg, auf dem der Stahlhelm und die Orden des Toten im Lichte Hunderter Kerzen schimmerten.

Feldbischof Dormann sprach die Abschiedsworte. Als die Trompeter von der Empore gedämpft den Choral „Vater, ich rufe Dich!" bliesen, sah ich Tränen in den Augen manch ergrauter Generale.

Der offizielle Staatsakt fand Unter den Linden vor dem Grabmal des Unbekannten Soldaten statt. Trotz strömenden Regens hatte sich eine unübersehbare Menschenmenge eingefunden. Es war meine erste Wiederbegegnung mit den Berlinern seit Kriegsbeginn, und mir fiel auf, wie ernst und gedrückt die Gesichter waren. Unter dumpfem Trommelwirbel wurde der mit der Reichsflagge bedeckte Sarg von der Lafette gehoben und vor dem Grabmal aufgebahrt. Generaloberst von Brauchitsch würdigte die Persönlichkeit des Toten: „Diese Stunde fordert dazu auf, dem nachzuspüren, was diesen Offizier zu seinem Tun und seiner Leistung befähigte. Was finden wir? ... Einen Menschen lauterster Prägung, der mit warmem und gütigem Herzen wahrhaft seine Soldaten verstand und von ihnen verstanden wurde. Einen Menschen, der kaum einmal von Pflichterfüllung, von bedingungsloser Hingabe an die Sache zu sprechen brauchte, weil er sie beispielhaft vorlebte. Alles, was der Generaloberst von anderen forderte, hat er ihnen selbst vorgelebt." Brauchitsch schloß mit den Worten: „So wie er sich selbst treu blieb in hellen und dunklen Stunden, so hielt er auch die Treue, unwandelbar und unerschütterlich wie ein Fels, seinem Führer, seinem Volk und seinem Heer." Es mochte Brauchitsch nicht leichtgefallen sein, im Gedenken an den einstigen schmählichen Sturz von Fritsch in dieser Abschiedsrede auf die Politik Rücksicht nehmen zu müssen, und es war nicht zu verkennen, wie der Gegensatz Wehrmacht–Partei selbst vor diesem Sarg seinen Ausdruck fand. Auf der einen Seite standen die Vertreter der Regierung, Göring an der Spitze. Hitler selbst fehlte. Als ihm Generalmajor Jodl den Tod des einstigen Oberbefehlshabers mit den Worten mitgeteilt hatte: „Mein Führer, ich melde, daß die Wehrmacht heute ihren besten Soldaten verloren hat", hatte er unwirsch reagiert. Auf der anderen Seite des Sarges standen die Offiziere der drei Wehrmachtsteile, Heer, Luftwaffe und Marine. Neben der 80jährigen Mutter des gefallenen Generalobersten stand barhäuptig mit schlohweißem Haar der 89jährige Feldmarschall v. Mackensen in verblichener Husarenuniform. Als sich der Regen verstärkte, legte er sein Husarencape um die Schultern der Greisin. Nie habe ich eine Bewegung von zarterer Behutsamkeit gesehen.

Als die Vertreter der Regierung, unter ihnen Reichsführer SS Himmler, zur Kondolation herantraten, nahm die alte Dame keine der ausgestreckten Hände, sondern neigte mit unnachahmlicher Würde und Überlegenheit, ohne aufzusehen, nur leicht den Kopf. Diese souveräne Gelassenheit wurde mir unvergeßlich und stand mir beispielhaft vor Augen, als ich sieben Jahre später im Nürnberger Gerichtsgebäude von meinem Mann, Generaloberst Jodl, Abschied nahm, der mit Handschellen an einen amerikanischen Militärpolizisten gefesselt war.

Als der schier endlose Trauerzug sich vom Grabmal des Unbekannten Soldaten zum Invalidenfriedhof in Bewegung setzte, war mir, als sähe ich Fritsch ein wenig spöttisch lächeln über dieses großartige Staatsbegräbnis, das so ganz und gar im Widerspruch zu dem Soldatentod stand, den er gesucht. Mir ging sein Tod auch persönlich sehr nahe. Als Onkel meiner Freundin Ruth von Werner, der späteren Frau meines Bruders Franz, hatte er uns des öfteren ins „Savarin" eingeladen. Dann sah er schmunzelnd durch sein Monokel zu, wie wir uns beide mit solch ungewohnten Delikatessen wie Austern und Hummer abmühten, und gab humorvolle Ratschläge. Einsam durch Veranlagung und Stellung, freute es ihn sichtlich, der Jugend Freude zu bereiten, wenn sie ihm unbefangen gegenübertrat. Daß ausgerechnet dieser wahrhafte Edelmann das Opfer einer infamen Intrige geworden war, hatte ich nie ganz begreifen können. Der Soldatentod und dieser letzte Gang waren seiner würdig.

2.
Operationen „Weserübung“ und „Gelb“

Als wir am 17. September 1939 von der Geheimklausel des einen Monat zuvor abgeschlossenen deutsch-sowjetischen Grenz- und Freundschaftsvertrages und vom Vormarsch russischer Truppen erfuhren, war die Erregung ungeheuer. Schon der Vertrag zuvor hatte, obwohl er die Stärke unseres Landes zu untermauern schien, bei mir und vielen Gleichdenkenden Bedenken ausgelöst. Der Kampf gegen den Bolschewismus war uns all die Jahre als das wichtigste Ziel des Regimes erschienen. Die Erregung galt auch dem nun notwendigen Rückzug der deutschen Truppen auf die San-Linie. „Ribbentrop ist für jeden Tropfen deutschen Blutes verantwortlich, der jenseits dieser Linie vergossen wurde“, hörte ich den Chef der Operationsabteilung, Oberst i. G. Heusinger, schimpfen. Wir erfuhren von der Aufteilung Polens und der Errichtung eines Generalgouvernements. Bedenken kamen offen zur Sprache. Würden sich die Westmächte jetzt noch, nachdem der polnische Staat von der Landkarte getilgt worden war, zu einem Frieden bereitfinden? Würden sie auf Hitlers Friedensappell vom 6. Oktober eingehen, in dem er eine uneingeschränkte Anerkennung der eroberten Ostgebiete forderte? Eine Fülle von Gerüchten lief um, Friedensgerüchte, die von Skeptikern nur belächelt wurden. Wann immer Zeit war, stellten wir das Radio an, um Sondermeldungen abzuhören. Die Meldungen der Abteilung „Fremde Heere West“ überstürzten sich. Englands Ablehnung eines Friedens schien eindeutig. „Was dem Abschluß eines solchen Friedens allein entgegensteht“, erklärte Ministerpräsident Chamberlain, „ist einzig und allein die deutsche Regierung.“ War es diese Haltung, die Hitler zu einer Änderung seiner Politik bewog? Am 31. August 1939, also vor Beginn des Polenfeldzuges, hatte seine Weisung noch gelautet: „Im Westen kommt es darauf an, die Verantwortung für die Eröffnung der Feindseligkeiten eindeutig England und Frankreich zu überlassen." Die Holland, Belgien und Luxemburg zugesagte Neutralität sei peinlichst zu achten. Im Panzerschrank des Generalstabschefs lag zu dieser Zeit keine Weisung Hitlers für einen Angriff im Westen, kein Operationsplan des Generalstabes. Da erging am 9. Oktober die „Weisung Nr. 6", die ungeheure Spannung auslöste. Zwar hatte ich, unerlaubt natürlich, in einem unbeachteten Moment rasch einen Blick auf die „Chefsache" werfen können und gelesen: „Sollte in der nächsten Zeit nicht zu erkennen sein, daß England und unter dessen Führung Frankreich nicht gewillt sind, den Krieg zu beenden, so bin ich entschlossen, ohne lange Zeit verstreichen zu lassen, aktiv und offensiv zu handeln." Aber wie? Man wußte vielleicht mehr als Millionen und doch nichts Genaues, konnte nur kombinieren und aus der überaus gereizten und nervösen Atmosphäre herauslesen, daß zwischen FHQU* und OKH stärkste Spannungen bestanden. So viel wurde aber doch bekannt, daß Brauchitsch nach einem heftigen Zusammenstoß mit Hitler seinen Rücktritt angeboten, sich dann aber doch zum Bleiben entschlossen hatte. Von den Plänen einer Widerstandsgruppe, Hitler auszuschalten, erfuhr ich erst in Nürnberg.

Neujahr hatte ich eine Woche Urlaub und begab mich kurzentschlossen zum Skifahren auf das Zugspitzemassiv. Aber die Berge brachten nicht das sonstige Erleben unbändiger Freiheit, denn ich fühlte mich zu sehr der täglichen Gemeinschaft von Feldpostnummer 10222 verbunden, um den Urlaub genießen zu können. Auf der Durchfahrt besuchte ich in Berlin Jodls, die im Ausweichhauptquartier des OKW in Dahlem eine Unterkunft gefunden hatten. „Immer nur Schwierigkeiten statt mitzuziehen!" schimpfte Jodl auf das OKH. „Der Führer hat zuerst gewiß gedacht: Ruhig bleiben, dann fangen die anderen auch nicht an, das hat sich ja beim Polenfeldzug bestätigt. Aber die Westmächte denken ja gar nicht daran, Frieden zu machen, das ist Utopie. Und sollen wir etwa warten, bis die stärker sind?"

Der ursprünglich für den Herbst festgelegte Angriff auf Frankreich, die „Operation Gelb", wurde aus Wetter- und Rüstungs-

* Führerhauptquartier.

gründen immer wieder verschoben. Die Nervosität stieg. Sie erreichte ihren Höhepunkt, als am 15. Januar 1940 eine deutsche Kuriermaschine mit Operationsplänen an Bord versehentlich auf belgischem Boden landete, ohne daß der Pilot alle Papiere verbrennen konnte. Am nächsten Tag hing in jedem Dienstraum Hitlers berühmter „Befehl Nr. 1“:[4]

1. Niemand: Keine Dienststelle, kein Offizier dürfen von einer geheimzuhaltenden Sache erfahren, wenn sie nicht aus dienstlichen Gründen unbedingt davon Kenntnis erhalten müssen.
2. Keine Dienststelle und kein Offizier dürfen von einer geheimzuhaltenden Sache mehr erfahren, als für die Durchführung ihrer Aufgabe unbedingt erforderlich ist.
3. Keine Dienststelle und kein Offizier dürfen von einer geheimzuhaltenden Sache bzw. dem für sie notwendigen Teil früher erfahren, als dies für die Durchführung ihrer Aufgabe unbedingt erforderlich ist.
4. Das gedankenlose Weitergeben von Befehlen, deren Geheimhaltung von entscheidender Bedeutung ist, laut irgendwelcher allgemeiner Verteilerschlüssel ist verboten.

Alles schimpfte über diesen Befehl, der den täglichen Dienstbetrieb ungemein erschwerte. Und worüber sich damals niemand klar war: er ermöglichte es, daß gerade im streng gehandhabten Dienstablauf unter der Plexiglashülle des Schweigens Verbrechen geschehen konnten, von denen kaum jemand wußte.

So kam es, daß ich bei Bekanntwerden der Operation „Weserübung“, der Landung deutscher Truppen in Norwegen am 9. April 1940, sprachlos war. Diese in der Militärgeschichte wohl erstmals durchgeführte Operation dreier Wehrmachtsteile unter zentraler Führung war im OKW ausgearbeitet worden, wobei sogar Göring, immerhin Oberbefehlshaber der Luftwaffe, erst nach Unterzeichnung der Weisung Kenntnis erhielt.

Mit größter Spannung verfolgten wir alle diese, militärisch betrachtet, imponierend kühne Operation und erlebten die schweren Krisen mit, die Versenkung des Kreuzers „Blücher“, der Zerstörer in Narvik, bis zum Sieg der vereinigten Gebirgsjäger- und Marinetruppen unter Führung von General Dietl. Wie wir hörten, hatte Hitler in den Tagen der Ungewißheit die Nerven verloren und die Operation abbrechen wollen. Es war Jodl auf Anregung seines Generalstabsoffiziers Oberst von Lossberg gelungen, Hitler zum Durchhalten zu bewegen.[5]

Aus Meldungen der Abteilung „Fremde Heere West“ und der Abwehr ging hervor, daß die deutsche Landung derjenigen der Briten nur um wenige Stunden zuvorgekommen war.[6]

Von Jodl hörte ich später die Begründung für diesen Feldzug: „Es gibt kein besseres Beispiel für die militärische Notwendigkeit eines präventiven Handelns als diesen Feldzug. Wir brauchten Norwegen nicht, hatten nichts von ihm zu befürchten. Für die angriffsweise Kriegführung gegen England bringt er fast keinen Gewinn, im Gegenteil, legt fast 300.000 Mann fest, und die Möglichkeiten für die Schaffung von Seestützpunkten sind wegen Mangel an Werften und Docks gering. Aber Norwegen als englische Operationsbasis mußte zum Verlust des Krieges führen; es lagen Meldungen über englische Besetzungspläne vor, die sich ja durch die Gefangennahme des englischen Berichterstatters Romilly in Narvik und die Erbeutung englischer Befehle bestätigt haben. Ich hielt übrigens nur die Ausdehnung der ersten Operation bis Drontheim für verantwortlich. Aber der Führer bestand auf der Einbeziehung von Narvik in die erste Anlandung, um die Inbesitznahme der Erzbahn durch die Briten zu verhindern.“

Der Befehl für die „Operation Gelb“, den Frankreichfeldzug, war so oft widerrufen worden – seit November 1939 wohl siebzehnmal –, daß ich erst nicht daran glaubte, als es am 9. Mai 1940 abends hieß: „Koffer bereithalten!“ Um 18 Uhr ging der Sonderzug ab. Ausladung nachts – ich erkannte das Schild auf dem Bahnhof: „Godesberg“. Von dort ging es im Wagen weiter Richtung Schneeifel. Noch war es dunkel, aber in der nun einsetzenden Morgendämmerung bot sich im Nebel das gespenstisch großartige Bild vorrückender Armeen. Nach einigen Stunden fuhr der Wagen in einen Seitenweg des dichten Forstes; unter einem riesigen Tarnnetz mit Grasbüscheln konnte man ein Lager aus Holzbaracken erkennen. Wir waren im „Felsennest“, dem neuen Hauptquartier des OKH angekommen. Als ich mit steifen Gliedern fröstelnd ausstieg, hörte ich ein dumpfes Dröhnen am Himmel: Unsere Sturzkampf- und Bomberverbände auf dem Flug zum ersten Angriff. Ich sah auf die Uhr: 4.30. Mein Bruder Franz war Fernaufklärer und aus Norwegen heil zurückgekehrt. Wo mochte er jetzt sein? In fünf Minuten würden die Truppen antreten. Ich war mit der Sekretärin von Brauchitsch, Frl. v. Reitzenstein, beim Försterehepaar untergebracht. Koffer abgeben und fünf Minuten später zu dem unter Tarnnetzen verborgenen neuen Hauptquartier OKH „Felsennest“. Anheften der Karten an die Wand, Telefone ausprobieren, der Krieg ging weiter. Oder begann er erst wirklich?

Für die Feldpostnummer 10222 gab es während dieser ersten Tage der „Operation Gelb" sowenig Schlaf wie für die Truppe. „Schlaf ist im Krieg überhaupt ganz unwichtig", meinte der erste Adjutant, Major i. G. Nolte, als er mich einmal, über die Schreibtischplatte gelehnt, schlafend vorfand. „Das hängt davon ab, wie lange er dauert", versuchte ich mich zu verteidigen. „Nun, die paar Wochen werden Sie es ja aushalten." Mit dem Gesang der Vögel, täglich sich kündendes Zeichen einer unverändert friedlichen Welt der Natur, begann der Dienst und endete nach Mitternacht, wenn Brauchitsch und Halder, weit über die Lagekarten gelehnt, die Truppenbewegungen für den nächsten Tag in die Maschine diktierten. Die vielen fremden Orts- und Flußnamen mit den französischen Akzenten bereiteten oft Kopfzerbrechen. Am 11. Mai nachmittags kam der Führer ins Hauptquartier des OKH. Ich hatte Hitler noch nie aus nächster Nähe gesehen und war naturgemäß neugierig. Zu meiner Enttäuschung wurde jedoch befohlen, daß jeder auf seinem Arbeitsplatz zu verbleiben habe. Ich fand das typisch preußisch. Durch einen eingefädelten „Zufall" sah ich ihn dann aber doch auf kürzeste Entfernung, als er unsere Baracke verließ. Mir fiel der ungeheuer ferne Ausdruck seiner Augen auf, als sähe er durch alles hindurch. Major Nolte sah ihm nach und schüttelte sich. „Huh, welche Brutalität!" Ich wollte wissen, warum. Er winkte ab: „Befehl Nr. 1." Da war man wieder: mitten im Zentrum des Geschehens und doch ohne genaue Kenntnisse.

Zwei Tage später kam Jodl vom nahegelegenen Führerhauptquartier in Rondern herüber, um mit Halder zu sprechen. Er war ganz erfüllt von der geglückten Landung der Lastensegler auf der Festung Eben Emael: „Das war die alleinige Idee des Führers und ist fast ohne Verluste abgegangen." Ich gratulierte ihm nachträglich zum Geburtstag zwei Tage vorher. „Wer denkt denn an so was?" meinte er wegwerfend. Dann nachdenklich: „Der Übergang bei Maastricht hat leider viel gekostet an Verlusten, die Brücken waren gesprengt, damit hatten wir nicht gerechnet." Wie wir später erfuhren, hatten die Alliierten den Angriffstermin gekannt. Die Skeptiker, die das Gelingen dieses Feldzuges für unmöglich gehalten hatten, wurden eines Besseren belehrt. Schon am 13. Mai lief ein Funkspruch von General Guderian ein: „Maasübergang bei Sedan erzwungen. Stoße weiter Richtung Laon. Also doch." Einen

Tag später kapitulierte die holländische Armee. Konnte es anders sein, als daß uns Stolz auf diese ungewöhnlichen Leistungen unserer Truppe erfüllte?

Jodl erzählte mir später: „Als der Führer sagte: ‚Meine Herren, das wird der größte Sieg in der Weltgeschichte!' hat ihm wohl kaum einer geglaubt, auch ich nicht. Ich besorgte, man begäbe sich hier auf einen Schleichweg, auf dem uns der Kriegsgott nicht erwischen dürfte." – „Wieso Schleichweg?" – „Ein direkter Angriff gegen die Maginotlinie wäre sinnlos gewesen", erklärte mir Jodl. „Wir wären dabei Gefahr gelaufen, daß die Westmächte uns in die tiefe Flanke durch Holland und Belgien ins Ruhrgebiet vorgestoßen wären. Die englische Armee stand hinter der belgischen Grenze sozusagen mit laufenden Motoren bereit.[7] Darum entschloß sich der Führer zum Durchbruch bei Sedan. Manstein hat als erster den Gedanken des Führers in seiner Größe und Richtigkeit erkannt."[8]

Die Hochstimmung im „Felsennest" ebbte ab, als am 24. Mai durch einen Eingriff Hitlers in die geplanten Operationen südlich Dünkirchens nahezu das gesamte britische Expeditionskorps entkam. Die Gründe Hitlers sind bis heute umstritten. Ich hatte damals den Auftrag, das auf Band aufgenommene Telefongespräch Hitlers mit Halder abzustenographieren, eine problematische Aufgabe, da das Gespräch mit erheblicher Erregung geführt worden war. Soweit ich mich entsinne, ging es bei Hitler um die Schwierigkeiten, die das Heckengelände den Panzerverbänden verursachen würde. Die Gegenvorstellungen Halders, Brauchitschs und auch Jodls blieben erfolglos.[9] Behauptungen, Hitler habe den Briten die Demütigung der Zerschlagung ihres gesamten Expeditionskorps ersparen wollen, sind wohl bis heute historisch nicht geklärt.

Während in der Heimat drei Tage lang die Siegesglocken läuteten, wurde das Hauptquartier OKH am 5. Juni wiederum nach Westen vorverlegt, um der Front für die nächste Phase der Operationen näher zu sein. Bei der Überquerung der Notbrücken bei Maastricht wurde ich zum ersten Mal mit der Wirklichkeit eines Krieges konfrontiert. Was vier Jahre später, ja schon früher, gewissermaßen zum Alltag gehören sollte – Ruinen, zerborstene Brücken, verlassene Häuser –, nahm ich damals noch naiven Gemütes mit Grauen und Erschütterung wahr. Stumm sahen wir die ausgebrannten Panzer und Eisenbahnzüge, und in immer neuer schmerzlicher Betroffenheit blieb der Blick an Holzkreuzen mit deutschen, belgischen und englischen Stahlhelmen hängen. „Wie seltsam, daß der Krieg offenbar nur die Hauptstraße entlangzieht", sagte ich zum zweiten Adjutanten, Oberleutnant v. Puttkamer, erleichtert über den Anblick zahlreicher unzerstörter Bauernhöfe. Er nickte. „Bis die Ernte herein ist, ist auch der Krieg vorbei."

In Chimay hielten wir zur Orientierung, und ich besah das Schloß, das einst Napoleon einer Freundin geschenkt hatte. Als ich durch den gut erhaltenen Park ging, wurde mir plötzlich bewußt, daß mir mein Hiersein in einem fremden Land, auf fremdem Boden höchst natürlich vorkam. Wie war das nur möglich? Mir schien, als sei, herausgelöst aus dem normalen Dasein, das Unwahrscheinliche Wirklichkeit geworden; und ich erkannte, daß Bedenkliches nicht die Bedenken auslöste, die verkrustet im Unterbewußtsein unter der Herausforderung des Abenteuers, des einmalig Neuen lagen. Hieß dies nicht Geschichte erleben, wirklich miterleben?

Das neue Hauptquartier lag in Forges, einem kleinen belgischen Dorf. Aus Sicherheitsgründen war die Umgebung im Umkreis von 30 km geräumt worden. Durch das in der Eile zurückgelassene Vieh bot sich bei unserem Eintreffen ein Anblick, der an den Garten Eden erinnerte. Pferde, Kühe, Schweine, Ziegen, Enten, Karnickel, Schafe, Hühner, alles graste, zupfte oder sonnte sich im warmen Sonnenschein entlang der Dorfstraße. Ein Bild idyllischen Friedens, das nur durch das gequälte Brüllen der ungemolkenen Kühe gestört wurde. Ein extra eingesetztes Melkkommando befreite sie von ihren Nöten, bis die Besitzer sie abholten.

Gute Nachricht erwartete uns bei der Ankunft: Rückzug der Briten aus Narvik; stark kritisiert wurde der Kriegseintritt Italiens. Es folgte die Kapitulation von Verdun, von Paris, erste Gerüchte über Waffenstillstandsverhandlungen. Als sich am 22. Juni die Nachricht von der Einstellung der Feindseligkeiten bestätigte, war das Glücksgefühl in mir so übermächtig, daß ich mit dem Oberfeldwebel durch ein Fenster in die geschlossene Kirche einstieg, um die Glocken zu läuten. Vom Dorf her dröhnten Schüsse. Die jungen Offiziere der Operationsabteilung schossen mit einer Pak* Salut.

Der Krieg mit Frankreich war zu Ende, jetzt kam sicher bald Frieden!

* Panzerabwehrkanone.

3.
Vergebliche Hoffnungen

„... und nicht zu zögern den Schritt"
Friedrich Schleiermacher

„Spätestens in ein paar Wochen ist Frieden." Immer wieder hörte man nach dem Waffenstillstand diese Worte. In den Dankschreiben Halders auf die zahllosen Glückwünsche kam die gleiche Hoffnung zum Ausdruck: England habe den Krieg bereits verloren. Auch in praktischen Maßnahmen der militärischen Führung offenbarte sich diese Erwartung: Von 55 Felddivisionen des Heeres wurden 17 aufgelöst und 18 beurlaubt. Diese optimale Stimmung ging nicht zuletzt vom Führerhauptquartier aus. Bei einer Ansprache vor Offizieren der Heeresgruppe C unter Feldmarschall von Rundstedt hatte Hitler in Charleville erklärt, in etwa sechs Wochen rechne er auf einen Frieden mit England und werde ihm jede Hand zum Kampf gegen den Bolschewismus bieten. Als Jodl vom Führerhauptquartier „Wolfsschlucht" einmal nach Forges herüberkam, äußerte er sich ähnlich: „Die Engländer müssen doch erkennen, daß eine Weiterführung des Krieges ihrer Weltmachtstellung und dem Empire nur schaden kann." Jodl war bei den Waffenstillstandsverhandlungen dabeigewesen und berichtete sichtlich bewegt, wie sich Keitel und der französische Delegierte, General Huntzinger, mit Tränen in den Augen gegenübergestanden waren. Er schilderte auch seine eigenen Eindrücke, vor allem die Schwierigkeit, die Franzosen zum Waffenstillstand mit dem italienischen General Marras zu bewegen. Es beeindruckte mich stark, daß man sich doch noch sehr fair verhalten hatte: Marschall Pétain, der neue Regierungschef, war mit einer Ehrenkompanie begrüßt worden, die Präambel des Abkommens und die den Franzosen gewährten Zugeständnisse hinsichtlich einer Armee in der unbesetzten Zone und freiem Abzug der Flotte ließen auf eine ganz neue Phase der Politik hoffen. Diese Hoffnung teilten damals auch Offiziere, die dem Regime – trotz anfänglicher Zustimmung – eher kritisch gegenüberstanden. So schrieb mir der Oberstleutnant i. G. v. Tresckow, vier Jahre später einer der tragenden Urheber des Widerstandes, auf einer Postkarte, auf der die Unterzeichnung der Kapitulation durch die Deutschen 1918 im Zug von Compiègne zu sehen war: „Hier geht weiter alles ausgezeichnet, und wir gehen voller Zuversicht an unsere neuen Aufgaben. Aller Kleinmut, dessen ich mich freudig schuldig bekenne, ist angesichts unserer ungeheuren Erfolge verflogen. Es kommt alles auf das gegenseitige Verhältnis an. Es wird alles weiter gut werden, und hoffentlich ein guter Frieden folgen."

Ende Juni wurde das Hauptquartier OKH nach Fontainebleau verlegt. Auf der Fahrt dorthin ließ General Halder die Wagen seines Stabes nach Compiègne einbiegen. Bald standen wir an dem Platz, wo die Unterzeichnung stattgefunden hatte. Der Eisenbahnwaggon, derselbe, in dem einst 1918 Deutschland unterzeichnet hatte, war nach Berlin gebracht worden. Aber die leere Halle war noch zu sehen und seltsamerweise auch noch das Denkmal mit dem gestürzten deutschen Adler. Ich las die Inschrift: „Ici . . ."

„Hier erlag am 11. 11. 1918 der verbrecherische Stolz des deutschen Reiches, besiegt durch die freien Völker, die es sich zu unterjochen anmaßte."

Versailles und Compiègne! In der Kindheit hatte ich das Wort Versailles ständig von den Erwachsenen gehört, es hatte sich dem kindlichen Gemüt als eine Schande, als etwas unvorstellbar Demütigendes eingeprägt. Das muß auch an den damaligen Schulbüchern gelegen haben, denn meine Eltern – meine Mutter war Engländerin – besaßen bei aller damals selbstverständlichen nationalen Einstellung eine ungewöhnlich weitsichtige und liberale Einstellung. Aber unleugbar hat der Begriff „Versailles" das Fühlen und Denken des Kindes und heranreifenden jungen Menschen maßgeblich beeinflußt. Konnte es anders sein, daß ich nun, vor diesem Haßdenkmal stehend, mit Genugtuung daran dachte, daß dies nun ausgelöscht war! Die Haßdenkmäler hatten mich ohnehin, in Belgien wie in Frankreich, mit Betroffenheit erfüllt. Ist Haß es wert, ein Denkmal zu erhalten?

An Saint-Denis, der Grabstätte der französischen Könige, vorbei führte die Fahrt nach Paris hinein. Das sollte das vielgerühmte Paris sein? Die Stadt war totenstill, die Läden der Fenster fest verschlossen, vereinzelt trabten Polizeipatrouillen durch die Straßen. Als Halder halten ließ, um nach dem Weg zu fragen, gaben sie höflich Auskunft. In kurzer Rundfahrt ließ uns Halder die wichtigsten historischen Bauten der Stadt sehen, und angesichts dieser reinen Schönheit der Architektur verblaßte die anfängliche Enttäuschung. Durch die Pracht uralter Eichenwälder ging es weiter nach Fontainebleau. Hier begegneten wir zum ersten Mal den endlosen Kolonnen der aus Paris Evakuierten, die nun dorthin zurückzogen. Es tat gut, zu wissen, daß vier deutsche Divisionen eigens dazu abkommandiert waren, diese Unglücklichen zu versorgen. „Wie dankbar müssen wir sein, daß uns Deutschen so etwas erspart wird", schrieb ich an meine Mutter, ahnungslos, was wir sechs Jahre später alles erleben würden.

Die Feldpostnummer 10222 war diesmal in einer großräumigen Villa am Stadtrand einquartiert. Welch ein Unterschied zu dem muffigen Dorfhaus in Forges! Mit Behagen betrachtete ich die großen Spiegel, die alten Ölgemälde und die umfangreiche Bibliothek. Die Besitzer waren geflohen, die Einrichtung aber noch an Ort und Stelle. Als ich in dem mir zugeteilten Zimmer – es war wie ein Salon mit Seide tapeziert und enthielt ein breites französisches Bett – meinen Mantel weghängen wollte, sah ich mich zum ersten Mal mit der Versuchung der Okkupation konfrontiert. Der Schrank war bis obenhin mit schönsten Pelzcapes – vom Nerz zum Silberfuchs – und prachtvollen Taschen aus marokkanischem Leder gefüllt. Wer würde schon merken, wenn da einige Stücke als „Souvenirs" in meinem Koffer verschwänden? Sicher niemand außer mir selbst. Aber das genügte, immerhin erst nach einigem Zögern, um den Teufel der Versuchung fest im Schrank einzuschließen. Im täglichen Dienst begann nun eine neue Phase, ein Papierkrieg ungeahnten Ausmaßes, vor allem liefen Erfahrungsberichte der Truppeneinheiten ein. Statt der Frontbefehlshaber erhielten nun die Militärbefehlshaber der verschiedenen Bezirke Vorrang bei den Vorträgen. Die Hoffnung auf mehr Schlaf blieb zunächst ebenso eine Illusion wie der Wunsch, Paris einmal richtig kennenzulernen. Aber eines Tages war es dann doch soweit. „Sie dürfen morgen mit Roeder und dem Feldwebel nach Paris", kündigte mir Major i. G. Gehlen, der nunmehrige erste Adjutant (und spätere Chef des Bundesnachrichtendienstes in Pullach) an.

Oberleutnant Frhr. Roeder v. Diersburg, der zweite Adjutant, war der richtige Begleiter nach Paris. Schon viermal verwundet, fühlte er sich auf diesem „Etappenposten" todunglücklich und sah in einem Parisbesuch eine willkommene Abwechslung. Als ihn Feldmarschall Milch einmal mit „junger blonder Page“ anredete, schickte er aus Rache den Fahrer des Wagens mit der Begründung fort, es sei „Luftalarm“. Paris! War dies noch dieselbe Stadt wie vor knapp drei Wochen? Mir schien, als habe sie sich in dieser kurzen Zeit von einer trauernden Witwe in eine strahlende und lebensfrohe Frau verwandelt. Die Läden boten alles an, was ein Frauenherz begehrte, wozu der Wehrsold aber nicht reichte. Ich konnte mich aber nicht sattsehen an diesen faszinierenden Schaufenstern, bei deren Anblick das an Akten und geheime Kommandosachen gewöhnte Auge einfach in Ekstase geriet. Kolibrifarbene Hütchen auf surrealistischen Ständern, geschliffene Parfümflakons, Taschen in allen Farben und wieder Parfüms ... Die Museen hielten meist noch geschlossen, der Louvre allerdings war schon geöffnet. Vergeblich suchten wir die Nike von Samothrake, ebenso wie die Gemälde war sie noch ausgelagert. In der ägyptischen Abteilung lösten Arbeiter gerade den dicken Gipsbelag von den Mosaikfußböden. Im Musée Rodin im herrlichen Palais Byron bot sich hingegen die ganze Fülle der Werke, die Rilke in so einzigartiger Form beschrieben hat.

Als wir uns zu verabredeter Zeit an der Madeleine trafen, sah Roeder fragend auf ein Paket in meiner Hand. Er schlug sich mit der Hand auf die Stirn, als ich ihm gestand, es seien Skistiefel. „Das in Paris!“ Wir beschlossen, den Rest unseres Wehrsoldes (alle 10 Tage 25 Mark) im „Ritz“ zu verspeisen. Lag es an den Spiegeln ringsum, daß uns auf einmal so viele Kellner bedienten? Leutselig nahmen wir beim Verlassen des Eßsaales die tiefen Verbeugungen entgegen und warfen einen mitleidigen Blick auf einen alten, ledern aussehenden Intendanten, der mit seinem Hummer nicht zurechtkam. Roeder konnte nicht genug davon erzählen, wie bezaubernd die Französinnen seien. „Hätte ich doch nicht so viel Zeit in den Museen verbracht!“ rief er und sah sich immer wieder um, seiner eigenen unwiderstehlichen Wirkung gewiß. „Sehen Sie doch nur, diese Figuren, dieser Chic, quel charme, quel charme!“ Seine Lebensintensität war so ansteckend, so gegenwartsbejahend, als wüßte er, daß er zwei Jahre später zu den Millionen Gefallenen gehören würde.

Auf der Rückfahrt hielten wir an, um im Radio des Wagens die Übertragung der großen Rede Hitlers im Reichstag zu hören. Zunächst ging es um den Dank an die Wehrmacht: Zahllose Beförderungen wurden bekanntgegeben. „Jetzt haben wir mal

Oberwasser vor der elenden Partei", sagte Roeder. Dann kam der politische Teil. Mit scharfer Akzentuierung dröhnte die Stimme des Führers: „Ich betrachte es als meine Pflicht vor meinem Gewissen, noch einmal an die Vernunft und den Common Sense in Großbritannien zu appellieren. Ich sehe keinen Grund, warum dieser Krieg weitergeführt werden muß." In der ganzen Rede wurde kein Wort von der Wiederherstellung Polens gesagt, konnte daher Hitlers Appell in England Widerhall finden? Churchills Antwort klang absolut eindeutig: „Wir werden nicht aufhören zu kämpfen, bis die Freiheit gerettet ist." Langsam zerrann die Hoffnung auf Frieden.

Eine neue Phase begann. Laut Weisung Nr. 16 vom 16. Juli 1940 setzten die Vorbereitungen zur „Operation Seelöwe" ein – Angriff auf England. Nun standen auf Halders Vortragskalender zunehmend auch die Namen von Offizieren der Kriegsmarine. Man spürte an der Atmosphäre deutlich die starken Meinungsverschiedenheiten; hinzu kam, daß auf den täglichen Morgenmeldungen die Zahlen der von der britischen Luftwaffe versenkten deutschen Landungsschiffe ständig zunahmen. Noch größer war die Sorge um die täglichen Verluste unserer Luftwaffe bei der Luftschlacht, die seit Anfang August über dem Kanal tobte, von beiden Seiten mit dem ganzen Einsatz junger überzeugter Patrioten geführt.

Über das Schwanken Hitlers hinsichtlich der Operation „Seelöwe" hat Jodl später geschrieben: „Er teilte den Glauben des Heeres, daß England in Kürze niederzuwerfen sei, sobald man festen Fuß auf der Insel gefaßt habe. Aber ob das gelingen würde, das hing von seemännischen Imponderabilien ab, die ihm fremd waren. Vielleicht war dieser strategische Entschluß der einzige des ganzen Krieges, bei dem sich Hitler beraten ließ. Die Warnung des Oberbefehlshabers der Kriegsmarine und eine von mir verfaßte Beurteilung der Lage gaben den Ausschlag. Hitler wandte sich dem Mittelmeer zu."

Operation „Seelöwe" trat in den Hintergrund und wurde am 12. Oktober 1940 endgültig aufgegeben. Dafür hörte man zum ersten Mal das Wort „Rußlandfeldzug". Zunächst wurde General Marcks, dann General Paulus mit einer Studie über einen solchen Feldzug beauftragt. Also doch ein Zweifrontenkrieg? Das schien mir unfaßbar. Als ich bald darauf, noch im August, mit einer Maschine Halders zu einem kurzen Urlaub heimfliegen durfte, suchte ich auch Jodls in Dahlem auf. Auf meinen Glückwunsch zu Jodls Beförderung zum General der Artillerie, ohne erst Generalleutnant gewesen zu sein, meinte Jodl lakonisch: „Das verdanke ich Göring, der seinen Generalstabschef Jeschonnek zum General der Flieger befördert hat. Der ist ja viel jünger als ich, da meinte Schmundt* zum Führer, dann müsse der Chef seines Wehrmachtführungsstabes den gleichen Rang haben." Jodl war verschlossen und schweigsam, vergeblich versuchte ich, ihn über Rußland auszuhorchen. „Das sind nur theoretische Erwägungen des Führers, weil er hinter Englands unnachgiebiger Haltung etwas Besonderes vermutet. Ich kann dir später mal mehr dazu sagen."[10] In diesen Augusttagen fielen die ersten Bomben auf die Reichshauptstadt, ein Ereignis, das in Erinnerung an Görings anmaßende Worte, er werde Meier heißen, wenn in Berlin Bomben fielen, zu diesem Zeitpunkt vielleicht eine stärkere moralische Wirkung ausübte als Jahre später ganze Bombenteppiche. Als ich nach Fontainebleau zurückkehrte, erfuhr ich, daß Hitler seine Vergeltungswarnung, die er sich am 1. August noch vorbehalten hatte, wahr gemacht und vom 6. September an den uneingeschränkten Bombenkrieg befohlen hatte. Täglich erhielten wir nun von der Luftwaffe große Lichtbilder von dem Umfang der Zerstörungen in der britischen Hauptstadt. „Länger als acht Tage hält das kein Volk aus", verkündete Hitler bei einer Attachébesprechung in Berlin. Er irrte sich, wie schon vor ihm der britische Luftmarschall Lord Harris, als er glaubte, die Moral eines Volkes durch Bomben brechen zu können. Industrie und Rüstung waren zerstörbar, die Moral eines Volkes jedoch schien durch Bombenwürfe eher gestärkt zu werden.

Der Herbst kam, mit ihm eine Reihe bedeutender politischer Ereignisse: die Unterzeichnung des Dreimächtepaktes, das Treffen Hitlers mit Marschall Pétain in Montoire, der völlig überraschende Einfall Italiens in Griechenland und schließlich die ergebnislose Unterredung Hitlers mit General Franco in Hendaye. Francos Weigerung, deutsche Truppen durch Spanien marschieren zu lassen, setzte dem geplanten Unternehmen „Felix", der Eroberung der Festung Gibraltar, ein stilles Ende.[11]

In diesen Septemberwochen besuchte mich mein Bruder Franz, als Führer einer Fernaufklärerstaffel in Orly stationiert. General Halder, selbst kein Jäger, bot ihm den Abschuß von Fasanen an, und ich bekam Urlaub, ihn zu begleiten.

Es war ein vollkommener Herbsttag – Indian summer – mit

* Chefadjutant Hitlers.

feinem bläulichen Dunst über den Stoppelfeldern und Tau in den Spinnfäden des Altweibersommers. Mein Bruder hatte Hunde mitgebracht. Sie stöberten aus den Hecken einen Fasan nach dem anderen heraus, schon zuvor bebend vor Erregung das im Gebüsch verborgene Wild ankündigend. Dann der geräuschvolle Start dieses langgefiederten, rotgold-türkisglänzenden Vogels – Schüsse und das behutsame, triumphierende Apportieren des Setters. „Das ist doch was anderes als die Jagd über dem Kanal", meinte mein Bruder beim Auslegen der Strecke, während die Hunde mit hechelnder Zunge und glänzenden Augen herumlagen. Wir setzten uns an den Grabenrand, lauschten in die Stille und versuchten den Krieg zu vergessen. „Was weiß der Sieger von einem besiegten Land", meinte mein Bruder, „und wieviel gäbe es zu wissen."

Mitte Oktober verdichteten sich die Gerüchte über eine Rückverlegung in die Heimat. Ich erhielt noch einmal Urlaub nach Paris und verabredete mich mit einem Freund zum Essen, Oberstleutnant von Tresckow, der aus St. Germain herüberkam. Ich hatte Tresckow 1938 auf einer Generalstabsreise näher kennengelernt, als uns ein Kamerad zu einer Moselfahrt und in den Odenwald eingeladen hatte. Im Mainzer Dom hatte Tresckow die gotischen Pfeiler hinaufgedeutet. „Das soll uns nun allen genommen werden." Ich hatte ihn gleich verstanden. „Ein Volk, das sich seinen Glauben nehmen läßt, verdient es nicht besser", war meine Antwort. Dieses Gespräch und andere machten uns zu Freunden, und von nun ab vertraute mir Tresckow häufiger und sehr freimütig seine Sorgen an. Als wir uns näher kennenlernten, hatte sich seine anfängliche Zustimmung zum Regime schon zu wandeln begonnen, während ich an meinem Wunschbild festhielt. Aber jedes Gespräch war fruchtbares Abklären und Bereicherung. Eine von Tresckows Hauptsorgen galt der Erziehung der jungen Generalstabsoffiziere: „Wir werden zu Maschinen erzogen, müssen unsere Meinungen immer anpassen. Jeder individuellen Entwicklung wird wenig Rechnung getragen."

Ich hatte Tresckow seit Kriegsbeginn nicht mehr gesehen und wurde bei unserer Begegnung wieder in dem Eindruck bestärkt, daß dies eine außergewöhnliche Persönlichkeit sei. Hochgewachsen, von athletischem Bau, konnte er mit seiner schmalen, leicht gebogenen Nase, den zuweilen fast melancholisch wirkenden Augen fast hochmütig wirken. Aber nur für jemanden, der ihn nicht kannte und nicht wußte, wie selbstverständlich, wie jungenhaft ausgelassen er sein konnte. Bei allem angeborenen Selbstvertrauen – er nannte sich im Scherz oft den „letzten Junker" – war er von großer innerer Bescheidenheit und empfand seinen Stand eher als Verpflichtung denn als Vorrecht. Seine tiefe Liebe galt dem väterlichen Besitz auf märkischem Boden. Das Erleben als blutjunger Infanterist im ersten Weltkrieg hatte, wie wohl bei allen dieser Generation, bewußtseinsbildend auf ihn gewirkt, ebenso die späteren Jahre, die ihn als Kaufmann um die Welt geführt und aus engem Denken herausgelöst hatten. Ein glühender Patriot und trotzdem der erste, von dem ich das Wort „Europäer" hörte, ein Begriff, mit dem ich persönlich damals noch wenig anzufangen wußte. Tresckow huldigte leidenschaftlich dem Weidwerk, und diese Passion verriet sich in einem rasch erfassenden und beobachtenden Blick, selbst auf psychologischem Gebiet. Hier reizte ihn ein gewisser Übermut oder Neugier, den Gesprächspartner zuweilen durch Fangfragen in die Enge zu treiben oder auch auf Echtheit der Reaktion zu prüfen. Fing er sich selbst einmal im eigenen Netz, so deckte er mit entwaffnendem Humor seine Karten auf. Sein Realitätssinn half ihm, den ausgeprägten Idealismus, der ihn, vereint mit einem auf Leistung bedachten Ehrgeiz, nach den Sternen greifen hieß, auf den Boden der Tatsachen zurückzuführen. So konnte er im gleichen Gespräch Widerstreitendes ausführen: „Nur der selbstlose Mensch unterscheidet sich von der Masse", und dann: „Ein wirklich großer Mann muß auch ein paar Prozent von einem Schurken in sich tragen."

Tresckows Ansichten über den Kriegsausgang hatten sich seit seiner positiven Karte nach dem Waffenstillstand grundlegend verändert: „Wenn es Churchill gelingt, Amerika in den Krieg zu ziehen, dann werden wir langsam, aber sicher durch die Materialüberlegenheit erdrückt. Dann wird höchstens von uns das Kurfürstentum Brandenburg übrig bleiben, und ich werde seine Leibwache kommandieren." Armer oder glücklicher Tresckow? Als er sich nach dem mißglückten Attentat gegen Hitler am 21. Juli 1944 mit einer Handgranate das Leben nahm, mußte er nicht mehr miterleben, daß gerade sein über alles geliebtes Preußen von der Landkarte getilgt wurde.

„Hast du von dem Bericht von Blaskowitz gehört?" fragte er mich. Ich kannte Gerüchte, General Blaskowitz, Oberbefehlshaber in Polen, habe einen Bericht über Verbrechen durch Einheiten der SS an den Oberbefehlshaber des Heeres zur Weiterleitung an Hitler eingereicht. Näheres wußte ich nicht – Befehl Nr. 1. Auch Tresckow hatte nur Gerüchte gehört, hielt sie aber für wahr. Über diese Probleme sprechend wanderten wir die Champs-Élysées hinauf bis zum Arc de Triomphe. Paris zeigte sich in seinem ganzen Zauber, in einem leuchtend bunten Herbstkleid von Gold und Rot. Und angesichts all dieser Schönheit wehrte sich etwas in mir, an eine so traurige Zukunft Deutschlands zu denken und den Gerüchten über Polen zu glauben.

Vor dem Grabmal des Unbekannten Soldaten blieb Tresckow stehen und las halblaut den Text auf der Grabplatte: „Ici repose un soldat français mort pour la patrie." Die bläuliche Flamme flackerte im Herbstwind. Tresckow hob den Kopf, totenblaß: „Erinnerst du dich an die Worte Schleiermachers, dessen Denkmal in Berlin ich dir einmal zeigte? Dies sei mein Ruhm, zu wissen, daß eine Stelle kommt auf meinem Weg, die mich verschlingt, und doch an mir nichts zu ändern, wenn ich sie sehe, und nicht zu zögern den Schritt!"

Schweigen hing zwischen uns, als er mich zum Wagen brachte. Frühjahr 1944 erhielt ich noch eine Mitteilung von ihm, lebend sollte ich ihn nicht mehr wiedersehen.

4.
Rom

„Die Eule schreit aus Tempeltrümmern und Zypressen . . ."
Lord Byron

„Hier bin ich, beruhigt, wie mir scheint, für den Rest meines Lebens. Denn nun könnte man sagen, hat ein neues Leben begonnen." Mit diesen Worten hat Goethe seinen Gefühlen bei der Ankunft in Rom Ausdruck gegeben. Ich fürchte, ich war solcher Empfindungen bar, als mich am 1. Mai 1941 ein Taxi vom Bahnhof Termini zur Pension „Miltone" an der Porta Pinciana brachte.

Wie kam ich überhaupt hierher? Ende April waren im Hinblick auf den bevorstehenden Rußlandfeldzug aus Platzgründen die weiblichen Angestellten des Hauptquartiers OKH versetzt worden. General Halder wußte, was für mich nach zehnjähriger Tätigkeit auf meinem Posten im Vorzimmer des Generalstabschefs dieser Wechsel bedeutete. Er bot mir verschiedene Posten bei Militärattachés im Ausland an. Ich entschied mich für Rom, einmal aus persönlichen Gründen, zum anderen, weil ich mir dort die interessanteste Arbeit erwartete. Und nun befand ich mich tatsächlich hier in Rom. War es wirklich erst Stunden her, daß mir Halder und der Stab vor A 6 in „Zeppelin" zum Abschied zugewinkt hatten? Hatte ich mich wirklich erst gestern abend von Jodls am Anhalter Bahnhof verabschiedet? „Wie ein kleines Mädchen, das zum ersten Mal das Elternhaus verläßt", hatte mich Jodl beim Anblick meines Gesichtes geneckt. Und nun stand ich hier, in einem fremden Land, in einer fremden Großstadt, allein, und meine italienischen Sprachkenntnisse erschöpften sich in „si" und „no". Nach dem abgeschlossenen Eigenleben in einem Hauptquartier mußte ich sehen, nun in ein normales ziviles Großstadtleben zurückzufinden. Mit diesen trüben Gedanken saß ich im Eßsaal der Pension und stocherte in etwas herum, das sich „frutta del mare“ nannte. Beim Hinausgehen traf ich auf deutsche Offiziere in Tropenuniformen, ein unter den vielen Italienern anheimelnder Anblick. Wir kamen ins Gespräch, und als sie hörten, daß ich aus dem Hauptquartier OKH kam, fragten sie mich über die Stimmung dort aus. „Will man da immer noch den Krieg gewinnen?“ fragte mich ein Oberleutnant, Träger eines alten Adelsnamens. Ich war so erstaunt über diese Frage, daß ich ihn ganz verblüfft ansah. „Natürlich.“ – „Na, wenn Sie wollen, daß Hitler diesen Krieg gewinnt, sind Sie ja ein schöner Nazi!“ Ein junger Hauptmann schaltete sich ein: „Wir haben hier nur ein Interesse: aus dieser verdammten Situation alles Lohnende herauszuholen, ohne was zu riskieren. Wenn wir in Afrika sind, melden wir nach hier, es sei ‚Gibli‘, das ist Sandsturm, und ein Tag drüben mehr bringt uns dann einen Teppich ein.“ Nun packte mich blinder Ärger. Schon die Frage nach dem zu gewinnenden Krieg hatte mir die Sprache verschlagen, aber dies war mir zuviel. „So denken vielleicht Parteibonzen, aber keine Offiziere!“ Ich ließ sie auf der Treppe stehen und rannte in mein Zimmer. Mein Koffer war noch unausgepackt, konnte ich nicht von hier fort? Hierbleiben, wo man den Krieg verlieren wollte! Deutsche, deutsche Offiziere? Als ich mit Tresckow in Paris über den Kriegsausgang sprach, hatte er bei allem Pessimismus doch nur über die Sorge gesprochen, ob und wie der Krieg zu gewinnen sei. Aber dieser mir hier klar und eindeutig begegnete Haß auf das Regime, der sogar den Verlust des Krieges wollte, war mir neu und machte mich ratlos. Grübelnd und verzweifelt saß ich bis tief in die Nacht auf meinem Bett und vermochte mich nicht zum Auspacken zu entschließen. Dann machte ich die Tür zur Terrasse auf und ging hinaus. Und dann war alles vergessen. In strahlend hellem Mondlicht sah ich vor mir eine alte römische Mauer, einen Park mit dem breiten Schirm der Pinien, den spitzen Zypressen und über silbern glänzenden Dächern die majestätische Kuppel einer Kirche. Das mußte Sankt Peter sein. Friede und eine große Stille. Nach einer Weile ging ich wieder hinein und fiel in tiefen Schlaf.

Auf der Fahrt zur deutschen Botschaft – damals in der Villa Wolkonsky, dicht am Lateran – warf mich das ungewohnte laute Großstadttreiben fast um, Hitze und Enge in der Tram, der „circolare sinistra“, waren erdrückend. Was hätte Goethe wohl hierzu gesagt, dachte ich erbittert, als ich dicht gepreßt zwischen den Fahrgästen stand. Die Straßenbahn hielt, der Fahrer stieg aus, ging zu einem Brunnen und trank gemächlich und mit Genuß. Laut singend nahm er seinen Platz wieder ein. Erst kam mir dies alles unbegreiflich vor, dann nahm mich die schöne Stimme gefangen. In einer leisen Welle noch widerwilliger Freude spürte ich, wie neu in jeder Hinsicht diese Welt für mich war. Hatte Goethe am Ende doch recht?

Ich meldete mich bei General Enno von Rintelen, den ich von Attachébesprechungen her schon kannte und besonders schätzte. Als ein Mann von gutem Aussehen, ausgeprägter politischer Klugheit und gewinnendem Charme schien er mir für seinen schwierigen Posten besonders geeignet. Rintelen hatte zweierlei Stellungen inne: Einmal war er Militärattaché bei der deutschen Botschaft in Rom unter dem Botschafter von Mackensen. Zugleich aber – fraglos der bedeutsamere Posten – war Rintelen „Deutscher General im Hauptquartier der italienischen Wehrmacht" (es gab korrespondierend in Berlin einen „Italienischen General im Hauptquartier der Deutschen Wehrmacht", General Marras). Dieser Posten machte Rintelen verantwortlich für die Verbindung zwischen dem deutschen OKW und dem italienischen Comando Supremo, für die Abstimmung der gegenseitigen täglichen Wehrmachtberichte und – bis zur Ernennung von Feldmarschall Kesselring zum Oberbefehlshaber Süd – für den gesamten Nachschub auf dem Seeweg für das Afrikakorps Rommels in der Cyrenaika. Während die Dienststellung als Militärattaché sich mehr auf gesellschaftliche Verpflichtungen beschränkte, bedingte die Tätigkeit beim Comando Supremo die Zuteilung einer ganzen Generalstabsabteilung, ferner die Unterstellung der Funkstelle Rom, die alle Befehle nach Afrika weitergab, da das Unterwasserkabel zerstört war.

Neugierig betrat ich am 2. Mai 1941 den von schönen alten Palmen beschatteten Botschaftsgarten, in dessen Mitte meine neue Dienststelle in einer Holzbaracke untergebracht war. Kaum hatte ich sie betreten, fühlte ich mich wie zu Hause: Eingang von Fernschreiben, Funksprüchen, Telefonate, eilige Diktate. Kurzum das Fluidum einer in die Geschichte der Gegenwart eng einbezogenen Behörde, deren Anziehungskraft sich wohl niemand entziehen kann, der sie in historisch wichtigen Epochen miterlebt. „Was, du kommst nach Rom? Du Glückliche!" Wie oft hatte ich daheim diesen Ausruf gehört, war mir aber immer darüber klar gewesen, daß mitten in einem Existenzkampf des eigenen Landes die innere

Ruhe – die äußere war ohnehin mehr als fraglich – zur Aufnahme der Kultur eines fremden Landes kaum gegeben war. Mir jedenfalls nicht. „Nun, wie denkt man im Hauptquartier über den Weitergang des Krieges?“, so lautete auch hier die erste Frage. Ich beantwortete sie, so gut ich konnte, mit den Argumenten, die ich immer wieder in Halders Stab gehört hatte: daß, mit den besetzten Gebieten in der Hand, einem loyalen Frankreich und den verschiedenen Bündnisabkommen ein leidlicher Kriegsausgang durchaus zu erhoffen sei, wenn auch nicht absehbar. Von den Plänen gegen Rußland erwähnte ich nichts, auch nicht, daß durch den inzwischen wegen des Abfalls Jugoslawiens notwendig gewordenen Balkanfeldzug alle Termine durcheinandergeraten waren. „Wir sehen hier die Dinge leider sehr anders“, meinte der Ia, Major i. G. von G. „Uns ist einfach unverständlich, wie kontinental man im OKH bzw. OKW denkt, damit ist ein Krieg von diesem Umfang nicht mehr zu gewinnen. Dem afrikanischen Kriegsschauplatz wird viel zuwenig Bedeutung beigemessen.“ Mir war jede Kritik recht, wenn man nur den Krieg gewinnen wollte. Der deprimierende Eindruck von gestern abend war vergessen.

Die ersten Wochen machten mir sehr zu schaffen. Die fehlenden Sprachkenntnisse bereiteten mir bei der Führung der deutsch-italienischen Briefbücher zunächst große Probleme, aber bald bekam ich mit Hilfe des Lexikons heraus, was ein „sommergibile“ (U-Boot) und ein „anticarro“ (Panzerabwehrkanone) war. Die Hitze in der Baracke, deren Fenster wegen der Geheimhaltung immer geschlossen sein mußten, war oft unerträglich und nur mit Ventilatoren auszuhalten. Hier gab es fast mehr Arbeit als in Halders Stab, wenn es auch nie bis Mitternacht ging. Die fast täglich durchreisenden Angehörigen des Afrikakorps brachten frischen Wind mit, wir fühlten uns zur „Truppe“ gehörig und verachteten ein wenig die Gruppe „Militärattaché“. Diese, materiell bessergestellt und durch lange Beziehungen mit der italienischen Gesellschaft kulturell von beneidenswertem Wissen, sah vermutlich ein wenig auf uns herab. Jeden Morgen kamen einige Diplomaten aus der Botschaft in die Baracke, um sich an Hand der Lagekarte über die Situation in Afrika zu informieren. Als sich einmal bei El Alamein deutsche und britische Einheiten in zweifacher Umzingelung gegenüberstanden, meinte ein Diplomat, dies sei mit einem „Sandwich“ zu vergleichen. Kaum hatten die Diplomaten die Baracke verlassen, gab einer der jungen Offiziere eine übermütige Parodie dieses Besuches, endend mit einer pathetischen Ansprache Hitlers. So gab es zwischen Hetze, Hitze und allem Ernst immer etwas zum Lachen.

Zu meinen Obliegenheiten gehörte es bald, für die „Afrikaner", die ihren Wehrsold in Lire erhielten, in Rom einzukaufen. Als Dank erhielt ich eines Tages eine kleine Schildkröte vom Afrikakorps zugesandt, die mit einer Kuriermaschine kam. Unser Zeichner klebte ihr eine kleine Befehlsstandarte auf, und so schob sie sich wie ein kleiner Panzer durch das verdorrte Gras im Botschaftsgarten, bis sie wohl eines Tages einem Suppenliebhaber zum Opfer fiel.

Und dann erhielt ich als Auszeichnung für „Postdienste" das „EK III", eine Auszeichnung, die sich nur ein Mann wie Generalleutnant Baade ausgedacht haben konnte. Baade, begeisterter Pferdesportler, hatte einen kleinen Reiter auf springendem Pferd in Silber fertigen lassen, und verlieh diese „hohe Auszeichnung" – General von Senger und Etterlin erhielt das „EK III mit Eichenlaub" – an Bevorzugte.

„Stimmt es mit Rußland?" war ich wieder und wieder gefragt worden, als ich nach Rom kam. Ich hatte nur die Achseln gehoben: „Befehl Nr. 1." Damit war die Antwort klar, und so wunderte sich im Grunde wohl niemand in der Botschaft mehr, als am 22. Juni Goebbels die Proklamation Hitlers über den Einmarsch in Rußland verlas. Zumal es zuvor genug Aufregung gegeben hatte: Der Flug von Rudolf Heß nach England, die verlustreiche, aber dann doch siegreiche Inbesitznahme Kretas, der Untergang des Schlachtschiffes „Bismarck". Obwohl Mussolini beim Treffen mit Hitler am 2. Juni am Brenner nicht über die Rußlandpläne informiert worden war, stellte er doch ein italienisches Expeditionskorps unter General Messe zur Verfügung. Neben den Karten der Cyrenaika lagen nun auf unserem Tisch die großen Lagekarten des russischen Kriegsschauplatzes, die General v. Rintelen täglich zum Comando Supremo brachte. Die ersten Sondermeldungen klangen fast unglaubwürdig: 40.000 Gefangene, 2233 erbeutete Panzer und 40.000 vernichtete Flugzeuge. „Streichen wir überall eine Null ab", meinte Major i. G. von P., der nunmehrige Ia. Aber es schien doch etwas dran zu sein. Anfang Juli erreichte mich ein Brief von General Halder, der die Zweifel beschwichtigte: „Der Russe hat den Krieg in den ersten acht Tagen verloren. Seine Verluste an Toten und Gerät sind unvorstellbar. Die Weite Rußlands wird ihm erlauben, noch geraume Zeit zu bataillieren. Ändern wird er sein Schicksal nicht mehr können. Auch politisch nicht. Denn alle Staaten Europas, selbst die Franzosen, senden ihre Legionen nach dem Osten. Europa schließt sich gegen Asien zusammen und findet zu der Einigkeit, die der geschichtliche Sinn dieses Krieges ist.“ Wie beherrschend dieser Gedanke des Kampfes gegen den Bolschewismus damals war, vor allem auch in der obersten militärischen Führung, bewies mir auch ein langer Brief Jodls vom 25. Juni 1941:

„... Inzwischen tobt an der Front ein ungeheuerlicher Kampf, den wir letzten Endes für die zivilisierte Menschheit führen, was sogar der englische Militärattaché in Helsinki geäußert hat. Die Kämpfe sind sehr schwer, da der Russe fast alles jetzt in die Schlachten wirft! Das aber ist letzten Endes das Beste, was uns passieren kann, denn hier fällt uns der Entscheidungskampf leichter als 1000 km von der Grenze entfernt. Es ist inzwischen erwiesen, daß es höchste Zeit war, diese asiatische Gefahr zu beseitigen, denn sonst wäre im nächsten Jahr Stalin als ein moderner Dschingis-Khan mit Tausenden von Panzern in Deutschland eingebrochen ... Neben dem 500jährigen Kampf gegen die Türken ist das wohl die größte Entscheidung in Europa. Die Russen haben sich zweifellos am besten von allen Gegnern geschlagen ...“

Und vom 19. Juli 1941:

„Morgen sind es vier Wochen, daß wir angetreten sind gegen einen Feind, den nur wenige erkannt und den in seiner Furchtbarkeit heute vor einem Jahr etwa der Führer schon vorausgeahnt hat, als er die Vorbereitung dieses Feldzuges befahl. Nun ist das Tor aufgeschlagen. Was man zu sehen bekommt, ist schrecklich. Es ist die völlige Versklavung des Menschen. Gestern wurde östlich des Teipus ein Weiberbataillon zusammen mit 1500 Zuchthäuslern und Jungkommunisten gefangengenommen, die zu einer Sonderdivision zusammengestellt waren. Wir stehen östlich Smolensk an der Autobahn nach Moskau und haben erfahren, wie sie gebaut wurde. Alles, was im Umkreis von 50 km wohnte, mußte jeden Tag mit Pferd, Wagen und Arbeitsgerät zur Arbeit kommen. Dafür gab es nichts als ein Pfund Brot pro Kopf und Hafer für die Pferde. Wer auch nur wenige Minuten zu spät kam, wurde in eines der Konzentrationslager geschickt, die alle 20 km an der Autobahn angelegt sind ... Von dem Verhalten gegen unsere Verwundeten will ich nicht reden. Der Kampf ist schwer und mitleidslos. Jetzt erst erfährt die Wehrmacht, was Krieg ist. Sie hält sich wundervoll ... Stalin hätte, das ist jetzt sicher, im Herbst 41 zunächst

Rumänien, dann Finnland angepackt. Wir hätten um diese Jahreszeit nichts mehr beginnen können, dann hätte er die Lieferungen eingestellt und im Frühjahr 42 wäre er zum Angriff bereit gewesen. England und Amerika wußten das genau, und darauf ist ihre ganze Zuversicht und Hoffnung aufgebaut gewesen."

Im August fuhr Mussolini an die Ostfront und kehrte so beeindruckt zurück, daß er Hitler in einem Fernschreiben seiner Siegeszuversicht Ausdruck gab. In Afrika hatte Rommel die Briten bis Sollum zurückgeschlagen, die Stimmung stieg. Das schien mir eine gute Voraussetzung, nun nach einem Jahr Italien um Urlaub zu bitten. „Für drei Tage nach Deutschland?" fragte der Ia erstaunt. „Meine Mutter hat 70. Geburtstag, ich will sie überraschen und habe mir das Geld für den Flug geborgt." – „Genehmigt." Es war mein erster Flug, ein unvergeßliches Erlebnis. Um sein Können zu zeigen, flog der italienische Pilot so niedrig über Zinnen und Gletscher, daß ich über dem Olperer eine Tierspur erkannte. Ich konnte den Eltern daheim nicht genug davon beschreiben. „Italien hat dich schon ganz verändert", meinte meine Mutter beim Anhören meiner Schilderung all der Herrlichkeit über der Wolkendecke. Ich mußte ihr innerlich rechtgeben. Dies war der erste Urlaub, bei dem ich mir inmitten der Familie nicht wie ein Fremdling vorkam. Ich spürte auch, wie ich weniger naiv (immer noch genug!) und wacher geworden war, kritischer als bisher.

Noch ganz erfüllt von diesen glücklichen Tagen nach Rom zurückgekehrt, fand ich die Stimmung dort so deprimiert, daß die Freude von mir abfiel wie ein Mantel. „Seit dem 16. Oktober ist kein Seetransport mehr in Afrika angekommen", erklärte mir von P., „die alliierte Luftüberlegenheit ist jetzt überwältigend." Bald darauf wurde das Afrikakorps zur Aufgabe der Marmarika und Cyrenaika gezwungen.

7. Dezember 1941 – Versenkung der amerikanischen Flotteneinheiten in Pearl Harbour, Kriegserklärung Deutschlands an die USA. Der Krieg hatte die Dimension angenommen, die Tresckow vor zwei Jahren vorausgesagt hatte. Die Erfolge der Japaner bei Singapur schufen ein gutes Gegengewicht gegen die beunruhigenden Nachrichten von der Ostfront, von dem furchtbaren Einbruch des Winters, dem unsere Soldaten ungeschützt ausgesetzt waren.

„Nie habe ich Hitler mehr bewundert als jetzt, als er kraft seines eisernen Willens die wankende Front gegen den Bolschewismus bis zur vordersten Linie zum Stehen brachte", schrieb Jodl. Es mußte schlimm aussehen! Über die Krise in der Führung ließ Jodl begreiflicherweise nichts verlauten, aber wir alle spürten, daß mit der Verabschiedung von Brauchitsch am 14. Dezember 1941 und der Befehlsübernahme über das Heer durch Hitler selbst eine neue Phase eingetreten war. Der Gedanke an die Ostfront überschattete die Weihnachtstage.

Die Rückeroberung von Bengasi zu Jahresbeginn 1942 schien eine Wendung zum Guten zu bringen. Als der inzwischen zu legendärem Ruhm gelangte General Rommel zu einer Besprechung nach Rom kam, suchte er auch den Ia in der Baracke auf. Die Strapazen der vergangenen Kämpfe standen deutlich in diesem kantigen Soldatengesicht geschrieben, ein Gesicht großer Einfachheit, unbändiger Wille in den hellen Augen. „Der einzige, der sich weit über den Durchschnitt als ein wirklicher Truppenführer in das Herz seiner Leute eingegraben hat, das ist Rommel", schrieb Jodl. „Ich halte ihm durch dick und dünn die Stange." Man sah es diesem Truppenführer an, daß er von seiner Truppe niemals etwas anderes fordern würde als von sich selbst.

Die ursprünglich für Anfang Juni angesetzte Operation „Herkules" – die Eroberung von Malta – wurde auf Drängen Rommels zugunsten des Angriffs auf die Festung Tobruk verschoben. Mit drei deutschen und zwei italienischen Divisionen trat das Afrikakorps zur Offensive an. Funkspruch auf Funkspruch! Krise bei Bir Hacheim, bei Sidi Rezegh, aber dann – unser Herz schlug höher – „Tobruk erobert! 30.000 Gefangene". Das Comando Supremo gab am 21. Juni als erste Instanz die Sondermeldung durch den Äther, weil der britische Parlamentär an das XXI. italienische Armeekommando geraten war. Mein Aktenkorb war voller Glückwünsche für die drei neuernannten Feldmarschälle, Rommel, Bastico und Cavallero. Wo immer man mit Italienern ins Gespräch kam, in der Pension, beim Schuster, in einer Osteria, wurde man auf Rommel angesprochen: „E magnifico, questo maresciallo!" Unser Dolmetscher hatte inzwischen alle Hände voll zu tun. Aus dem Führerhauptquartier war ein langes Fernschreiben Hitlers an Mussolini eingegangen, in dem er den Duce beschwor, Rommel freie Hand zu weiterem Vorstoß auf Ägypten zu lassen. „Duce, der Mantel der Kriegsgöttin streift den Feldherrn nur einmal, nur einmal kann er den Zipfel ergreifen und den Lorbeer unsterblichen Ruhmes erringen." So etwa lautete die Botschaft Hitlers, und entgegen den Warnungen Rintelens, des Comando Supremo und, wie ich später hörte, auch Jodls, fand Hitlers Vorschlag beim Duce begeisterten Widerhall. In einem nicht minder pathetischen Funkspruch erteilte Mussolini Rommel freie Hand zum Vormarsch auf Ägypten. Nun lagen die Karten des Nildeltas auf unseren Tischen, und der Ia studierte die italienischen Vorschläge für die Unabhängigkeit Ägyptems. Mussolini, der sich schon auf weißem Araberpferd als Befreier des Islams in Kairo einziehen sah, flog – selbst die Maschine steuernd – am 29. Juni 1942 mit General von Rintelen nach Afrika, um den Ereignissen näher zu sein.

Im Osten hatte unterdessen Feldmarschall von Manstein die Festung Sewastopol auf der Krim erobert, die wertvollen Ölfelder von Maikop waren in deutscher Hand. Im Fernen Osten hatte General Yamashita Corregidor genommen, und damit Japan die Vorherrschaft im pazifischen Raum gewonnen. Noch einmal schien das Zünglein der Schicksalswaage zitternd in der Schwebe zu stehen.

In diesen Tagen kam mein Bruder Franz durch Rom, auf dem Weg von Rußland nach Kreta, wohin er als Kommodore des Kampf- und Lehrgeschwaders versetzt worden war. Ich entsinne mich seltsamerweise nicht mehr der Einzelheiten seiner Ankunft, aber unvergeßlich bis heute bleiben mir die Stunden, die wir zusammen auf der Terrasse meiner Pension hoch über dem Pincio verbrachten. Ich sah die hohe schlanke Gestalt gegen das Gitter lehnen und den Blick umherschweifen: zu den grauen Tuffsteinen der alten römischen Mauer, den Pinien und der fernen blauen Kette der Albaner Berge. Und ich sah, wie ihn plötzlich ein Schluchzen schüttelte. Zu stark war der Gegensatz dieses Friedens und die harmonische Großartigkeit dieses Bildes zu dem gnadenlosen Kampf des russischen Winters bei Wjasma, den er hinter sich hatte.

„Weißt du noch unsere kleine ‚porta' daheim im Garten?" fragte ich ihn, zur Porta Pinciana deutend. „Einmal draußen, und keiner fand uns mehr." Keine Antwort. „Und der Fuchsbau unter den alten Tannen und dein Jagdfieber beim ersten Bockabschuß?" Das Beben der Schultern hörte auf, ich sah die langen kräftigen Hände ihren Griff am Geländer lockern. „Und die Kraniche", fuhr ich fort, „und wie sie sich zu Hunderten sammelten, und wir die Kartoffelfurchen entlangkrochen, um ihnen nahe zu kommen?"

Der Bann war gebrochen, er wandte sich mir zu. Ein großer Junge stand vor mir, dunkel mit hoher Stirn, und nun lachten und leuchteten die grauen Augen in dem schmalen und abgemagerten Gesicht. „Bin ich nicht selbst ein Kranich?" rief er und deutete auf die Schwingen auf den Achselstücken. „Selbst auf der Reise nach dem Süden!" Er leerte sein Glas Frascati. „Oft in den langen dunklen Nächten Rußlands haben mich diese Erinnerungen, die du eben heraufbeschworen, innerlich am Leben gehalten, so wie der Gedanke an meine Familie. Diese glückliche Kindheit ist die Wurzel unseres Seins. Dafür zu kämpfen hat Sinn, dafür, daß meine Kinder auch einmal dieses Gefühl der Sicherheit, der Geborgenheit in etwas Bleibendem kennenlernen. Aber wird es das je wieder geben?"

Wir saßen und riefen uns zurück, was uns so kostbar in der Erinnerung schien, die Kindheit auf dem Gut in Pommern. Unser Haus mit den langen Korridoren von spiegelndem Parkett, solange nicht die Jagdhunde ihre Tapfen hinterließen; der Park mit den alten Buchen, unter deren Wurzeln wir nach Schätzen gruben; die Felder, über die wir unsere Ponies jagten, wo die ersten Halme der Wintersaat genauso ein Teil unser selbst waren wie die goldenen Weizenfelder, über die der Ostseewind strich. Alles kam wieder, und in der Verklärung der Erinnerung um ein Vielfaches schöner, als es je gewesen. Dann die Fähnrichszeit meines Bruders beim Reiterregiment 4 in Potsdam, die ersten Bälle, die erste Liebe. Und dann der unvergeßliche Tag, an dem mein Bruder mich zum ersten Mal zum Skilauf ins tief verschneite Gebirge nahm. Es war eine harte Erfahrung gewesen mit schmerzenden Stürzen, weil jedes Wissen fehlte. Aber nie zuvor hatte ich solche Freiheit empfunden als oben am Gipfel, wo nur das feine Sausen zu hören war, wenn sich die Bergdohlen mit gespreizten Schwingen in die Tiefe fallen ließen. Und nie zuvor hatte ich solche Lebensfreude gespürt, wie bei der Abfahrt bis hinunter zu Krokusblüten zwischen den letzten Schneezungen auf den Hängen.

Und nun saßen wir beide auf einer Terrasse in Rom, und es war Krieg. Aber wer vermochte sich an diesem warmen Abend in diesem Frieden Krieg vorzustellen? Die scharfen Gegensätze zwischen Licht und Schatten waren zu einem sanften Leuchten verschmolzen, das tiefe Blau zum Grün und dann Rot des Abends verblaßt. Hunderte von Schwalben durchpfeilten den Himmel, aus dem Nirgendwo kommend, ins Nirgendwo steigend, die Luft mit unaufhörlichen kleinen Schreien erfüllend. „Jetzt, wo wir älter geworden sind und weiser, macht uns das nicht mehr so traurig", meinte mein Bruder und wies mit dem Pfeifenstiel auf den scharf gezackten Rand der Bäume gegen das Abendrot. Ich sah ihn an, sah die tief unter dem scharfen Joch der Stirn eingebetteten Augen und wunderte mich, wie vollkommen wir uns doch noch verstanden.

Dann gingen wir die Via Veneto hinunter, Roms Prachtstraße. Sie hätte dreimal so lang sein können, so stolz war ich auf meinen Begleiter in seiner schmucken Tropenuniform, nach dem sich die Römerinnen umdrehten. Wir aßen in einem Ristorante in der Via Condotti, jeder darauf bedacht, die unbeschwerte Stimmung zu erhalten. Erst als mein Bruder den Kellner nach dem Morgenzug nach Neapel fragte, stand der große Schatten wieder hinter uns, der Krieg. Und nun hob unausweichlich auch das gegenseitige Fragen an, ob und wie der Krieg zu gewinnen sei. „Jodl soll mal was für die Luftwaffe tun", meinte mein Bruder. „Göring ist ein Hanswurst. Wenn wir weiter so vernachlässigt werden, können wir uns an den Fingern abzählen, wann wir verloren haben." Mein betroffenes Gesicht hieß ihn mich zu trösten. „Na, vielleicht sehe ich gar zu schwarz. Aber eines sage ich dir: Mir sind in Rußland Gerüchte zu Ohren gekommen, die haarsträubend und eine Schande sind. Ob sie stimmen, ahne ich nicht. Wenn dieser Zauber einmal zu Ende ist, dann muß die Wehrmacht erst einmal gründlich aufräumen."

Am nächsten Morgen brachte ich meinen Bruder zum Zug nach Neapel. Ich sah zum Fenster hinauf in ein Gesicht, das plötzlich seltsam verändert wirkte. „Mach's gut, Meister", sagte ich wie einst, wenn wir die Skibindung festzogen. Er nickte. Und dann fuhr der Zug an, langsam und unaufhaltsam. Alles, was du tun kannst, ist hinterhersehen. Langsam wird der Zug kleiner, dann ist er um eine Biegung, und dein Taschentuch ist naß, wenn du es einsteckst.

Bald darauf kam ein Brief meines Bruders aus Kreta, er klang zuversichtlich und ruhig, so daß ich die dunklen Ahnungen wieder abschüttelte. „Genieße Rom", schloß er sein Schreiben. Und hatte er nicht recht? Ich nahm mir vor, mich bewußt und losgelöst von allem politischen Geschehen an all dem zu freuen, was Rom bot, und je mehr ich verstehen lernte, um so mehr liebte ich die Stadt. „So werden Sie Rom nie wieder sehen", sagte mir einmal Professor Curtius, der berühmte Archäologe, bei einer Führung. „Durch die Verdunklung sehen Sie ein Rom, das selbst ich bisher nicht kannte." Ich wußte nie, was ich mehr lieben sollte: die bunte Palette der Blumenstände an der Spanischen Treppe, die herrliche Schale des Brunnens auf dem Weg zur Villa Medici, die geheimnisvolle Statue der Kybele unter den uralten Steineichen auf dem

Palatin, lichtüberflutet von der Abendsonne, oder den Gesang unsichtbarer Mönche in San Onofrio. Ich schrieb meinem Bruder die Verse Byrons: „Du Herz, das Männern Ruhm gab und dem Staat Triumph, das Völker, Helden, Götter hintrieb wie ein Strom. Du Heimat einer Welt, von der ein Säulenstumpf den Blinden noch beglückt. Du aller Menschen Rom. Was ist vor dir selbst Leid und Not? Die Eule schreit aus Tempeltrümmern und Zypressen, deren Schoß Jahrtausende umfaßt, in denen atemlos Geschichte zittert und ihr Haupt enthüllt die Zeit. In jedem Sandkorn hier glüht noch die alte Welt der Seligkeit."

5.
In Staub und Asche

Das Ringen des Afrikakorps um El Alamein hatte begonnen. Hunderte von Kilometern von ihrer Versorgungsbasis entfernt, in deckungslosem Wüstengelände den pausenlosen Luftangriffen preisgegeben, versuchte Rommel vergeblich, die britischen Stellungen zu durchstoßen. Dafür trat am 24. Oktober 1942 die 8. britische Armee unter Feldmarschall Montgomery zum Gegenangriff an.

Am 3. November ging um zwei Uhr morgens ein fünf Seiten langer Funkspruch Rommels ein, worin er am Schluß die Absicht meldete, sich abzusetzen. Tags darauf wehte bei uns in der Baracke eine scharfe Brise: Führungsblitzgespräche mit der „Wolfsschanze“ in Ostpreußen hin und her: Der Führer habe erst zehn Uhr morgens von dem beabsichtigten Rückzug erfahren, Grund für Verzögerung sei umgehend festzustellen. Der Leiter unserer Funkstelle, Oberleutnant Hardenberg, konnte nachweisen, daß, noch während der Aufnahme der letzten Morsezeichen aus El Alamein, bereits um drei Uhr morgens die ersten Absätze der Meldung von Rom aus mit Fernschreiber nach Ostpreußen gesendet worden waren. Die Verzögerung war, wie später bekannt wurde, im OKW selbst entstanden, der verantwortliche Offizier wurde mit Degradierung bestraft.

Hitler sah sich vor Tatsachen gestellt, seine Antwort erreichte Rommel erst, als dieser den Rückzug schon angetreten hatte: „Mit mir verfolgt das deutsche Volk in gläubigem Vertrauen auf Ihre Führerpersönlichkeit und auf die Tapferkeit der Ihnen unterstellten deutsch-italienischen Truppen den heldenhaften Abwehrkampf in Ägypten ... In der Lage, in der Sie sich befinden, kann es keinen anderen Gedanken geben als auszuharren, keinen Schritt zu weichen und jede Waffe und jeden Kämpfer in die Schlacht zu werfen. Trotz seiner Überlegenheit wird auch der Feind am Ende seiner Kräfte sein. Es wäre nicht das erste Mal in der Geschichte, daß der stärkere Wille über die stärkeren Bataillone des Feindes triumphiert. Ihrer Truppe aber können Sie keinen anderen Weg zeigen als den zum Sieg oder zum Tode."

Rommel schrieb in seinen später veröffentlichten Memoiren: „Auf die Truppe hatte dieser Befehl starke Wirkung. Sie war bereit, sich entsprechend der Weisung des Führers bis zum letzten Mann zu opfern." Dank Rommels Entschlußkraft blieb ihr dieses sinnlose Opfer erspart, ein weiteres Fernschreiben Hitlers gab nachträglich die Genehmigung zum Rückzug.

Am 7. November fand ich beim Betreten der Baracke Major i. G. von P. schon über einem Bündel von italienischen und deutschen Funksprüchen. „Geben Sie mir eine Chefsachen-Briefnummer, Führungsblitz an OKW. Schreiben Sie: ‚Großer Geleitzug mit Kurs Ost bei Gibraltar, vermutlich Landung in Französisch-Nordafrika.'" Nach Anruf von Rintelen: „OKW glaubt noch an Verstärkung für Malta oder an Landung im Rücken Rommels bei Bengasi, so ein Blödsinn."

Wenige Stunden später wurde bekannt, daß amerikanische Truppen in Oran gelandet waren. „Wie werden sich die Franzosen verhalten", hieß die vieldiskutierte Frage. Wie heute bekannt ist, hatte der französische Oberbefehlshaber, Admiral Darlan, zunächst den Abwehrkampf gegen die Landung befohlen. Erst auf einen geheimen Befehl des Marschalls Pétain hin schloß er sich den „Freien Französischen Truppen" unter General Juin und damit den Alliierten an. Die französische Flotte hingegen versenkte sich freiwillig im Hafen von Toulon.

Mit der nunmehr eilends befohlenen Entsendung deutscher Truppen nach Tunis kam eine Aktion zur Durchführung, auf die General von Rintelen schon seit Monaten vergeblich gedrungen hatte. Wieder war unsere Baracke Treffpunkt zahlreicher durchreisender Offiziere. Einer von ihnen, mein Vetter, General Fritz Frhr. von Broich, Kommandeur der 21. Panzerdivision, war genauso skeptisch wie ein junger Generalstabsoffizier, Oberst i. G. Graf Stauffenberg, der spätere Attentäter gegen Hitler; Stauffenberg sprach mit solcher Erbitterung und Offenheit, daß es mich erschütterte. Er wurde bald nach seinem Eintreffen in Tunis bei einem Jagdbomberangriff schwer verwundet, verlor ein Auge, die rechte Hand und zwei Finger der linken. Daß er trotzdem bald darauf eine Karte aus dem italienischen Lazarett schrieb, war ein typisches Zeichen seiner Willenskraft.

Am 9. November kam ein Anruf vom OKW für mich, Jodl war am Apparat. „Wann hast du das letzte Mal von deinem Bruder gehört?“ Ich spürte sofort an Jodls Stimme, daß etwas geschehen war. „Bitte sage gleich alles“, bat ich und wußte es schon. „Franz ist seit dem 2. November von einem Flug nach Tobruk nicht zurückgekehrt“, hörte ich Jodl langsam sagen. „Deine Mutter hat mich gebeten, dich zu verständigen. Alles wird getan, man hat drei Tage gesucht, bisher vergebens. Ich rufe bald wieder an.“ – Oh, mein Bruder, mein Bruder! Ich ging in den Botschaftsgarten. Was war doch am 2. November gewesen? Mir fiel ein, daß ich an diesem Abend mit Frau Rommel bei Neuraths, dem Verbindungsoffizier des Auswärtigen Amtes zum Afrikakorps, eingeladen war; wir hatten versucht, mit törichten Witzen die Depression zu überwinden. An diesem Tag, in diesen Stunden war mein Bruder vielleicht hilflos im Meer herumgetrieben, und ich hatte das nicht gespürt. Ich erhielt Urlaub, um meine Schwägerin, die Kinder und die Eltern zu besuchen und fand Trost in ihrer Tapferkeit.

Vor der Rückkehr suchte ich Irma Jodl in Dahlem auf. Ich fand sie in sehr gedrückter Stimmung und hörte, daß es zwischen ihrem Mann und Hitler zu schärfsten Spannungen gekommen sei. Tags darauf traf Jodl selbst ein, um sich wegen seines zunehmenden Ischiasleidens untersuchen zu lassen. Bei einem Gang durch den Grunewald erzählte er mir den Anlaß der Auseinandersetzung:

„Das geht schon lange, seit August. Der Führer hatte mich zu Konrad, dem Kommandierenden des Gebirgskorps im Kaukasus, geschickt, um zu prüfen, ob wirklich, wie Konrad und List meldeten, keine Fallschirmtruppen bei Tuapse abgesetzt werden könnten. Du weißt ja, daß es südlich des Kaukasus um die Ölquellen geht. Als ich bei Konrad landete, fiel oben bereits der erste Schnee. Man muß die Berge kennen, um zu wissen, wie das dann weitergeht. Fallschirmtruppen in dem Gelände abzusetzen, wäre ein Verbrechen gewesen. Konrad bat mich, die Zurücknahme seiner Truppen zu erwirken, die bereits bis an die Hochpässe Richtung Süden vorgestoßen waren, die Versorgung war kaum mehr möglich. Das mußte ich dem Führer in aller Deutlichkeit vor Augen führen; dabei war mir klar, worum es bei ihm ging – der große Traum eines Durchstoßes nach Persien. Ich kann dir sagen, nie habe ich einen ähnlichen Wutausbruch bei einem Menschen erlebt. ‚Ich habe Sie nicht losgeschickt, Jodl, um mir lauter Bedenken melden zu lassen', so brüllte er, ‚kaum sind meine Herren hier weg, unterliegen sie fremden Einflüssen.' Da platzte mir der Kragen: ‚Wenn Sie Ihre Fallschirmtruppen verlieren wollen, dann setzen Sie sie doch bei Tuapse ab, mein Führer', sagte ich wütend, ‚nur um Befehle zu überbringen, können Sie jemand anders schicken.' Raus war ich und habe die Tür hinter mir zugeknallt. Das war also schon im August. Na, und seitdem kommt er nicht mehr zum gemeinsamen Essen, gibt mir nicht mehr die Hand, und bei der täglichen Lage schreiben Stenographen jedes Wort mit. Frontflüge für uns Offiziere vom OKW sind auch verboten."[12]

Ich war so betroffen über diese Schilderung, daß mir – nicht zum ersten Mal – der Gedanke durch den Kopf ging, ob Hitler noch als ganz normal anzusehen sei. Als ich das Jodl andeutete, blieb er stehen, sah mich wie abwesend an und ging dann schweigend weiter. Ohne auf meine Frage einzugehen, sagte er: „Ich dränge täglich bei Schmundt auf Truppenverwendung. Paulus soll mich ablösen, sowie Stalingrad bereinigt ist. Ich soll dann das Gebirgskorps in Finnland bekommen." – „Ich drücke dir die Daumen", sagte ich. „Wie geht es denn bei Stalingrad?" – „Wenn die Rumänen, die an sich gute Soldaten sind, und die Italiener halten, kann es noch gutgehen. Aber die Truppe muß Furchtbares aushalten." Dann kamen wir auf die „Rote Kapelle" zu sprechen, ein Spionagering zugunsten der Russen. „Kannst du dir Deutsche vorstellen, die uns an die Bolschewisten verraten?"

Wir waren nun auf dem Rückweg. „Voriges Jahr sagtest du mir, daß du mir einmal mehr über die Gründe des Führers für den Rußlandfeldzug sagen würdest", bat ich.

„Der Führer sah die Lage so", begann Jodl zu erklären: „1939 ist die UdSSR gleichzeitig von England und von Deutschland zu einem Pakt gedrängt worden. Die englische Kommission wurde viele Wochen in Moskau hingehalten, mit den Deutschen kam in zwei Tagen ein Pakt zustande. Hätten die Russen mit England einen Pakt abgeschlossen, dann wäre es entweder nicht zum Krieg gekommen oder Deutschlands Niederlage wäre in wenigen Monaten vollendet gewesen. Die UdSSR rechnete mit einem gegenseitigen Verbluten der westeuropäischen Völker. Der unerwartete Sieg Deutschlands ließ sie ein unter deutscher Führung geeintes antibolschewistisches Europa fürchten, darum schoben sie sich an das rumänische Ölgebiet in Bessarabien vor. Ergo: Der bisherige Freund steckt eine geladene Pistole in die Tasche."

„Aber steht es denn fest, daß die Russen angreifen wollten?"

„Der Führer war dieser Überzeugung, er vermutete geheime Abmachungen zwischen England und Rußland. Kein anderer Grund hätte dieses ungeheuere Wagnis gerechtfertigt. Wir brauchten den russischen Raum nicht, mit einem sicher neutralen Rußland im Rücken war der Krieg gegen die Achse vom Westgegner nicht zu gewinnen. Ob es politische Möglichkeiten gegeben hätte, die Spannungen mit Rußland zu überbrücken, das kann ich nicht beurteilen. Wir haben alle von dem Krieg in Rußland abgeraten, die Kriegsmarine fand sich am schwersten damit ab. Aber alle Argumente fielen in sich zusammen, wenn der Führer antwortete, daß an der Grenze 160 Divisionen stünden und die Sowjetunion ihrerseits dann angreifen würde."

Wir waren am Grat in Dahlem angelangt, ich ging ins Haus, um mich von Irma zu verabschieden. „Sag ihr nicht alles", bat Jodl, „sie regt sich ohnedies oft so auf, und ich mache mir Sorgen um ihre Gesundheit."

Nach Rom zurückgekehrt, fand ich viele Neuigkeiten vor: In Nordafrika waren 50.000 Amerikaner und 30.000 Briten gelandet; am Arco dei Fileni in Libyen hatten sich die vier Marschälle – Rommel, Kesselring, Cavallero und Bastico – zur Beratung getroffen; Rintelens Maschine war beim Start mit einem Jäger zusammengestoßen, er mit dem Kopf an die Flugzeugwand geprallt, und nur sein harter Westfalenschädel hatte ihn gerettet.

Die Hiobsbotschaften häuften sich. Am 22. November 1942 wurde die 6. Armee bei Stalingrad eingeschlossen. Keiner von uns, der nicht einen Angehörigen dort wußte! Je näher das Weihnachtsfest heranrückte, desto bedrohlicher wurden die Meldungen. Der Gedanke an die eingeschlossenen Truppen lag lähmend über uns allen bei der Vorstellung, wie sie dort bei eisiger Kälte, Schnee und Hunger auf verlorenem Posten kämpften. „Man mußte Nerven haben wie ein Pferd", schrieb Jodl, „wenn man den Bericht mitanhörte, den ein junger Hauptmann aus dem Stabe von Paulus dem Führer erstattete." Und fuhr fort: „Mit einer Nüchternheit und Entschlossenheit, ohne Vorwürfe und Klagen und deswegen um so erschütternder. Oft komme ich mir vor wie ein Schweinehund, daß ich in einem Zimmer in ein Bett gehe und trotz aller Sorgen schlafe." Würde Paulus eigenmächtig handeln und mit seiner Armee ausbrechen? Als am 30. Januar der Wehrmachtsbericht die Kapitulation bekanntgab, sagte eine Stimme: „Jetzt können wir alle Hoffnung begraben." Keiner widersprach. „Nun ist das grausame Dahinsterben der Armee zu Ende", schrieb Jodl. „Es war eine harte Zeit. Gegen dieses Ende verblaßte selbst das Inferno von Dante."[13]

Im Februar 1943, zur gleichen Zeit, als über Hamburg und Köln den ersten Bombenteppichen Hunderttausende von Zivilisten zum Opfer fielen, liefen die ersten Meldungen von einer Konferenz in Casablanca ein, von der Forderung der Alliierten und Russen nach „bedingungsloser Kapitulation". Wenn der Feind nicht nur die Beseitigung des Regimes verlangte sondern auch der Nation, gab es dann eine andere Möglichkeit als weiterzukämpfen? In dem mir befreundeten Hause des jungen Legationsrates Sigismund Frhr. v. Braun von der Botschaft beim Vatikan wurde sehr freimütig über „eine neue Regierung" diskutiert. So ganz wohl war einem bei solchen Gesprächen nicht, denn im Falle eines Spitzelgastes konnte man angezeigt werden. In ernstlichen Konflikt brachte mich ein Gespräch mit einem Offizier der Abwehr, den ich auf der Via Veneto traf. Bei einem Espresso erzählte er mir, er arbeite gegenwärtig an der Saharagrenze. „Wir müssen natürlich alles tun, um den Krieg zu beenden und zu verlieren", schloß er seinen Bericht. Mit gespielter Gleichgültigkeit fragte ich ihn: „Und was sagt Ihr Chef Canaris dazu?" – „Der denkt genau wie ich." Ich kannte mein Gegenüber als überzeugten Gegner des Regimes, wir hatten früher oft und lange darüber diskutiert. Diese Einstellung eines aktiven Offiziers im Krieg verstand ich jedoch nicht. „Ist das nicht glatter Landesverrat?" fragte ich ihn. Er bekam einen roten Kopf. „Sie haben nie begriffen, wenn ich einen Scherz mache", sagte er leichthin. „Das ist zu ernst für Scherze", antwortete ich und stand auf. Er begleitete mich ein Stück Weges. „Haben Sie schon einmal darüber nachgedacht, daß es jetzt nur noch darauf ankommt, Substanz zu erhalten?" sagte der Major nun sehr ernst. „Wie können wir sie denn erhalten, wenn die Bolschewisten uns überrennen? Solange noch ein Grad Hoffnung besteht, müssen wir doch noch kämpfen!" rief ich. „Diese Hoffnung besteht aber nicht mehr", sagte der Major, grüßte kurz und ging.

Das Gespräch machte mir lange zu schaffen. Ich begriff, ohne die ganze außenpolitische Lage übersehen zu können – wir erfuhren ja nur, was uns direkt anging –, daß Wahrheit in seinen Worten lag. Aber alles in mir wehrte sich gegen ein Handeln, das gegen alle bisher gekannten und zur Richtlinie gewordenen

Begriffe verstieß. Die Abwehr hatte doch ihre eigenen Truppen, das Regiment „Brandenburg“, die immer wieder an Brennpunkten eingesetzt wurden. Wie konnte man seine Soldaten gegen den Feind einsetzen und zugleich mit dem Feind, also gegen sie arbeiten?

Dieses Intermezzo hatte sich abgespielt, ehe Rommels Armee vor den Truppen Montgomerys den gleichen langen Weg der einstigen Siegesroute durch die Libysche Wüste zurückweichen mußte. Ende Januar war bereits Tripolis in britischer Hand. Der Verlust dieser letzten Kolonie des einstigen italienischen Imperiums bedeutete einen schweren Schlag für Stolz und Moral des italienischen Volkes. Kritik am faschistischen Regime wurde täglich freier und offener ausgesprochen.

Am 7. Mai 1943 kapitulierten 250.000 Mann der Achsenmächte bei Cap Bon in Tunis. Einzelheiten über diese Katastrophe, der sich Soldaten der Panzerarmee durch Klettern auf die Schwimmer der Seetransportflugzeuge zu entziehen suchten, hörten wir zwei Tage später von fünf erschöpften und abgerissenen jungen Offizieren, die sich in der Baracke meldeten. Es war ihnen gelungen, in abenteuerlicher Flucht auf einem kleinen Sturmboot über das Mittelmeer zu entkommen. Trotz der Strapazen durch Durst und häufigen Beschuß waren diese jungen Offiziere, unter ihnen der Sohn des Feldmarschalls von Kluge und ein Neffe des Feldmarschalls von Witzleben, so von dem Willen beseelt weiterzukämpfen, daß ich mich im Stillen des Zweifels schämte, den das Gespräch mit dem Abwehroffizier hinterlassen hatte. Doch die Zweifel kamen mit bohrender Hartnäckigkeit wieder, und als ein Freund aus Jugendtagen, Oberst i. G. von Bonin, einstmals Rommels Ia im Afrikakorps, von der Ostfront wieder nach Italien versetzt wurde, machte ich meinen Bedenken ihm gegenüber Luft. Bonin war der nächste Freund meines gefallenen Bruders beim Reiterregiment 4 gewesen, ihm konnte ich vertrauen. Als er in die Baracke kam, fiel mir die Ähnlichkeit seines Ausdruckes im Vergleich mit den jungen über das Mittelmeer geflohenen Offizieren auf: die gleiche Erschöpfung in den vom Krieg gezeichneten Gesichtern. Aber zugleich die Ungebrochenheit trotz aller Niederlagen und die unbewußte oder auch bewußte Überlegenheit des Frontsoldaten, gewonnen aus der täglichen Begegnung mit dem Tode. Wir fuhren nachmittags an den Strand bei Ostia und führten ein langes Gespräch, erst über Tunis, den Osten und schließlich über Hitler. Es ging um die Grenze zwischen Genie und Wahnsinn, und ob die offenkundigen Fehler in der Führung nicht die Frage aufwarfen, ob der Krieg ohne Hitler nicht eher zu gewinnen sei. Bonin nahm die Fragen mit der ihm eigenen Sachlichkeit auf, meinte aber dann, so skeptisch brauche man wohl doch nicht zu sein: Noch seien wir es, die Feindesland in Besitz hielten, und wer wie er die Ausstrahlung Hitlers bei der Winteroffensive 1941 selbst miterlebt habe, der könne auch diesen Faktor nicht außer acht lassen.

Kurze Zeit darauf fuhr ich auf Urlaub und besuchte auch das Ehepaar Jodl in Badgastein. Es war Jodls erster Urlaub seit Kriegsbeginn, ein Kururlaub, um sein Ischiasleiden auszuheilen. Er war ungewöhnlich aufgeschlossen und zugänglich für Gespräche, die er sonst mied. „Sag' ihm alles, was du hörst", bat mich Irma, „er ahnt nicht, was die Leute so sagen." Auf einem Spaziergang zum „Grünen Baum" versuchte ich behutsam die in Rom gehörten Kritiken an der Führung und sogar das Gespräch mit dem Abwehroffizier anzudeuten.

„Meinst du nicht, daß wir den Krieg von uns aus beenden müßten, ganz einfach um mehr Substanz zu erhalten?" hörte ich mich zu meinem eigenen Schrecken plötzlich fast wörtlich das wiederholen, was mir kurz zuvor noch so verdammenswert im Gespräch mit dem Abwehroffizier erschienen war. Jodl schwieg erst, dann wies er mich fast mit Schärfe zurecht, so daß es Irmas Vermittlung bedurfte, um uns auszusöhnen. Nicht lange danach schrieb er mir nach Rom:

„Zu unserem großen Thema noch ein Wort. Du mußt durch dick und dünn verfechten, daß wir diesen Krieg gewinnen. Wer daran nicht glaubt, tut am besten daran, sich gleich zu erschießen. Ich habe gesehen, daß ich Dich stärker stützen muß. Jeder Mensch wird mit der Zeit ein Produkt seiner Umgebung, nur Riesen sind es, die ihre Umgebung selber formen. Es ist schon, wie ich Dir sagte: Helden gibt es nur wenige, nur sie kämpfen bis zum Tode, auch wenn er schon vor ihnen steht. Die Masse kämpft nur, solange sie an die Möglichkeit eines Erfolges glaubt. Sieht sie ihn nicht mehr, sucht sich jeder einen bequemen Ausweg, mit dem er dann seinen niedergebrochenen Willen oder seine Feigheit bemäntelt. Wer glaubt, daß man jetzt Frieden machen muß, der erfindet die Ausrede von der Erhaltung der Substanz und will damit nicht sehen, daß er überhaupt alles der Vernichtung preisgibt."

Die Kraft der Überzeugung, die aus diesem Brief sprach, vermochte gefühlsmäßig die Zweifel zu beschwichtigen, den

Verstand jedoch nicht ganz zu überzeugen. Zuweilen kam mir der Gedanke, ob nicht die Arbeit in einer Zentrale, also am grünen Tisch, die Sicht erschweren könne.

Der afrikanische Kriegsschauplatz war verloren, jetzt mußte mit einer baldigen Landung der Alliierten in Italien gerechnet werden. Feldmarschall Kesselring wurde zum Oberbefehlshaber Süd ernannt, vier neue deutsche Divisionen nach Süd- und Mittelitalien verlegt und ihm unterstellt. Er selbst unterstand dem italienischen Comando Supremo und sah sich vor die schwierige Aufgabe gestellt, dessen Wünsche mit denen Hitlers abzustimmen. Kesselring, sich selbst in seinen Memoiren später als „Soldat bis zum letzten Tag“ bezeichnend, wirkte durchaus nicht als reiner Nur-Soldat. Ursprünglich dem Heer angehörend, war er wie viele fähige Generalstabsoffiziere bei der Schaffung dieses Wehrmachtteils zur Luftwaffe übergetreten und hatte mir beim Tode meines Bruders in besonders verständnisvoller Weise beigestanden. Wie Rintelen besaß er die große Gabe, mit seinem Charme und seiner Klugheit die Zuneigung der Italiener zu gewinnen, ohne dabei seine eigenen Ziele aus den Augen zu verlieren. Seine Charakterfestigkeit zeigte sich nach dem Krieg bei seiner Verurteilung zum Tode und späteren Begnadigung zu Gefängnishaft, während der ihm viele Italiener ihre Sympathie bekundeten. Zu unseren nun häufigen Barackengästen gehörte auch wieder einer von Kesselrings Divisionskommandanten, der bereits erwähnte General Ernst Günther Baade mit seinen unzertrennlichen Begleitern, dem Rauhhaardackel Brummer und der Ordonnanz Bierentrümpel.

Als die Alliierten auf Sizilien landeten, klang Rintelens erste Lagemeldung noch zuversichtlich, aber schon am 12. Juli 1943 hieß es in nüchterner Klarheit: „Hoffnung in militärischen Kreisen geschwunden, Zweifel, ob Zuführung neuer Kräfte noch zweckmäßig.“ Mitten in die Spannung dieser Tage brachte ein Fernschreiben der Luftwaffe ein erheiterndes Moment: Göring hatte befohlen, die schweren Porphyrsärge der Stauferkaiser aus dem Dom zu Palermo auf das Festland zu verbringen. „Der Dicke hat vielleicht Sorgen“, seufzte der Ia.

All die letzten Wochen war häufig Luftalarm gegeben worden, wenn die Ströme der alliierten Bomber ihren Weg nach Süden oder umgekehrt zu den norditalienischen Industriezentren nahmen. Niemand beachtete ihn, Rom galt als tabu. „Mensch, das gilt uns“, rief ein Feldwebel, als am 19. Juli 1943 schwere Detonationen unsere kleine Holzbaracke ins Wanken brachte. Wir liefen in den

Garten. „Da oben sind sie, und da noch ein zweiter Verband!“ Die winzigen Silberfische am sommerblauen Himmel waren bald von den weißen Rauchballen explodierender Flakgeschosse eingekreist, aber sie zogen ungehindert ihre Bahn. Von der Gartenmauer aus sah ich aus Richtung der Kirche San Lorenzo fuori le mure dichten schwarzen Qualm aufquellen, und im nächsten Moment raste zu meinem Entsetzen ein offener Lastwagen mit völlig nackten Leichen vorbei, der Luftdruck hatte ihnen offenbar die Kleider abgerissen. Als dann noch mehr Bomben fielen, lief ich in den Botschaftskeller, wo wir hörten, daß sich gerade jetzt in Feltre Mussolini und Hitler träfen.

Waren die Zerstörungen in Rom relativ gering, so herrschte doch eine ungeheure Erregung, daß die Heilige Stadt bombardiert worden war. Noch während der Angriffsstunden sah man den Papst beim Lateran langsam durch die Straßen fahren, der Bevölkerung seinen Segen erteilend und für die Opfer des Angriffes betend.

Die Kriegsmüdigkeit des italienischen Volkes konnte niemandem mehr verborgen bleiben. Am 25. Juli 1943, einem drückend heißen Tag, wurde der Gran Consiglio del Fascismo, der Große Faschistische Rat, einberufen, ein Ereignis, das seit 1939 nicht mehr stattgefunden hatte. Die Gerüchte jagten einander, aber die Stadt war ruhig. Nachts wurde ich in der Pension „Miltone“ von lauten Rufen und Händeklatschen aufgeweckt und rannte auf die Terrasse. „Evviva Badoglio, Evviva Vittorio Emanuele!“ klang es mir entgegen, auf der Straße unten umarmten sich Menschen. In allen nur möglichen Nachtgewändern winkten die italienischen Pensionsgäste nach unten, auch sie umarmten einander vor lauter Freude. „Menschenskind“, hörte ich meine Freundin Hildegard Haenichen hinter mir sagen. „Mir scheint, Badoglio ist Duce geworden.“

Der nächste Tag war ein Sonntag. Ich ging sehr früh zur Botschaft, noch lagen die Straßen still. Aber was war das? Hunderte von Liktorenbündeln, Abzeichen der Faschistischen Partei, glitzerten im Morgenlicht in Mengen auf der Straße, auf dem Trottoir, im Rinnstein, auf der Hauptstraße. Aus dem Grandhotel kam ein Mann mit dem Abzeichen am Rockaufschlag, er hatte die Ereignisse der Nacht offenbar verschlafen. „Attenzione!“ rief ihm ein Passant über die Via Veneto zu, „il Fascismo non existe più.“ Der Mann blieb stehen, machte eine der typischen Handgesten der Italiener, riß das Abzeichen ab und warf es lachend in den Rinnstein. „Va bene, va bene!“ Im Weitergehen drehte er sich noch einmal um: „Va bene!“ und winkte. Welch friedliche Revolution! Hier schien das niemand so ernst zu nehmen; was nützlich war, war gut und kein Hochverrat, ein Parteiwechsel wie zu Friedenszeiten. Aber – wie würde das wohl im Führerhauptquartier aufgenommen werden?

Ich schrieb Alfred Jodl von meinen Eindrücken, und er antwortete: „Als ich dem Führer meldete, daß die Straßen voller Parteiabzeichen lägen, war seine Reaktion sehr unwillig. ‚Solchen Unsinn kann nur ein Offizier melden‘, hielt er mir vor. ‚Man sieht wieder einmal, wie wenig Generäle von Politik verstehen. Eine Bewegung, die so im Volk verwurzelt ist, kann nicht von heute auf morgen vernichtet werden.‘“

Erst Tage später erfuhr man die genaueren Geschehnisse. Vor dem Treffen in Feltre am 19. Juli hatten italienische Generäle von Mussolini verlangt, er müsse Hitler die Unmöglichkeit der Fortsetzung des Krieges klarmachen. Mussolini hatte diesem Verlangen nicht entsprochen, zumal Hitler unentwegt selber sprach, bis auf die kurze Pause, in der die Bombardierung Roms durchgegeben wurde. Aus diesem Anlaß war dann der Gran Consiglio einberufen worden. Justizminister Grandi erhob in ihm die Forderung: Beseitigung des Regimes und Übertragung der militärischen Führung auf den König. Nach 20stündiger Sitzung und einer langen Rede Mussolinis wurde abgestimmt und Grandis Resolution mit 19 gegen 7 Stimmen angenommen. Mussolini fragte, wer dem König dieses Ergebnis melden sollte. „Du“, hatte Grandi gerufen, „du, du selbst.“ Mussolini war aber zunächst in seine Villa Torlonia gefahren und hatte sich erst am nächsten Tag beim König angemeldet. Beim Verlassen des Palazzo Reale wurde der Duce verhaftet, in einem Sanitätswagen in eine Carabinierikaserne gebracht und von dort auf die Insel Ponza. Im Augenblick wußte niemand Genaues über sein gegenwärtiges Schicksal.

Wie würde sich nun Badoglio verhalten, wie Hitler? Hitlers erste Gegenmaßnahme bestand darin, ohne vorheriges Befragen des Comando Supremo Truppen nach Italien zu verlegen. In Kürze standen acht deutsche Divisionen unter Rommels Oberbefehl ihn Norditalien und eine Fallschirmjägerdivision unter General Student wurde in den Raum von Rom verlegt. Gerüchte über die von Hitler geplante Verhaftung des Königs liefen um. In der Stadt hoben die Italiener Schützengräben aus, sicherten die Regierungsgebäude mit Stacheldraht und zogen fünf Divisionen um die Stadt zusammen. Gegen wen? Waren wir noch Bundesgenossen?

Wir Botschaftsangehörige durften die Stadt nur mehr mit Sonderausweisen verlassen. Überall standen Posten mit Maschinengewehren. Die brodelnde Atmosphäre verdichtete sich nach einem zweiten Luftangriff auf Rom, beruhigte sich jedoch, als Feldmarschall Kesselring Rom zur „offenen Stadt" erklären ließ.

General von Rintelen hegte die Überzeugung, erst das Verhalten der deutschen Führung habe den italienischen Umschwung verursacht, er überbrachte Hitler die Botschaft des Marschall Badoglio: „Italien wird den Krieg zu einem ehrenvollen Ende führen." – „Das ist die größte Unverschämtheit der Weltgeschichte!" hatte ihn Hitler angebrüllt, der über die geheimen Absichten Badoglios unterrichtet war. Nicht zu unrecht war daher Jodl bei der Unterredung in Bologna am 14. August 1943 zwischen Rommel, Rintelen und General Roatta sehr scharf. „Er hatte Roatta glatt gefragt, ob Badoglio die vier aus Südfrankreich zurückgezogenen italienischen Divisionen gegen uns oder gegen die Engländer einsetzen wolle", erzählte mir der Ia.[14] Die Skepsis des Führerhauptquartiers gegen Badoglios Absichten erwies sich später als durchaus berechtigt. Schon im Juni, also vor Absetzung Mussolinis, hatte der Marschall Fäden zu Eisenhower geknüpft, daß es seine Regierung mit Stolz erfüllen würde, an der Seite Amerikas zum unausbleiblichen Siege marschieren zu können.

Am 3. September 1943 landeten die Alliierten an der Südspitze Italiens. Die Ereignisse jagten einander, Botschafter von Mackensen wurde durch Botschafter Rahn, General von Rintelen durch General Toussaint abgelöst. Am 8. September überflogen stärkste Bombereinheiten die Stadt, ihr Ziel war Kesselrings Hauptquartier in Frascati. Die Telefonverbindung zum Oberbefehlshaber Süd wurde unterbrochen. Aus Süd- und Mittelitalien liefen Funksprüche ein mit der Meldung, daß in Höhe von Neapel ein starker Geleitzug stünde.

Ich saß wie so oft am Radio und drehte den Schalter hin und her, um die Feindsender abzuhören. Dann kamen plötzlich ganz klar und deutlich die Worte: „The Italians have signed the surrender." Es war genau 18 Uhr (die tatsächliche Unterzeichnung hatte bereits am 3. August stattgefunden).

„Gepäck abholen, ein Sonderzug für die Botschaft steht bereit!" In rasender Fahrt jagte unser Wagen durch die immer noch verdunkelte Stadt und stieß an der Via Veneto so hart mit einer italienischen Militärpatrouille zusammen, daß der Helm des italienischen Fahrers in unseren Wagen herüberflog. Hauptmann

Hoppe und der italienische Capitano aus dem anderen Wagen stiegen aus und entschuldigten sich höflich. Noch hielt das einstige Band des Bündnisses und der Waffenkameradschaft. Der Portier der Pension wiegte beim Anblick unseres eiligen nächtlichen Abzuges den Kopf.

Im Botschaftsgarten wurden nun die Akten verbrannt. Säulen und Zypressen leuchteten im Schein eines lodernden Feuers. Stück um Stück zerriß ich unsere Akten und warf sie in die Flammen: die Siegesmeldung von Tobruk, den Vorstoß auf El Alamein, Mussolinis Pläne zum Einzug in Kairo, dann die Funksprüche vom Durchbruch der 8. englischen Armee. Die ganze Nacht brannte das Feuer, drei Jahre zerfielen in Staub und Asche.

6.
Im Hauptquartier Mussolinis

„Sie ist von Ton
es gibt Scherben"
Johann Wolfgang v. Goethe, „Faust I"

Ich saß daheim bei den Eltern in Potsdam und hatte so ziemlich alles berichtet: über die Flucht aus Rom mit dem Sonderzug der Botschaft, über das ungute Gefühl bei einer Flucht und das Verhalten der Italiener. Die den Zug begleitenden Carabinieri schienen selbst nicht so ganz zu wissen, auf welche Seite sie gehörten. Der Zug hatte zunächst Italien durchquert, um von Ancona aus dann nordwärts nach Rimini zu fahren. Dort war Halt, gottlob, denn Wasser gab es im Zug nicht. Rintelens Ordonnanz, Graf Henckel-Donnersmarck, zeigte mir rasch ein wenig die Stadt und auch die Kirche, wo Francesca da Rimini begraben liegt. In Bologna trafen wir auf Rommels Einheiten im Vormarsch nach Süden; es tat wohl, in der allgemeinen Auflösung hier Ordnung zu spüren. Trostlos hingegen der Anblick endloser Güterwagen, geschlossen bei der glühenden Hitze und voll von unseren einstigen Verbündeten, die offenbar nach Deutschland gebracht wurden. Man konnte sich ihre Stimmung vorstellen, da für sie nun trotz Kapitulation der Krieg doch noch nicht zu Ende war.

Seltsam, nach dem Durcheinander dieser Tage daheim auf dem alten Sofa zu sitzen, dessen Bezug noch immer die gelbliche Brandstelle von Vaters Zigarre trug. Aber dann, gerade als ich von Luis Trenker erzählte, der auch im Botschaftszug war, kam ein Telegramm: „Sofort abreisen mit Einsatzgepäck über Frontstelle München nach Norditalien." Also wieder Italien? Wir rätselten herum, wo und was das für eine Dienststelle sein könnte, man hatte ja keine Ahnung, wie inzwischen dort die Dinge aussahen.

Aus den Zeitungen hatte man nur erfahren, daß Mussolini von Skorzeny befreit worden war und sich in Deutschland aufhielt. Während ich packte, gingen mir viele Gedanken durch den Kopf. Ich hatte die Eltern sehr gealtert vorgefunden, das Befinden meiner Mutter machte mir ernsten Kummer. Nicht minder aber sorgte ich mich um Irma Jodl, die an großen Schmerzen der Wirbelsäule litt und erschreckend elend aussah. „Bitte sage Alfred nichts davon", bat sie mich; sie versprach mir aber, Professor Sauerbruch zu konsultieren. Aus all diesen Gründen hatte ich erwogen, um Verwendung in der Heimat nachzusuchen, aber nun war es zu spät. Und wenn ich mir selbst gegenüber ehrlich war, so freute ich mich, nach Italien zurückzukehren. Einmal, weil die Atmosphäre daheim so sehr viel bedrückender war. Zum anderen, weil ich Italien und sein Volk aufrichtig lieben gelernt hatte. Die ausgeprägte Menschlichkeit, das rasche Reaktionsvermögen, die ausgeprägte Lebensfreude in Verbindung mit melancholischer Weisheit des Verzichts, all das hatte mich gefangengenommen. Zudem war man außerhalb der Heimat irgendwie viel freier, auch freimütiger in der Sprache unter Soldaten als unter Zivilisten. Man vertraute einander auch bei zuweilen gegensätzlichen Auffassungen. Kein Zweifel, daß man umlaufende Gerüchte, teils bewußt, teils unbewußt verdrängte. Als mir daheim eine Ärztin über Vergasungen von Juden erzählte, war ich naiv genug, sie auszulachen. „Wir sind doch nicht im Mittelalter!" Dann erhielt ich einen Brief auf privatem Weg von meinem ältesten Bruder Rob, der in Rußland bei Dnjepropetrowsk als Kriegsverwaltungsrat eingesetzt war:

„Diese Halunken von der Zivilverwaltung, selbst von einfacher Herkunft, sehen auf die Russen als Untermenschen herab und nehmen sich nicht die geringste Mühe, auf deren Mentalität einzugehen. Der Gebietskommissar ist ein Ordensjunker, dessen Haus mit Privatbesitz aus Frankreich ausstaffiert ist, er führt sich auf wie ein Satrap und ist es. Diese Leute werden uns mit größerer Sicherheit den Krieg verlieren lassen als die Niederlagen unserer tapferen Truppen."

All das bedrückte ungemein – was würde nun Italien bringen?

In der Frontleitstelle fand ich eine geheimnisvolle Atmosphäre vor, niemand wußte zu sagen, wohin es ging. „Halten Sie sich morgen früh zur Abfahrt bereit." Um sieben Uhr holte mich eine große schwarze Mercedes-Limousine ab, der Fahrer ein SS-Mann mit der Binde „Führerhauptquartier". In den „Vier Jahreszeiten" holten wir Hauptmann Hoppe ab, der schon in Rom zu unserem

Stab gehört hatte. Von ihm erfuhr ich unsere künftige Verwendung: „Verbindungsstab der Deutschen Wehrmacht beim Duce." Das hatte einen guten Klang, obwohl man sich der Fragwürdigkeit bewußt war.

Auf dem Flugplatz in Riem hörten wir, daß Mussolini eine halbe Stunde zuvor, selbst die Maschine steuernd, mit Oberstleutnant i. G. Jandl bereits nach Italien gestartet war. Mit der zweiten Maschine, der auch ich und der Hauptmann zugeteilt waren, flogen ehemalige faschistische Amtsträger, darunter Parteisekretär Farinacci. Als ich die Italiener in Lodenmänteln und Trachtenhüten sah, hielt ich sie zuerst für Einheimische. Nach dem Start verlor ich aber jeden Zweifel an ihrer Herkunft; die Rückkehr in ihre Heimat und zu neuen Würden äußerte sich mit südlichem Temperament in lautem Singen und gegenseitigem Bewerfen mit Zigarettenschachteln.

Während Mussolini direkt nach Forlí geflogen war, unmittelbar in die Nähe seiner Burg bei Predappio, landete unsere Maschine in Verona, offenbar während eines Alarms. Denn der Pilot wurde vom Flugplatzkommandanten so gründlich abgekanzelt, daß meine etwas romantische Vorstellung von der Bedeutung meiner künftigen Dienststellung rasch dahinschmolz. Der Kommandant der Frontleitstelle lehnte uns auch eine Weiterbeförderung glatt ab: „Uns ist weder vom Führerbefehl noch vom Duce etwas bekannt. Melden Sie sich morgen früh wieder." So hatten wir Zeit, und ich sollte es nicht bereuen, Verona anzusehen. Auf der Piazza delle Erbe war gerade Markt, das farbenfrohe Bild der bunten Schirme der Stände mit der Blumenpracht hätte jeden Impressionisten entzückt. Nahezu verschmitzt sieht von seinem Sockel der Cangrande herab, mit seltsam vorgestreckten Beinen auf seinem Streitroß sitzend. Ich besah mir die guterhaltene weiträumige Arena des Amphitheaters, die Bronzetüren von San Zeno, die Grabstätte der großen Liebenden, und dann bei Dämmerung stand ich auf der alten Scaligerbrücke, sah hinunter in das eisgrüne kristallklare Wasser der Etsch und träumte mich in die Sagenwelt des Dietrich von Bern zurück.

Offenbar war mittlerweile bekannt geworden, daß Mussolini wieder das Steuer der Regierung in Norditalien ergreifen sollte, denn am nächsten Morgen war der Empfang in der Frontleitstelle nahezu ehrerbietig. „Ihr Wagen steht schon zur Verfügung." Als wir abfuhren, lief ein kleiner barfüßiger Bub in deutscher Tropenuniform auf uns zu: „Devo vedere il Duce" („Ich muß den Duce sehen"). Nur mühsam konnten wir ihn nach ein paar Straßenecken wieder loswerden. Die Fahrt führte die Via Emilia entlang, bis wir bei Cesare nach Süden abbogen. Das bisher etwas monotone Bild von Oliven- und Reiskulturen wandelte sich zu einem Eindruck fast melancholischer Schönheit: Die kupferfarbenen Bergzüge der Abruzzen nahmen uns auf, bald kletterte der Wagen einsame Pässe hinauf. Ich überlegte gerade, wie uns wohl hier die Post – doch ein Lichtblick dieses Lebens – jemals erreichen könnte, da entdeckte ich die Silhouette eines Panzers gegen den Nachthimmel. Wir waren am Ziel. Ein SS-Posten trat hinter einer Mauer hervor und verlangte unsere Ausweise. Dann fuhr der Wagen eine steile Rampe empor in den Hof der Burg Rocca della Camminate. Im Toreingang stand schon Oberstleutnant i. G. Jandl, Führer unseres Stabes, der zuletzt Ia in Rom gewesen war. Ich war so müde, daß ich mir mein Zimmer zeigen ließ und sofort in totenähnlichen Schlaf verfiel.

Als ich am nächsten Morgen aufwachte, setzte ich mich mit einem Ruck auf und rieb mir die Augen. Wo war ich? Vor mir balancierte auf der Tapete ein Elefant mit einem Regenschirm im Rüssel auf einem Seil, Tiger sprangen durch bunte Reifen, Affen jonglierten mit Bällen. „Das war das Kinderzimmer", erklärte mir lachend die Dometscherin, die im gleichen Raum schlief. Ich zog mich an und schlich leise die Treppe hinunter, es war noch totenstill in der Burg. Ich kam mir vor wie Alice im Wunderland und hätte mich nicht gewundert, wenn mir plötzlich auf einem der langen Korridore White Rabbit begegnet wäre. Im untersten Stock entdeckte ich ein Tor zum Garten, der sich rings um die Burg herumzog. Die Burg Rocca della Camminate ist ein mächtiger rechteckiger Bau aus ockerfarbenen Steinen, in der Mitte von einem hochragenden Campanile im Stile des Palazzo Vecchio in Florenz überragt. Auf der Plattform des Campanile entdeckte ich einen Wachposten, der mich mißtrauisch durch sein Glas beobachtete. Bei der Rückkehr in die Burg fand ich unseren Stab um einen Frühstückstisch versammelt, der so ungewöhnliche Genüsse wie echten Kaffee und Butter mit Honig bot. Halb berauscht von diesem unwirklichen Milieu, halb von Abwehr erfüllt, setzte ich mich an die Schreibmaschine. Mittags traf Botschafter Rudolf Rahn ein. Er kam direkt aus Rom und schilderte in seiner temperamentvollen Art die Geschehnisse nach dem Waffenstillstand und seine erfolgreichen Verhandlungen mit Marschall Graziani zur Übernahme des Kriegsministeriums. Rahn versprach sich von Graziani, dem Helden des abessinischen Feldzuges, große Wirkung auf die Norditaliener.

Rahn machte mir Eindruck. Hochgewachsen, mit klugen Augen unter buschigen Brauen, sprach er mit großer Offenheit und Eindringlichkeit. Bei aller Skepsis vermochte er die Zuversicht einzuflößen, daß es vielleicht doch noch Auswege gäbe. Mit seinem temperamentvollen Freimut, seiner Kraft zur Initiative, schien er mir einen ganz neuartigen Diplomatentyp zu repräsentieren.

Die Ernennung der neuen Regierung des Duce am 27. September 1943 bildete naturgemäß das Hauptgespräch zwischen uns und den Offizieren der Leibwache Mussolinis, die neben der SS-Einheit für seine Sicherheit verantwortlich war. Kommandant dieser Leibwache war Oberst Albonetti, ein ehemaliger Kolonialsoldat und Veteran des Abessinienfeldzuges. Bei den gemeinsamen Mahlzeiten gab er gern zweideutige Geschichten zum besten, bei denen sich seine Kameraden vor Lachen bogen. In gehobener Stimmung veranstaltete Albonetti auch Schaustellungen; er konnte sich die Haut am Arm durchbohren, ohne einen Tropfen Blut zu verlieren, oder er führte den Bauchtanz eines Eritreamädchens vor. Sein Adjutant, Hauptmann Cerbati, ein untersetzter Athlet mit schön geschnittenen Zügen, rühmte sich der Herkunft aus königlich arabischem Geblüt. Beide Offiziere trugen die nunmehrige Uniform, schwarzes Hemd mit Schlips, während der Leibarzt, Dr. Baldini, ein sensitiver kultivierter Mann, Zivil trug. Er war fraglos der Intelligenteste dieses Trios, mit starkem Kinn und kühlen grauen Augen, die kritisch die deutschen Verbündeten beobachteten. Der Idealismus dieser Italiener, ihr Glaube an eine Wiedererstarkung Italiens unter der Führung ihres Duce kam aus einer Überzeugungskraft, um die man sie eigentlich beneiden mußte.

Oberst Albonetti zeigte uns die Burg, ein Geschenk des italienischen Volkes an Mussolini aus der Frühzeit seiner Regierung. Sie liegt unweit Predappio, dem Geburtsort Mussolinis, wo sein Vater Schmied war. Alle Räume der Burg waren mit Bildern und Skulpturen des Duce vollgestopft. Viel Spaß machte uns ein naives Schnitzwerk unter Glas, das die Geburt des Duce darstellte. Man sah die Mama im Bett mit einem krausköpfigen Bambino an der Brust, während ein junger Mann durch die Tür dem Vater am Amboß zurief: „E arrivato!“ – Er ist gekommen! Im Turm entdeckten wir zahllose Trophäen aus dem Abessinienfeldzug, und Albonetti fühlte sich in seinem Element beim Vorführen dieser

Waffen. Der Blick vom Turm war einzigartig: im Süden das steile Bergmassiv von San Marino, im Hintergrund der Gran Sasso, wo Mussolini zunächst gefangengehalten worden war. Am östlichen Horizont schimmerte die Adria, und im Norden reckte sich die steile Kette der Julischen Alpen hinter der schier endlos sich dehnenden Poebene empor.

Unser Chef des Verbindungsstabes erschien täglich bei Mussolini zum Vortrag. Wir Angehörigen des Unterstabes bekamen ihn nur zu sehen, wenn er sich im Garten erging. Er nickte dann freundlich und hob die Hand zum römischen Gruß. Er sah elend aus, die kohlschwarzen Augen standen tief in den Höhlen, aber im Ausdruck lag noch eine Aura cäsarenhafter Größe. Öfter sah man auch Edda Ciano, die rassig-dunkle Frau des ehemaligen Außenministers Graf Ciano. Im buntkarierten Rock mit schottisch gemusterten Strümpfen sah die Gräfin sehr jung aus, das schmale Gesicht mit den dunkel brennenden Augen verriet ein leidenschaftliches Temperament. Die Privaträume des Duce waren uns unzugänglich. So entging mir der Anblick eines Gemäldes auf japanischer Seide, ein Geschenk des Tenno, für das ein Amerikaner angeblich 16 Millionen Lire geboten hatte. In unseren Diensträumen fanden wir jedoch einen Schrank mit historischen Kostümen, ein Anlaß, uns einmal abends in Dogen und Pagen zu verwandeln. Eindrucksvoll blieb mir eine Fahrt mit Botschafter Rahn und Albonetti nach Faenza, einem Zentrum italienischer Keramikkunst. Bocciaspiele im Garten, Spaziergänge auf einsamen Abruzzenwegen – all das machte diese Welt unwirklich, und ich war froh, als wir am 6. Oktober an den Gardasee verlegt wurden.

Es war schon dunkel, als wir in Gargnano ankamen; wir nächtigten zunächst in der künftigen Residenz des Duce, der Villa des Industriellen Feltrinelli. Als ich zitternd vor Kälte aufwachte, hörte ich ein starkes Brausen und lief ans Fenster. Da lag der Gardasee vor mir, aber nicht die glatte blaue Fläche, die man so oft auf rauchigen Bahnhofshallen als heimliches Ziel der Sehnsucht gesehen hatte. Nein, das war eher ein norwegischer Fjord mit eisgrünen, hurtig anrollenden Wellen, die sich schäumend am Ufer brachen. Im Hintergrund stiegen steil die Berge empor, gekrönt von der schneebedeckten Kuppe des Monte Baldo. In hinreißendem Kontrast zu dem dunklen indigofarbenen Hintergrund glitt dicht am Ufer eine Holzbarke vorbei, die riesigen gelben Segel hart in den Wind getrimmt. Im eiskalten tramontana, dem Bergwind, bogen sich die Palmblätter nahezu waagrecht, die Luft war wie

Champagner. Für einen kurzen Augenblick war der Krieg vergessen, ich konnte nicht anders, als innerlich jubeln angesichts dieser Schönheit. Hier hatte Goethe seine „Iphigenie" gedichtet: „So erkennt man Euch, Ihr Götter, an gesparten, lang und weise zubereiteten Geschenken."

Für unseren Stab wurde eine Villa dicht neben der Feltrinellis beschlagnahmt, die Mussolini selbst vorbehalten blieb. Mir war recht unbehaglich zumute, als die Besitzer, ein kultiviertes altes Ehepaar, binnen kurzer Frist ausziehen und gemietete Räume beziehen mußten. „Oggi noi, domani voi" – heute wir, morgen ihr, hörte ich die alte Dame sagen. Die Freude beim Anblick des Sees wollte sich nicht mehr einstellen.

Gargnano hatte damals etwa 1000 Bewohner, Kaufleute, Handwerker, Fischer und Weinbauern, dazwischen einzelne Großindustrielle, die hier vor Bombenangriffen Schutz suchten. Oberhalb des Ortes mit dem ungemein malerischen Hafen führte die Gardesana, diese herrlich kühne, teilweise in den Felsen eingesprengte Straße, die sich am westlichen Seeufer entlangzog.

Die Villa Feltrinelli, der Amtssitz des Duce, lag dicht am Ufer, etwas versteckt, ein unschönes altmodisches Gebäude mit grünem Tarnanstrich. Von unserem Garten aus konnten wir häufig den Duce beim Radeln oder Gehen beobachten. Zunächst wohnte sein Neffe Vittorio bei ihm, später seine Frau Donna Rachele, seine jüngsten Kinder, Anna Maria und Romano, Donna Gina, die Frau seines Sohnes Bruno, und schließlich der deutsche Arzt, Dr. Zacharias.

Als sich herausstellte, daß die Villa Feltrinelli als Regierungsgebäude doch zu klein war, um dort Sitzungen der inzwischen gebildeten Republica Sociale Italiana abzuhalten, wurde die Villa Orselini am Eingang des Ortes als Regierungssitz bestimmt. Täglich fuhr Mussolini nun zweimal dorthin; bei dieser kurzen Strecke wurden keine besonderen Schutzmaßnahmen getroffen. Ausflüge, wie etwa zu Clara Petacci, seiner Freundin, konnte er nicht ohne die Begleitung bewaffneter SS-Einheiten unternehmen. Mit dieser SS-Einheit kamen wir nur lose in Kontakt, aber ein Gespräch mit einem Sturmführer, einem jungen baltischen Baron, blieb mir in Erinnerung. „Ich will in Sibirien siedeln", erklärte er mir, und auf meinen erstaunten Hinweis auf die Behandlung der Balten durch die Russen, verzog er verächtlich den Mund: „Rußland wird nichts weiter mehr sein als ein kleiner Pufferstaat zwischen uns und Japan."

Ich hatte mir im Oktober beim Baden eine Ischiasentzündung geholt und mußte kurz nach Berlin zur Behandlung. Auf allen Litfaßsäulen stand die Verkündigung des totalen Krieges, man brauchte das aber gar nicht erst zu lesen, der Anblick der Ruinen genügte. Als ich nach langem Fußmarsch – der Anhalterbahnhof war zerstört und der Zug hatte außerhalb gehalten – die Landgrafenstraße erreichte, fand ich vom Haus meiner Verwandten nur noch rauchende Trümmer. „Wir leben jetzt Amselstraße Nr. . . .", stand in Kreideschrift auf einer Mauer. „Wir leben", immer wieder las ich diese Worte, irgendwie froh in dieser Trümmerwelt. Erst vom Breitenbachplatz ab ging die Bahn. Das Gedränge war gewaltig, eine dicke Frau kletterte über ein Geländer und blieb mit dem Kleid hängen. Nun saß sie da oben und lachte: „Jotte doch, wie se sich doch alle nach die Arbeet drängeln!"

Die letzte Nacht in Berlin brachte wiederum einen schweren Angriff; in der Dahlemer Wohnung, wo meine Cousine mich untergebracht hatte, platzten alle Fensterscheiben, draußen hatte es sicher 16 Grad minus. Nach der Entwarnung lief ich zu Jodls hinüber, wir konnten noch rasch einige Phosphorbomben löschen, die im Garten herumlagen. Irma Jodl sah jämmerlich aus: „So ging es ja aber nun auch Nacht für Nacht." Sie hoffte, Prof. Sauerbruch würde sie mit einer Operation an den Wirbeln von den Schmerzen befreien. Schweren Herzens trennte ich mich, würde ich sie noch wiedersehen?

Den Eindruck, den ich von der Haltung der Berliner mitnahm, war so stark, daß ich nur schwer wieder in die „Etappe" am Gardasee zurückfand. Diese Unwirklichkeit verstärkte sich bei der Silvesterfeier mit der Familie des Duce auf der Isola di Garda. Auf allen lag der gleiche Alpdruck, und eine mitternächtliche Polonaise durch die alte Burg verstärkte das Surreale der Situation.

Der Neujahrstag 1944 begann mit einer Parade der italienischen Miliztruppen vor Mussolini. Es war wirklich erstaunlich zu sehen, wie sehr dieser sich erholt hatte, frisch und straff nahm er mit der ihm eigenen stolzen Haltung die Parade ab. Es war Mussolini nicht anzumerken, welch schwere Tragödie er hinter sich hatte. Denn gerade in diesen Tagen hatte das faschistische Gericht in Verona über seinen Schwiegersohn, Graf Ciano, das Todesurteil gefällt, weil er seinerzeit am 19. Juli 1943 im Gran Consiglio gegen Mussolini gestimmt hatte. Botschafter Rahn flog zu Hitler und sondierte die Möglichkeit, ob man nicht Ciano in die Schweiz entkommen lassen könnte. Hitler lehnte jede Einmischung in interne italienische Angelegenheiten ab. Noch am Abend nach der Parade wurde unser Stab durch einen Alarmruf der Botschaft in Fasano geweckt: Hauptmann Hoppe solle dem Duce einen Brief seiner Tochter überbringen, den sie in Fasano abgegeben hatte. Der Inhalt des Briefes lautete etwa:

„Duce! Ich habe bis heute gewartet, daß Du mir ein Gefühl von Menschlichkeit zeigst. Jetzt habe ich es satt. Wenn Galeazzo nicht innerhalb von drei Tagen bei mir in der Schweiz ist unter den Bedingungen, die ich Dir in Deutschland stellte, dann wird alles, was ich weiß, in geeigneter Form gegen Dich und die Deutschen ausgewertet. Im anderen Falle – wenn wir Cianos in Ruhe und Sicherheit leben können – wirst Du nie mehr von mir hören. Edda.“

Das Gnadengesuch Graf Cianos selbst an den Duce wurde von Minister Pavolini unterschlagen. Eddas Appell blieb ohne Erfolg, und das faschistische Gericht verhängte, um das „verräterische Verhalten zu brandmarken“, die Erschießung des einstigen Außenministers von hinten. Ich fand das grauenhaft und wußte damals noch nicht, daß wenige Monate später der deutsche Volksgerichtshof und zwei Jahre später das Internationale Militärtribunal eine viel grausamere Todesart verhängen würden: den Galgen.

7.
Freunde

„Nur über die erfüllte Endlichkeit führt unser Weg zum Unendlichen.“

Klaus Mann, „Der Wendepunkt“

Ende Februar 1944 – den Alliierten war gerade bei Anzio nach schweren Kämpfen die Landung gelungen – schrieb mir Irma Jodl, sie würde durch Prof. Sauerbruch in Königsberg operiert werden. Dort hätten noch keine Luftangriffe stattgefunden, und sie wäre in der Nähe von Alfred.

Karfreitag kam ein Anruf Jodls aus dem Führerhauptquartier: „Irma ist endlich wieder ohne Schmerzen, Sauerbruch sehr zufrieden, ich war eben bei ihr, du kannst dir vorstellen, wie glücklich wir sind.“ Ostermontag ein zweiter Anruf; diesmal konnte ich Jodl kaum verstehen, so leise und bedrückt klang seine Stimme. „Stell dir vor, ausgerechnet in der Nacht nach der Operation wurde Königsberg angegriffen, Irma hat sich im Luftschutzkeller eine Lungenentzündung geholt. Die Ärzte haben wenig Hoffnung mehr. Sie fragte nach dir, könntest du kommen?“

Ich überlegte rasch die Möglichkeiten. Morgen früh fuhr Oberstleutnant i. G. Jandl nach Berchtesgaden zu einem Treffen zwischen Hitler und Mussolini, vielleicht bekäme ich Urlaub mitzufahren. „Ich komme“, sagte ich, „laß uns die Hoffnung aber nicht aufgeben.“

Am übernächsten Morgen, nach einer Reise mit Wagen und Flugzeug nach Ostpreußen, stand ich an Irmas Krankenlager. Ein Blick sagte mir alles, sie war aber noch bei Bewußtsein. In Alfreds Gesicht stand eine so tiefe Erschütterung, daß mir bange war, wie er dies wohl alles überstehen werde. Als ich einmal allein mit Irma im Zimmer war, fragte sie mit kaum verständlicher Stimme: „Wie steht es in Italien?“ In dieser Frage zeigte sich Irmas ganzes

Wesen: Noch jetzt, wo sie die Erde verlassen sollte, galt ihr ganzes Denken der Aufgabe ihres Mannes. „Versprichst du mir, für ihn zu sorgen?“ Ich nickte wortlos, es war das erste Mal, daß ich einen geliebten Menschen sterben sah.

Die Atemzüge wurden schwächer, ein Arzt kam, fühlte den Puls und ging. Bewegungslos kniete Alfred neben der Sterbenden, die Nachtlampe warf den Schatten seines Kopfes gegen die Wand mit dem Kruzifix. Als alles vorüber war, überkam es mich fast wie Neid, als ich in das stille Antlitz der Toten sah.

Die Einäscherung Irmas fand in aller Stille in Königsberg statt, nur Alfred, sein Adjutant und ich waren zugegen. Auf dem Rückflug nach Berlin in einer He 111 – für mich der erste Flug in einer Luftwaffenmaschine – flog außer uns noch Botschafter Hewel mit, Verbindungsmann Ribbentrops zum OKW. Vom Hörensagen stand man dieser Umgebung skeptisch gegenüber, dieser Mann machte jedoch einen sympathischen und intelligenten Eindruck.

Meine Gedanken richteten sich jedoch weniger auf meine Umgebung als auf die Vergangenheit, auf Irma. Wieviel verdankte ich doch dieser Frau! Wo waren wir uns zuerst begegnet? – Ja, jetzt erinnerte ich mich, in Döberitz bei einer Hubertusjagd. Es war meine erste Reitjagd gewesen, und zunächst hatte ich mit klopfendem Herzen versucht, mein Bangen zu überwinden, wenn das mir fremde Pferd unablässig während des Wartens auf den Start den Kopf hochwarf und mit dem Huf scharrte. Aber einmal los, und alle Angst war verflogen. Wer Reiter ist, kennt dieses Gefühl nahezu jauchzender Lebensfreude an Pferd und Natur, am Einssein mit beiden. Jagdherr war Generaloberst Frhr. v. Fritsch. Mit Stolz hatte ich aus seiner Hand den Bruch aus Tannengrün entgegengenommen und war dann noch einmal zu meinem Pferd gegangen, um ihm den schweißnassen Hals zu klopfen.

Anschließend trafen sich Reiter und Zuschauer zu einem Umtrunk im Kasino des Truppenübungsplatzes. Da kam eine Ordonnanz und brachte mir einen gefalteten Zettel: „Mein Mann hat mir soviel von Ihnen erzählt, ich bin hier ganz fremd, wollen Sie sich nicht zu mir setzen?“ Vom Tischende kam mir Irma Jodl entgegen. Aus braunen Augen, unter hochbogigen Brauen eingebettet, sah sie mich mit scheuer Wärme an, die schöngeschwungenen Lippen verrieten Güte und Sensitivität.

Als sich der Mann dieser Frau, Alfred Jodl, als junger Generalstabshauptmann bei meinem damaligen Chef, General Adam, gemeldet hatte, hatte ich meiner Freundin von ihm vorgeschwärmt. Von athletischem Wuchs, mit sehr hellen Augen in dem braungebrannten Gesicht, mit seinen gelassenen und zugleich leichten Bewegungen sah er genau aus wie der, der er in Wirklichkeit war und bis an sein Lebensende blieb: ein Sohn der Berge. Mit leicht verlegenem Lächeln, in dem sich ohne Umschweife ein Vertrauen bekundete, hatte er mir gestanden, daß er sich in der Großstadt Berlin „kreuzunglücklich fühle". „Aber stell dir vor", hatte ich meiner Freundin erklärt, „was dieser Hauptmann für einen Namen hat: Jodl." Meinen an norddeutsche Namen gewöhnten Ohren kam dieser Name damals jedenfalls seltsam vor.

Wie es das Leben will, dieser Mann mit dem „seltsamen" Namen sollte mir zum Schicksal werden, ein Schicksal, für das ich bis an mein Lebensende dankbar sein werde, und ich bin sehr stolz, eben diesen Namen zu tragen. Jodl und ich hatten uns zunächst auf einer der jährlich stattfindenden Generalstabsreisen, wo unter Leitung des Generalstabschefs Planspiele durchgeführt wurden, kennengelernt. Die Reise ging damals nach Reichenhall, es war meine erste Begegnung mit dem Hochgebirge. Nach der Kindheit an der pommerschen Ostseeküste bereitete mir der Anblick der Bergketten und Schneefelder ein unvergeßliches Erlebnis. Jodl konnte mir gar nicht genug von den Bergen erzählen.

„Haben Sie schon Nachricht von Alfred?" hatte Irma Jodl meine Gedankengänge unterbrochen. Ich verneinte, und als sie mich bat, sie bald zu besuchen, sagte ich zu. „Wir haben keine Kinder und kennen hier in Berlin niemand Jüngeren, kommen Sie recht bald." Damit begann eine nahe Freundschaft, und als Jodls mich bei einer lebensgefährlichen Erkrankung 1934 zu sich an den Chiemsee einluden, vertiefte sich die Zuneigung, Achtung und Liebe. Das waren meine Gedanken während des Fluges; wir landeten erst in Berlin, dann in München.

Die Urne mit Irmas Asche wurde auf der Fraueninsel beigesetzt, nun lernte ich auch ihre in Bayern ansässigen Angehörigen kennen. Das Wiedersehen mit dieser friedlichen Landschaft, mit der Kampenwand, die ich einst mit Alfred durchklettert, schien mir fast unwirklich – ebenso unwirklich, daß es am Gardasee einen Verbindungsstab zu Mussolini gab. Alfred wahrte bei aller Erschütterung große Beherrschung, ich wußte aber nur allzugut, wieviel er mit dieser Frau verloren hatte.

Bis zur Rückfahrt mit Oberstleutnant Jandl hatte ich noch zwei Tage Zeit. Ich nahm die Gelegenheit wahr, um Generaloberst Halder in Hohenaschau zu besuchen, wo er seit seiner Verabschiedung 1943 lebte.[15] Er bereitete mir zusammen mit seiner Frau eine sehr herzliche Aufnahme. Über die militärische Lage sprach er mit großer Offenheit und Skepsis: „Auch darüber müssen wir uns klar sein, daß wir uns nach Kriegsende für das Sterben vieler russischer Kriegsgefangener zu verantworten haben werden."

Am nächsten Tag fuhr ich nach Berchtesgaden und holte Alfred von der „Reichskanzlei" in Bischofswiesen ab. Hier hatten Minister Lammers, Feldmarschall Keitel und Jodl ihre Arbeitssitze, wenn sich Hitler auf dem Berghof aufhielt. Es herrschte Föhn, der Watzmann ragte dunkelblau gegen den mit langen Wolkenfahnen durchzogenen Himmel, unter der hohlen Schneedecke brausten die Schmelzwasser. Wir gingen an krokusübersäten Wiesen entlang, es war richtiger Vorfrühling. An den Hängen des Untersberges setzten wir uns auf einen Holzstoß, den würzigen Geruch der frisch geschälten Stämme genießend. Alfred nahm seine Mütze ab und wischte sich die Stirn. In seinem Gesicht stand tiefe Erschöpfung geschrieben, von Nase zu Mund zogen sich tiefe Falten. Wir hatten noch kein Wort gesprochen. „Willst du mir nicht einmal von ganz früher erzählen", bat ich. „Ich weiß ja alles von euch, solange wir drei uns kannten, aber von vorher doch kaum etwas." Er drückte seine Zigarette am Stamm aus und zündete sich eine neue an. Erst stockend, dann aber bald ganz der Erinnerung hingegeben, begann er zu erzählen. Vergessen war, daß nicht weit von hier Hitler und Mussolini, über Lagekarten von ganz Europa gebeugt, miteinander konferierten.

„Als ich 1890 in Würzburg geboren wurde, da war mein Vater Hauptmann und Batteriechef im 22. Bayrischen Feldartillerieregiment. Er war das dritte von sechs Kindern einer Beamtenfamilie aus München, die ursprünglich aus Tirol stammte und sich aus bescheidensten Verhältnissen emporgearbeitet hatte. Mit dem schweren bajuwarischen Blut, das uns Jodls die Ruhe und guten Nerven schenkt, mischte sich bei ihm aber das leichtere fränkische Blut aus der Familie meiner Großmutter."

„Und deine Mutter?" fragte ich.

Alfreds Gesicht wurde sehr nachdenklich." – „Ich werde dir jetzt etwas sagen, das eigentlich nur die engste Familie weiß: Mein Vater konnte meine Mutter erst heiraten, als er den Abschied als Offizier nahm; sie besaß nach den damaligen Bestimmungen nicht das für eine Offiziersfrau geforderte Herkommen und Vermögen. Wie sehr mein Vater, dem ich das hoch anrechne, unter dem Abschied von seinem geliebten Beruf gelitten hat, merkte ich als kleiner Bub, als er plötzlich beim Anhören einer Militärkapelle am Chinesischen Turm in Tränen ausbrach."

„Hatten deine Eltern nur euch zwei Buben?"

„Nein, wir waren eigentlich fünf, drei kleine Schwestern sind gestorben. Und erst vom achten Lebensjahr an habe ich den Namen meines Vaters getragen, bis dahin trug ich den meiner Mutter, Baumgärtl."

Ich spürte, wie gut es ihm tat, zu sprechen, und sagte nach einer Weile des Schweigens: „Und wie war deine Mutter?"

Jetzt lachte Alfred. „Die war anders als der Vater. Robust und lebensfroh, ergänzte sie die Jodlsche Bedächtigkeit aufs beste. Sie stammte aus einer Mühle bei Vilshofen, aus einem Bauerngeschlecht, das dort ansässig ist, solange es Kirchenbücher gibt. Das haben wir alles beim Ahnenpaß herausgefunden. Sie war eine vollkommene Hausfrau, von gewaltigem Arbeitstempo. Im Innersten gläubig und religiös, ging sie doch fast nie zur Kirche. Sie blieb immer eine Frau aus dem Volke, dem sie innerlich zugetan war und bei dem sie sich wohler fühlte als in den gehobenen Gesellschaftsschichten. Sie kannte Sorgen und Leiden ihrer Umgebung, kein Bettler verließ ihre Schwelle ohne Gabe. Sie haßte alle faulen Menschen, denen sie furchtlos und offen ihre Fehler vorhielt. So waren mein jüngerer Bruder Ferdinand und ich einer scharfen Zucht unterworfen, der wir unendlich viel verdanken. Meinem Vater hingegen verdanken wir ganz anderes: Er war begeisterter Soldat, von ausgeprägter Logik und Rechtsgefühl. Freizügig im Denken, lehnte er alle dogmatischen Bindungen an die Kirche ab. Vor allem das freireligiöse Denken meines Onkels Friedrich Jodl in Wien, der dort Ordinarius für Philosophie war, haben seine – wie dann auch meine – Einstellung auf das stärkste beeinflußt. Bei mir hatte dann auch eine Rolle gespielt, daß mir als kleinem Bub ein junger Geistlicher zu nahegetreten war, und später bin ich dann aus der Kirche ausgetreten. Meine Tanten hingegen – eine war sogar Oberin – bewahrten sich die strenge katholische Gläubigkeit des Elternhauses."

Alfreds Gesicht hatte sich beim Sprechen ganz entspannt, mir war, als käme der Mensch zum Vorschein, mit dem ich einst vor langen Jahren durch die Berge des Chiemgaus gestreift war. „Wo warst du denn in den ersten Schuljahren? In Würzburg?"

„Nein. Da waren wir nur bis zu meinem fünften Lebensjahr. Aber ich entsinne mich noch genau an diese Zeit, wir wohnten im Haus von Adlers, einer jüdischen Familie, wo mein Vater auch seinen Stall hatte. Mehr als einmal hat man mich aus dem Stand des Reitpferdes geholt, zu dem es mich immer wieder hinzog. Vom fünften bis zum neunten Lebensjahr lebten wir in Landau. 1899 zogen wir nach München, dort ging ich erst auf die Luisenschule, später auf das Theresiengymnasium."

„Ich denke, du warst Kadett?"

„Warte nur ab", meinte Alfred und zündete sich eine neue Zigarette an. „Die Aufnahmeprüfung bestand ich 1903, da war ich also 13 Jahre alt, da warst du noch nicht einmal geboren."

„Warst du gern Kadett?"

„O ja! Mit der strengen Disziplin fand ich mich rasch ab, das waren wir ja von daheim gewohnt. Nur fand ich an Turnen und Sport bald so viel Gefallen, daß ich in der vierten Klasse sitzenblieb. Das wurde zu einem Wendepunkt in meinem Leben. Nicht nur, daß ich mich schämte, ich kam auch in der neuen Klasse in eine viel hochwertigere Atmosphäre. In Physik, Deutsch, Geschichte und Mathematik war ich bald so gut, daß ich als einer der Besten das Abitur bestand. Nur dadurch gelang es mir, beim 4. Bayrischen Feldartillerieregiment in Augsburg als Fähnrich anzukommen, da die Artillerie bei uns in Bayern nur den besten Abiturienten des Kadettenkorps vorbehalten blieb. Ich habe dieser Zeit viel zu verdanken und ging mit Freude und Selbstbewußtsein an die Aufgabe heran, die deutsche Jugend zu Soldaten zu erziehen. Mit Politik wurden wir im Korps allerdings nie befaßt, von den drohend emporsteigenden Wolken am politischen Horizont ahnte ich nichts. Damals lagen Jugend und Freiheit vor mir wie Gipfel in der Morgensonne."

„Und dann lerntest du Irma kennen. In Augsburg?"

„Ja", sagte er, stand auf und ging ein paar Schritte hin und her, mit gesenktem Kopf, und setzte sich wieder hin. „Dann lernte ich Irma kennen, das war 1910. Ich war der einzige Fähnrich, den das Regiment bekommen hatte, und kannte keinen Menschen. Bisher hatte ich meine freien Stunden mit meinem Freund Rudi Konrad nur in den Bergen verbracht und kannte die meisten Gipfel der östlichen Kalkalpen. Dort fühlte ich mich zu Hause, aber hier in der Stadt kam ich mir zunächst sehr einsam und verlassen vor. Ich mußte mit meinem Fähnrichsgehalt auskommen, da hieß es sehr sparsam leben. Ich bin stolz darauf, nie einen Pfennig Schulden gemacht zu haben. Darum blieb ich meist allein auf meinem Zimmer in der Kaserne, holte mir Brot und Eier, zündete die Petroleumlampe an und las in der Nähe des Ofens. Aber im Oktober begann unter Leitung des Regimentsadjutanten die Besuchstournee, Sonntag für Sonntag. Bald zeigte sich die Auswirkung, ich wurde eingeladen und kam damit in eine mir bislang unbekannte Welt, in die Häuser der reichen Augsburger. Da ich gern tanzte, mich lieber mit Mädchen unterhielt als mit Kameraden, fühlte ich mich bald sehr wohl. Eine der ersten Einladungen führte mich zu meinem Onkel Ferdinand Jodl, dem Regimentskommandeur. Du weißt ja, das ist der mit dem Haus am Chiemsee, du hast ihn und seine Frau, die geborene Haushofer, ja noch kennengelernt."

„Ja, ich entsinne mich, das war das schöne Haus bei Gstadt, mit der Terrasse direkt am See."

„Richtig. Also stell' dir vor, ich bin beim Onkel Ferdinand zu Gast, das Essen hat schon begonnen, da geht die Tür auf und die Komtesse Irma Bullion kommt herein. Und gleich fühlte ich mein Herz klopfen. Lebhaft und gewandt entschuldigte sie sich, ihr Wagen sei nicht zeitig gekommen. Ich wußte, daß sie die älteste Tochter des Kadettenkorpskommandanten meines Vaters war, der wohl Bullions gebeten hatte, sich meiner etwas anzunehmen. Zum ersten Mal erlebte ich eine solche Frau. Denn was kannte ich bisher schon an Frauen?" Bei den letzten Worten sah Alfred mich an, und es ging wie ein Lächeln über sein Gesicht. „Brave Mädchen oder wilde Hummeln. Aber nicht mehr. Diese Frau war aus einer anderen Welt. Sie machte keine Konversation, sie suchte einen Menschen. Sie fragte nach meinen Bergtouren, nach meinen Zielen und Träumen und dann bat sie mich zur Tanzstunde in ihr Elternhaus. Bald saß ich, statt zu tanzen, in dem kleinen Salon der Komtesse, und wir sprachen und sprachen. Es dauerte nicht lange, und sie nannte mich ‚mein Fähnlein'. Du kennst doch das Zigarettenetui mit der Eingravierung?" Er zog es aus der Tasche und klappte es auf.

„Erzähle weiter", bat ich.

„Wir kamen nun nicht mehr voneinander los", fuhr Alfred fort. „Aber zunächst kam eine lange Trennung; Irma ging auf Wunsch ihrer Eltern ans Sacre Cœur nach England, um dort zu unterrichten. In dieser Zeit schrieben wir uns zweimal, ich war auf die Kriegsschule nach München versetzt worden. Im Herbst kam ich als Degenfähnrich nach Augsburg zurück. Als ich in der Carolinenstraße Besuch machte, stand Irma gerade vor dem großen Wandschrank und nahm Teller heraus. Und ohne daß etwas davon kaputtging, nahmen wir uns wortlos in die Arme. Ich erzählte ihr, daß ich nun bald Leutnant würde. Ich hatte mir keinerlei Gedanken gemacht, noch weniger an Heirat gedacht, ich genoß einfach wie ein Geschenk des Himmels die Liebe dieser reifen Frau, die ja fünf Jahre älter war. Sie war auch klüger als ich und meinte, es sei wohl besser, sich zu trennen. Da faßte ich mir ein Herz und fragte, ob wir nicht heiraten könnten. Sie meinte, ihr Vater würde das wohl nicht erlauben. Es gibt da einen Brief meines Onkels Ferdinand an den alten Grafen Bullion, worin er dringend von der Heirat abrät, ich sei zu jung, mich schon zu binden. Nun, am nächsten Sonntag saß ich dem alten Grafen gegenüber, der menschlich nett zu mir war, aber sehr sachlich. Er setzte mir auseinander, daß alles gegen die Heirat spräche – der Altersunterschied, die Ungewißheit meiner Karriere, die finanziellen Schwierigkeiten. Mit wenig Hoffnung verließ ich ihn dann. Dann bat ich meinen Vater um Beistand, und zwei Tage später erhielt ich ein Telegramm: ‚Erwarte dich zum Mittagessen. Graf Bullion.' Am gleichen Tag haben wir uns verlobt, und kurze Zeit danach, als ich Leutnant geworden war, geheiratet."

Alfred sah nach der Uhr und stand auf. „Höchste Zeit."

Wir gingen den gleichen Weg wieder am brausenden Bach entlang zurück zur „Reichskanzlei".

„Nun, dann kam der Erste Weltkrieg", nahm Alfred seinen Bericht wieder auf, „und mein Glück blieb mir treu. Meine Batterie wurde im Vormarsch zusammengeschossen, ich am Oberschenkel durch Granatsplitter verwundet, war aber im Dezember schon wieder an der Front und wurde dann zum Adjutanten des Artilleriekommandanten bei der 8. Bayerischen Infanteriedivision ernannt."

„Und nach dem Krieg? Hast du je erwogen, einen anderen Beruf zu ergreifen?"

„Ja, ich dachte daran, Medizin zu studieren. Aber einmal fehlten die Mittel, und dann wurde mir klar, daß ich Offizier bleiben müsse. Täglich, in politischen Versammlungen, auf der Straße und in der Kaserne sah ich deutlich, daß es ohne Staatsautorität auch keine Demokratie geben kann. Die viereinhalb Jahre an der Front hatten viel in mir verändert. Ich glaubte die Ursachen für den Zusammenbruch hauptsächlich in zwei Punkten suchen zu müssen: im ungelösten sozialen und staatlichen Problem Deutschlands. Die Eigenstaatlichkeit der deutschen Länder schien mir gefährlich, im Kampf der Parteien, vor allem der Konservativen mit den Sozis, sah ich den Grund für die Aufspaltung des Volkes. Jede einheitliche Staatsführung fehlte. All das ließ mich die Regierung Ebert nicht ohne Hoffnung betrachten, ich glaubte, es könnte ihr gelingen, einen erträglichen Frieden in einem einheitlichen Reich zu erreichen. Diese damals revolutionären Gedanken führten schon im Feld zu manch scharfer Auseinandersetzung mit meinen Vorgesetzten und daheim mit meinem Schwiegervater, der den Umsturz für ein Verbrechen hielt."

„Wurdest du gleich in das 100.000-Mann-Heer, also in die Reichswehr übernommen?"

„Ja, schon 1919. Erst kam ich zur Gebirgsartillerie nach Landsberg, dann begannen 1920 die Ausbildungskurse für Generalstabsoffiziere, damals nannte man sie noch Führergehilfen. Adam und Hierl waren meine Lehrer, und Adam verdanke ich die Versetzung nach Berlin. Na, und von da an weißt du ja das Weitere."

Wir waren am Garten der „Reichskanzlei" angelangt. Alfred setzte seine Mütze auf, über sein bislang entspanntes Gesicht glitt es wie ein Vorhang, es wurde streng und starr in seiner Einsamkeit. „Höchste Zeit!" Wortlos trennten wir uns, beim Umdrehen sah ich ihn winken und ging zurück.

„Dank, daß du kamst", sagte er über den Gartenzaun herüber. „Und es hat so gutgetan, über all das zu sprechen."

Uns beiden standen Tränen in den Augen.

Ich war im Berchtesgadener Hof einquartiert und als ich abends im Speisesaal saß, sah ich mich neugierig um. „Was machen Sie denn hier?" begrüßte mich eine Stimme. „Sind Sie mit dem Duce gekommen?" Es war General Frhr. von B., Jodls Heeres-Generalstabsoffizier, den ich aus dem Kriegsministerium her kannte. Ich war froh, Gesellschaft zu haben, es gab so viel zu fragen, die Heimat kam mir ja wie Ausland vor. Schließlich kamen wir auf Jodl selbst zu sprechen. „Warum hat der Führer wohl Jodl nach der Winniza-Krise behalten?" fragte ich B.

„Das ist schwer zu sagen, sicher gibt es verschiedene Gründe. Er hat ja Jodls Rücktrittsgesuche immer wieder abgelehnt, wohl auch, weil er ungern neue Gesichter um sich sieht. Aber der Führer weiß ja auch, was er an Jodl hat: den nüchternen klugen Fachmann, der sich fern vom Parteiklüngel hält und nur seiner Arbeit lebt, ohne sich um Beförderung oder Auszeichnungen zu kümmern. Dazu kommt, daß hier in diesem Laden Jodl so ziemlich der einzige ist, der dem Führer seine Meinung sagt, und das oft mit bajuwarischer Grobheit. Er macht das aber sehr geschickt, versteift sich nicht, sondern wartet einen günstigen Augenblick ab, um eine Sache wieder anzubringen. Ich habe immer den Eindruck, daß sich der Führer auch zu Jodl hingezogen fühlt, weil er in ihm eher einen Mann des Volkes sieht, uns adelige Preußen mag er nicht. Und schließlich weiß der Führer auch, daß Jodl sich loyal für die Durchführung eines Befehls einsetzt, falls seine Gegenvorstellungen abgelehnt wurden."

„Läßt Jodl seinerseits mit sich reden?"

B. putzte sein Monokel und schmunzelte. „Wenn man bei Meinungsverschiedenheiten den eigenen Standpunkt gut begründen kann, durchaus. Ist das nicht der Fall, so kann er reichlich sarkastisch werden, man muß sich gewissermaßen mit ihm zusammenraufen."

„Halten Sie ihn für ehrgeizig?"

„Nur für die Sache, für seine Person kaum", meinte B. „Sonst hätte er sicher nicht 1938 den ihm zweimal angebotenen Posten als Chef des Generalstabes der Luftwaffe abgelehnt. Ich entsinne mich deutlich, wie er mich damals aufsuchte, er hatte nur den einen Wunsch, eine Gebirgsdivision zu bekommen. Und wahrscheinlich wäre er heute als Armeeführer besser am Platz als hier."

„Warum?"

„Weil sich Herr Generaloberst Jodl, wohl in klarer Erkenntnis seiner eigenen Grenzen, in einer für seinen Posten falschen Weise von den großen Fragen der Gesamtkriegführung abgekapselt hat und sich mehr auf die operative Kriegführung beschränkt. Und diese Einmischung der obersten Führer zwingt die Frontbefehlshaber zu örtlich unzweckmäßigen Maßnahmen, denen sie zuweilen nur durch Falschmeldungen entgehen können; das muß zum Verfall der Führungsmoral führen."

„Liegt das nicht aber auch an . . . ?" Ich sah mich um.

B. verstand sofort. „Natürlich. Und ich wüßte niemand, der so wie Jodl gewillt wäre, die Rolle des ehrlichen Mittlers zwischen dem Führer und den Frontbefehlshabern so selbstlos auf sich zu nehmen."

„Liegt nicht viel Problematisches auch an der Aufteilung der Kriegsschauplätze, seit der Führer Oberbefehlshaber des Heeres wurde?"

B. nickte. „Ganz gewiß. Ab etwa 1942 hat ja der Führer den

Wehrmachtführungsstab ganz von der Verantwortung der Kriegführung auf dem Ostkriegsschauplatz entbunden. Er konnte ja schlecht in seiner Eigenschaft als Oberbefehlshaber des Heeres von Jodl Befehle entgegennehmen. Jodl hat dieser unglücklichen Entwicklung nicht genügend Widerstand geleistet, vielleicht war er auch froh, mit dem Osten nichts zu tun zu haben. Und so kam es, daß die zentrale Stelle, die doch eigentlich die drei Wehrmachtsteile koordinieren soll, zu einem Führungsstab für die sogenannten OKW-Kriegsschauplätze wurde."[16] B. zählte an den Fingern ab: „Finnland, Norwegen, Frankreich, Balkan, Italien, früher auch Afrika. Wie sieht es denn übrigens bei Ihnen aus, so in der Stimmung meine ich?"

„Ach", sagte ich, „die militärische Lage kennen Sie ja und nach allem anderen fragen Sie mich besser nicht! Man kommt sich im Duce-Hauptquartier vor wie in einer schillernden Seifenblase, die jeden Moment zerplatzen kann, ich komme mir vor wie eine Hochstaplerin. Ich will meine Versetzung beantragen. Können Sie nicht jemanden brauchen?"

B. winkte ab. „Gott bewahre Sie davor, in diesen Laden? Wenn Sie wüßten ... ich hoffe jeden Tag, an die Front versetzt zu werden."

Ich sah mich um, überall saßen an den Tischen kleine Gruppen von Offizieren, einige in lebhaftem Gespräch mit Flugkapitän Hanna Reitsch, die ihr EK I an der blauen Jacke trug. Mit gelangweilter Routine schnitten die Kellner aus den Lebensmittelkarten die jeweiligen Abschnitte für Fleisch, Fett usw. heraus. Ich beugte mich nach vorn: „Und er?"

B. sah sich erst um, dann sagte er leise: „Ein geradezu erstaunliches Fingerspitzengefühl hat früher Erfolge ermöglicht, die keiner von uns für erreichbar hielt. Auch der operative Instinkt hat mich oft frappiert. Das ging gut, solange uns überlegene Mittel zur Verfügung standen, die er seinerzeit aktiviert hatte. Aber das ist lange vorbei. Anstelle von Energie, Entschlußkraft, Ideenreichtum haben wir täglich nur mit Mißtrauen, Ungerechtigkeit und Starrheit zu kämpfen. Dabei ist das Mißtrauen nicht mal so verwunderlich, denn jeder aus seinem Stab bis herunter zum Fotografen fühlt sich berufen, über die Wehrmacht Negatives zu melden."

„Aber wie in aller Welt soll das weitergehen?"

B. zuckte die Achseln. „Er ist in den Weltkrieg hineingeschlittert, weil nicht alles richtig durchdacht war. Welcher Feldherr tritt denn gegen die Koalition England–Frankreich an, ohne ein bestimmtes Ziel im Auge zu haben. Daß wir nach dem Polenfeldzug ohne Plan waren, daß wir an der Kanalküste standen, ohne weiter geplant zu haben, das ist doch genauso ein Kriterium wie die mangelnde Zusammenarbeit des Dreimächtepaktes. Aber es gibt ja noch viel Schlimmeres. Wieviel Blut ist im Osten unnötig geflossen, ach ... wenn Sie wüßten ..."

Eine Ordonnanz bahnte sich den Weg zu unserem Tisch. „Herr General werden von der Reichskanzlei verlangt, Generaloberst Jodl am Apparat."

„Grüßen Sie Jodl von mir", bat ich Buttlar beim Abschied. Beim Zahlen fiel mir ein 1000-Lire-Schein aus der Tasche, der Kellner hob ihn auf. „Ach, italienisches Geld!" rief er. „Gehören Sie zum Stab des Duce?" „Ja." Für eine kurze Sekunde fühlte ich mich wichtig. Aber ... wenn er wüßte ...

8.
20. Juli 1944

„Dies über alles, sei Dir selber treu."
William Shakespeare, „Hamlet"

Zwei Monate waren vergangen, Rom bereits in die Hände der Alliierten gefallen. Am Morgen des 6. Juni 1944 kam die Meldung von einer Landung der Alliierten in der Normandie. Noch wußte man nicht, ob es sich um eine Großlandung handelte. Noch nie war der Auftrag, den Feindsender abzuhören, so spannend gewesen: zuerst die dumpfen Trommelschläge – die ersten Takte der Eroika –, dann unverständliche Anweisungen in Französisch und Englisch mit Zahlenangaben, Wettermeldungen, wieder unverständliche Sätze. Die Offiziere unseres Stabes waren zuversichtlich. „Rommel wird die schon nicht landen lassen, und dann kann man vielleicht zu einem Remis kommen." Nach einigen Tagen machten die eingehenden Fernschreiben mit den Lageberichten jedoch klar, daß es sich wirklich um die Invasion handelte und die Alliierten vor allem dank ihrer überwältigenden Luftüberlegenheit festen Fuß gefaßt hatten. Betretenes Schweigen.

Für die Italiener des Duce-Stabes schienen die Vorgänge in Frankreich nicht so bedeutungsvoll zu sein wie das, was sich bei ihnen abspielte. Ihr Denken galt vor allem den neuen italienischen Divisionen, dem Symbol des neugebildeten Regimes. Aus Freiwilligen und ehemaligen „Hiwis", den Hilfswilligen, wurden in Deutschland vier Divisionen aufgestellt und ausgebildet. Bei seiner ersten Inspektion der Division „San Marco" schlug Mussolini stürmischer Jubel entgegen. In einer flammenden Rede rief er die Soldaten auf, die Ehre Italiens wiederherzustellen, und wurde von ihnen nach der Fahnenübergabe in stürmischer Begeisterung umarmt und geküßt.

Am 20. Juli 1944 sollte sich der Duce mit Hitler treffen. Das bedeutete für uns ruhige Tage, die Zeit ließen, nach Dienstschluß mit dem Boot zu fahren. Ich ließ das Boot treiben und hing meinen Gedanken nach. Vorgestern hatte ich auf meine Anfrage beim Oberbefehlshaber West nach einer Tätigkeit bei einer dortigen Dienststelle eine zusagende Antwort von General Blumentritt, dem Chef des Stabes, erhalten. Am gleichen Tag jedoch kam ein Brief Jodls. Er bat mich, nach dem Trauerjahr seine Frau zu werden und ab Herbst schon seinen Haushalt in Berlin zu übernehmen.

Es gab für mich keinen Augenblick des Zweifels, welchen Weg ich gehen sollte. In den langen Jahren des Kennens hatte ich Jodl immer mehr lieben und achten gelernt, als Mensch und als Mann. Ich kannte seine Eigenheiten, die vielen, teils nur scheinbaren Gegensätzlichkeiten, die ihn mir neben dem anziehenden Äußeren so liebenswert machten: die zuweilen an Schroffheit grenzende Verschlossenheit Fremden gegenüber, die Wärme und humorvolle Güte gegenüber Freunden, das Verständnis und die Aufgeschlossenheit für die Jugend; das Auf-sich-Zukommenlassen mit phlegmatischer Gelassenheit und zugleich das blitzschnelle Erfassen einer komplexen Situation. Die Sensitivität in den kleinen Dingen des Alltags und die gelassene Ruhe bei großen Entscheidungen, die Anspruchslosigkeit und sportliche Härte gegen sich selbst bei ausgeprägter äußerer Gepflegtheit, die Abneigung des naturverbundenen Soldaten gegen das Parkett, zugleich die Ritterlichkeit des Herzens gegenüber Frauen, mit scheuem und zugleich selbstbewußtem Charme. Und schließlich die Klugheit und ein menschliches Verstehen, das auf jede Frage eine begründete Antwort gab. Was ich jedoch am meisten an ihm liebte, war die Geradheit, die unbedingte Wahrhaftigkeit seines Wesens, das Rechtsempfinden und die Hingabe an seinen Beruf im Sinne einer Berufung. Sein Austritt aus der Kirche bildete keinerlei Schranken zwischen uns. Ich achtete seine Gründe und wußte, daß wir in letzten Fragen eines Sinnes waren.

All diesen Gedanken nachhängend, war ich mit dem Boot am Abend auf den Gardasee hinausgetrieben und kam verspätet in die Mensa des Hotels „Nasi". Schon beim Gang durch den Unteroffiziersraum fiel mir eine gewisse Unruhe auf, und als ich unseren Eßraum betrat, sahen mir merkwürdig verspannte Gesichter entgegen. War eine neue Invasionslandung erfolgt? Meine Freundin Christa v. d. Bussche kam meiner Frage zuvor: „Im Führerhauptquartier ist eine Bombe explodiert, ohne den Führer zu treffen. Einige Offiziere sind getötet worden, Jodl lebt aber." Mir war zumute, als habe mich jemand auf den Kopf geschlagen. Zunächst überwog die Dankbarkeit, daß Jodl lebte, alle anderen Empfindungen. Dann fiel mir auf, wie schweigsam alle waren. Ich hatte das unbestimmte Gefühl, daß bei fast allen unserer Tischrunde die Gedanken in die gleiche Richtung gingen: Ob nicht das Gelingen des Attentates – denn um so etwas mußte es sich doch wohl handeln – nicht vielleicht neue Wege geöffnet hätte? Dann begann eine Debatte, ob das Ganze vielleicht eine Zweckmeldung sei. Doch schon gegen 21 Uhr wurde im Radio durchgegeben, Hitler werde nach Mitternacht selbst sprechen. Langes Warten, immer wieder neue Diskussionen. Unser Sonderführer Will-Werner von Bergen meinte, das müsse von langer Hand vorbereitet gewesen sein. Wußte er mehr? Dann im Radio Musik, der Badenweiler Marsch. Und nun unverkennbar die Stimme Hitlers – heiserer als sonst, aber mit fanatischer Willenskraft:

„... selbst bin völlig unverletzt ... ich fasse das alles als eine Bestätigung des Auftrages der Vorsehung auf ... eine ganz kleine und zugleich verbrecherisch dumme Offiziersclique hat das Komplott geschmiedet ..."

Die nachfolgenden Ansprachen von Göring und Dönitz glitten an meinem Ohr vorbei. Als Hitler den Namen des Grafen Stauffenberg nannte, erschütterte es mich zutiefst. Ich entsann mich unseres Gespräches in Rom, wo er mir mit bitteren und leidenschaftlichen Worten auseinandergesetzt hatte, daß jede Weiterführung des Krieges sinnlos sei. Aber war nicht Stauffenberg selbst einst als Leutnant mit der Hakenkreuzfahne vor seiner Schwadron geritten und hatte die Bedenken seiner Freunde abgewehrt: „Man muß eine Volksbewegung begreifen." Welchen Passionsweg mußte dieser Offizier gegangen sein, um sich zu einem Bruch nicht nur des Eides, sondern zum Attentat, zum Töten auch eigener Kameraden durchzuringen? Welch kaum überbrückbare Kluft mußte diese Tat im Offizierskorps, darüber hinaus in ganz Deutschland aufreißen? Wenn man doch nur mehr wüßte! So viel, um sicher zu sein, daß diese Verzweiflungstat das einzig Richtige war! In früheren Jahren hätte ich vermutlich geglaubt, was Hitler von der „Vorsehung" sagte, aber heute? Vielleicht war es unserem Volk bestimmt, den Becher bis zur Neige zu leeren. Ach, wüßte man doch einen Menschen, der einem aus diesem Dickicht heraus den richtigen Weg weisen könnte!

Die ganze Nacht hindurch hoffte ich auf einen Anruf von Jodl, vergeblich. Endlich gegen Morgengrauen des übernächsten Tages kam sein Anruf aus dem Führerhauptquartier. Ich fragte, ob er verletzt sei.

„Ach, das ist nichts weiter, nur die Haare sind abgebrannt, und ich kann dich kaum verstehen, weil meine Trommelfelle geplatzt sind. Was sagst du dazu?"

Ich spürte deutlich die Absicht der bagatellisierenden Worte und hatte das Gefühl, daß Hunderte von Ohren das Gespräch mithörten. Jetzt entstand eine Pause, dann hörte ich Alfred sagen:

„Beck ist tot."

Ich vermochte nicht zu antworten.

„Beck ist tot", wiederholte Alfred, und ich spürte eine tiefe Bewegung in seiner Stimme. Und dann wieder klar und fest: „Er hat sich erschossen."

Ein seltsamer Impuls ließ mich nach Tresckow fragen.

„Tresckow?" sagte Alfred wie erschrocken. „Wie kommst du darauf? Der ist gestern bei einem Patrouillengang gefallen."

Mein Gott, Beck tot, Tresckow tot! Mir war sofort klar, daß der Tod dieser beiden mit dem Attentat zusammenhing. Und mitten in dem Schmerz um die beiden geliebten Menschen und in der ungeheuren Spannung, die die lauschenden Ohren dem Gespräch gaben, mußte ich plötzlich daran denken, wie verzweifelt und auf das tiefste getroffen Alfred selbst sein würde. „Wir gehören jetzt zusammen wie nie zuvor", sagte ich. Diesmal keine Pause.

„Ich danke dir", kam seine Stimme warm und ruhig, und nun lagen nicht mehr die Alpen, Böhmen und Polen zwischen uns. „Ich brauche dich jetzt sehr, weißt du das?"

Ja, ich wußte es.

Unfähig, Wände um mich zu ertragen, verließ ich das Haus und suchte im fahlen Dämmerlicht den Pfad, der den Berg hinanführte. Als ein Felsblock vor einer kleinen Kapelle mir den Weg versperrte, setzte ich mich erschöpft hin. Die Gedanken rasten hin und her, über das Wann, Wie, Wo und Warum des Attentats. Und wie ein Blitz erhellte sich mir plötzlich ein Satz aus einem Brief Becks, den ich vor wenigen Tagen in Beantwortung meiner Geburtstagsglückwünsche erhalten hatte: „Alle Dinge sind im Fluß, wir müssen abwarten und sehen, wie alles wird." Ich hatte diesen Worten keine besondere Bedeutung beigemessen, jetzt verstand ich den tieferen Sinn. War es nicht besser, den Brief zu vernichten? Ich stieg bergab.

Die Flamme lief den Rand des Briefes entlang, fraß sich mit bläulichem Rand in das Papier hinein, Asche fiel zu Boden. Mir war, als müßte ich diese Nacht den beiden Menschen, die mir so viel bedeutet hatten, die Totenwache halten, Beck und Tresckow. Die Flamme schien mir wie ein Symbol ihres Lebens.

Meine Gedanken wanderten um mehr als zehn Jahre zurück, zu der Zeit, als ich während Becks ganzer Amtszeit als Generalstabschef als Sekretärin in seinem Vorzimmer gearbeitet hatte. Wie lebhaft stand seine Gestalt vor mir, die mich als jungen Menschen mit ehrfürchtiger Scheu und Verehrung erfüllt hatte; seine Lauterkeit und Souveränität, die jenseits jeder Eitelkeit sich immer wieder erweisende Kraft zur Einsamkeit, die menschliche Güte, zugleich aber auch die strenge Forderung gegenüber den Untergebenen. Auch äußerlich hatte ich mich seiner Wirkung nicht entziehen können. Als sich 1935 die ausländischen Militärattachés erstmalig wieder bei einem deutschen Generalstabschef – bis dahin erlaubten die Versailler Bestimmungen nur die Bezeichnung „Chef des Truppenamtes" – meldeten, hörte ich den polnischen Oberst seinem britischen Kameraden zuflüstern: „C'est Moltke lui-même." Der Vergleich drängte sich auf. Beck war ebenfalls Soldat und Philosoph zugleich, und die edle Strenge des Kopfes mit seiner hohen Stirn und den schmalen Lippen zeigte eine nicht geringe Ähnlichkeit mit dem großen Feldherrn, dessen Bild in Lebensgröße in Becks Arbeitszimmer hing. Die braunen Augen lagen tief eingebettet unter den Jochbögen, ihr bezwingender Ernst wich nur selten einem Lächeln, das aber dann wie von innen her das ganze Gesicht erleuchtete.

Geringfügige Einzelheiten kamen mir in der Erinnerung wieder. Wenn der Generalstabschef zum Dienst kam, hatte er schon einen langen Ritt hinter sich, bei dem er zuweilen als Training neben dem Pferd herlief. Erst in den späten Abendstunden verließ er seinen Schreibtisch. Gesellschaftlichen Verpflichtungen kam er nur nach, wenn er sich durch seine Dienststelle dazu verpflichtet fühlte. Bei dem Gedanken daran fiel mir ein, wie ich einmal eine Einladung zu einer Greta-Garbo-Premiere auf seinen Schreibtisch gelegt hatte. „Wer ist Greta Garbo?" hatte mich der weltfremde Philosoph mit einem feinen Lächeln über den Rand seiner Brille hinwegsehend gefragt. Im Dienst unnahbar und in seiner strengen Pflichtauffassung keine Zeitbegrenzung kennend, war Beck als Gastgeber in seinem Heim, zusammen mit seiner stillen und zarten Tochter, von bezauberndem Charme und setzte seinen Gästen erlesene Weine und Gerichte vor. Dann sprach er gerne von alten Zeiten im Großen Generalstab, wie sich überhaupt sein Denken sehr im Einst bewegte. Im Einst? Das stimmte nur bedingt. Meine Gedanken gingen zurück zu der Zeit um 1934, als die SA nach der Oberhand über die Wehrmacht strebte. War es nicht Beck gewesen, der die Haltung der drei jungen Reichswehroffiziere im Ulmer Artillerieregiment Nr. 6, die sich zum Nationalsozialismus bekannt hatten, als Kommandeur dieses Regiments verteidigt hatte? In den Tagen des Röhmputsches hatte Leutnant Ludin, einer dieser drei Offiziere, Beck fast täglich aufgesucht, um ihn über die Situation bei der SA zu unterrichten. Ich entsann mich deutlich, wie mich Beck am Vorabend des 30. Juni 1934 – das Kriegsministerium war damals mit Stacheldraht vergittert und die Spannung ungeheuer – zu den Abteilungsleitern des Generalstabs mit einem von ihm handgeschriebenen Zettel zur Abzeichnung herumgeschickt hatte: „Die Pistole ist griffbereit in der Schublade zu halten." Dann jedoch seine schwere Betroffenheit nach der Ermordung des Generals v. Schleicher, das Kopfschütteln und der tiefe Ernst, mit dem er von der Eidesleistung auf Hitler zurückkam. Welcher Stolz hatte jedoch bei der Neuschaffung der Kriegsakademie in Becks Worten geklungen, mit welcher Hingabe hatte er den Aufbau des Generalstabes gefördert, der in kurzer Zeit von vier auf elf Abteilungen angewachsen war.

Dann 1936: Der Einmarsch von zwei Bataillonen in die entmilitarisierte Zone, der erste öffentliche Bruch des Versailler Vertrages; keine Reaktion der Westmächte. 1937: Die ersten Manöver der drei Wehrmachtsteile, das Ringen um die Spitzengliederung. Hatte sich Beck zunächst gegen den Verlust der Vormachtstellung des Heeres gewehrt – zur Zeit Hindenburgs war der Generalstabschef noch der militärpolitische Berater des Staatsoberhauptes –, so waren es nach der Fritsch-Krise, dem Anschluß Österreichs und der nachfolgenden Sudetenkrise im wesentlichen moralische Gründe gewesen, die Beck zum Rücktritt bewogen hatten. Ich wußte damals nichts von seinem vergeblichen Appell an die Oberbefehlshaber, aber noch stand mir der 27. August 1938 deutlich vor Augen, als ich in meiner Ergriffenheit Mühe hatte, seine handgeschriebene Abschiedsrede an die Abteilungsleiter abzuschreiben. Er ging darin nicht auf die unmittelbaren Gründe seines Rücktritts ein, sondern erklärte nur einleitend, daß im Kampf um die Unabhängigkeit des Generalstabes die Verhältnisse stärker gewesen seien als er selbst. Dann kam ein eindringlicher

Mahnruf an seine Untergebenen: Die Qualitäten, die man dem deutschen Generalstab nachrühme, seien nur die Voraussetzung, ein Mitglied desselben zu werden. Sein Ziel sei es gewesen, darüber hinaus Eigenschaften zu prägen, die angesichts der bedrohlich zunehmenden Nivellierung erst zu einem hohen militärischen Führer qualifizierten: Charakterfestigkeit, Zivilcourage und die Bildung eines eigenen unabhängigen Urteils.

Als Beck damals sein Arbeitszimmer, die Stätte eines fünfjährigen unablässigen Wirkens verließ, war sein Gesicht leichenblaß, aber von einem gelassenen, beinahe unirdischen Ausdruck. Es wurde mir zu einem ungeheuren Erlebnis, wie ein Mann um seines Gewissens willen sein Lebenswerk niederlegte. Daß dieser Mann jedoch in den nachfolgenden Wochen der Sudetenkrise und der damit bedingten politischen Hochspannung doch als Soldat weiterdiente und eine Armee am Westwall übernahm, erschien mir damals wie heute von grundlegender Bedeutung. „Meuterei und Revolution sind Worte, die es im Lexikon eines deutschen Soldaten nicht gibt", hatte Beck bei der Fritsch-Krise geäußert. Es bedurfte dann selbst bei dieser weitsehenden Persönlichkeit noch sechs Jahre eines inneren Passionsweges, bis sie sich zum letzten Ausweg eines Attentates durchringen konnte.

Es war mein Stolz gewesen, unter diesem Mann zu arbeiten, der mir in einem Zeugnis „sein uneingeschränktes Vertrauen" ausgesprochen hatte. Während all der Kriegsjahre hatte ich nie einen noch so kurzen Urlaub vorbeigehen lassen, ohne den Generaloberst in seiner kleinen Villa in der Goethestraße in Lichterfelde aufzusuchen. Das innere Verständnis und die Bewunderung waren mit den Jahren gewachsen, wenngleich es mir oft erschien, als entbehre er in seinem philosophischen Abstand und in seiner Sensitivität der erforderlichen Kraft, um sich in dieser Epoche der Diktatur durchzusetzen. Aber das war ein Irrtum, jetzt hatte er durch sein Handeln bewiesen, daß er diese Kraft in sich trug.

Die Gespräche mit ihm hatten immer lange in mir nachgeklungen. Zur Rolle der Technik meinte er einmal: „Nur, wenn wir Menschen die Technik höheren Mächten unterordnen und nutzbar machen, werden wir ihrer Herr werden." Ein andermal rügte er den Materialismus, der sich noch nie so breit gemacht habe wie im Dritten Reich. Ich hatte, immer noch befangen in meinem Wunschbild, das bestritten und ihn an die Leistungen unserer Soldaten und den uneingeschränkten Opferwillen unseres Volkes erinnert. „Ich weiß, mit welchem Idealismus so viele Ihrer

Generation an ihre Aufgaben herangehen", hatte Beck mit seinem gütigen Lächeln gesagt. „Aber haben Sie einmal darüber nachgedacht, wie materiell die Ziele sind, für die so viele Opfer gebracht werden?" Ich hatte es damals nicht recht wahrhaben wollen, aber die Worte blieben haften und wurden zu einem Samen der Erkenntnis.

Im April dieses Jahres hatte ich nach Irmas Tod Beck das letzte Mal aufgesuchte und ihn nach einer schweren Operation noch sehr gebrechlich und in ungewohnter Erregung vorgefunden. Er kritisierte die Führung als rückhaltlos, während er die der Russen als hervorragend beurteilte. Von schärfster Kritik an Hitlers Führung kam er auf Napoleon zu sprechen, ein Thema, bei dem er fast eine Stunde blieb. „Es gibt fraglos viele Parallelen, aber dieser Diktator war wenigstens ein Meister in seinem Fach." Dann später, sehr leise, den Kopf mit einer charakteristischen Bewegung nach hinten reckend und mit einem Blick in weite Ferne: „Armes, armes Deutschland!"

Das war das letzte Mal, daß ich ihn gesehen hatte, und nun war er tot – die unwürdigen Umstände des mißlungenen Freitodes und des Gnadenschusses durch einen Feldwebel kannte ich gottlob noch nicht – und sein Opfer vergeblich. Vergeblich? Noch war das nicht zu übersehen – der Tod eines solchen Menschen mußte nachwirken.

Die Erschütterung, der innere Zweifel um das Attentat – das Dafür und Dagegen –, all das klang noch lange, und wohl in uns allen, nach. Was diese Handlungsweise von Offizieren für Alfred bedeutete, zeigte mir ein Brief, den ich kurz darauf erhielt:

„Das Attentat hat meine Nerven nicht erschüttert, doch ist in mir manches zerbrochen, von dem ich nicht weiß, ob es je wieder heilen wird. Es gibt für mich kein Offizierskorps mehr über die engsten Vertrauten hinaus. Als ich den Täter erfuhr, wünschte ich, es hätte mich zerrissen. Ich überlegte mir ernstlich, ob ich diese Uniform noch tragen könnte."

Meine Überlegung, ob dieser Brief vielleicht in seiner Schroffheit eine Art Sicherheitsmaßnahme darstellen sollte, wurde später bestätigt durch einen Brief von General von Wedel, dem Chef der Propagandaabteilung. Danach hatte Jodl einen Tag später ihm gegenüber keinen Zweifel an den ethischen Motiven der Attentäter geäußert.

Die nächsten Wochen erfuhren wir im Duce-Hauptquartier wenig über das Attentat, nur gerüchteweise drangen weitere

Namen durch. Allmählich wurde einem klar, daß der Umfang des Rebellenkreises weit größer war, als bisher angenommen. Der Aufruf des Generalstabschefs, Generaloberst Guderian, bestätigte indirekt, wie stark gerade der Generalstab an dem Attentat beteiligt war.[17] Aus einem zweiten Brief Jodls entnahm ich, daß ihn die Beteiligung des jungen Nachwuchses im Generalstab besonders erschütterte. Und ich spürte auch, wie gerade dies seine Nachwirkung hinterließ. In einer später geschriebenen Studie kam Jodl zu dem Schluß, der bittere Weg zum Ende sei für Deutschland der bessere: „Keine falsche Legende kann sich mehr bilden."

Im September erbat ich Urlaub, um mich um den Umzug nach Berlin zu kümmern und nach einer neuen Tätigkeit umzusehen. Zu meiner Freude konnte Alfred für einen Tag kommen, aber ich wußte, daß dieses Wiedersehen von den vergangenen Ereignissen überschattet sein würde. Als Alfred spät abends mit dem Flugzeug von der „Wolfsschanze" kommend in Dahlem eintraf, erschrak ich zutiefst. Die aufrechte Haltung und der leichte Gang waren noch unverändert, aber über den Zügen lag eine Starre, die ihn mir zunächst fremd erscheinen ließ. Das lag wohl zum Teil auch daran, daß die Konturen wegen der durch die Explosion der Bombe abgebrannten Haare schärfer heraustraten, aber das war es nicht allein. Aus dem Gesicht sprach eine solche Verzweiflung und Einsamkeit, daß es mir ans Herz griff. Zum ersten Mal wurde mir so richtig bewußt, wie schwer dieser Mensch an der Last seiner Verantwortung und vermutlich eines ihn zerreißenden Zwiespaltes trug.

Noch am späten Abend unternahmen wir einen langen Gang durch den Grunewald, zunächst schweigend, dann in allmählicher Lockerung die Dinge besprechend, die uns zutiefst bewegten. Ich erfuhr jetzt erst die tragischen Einzelheiten vom Schicksal Becks, von seinem mißlungenen Versuch, sich selbst das Leben zu nehmen, und von Fromms Befehl, ihm den Gnadenschuß zu geben. Alfred verurteilte mir gegenüber, vielleicht weil er meine Zweifel spürte, das Attentat auf das schärfste. Welche Wirkung sich die Rebellen wohl vom Feind erwartet hätten, fragte er mich erregt stehenbleibend. „Hast du nicht gelesen, was Churchill gesagt, und wie die gesamte Weltpresse reagiert hat?" Ich wußte wenig, im Duce-Hauptquartier lebte man eben wie auf einer Insel. „Nun, so höre zu: Es sei gleich, wer wen ermorde, das seien Gangsterallüren, die man normalerweise von einem Offizierskorps nicht erwarten könne. So ähnlich hat sich Churchill geäußert und auch die Amerikaner." Ich hörte das zum ersten Mal, und es gab mir zu denken. „Erzähle, wie du es selbst erlebt hast", bat ich. „Das ist leicht erzählt. Hör zu: Heusinger trug gerade vor. Ich kam später und stellte fest, daß weder Göring noch Himmler da waren, das ließ mich auf eine kurze Besprechung hoffen. Oft dauerte es ja Stunden. Ich schob mich zwischen Keitel und den Führer, um auf die Karte zu sehen. Im selben Moment verlor ich das Bewußtsein, ohne vorher etwas gemerkt zu haben. Als ich wieder zu Bewußtsein kam, brannte mein Kopf wie Feuer, ich dachte, mir sei die Lampe auf den Kopf gefallen. Noch am Boden liegend sah ich dann, wie rings um mich kleine gelbe Flammen den Fußboden entlangliefen. Das muß eine Explosion gewesen sein, dachte ich. Ich sah mich um, es war ein schauerlicher Anblick, in einer Ecke hoben zwei Offiziere einen leblosen Körper auf. Ich stand auf, suchte mechanisch meine Mütze im Vorraum und wankte ins Freie. Mein erster Blick fiel auf den Führer, den Keitel sorgsam stützte und zu seinem Bunker führte. Dann sah ich Fellgiebel auf den Führer zukommen und ihm gratulieren." „Fellgiebel?" unterbrach ich, „der gehörte doch zu den Attentätern." „Das ist es ja", meinte Alfred, „was mir noch heute rätselhaft ist. Er kam und gratulierte ihm, und dabei wußte er, daß Stauffenberg in dem Glauben, der Führer sei tot, nach Berlin geflogen war. Doch höre weiter! Die Menschen, die auf der Wiese herumliefen, sahen aus wie Gestalten aus der Unterwelt, feuerrote und schwarze Gesichter, die Augen blutunterlaufen, die Haare standen wie Stacheln in die Luft. Die Uniformreste flatterten wie Wimpel an ihnen herum, es sah wild aus. Ich tastete an mir herum, alles heil, nur mein Kopf fühlte sich an, als habe man ihm kochendes Wasser übergegossen. Immer wieder versuchte ich, einen klaren Gedanken zu fassen, aber es ging mir immer wieder alles durcheinander. Wie benommen sah ich, daß sich jemand am Fenster hochstemmte, Oberst Brandt. Wir halfen ihm, der eine Fuß war fast abgerissen. ‚Dem ist nicht mehr zu helfen', sagte er ganz ruhig. Du wirst ja wissen, daß der arme Kerl dann bald gestorben ist." Ich nickte. „Ich war nun wieder Herr meiner Gedanken", fuhr Alfred fort. „Ich suchte in der Baracke nach den Unterlagen für meinen Vortrag, fand aber nur mein blutverschmiertes Notizbuch. Als ich ging, um mich nach dem Führer zu erkundigen, sah ich Fellgiebel vor seinem Bunker stehen. ‚Ja, ja', hörte ich ihn wie von weither sagen, ‚das kommt davon, wenn man sich so nahe hinter der Front aufhält.' – ‚Nein', habe ich wütend geantwortet, ‚das kommt davon, wenn das Hauptquartier eine Baustelle ist!' " – „Du nahmst also an, es sei ein Fremdarbeiter gewesen?" fragte ich. – „Ja", meinte Alfred, „soweit ich eben überhaupt klar denken konnte. Ich hatte das Gefühl, als sprächen Tausende von Menschen auf mich ein, und konnte keine Richtung einhalten. Erstaunlich ist übrigens, wie gut Keitel davonkam und welche Initiative er entwickelte. Er empfing Mussolini, telefonierte mit allen Oberbefehlshabern und hob die ‚Walküre'-Befehle auf, die Beck und Olbricht erteilt hatten. Wäre Keitel schwer verletzt gewesen, wer weiß, wie sich die Lage in Berlin entwickelt hätte." Wir waren nun wieder auf dem Heimweg, und ich überlegte, wie ich an Alfred etwas herantragen könnte, was mir sehr am Herzen lag, aber mit dem 20. Juli zusammenhing. Gleich bei meiner Ankunft in Berlin hatte mich Ada, die erste Frau des Geheimrates Professor Sauerbruch, zu einem Treffen am Wannseebahnhof gebeten, sie müsse mich dringend sprechen. Zu meinem Schrecken erfuhr ich, daß ihr Sohn Peter als einer der nächsten Freunde Stauffenbergs in Gestapohaft war. Ich kannte Peter Sauerbruch seit unserer Zusammenarbeit in Halders Stab. Wir hatten den ganzen Krieg über brieflich Kontakt gehalten, und es war mir eine tiefe Freude gewesen, daß er wie durch ein Wunder der Hölle von Stalingrad entronnen war. Ich hielt ungewöhnlich viel von diesem jungen Generalstabsoffizier, von seinen charakterlichen und menschlichen Qualitäten, seinem Wissen und fachlichem Können.

„Mir scheint, du hast noch etwas auf dem Herzen?" fragte Alfred in meine Gedanken hinein.

Erleichtert blieb ich stehen. „Höre", sagte ich, „du mußt jemandem helfen, der es verdient wie kaum ein anderer", und erklärte die Zusammenhänge. Alfred, der sich dem alten Geheimrat gegenüber für verpflichtet ansah durch die Operation von Irma, und von Peter auch Gutes gehört hatte, versprach, sein Möglichstes zu tun. Er hatte Erfolg. Drei Monate später erzählte mir der mittlerweile freigelassene Oberstleutnant i. G. Sauerbruch, wie ihn Kaltenbrunner persönlich drei Stunden verhört und dann mit den Worten entlassen habe: „Sie verdanken Ihre Entlassung ausschließlich der Fürsprache des Generaloberst Jodl."

Am Nachmittag gingen Alfred und ich zur Charité, um Professor Sauerbruch zu beruhigen und ihm für alle Irma geleistete Hilfe zu danken. Nach kurzem Warten ließ uns der Geheimrat bitten und begrüßte uns mit der ihm eigenen Lebhaftigkeit und

Wärme. Man sah seinem Gesicht die schwere Zeit an, die er hinter sich hatte – nahezu sein ganzer Freundeskreis aus der „Mittwochgesellschaft“ war ein Opfer der Justiz des Volksgerichtshofes geworden: Olbricht, Popitz, Planck u. a.

„Ich war am Vorabend des Attentats mit Beck in der Wohnung von Olbricht zusammen eingeladen“, erzählte uns Sauerbruch. „Beck war besonders herzlich zu mir, er nahm mich plötzlich am Arm, führte mich in das Nebenzimmer und sagte: ‚Herr Geheimrat, Sie gehören der Menschheit. Und deswegen müssen Sie hier ein wenig warten, bis wir anderen im Nebenzimmer etwas besprochen haben.‘ Er wollte nicht, daß ich mitbelastet bin.“

Ich freute mich, wie sich von Beginn der Unterhaltung an zwischen diesen beiden Männern, dem Chirurgen und dem Offizier, ein unmittelbarer warmer Kontakt entspann. Als wir nach einem fast zweistündigen Gespräch aufbrachen, sagte Alfred so ganz nebenbei: „Ich habe übrigens auch Ihretwegen mit Himmler gesprochen.“

„Himmler!?“ rief der Professor betroffen, „Wieso und warum?“

„Nun“, meinte Alfred lächelnd, „ich dachte, es könnte nicht schaden, und nachdem Sie uns das mit Beck erzählt haben, bin ich froh, es getan zu haben.“

Der Geheimrat sah mich durch seine Brillengläser mit seinen sehr hellen, von Lebhaftigkeit sprühenden Augen an und faßte mich an der Schulter. „Du, der gefällt mir!“ rief er in seiner unbekümmerten Art. „Das ist kein NS-General, das ist noch alte Schule.“

Alte Schule? Ja und nein. Auf der Rückfahrt nach Italien ging mir dieses Wort Sauerbruchs durch den Kopf, und ich rief mir zurück, was mir Jodl damals nach Irmas Tod von sich erzählt hatte: Wie man ihn im Kameradenkreis nach der Niederlage des Ersten Weltkrieges einen „Revolutionär“ genannt und er schon als junger Oberleutnant den Gedanken in sich getragen hatte, daß die Probleme eines verlorenen Krieges und der wachsenden Industrialisierung nur durch die Vereinigung der sozialistischen Arbeiterschaft mit dem nationalen Bürgertum zu lösen seien. Hätte bei dieser Einstellung nicht das Programm der NSDAP bei ihm auf aufnahmebereiten Boden fallen müssen? Jodl war Hitler jedoch zunächst ablehnend gegenübergestanden. Das hatte ich selbst miterlebt: Als ich 1933 nach dem Staatsakt in der Potsdamer Garnisonkirche meiner Freundin Ruth von Werner im Kasino des Kriegsministeriums begeistert die Begegnung zwischen Hitler und Hindenburg schilderte, rief ein junger Generalstabsmajor, Jodl, vom Nebentisch ein wenig spöttisch, leise herüber: „Fallen Sie doch bloß nicht auf diesen Scharlatan herein."

Ich kannte diesen Major damals noch kaum, aber seine Beurteilung durch den Chef des Truppenamtes, General Adam, hatte mich neugierig auf ihn gemacht: „Ein nüchterner, klarer Kopf, ein heißes Herz, ein eiserner Wille, ein kommender Mann."

Hatte sich bei Beck die anfängliche Zustimmung in zunehmende Kritik und schließlich in schärfste Ablehnung gewandelt, so vollzog sich in Jodl die umgekehrte Entwicklung: „Die Verschmelzung der Länder zu einer Reichseinheit, die Überwindung der Klassengegensätze, die Zugänglichmachung der Freuden auch für die Arbeiterschaft und letzten Endes die Lösung aus den Bindungen des Versailler Vertrages in einer friedlichen Atmosphäre mit England und Frankreich haben Hitler die Sympathie des Volkes gesichert", schrieb Jodl später über seine Einstellung. „Ich habe mich nicht nur durch meinen Eid, sondern freudig und innerlich zu dem neuen Staat bekannt, als ich sah, wie mit einem Zauberstab die ganze Not und Zerrissenheit der vorhergehenden Zeit beseitigt und für eine Revolution zunächst ziemlich viel Disziplin gezeigt wurde." Jodl war damals nur einer von Millionen, der Hitler bejahte, weil er Deutschland die Gleichberechtigung unter den Großmächten wieder zurückgewonnen hatte. Kein anderer als Churchill achtete damals Hitler, wenn auch mit Vorbehalten:

„Es ist ein Verbrechen, zu verzweifeln. Wir müssen es lernen, in dem Mißgeschick Quellen künftiger Kraft zu finden. Unsere Führung muß mindestens ein Stück von dem Geist jenes deutschen Gefreiten haben, der, als alles rings um ihn in Trümmer zerfallen war, als Deutschland für alle Zukunft im Chaos versunken zu sein schien, nicht zögerte, gegen die gewaltige Schlachtreihe der siegreichen Nationen zu marschieren und sie bereits so entscheidend geschlagen hat. Die Stunde gebietet nicht Verzweiflung, sondern Mut und Widerstand." Und: „Wir können nicht sagen, ob Hitler der Mann sein wird, der wieder einmal einen neuen Weltkrieg auslösen wird – oder ob er in die Geschichte als der Mann eingehen wird, der der großen Deutschen Nation Ehre und Seelenruhe wiedergab und sie ruhig, hilfsbereit und stark in die Front der Europäischen Familie eingliederte."

Nach drei Jahren Dienst als Gruppenleiter in der Operationsabteilung war Jodl zum Chef der Abteilung Landesverteidigung im neugeschaffenen Wehrmachtsamt, dem Vorläufer des späteren WFST*, ernannt worden. Dieser Abteilung oblag die Bearbeitung des operativen Einsatzes nach den Richtlinien der politischen Führung sowie die Organisation der gesamten Wehrmacht. Kein anderer als General Beck hatte damals Jodl für diesen Posten empfohlen, in der Hoffnung, dieser fähige Generalstabsoffizier des Heeres werde die Vorrangstellung seines Wehrmachtsteiles sichern. Es war anders gekommen. Aus rein militärischem Zweckdenken, wobei die innenpolitischen Gründe völlig zurücktraten, überzeugte sich Jodl nach kurzer Tätigkeit auf seinem neuen Posten von der absoluten Notwendigkeit einer zentralen Steuerung der drei gleichberechtigten Wehrmachtsteile und vertrat diese Auffassung auch mit Festigkeit gegenüber seinem einstigen Chef. „Er (Jodl) war vielleicht der einzige Armeeoffizier im OKW, der den Begriff ‚Wehrmachtführung' von vornherein voll in sich aufgenommen hatte und danach handelte", schrieb Jahre später Großadmiral Raeder in seinen Moskauer Aufzeichnungen.

Wenngleich die tiefgehenden Meinungsverschiedenheiten über die Spitzengliederung zwischen Wehrmacht- und Heeresführung im wesentlichen auf der Ebene der Amtschefs, also zwischen Beck und Reichenau, ausgetragen wurden, so blieben sie doch leider nicht ohne Rückwirkungen auf die persönlichen Beziehungen zwischen Beck und Jodl. Hatte Beck 1937 bei einer Generalstabsreise Jodl noch besonders herzlich als Gast begrüßt, so bahnte sich in den nachfolgenden Jahren eine zunehmende Entfremdung an. Ich habe die tieferen Zusammenhänge erst viel später begriffen: Dem rein militärischen, ganz und gar unpolitischen Denken Jodls stellten sich bei den Erwägungen über die Organisation der Spitzengliederung von Wehrmacht und Heer nicht die Fragen, die für den weiter sehenden Generalstabschef die entscheidenden waren: Fragen der Moral und der unbedenklichen Politik des Obersten Befehlshabers Hitler.

Die Münchner Konferenz hatte Jodl als einen großen außenpolitischen Erfolg Hitlers angesehen. Seine Tagebucheintragungen geben seine damalige Stimmung wieder:

„Diese Art, Politik zu treiben, ist für Europa neu. Wenn es ein Mittel gab, einen europäischen Krieg zu verhindern, so war es diese Rede und diese Entschlossenheit . . . Das Genie des Führers und seine Entschlossenheit, sogar einen Weltkrieg nicht einmal zu

* Wehrmachtführungsstab

vermeiden, haben wieder einmal den Sieg errungen, ohne daß Gewaltanwendung erforderlich war."[18]

Diese in Begeisterung und Erleichterung hingeworfenen, sich widersprechenden Worte, zu einer Zeit, als Jodl Hitler noch gar nicht persönlich kannte, sondern auf Informationen von Blomberg und Keitel angewiesen war, sollten ihm später vor Gericht als „verbrecherisch" angelastet werden.

Jodl war im Oktober 1938 zum Artillerieführer 44 in Wien ernannt worden, die Besetzung des Sudetenlandes hatte er mit der Truppe miterlebt. „Die entwaffneten Tschechen tun mir leid, sie erinnern mich an 1918", schrieb er mir damals. „Ich habe den Kommandeur nach der Waffenabgabe getröstet." Er hat später in Nürnberg dem amerikanischen Psychologen Gilbert gegenüber die Besetzung der Tschechoslowakei als groben Wortbruch Hitlers bezeichnet.

Als Jodl am 23. August 1939 auf seinen mobilmachungsmäßigen Posten als Chef des Wehrmachtführungsamtes berufen wurde – wäre der Krieg einen Monat später ausgebrochen, hätte General von Sodenstern diesen Posten innegehabt und Jodl die 4. Gebirgsdivision –, unterstand er von nun an Hitler unmittelbar, dessen militärischer Arbeitsstab das OKW war. Er wurde Hitler am 3. September 1939 erstmals persönlich in dessen Sonderzug auf der Fahrt an die polnische Front vorgestellt.

Wiederum waren es die Erfolge Hitlers, diesmal auf dem Schlachtfeld, die Jodl in den Bann zogen und ihn in seinem Glauben an das Genie Hitlers bestärkten. Die Kundgebungen des Volkes und der Truppe hatte ihn, wie er einmal schrieb, zutiefst beeindruckt. Aber er war sich auch der Problematik seiner eigenen Position bewußtgeworden: „Der Mann, dem es gelang, vor den Augen der meerbeherrschenden englischen Flotte Norwegen zu besetzen, und der mit unterlegenen Kräften in einem Feldzug von 40 Tagen Frankreichs gefürchtete militärische Macht zum Einsturz brachte wie ein Kartenhaus, war nach diesen Erfolgen nicht mehr gewillt, auf militärische Ratgeber zu hören, die vorher vor solchen Überspannungen gewarnt hatten. Er verlangte fortan von ihnen nichts mehr als die rein technischen Unterlagen für seine Entschließungen und den reibungslosen Ablauf der militärischen Apparatur, um seine Entscheidungen in die Tat umzusetzen."[19]

Wie sah nun Jodl zu dieser Zeit, September 1944, die Lage an?

„Solange der Feind noch keinen Fuß deutschen Bodens betreten hat, muß alles versucht werden, das abzuwehren. Vielleicht läßt sich die bedingungslose Kapitulation doch noch verhindern", hatte er mir beim Abschied erklärt. „Ich setze große Hoffnungen auf die neuen Turbojäger* und Schnorchel-U-Boote. Die Rüstungsproduktion läuft auf höchsten Touren, und nicht zuletzt bleibt die Hoffnung auf einen Bruch der Westmächte mit den Russen."

In dieser zuletzt geäußerten Hoffnung zeigte sich – Jodl wohl selbst unbewußt – der Einfluß von Hitlers politischen Wunschträumen auf das nüchterne Denken des Generalstabsoffiziers. Es war mir in den ersten Kriegsjahren aufgefallen, daß dieser Einfluß sich zuweilen als stärker erwies als die „alte Schule". Jodl hatte zuweilen Wortwendungen gebraucht, die ich früher nicht von ihm gehört hatte und die ihn mir vorübergehend fremd machten. Das änderte sich nach dem Zusammenstoß mit Hitler in Winniza grundlegend. Mir war offenbar, daß sich die einstige Begeisterung zur Pflicht des Gehorsams und wohl auch zur Resignation abgewandelt hatte. Kein unbedachter Gehorsam, sondern der aus jahrhundertealter Tradition herausgewachsene Gehorsam des Soldaten, der für Jodl wie für seine Kameraden das Fundament soldatischer und führungsmäßiger Disziplin bedeutete. Zugleich aber lebte in Jodl noch immer der Glaube an Hitlers militärisches Genie, wenn auch begrenzt. Jodl hatte nach dem Auffangen der russischen Winteroffensive 1941 und dem italienischen Abfall erfahren, daß Krisen sich meistern ließen, vielleicht hoffte er auch jetzt noch darauf. Worin mochte diese Hoffnung bei einem so nüchtern denkenden Offizier ihre tiefere Ursache haben?

Der Historiker Friedrich Meinecke schreibt in seinem Buch „Die deutsche Katastrophe" über den Generalstab, daß das Gleichgewicht rationaler und irrationaler Motive durch Überbetonung des technisch Rationalen gestört gewesen sei. Das geschähe häufig mit einer solch elementaren Leidenschaft, daß auch das Gleichgewicht zwischen rationalen und irrationalen Kräften der menschlichen Seele gefährdet werde. Als ich nach dem Zusammenbruch diese aufschlußreichen Ausführungen des deutschen Historikers las, glaubte ich manche Zusammenhänge zu begreifen, die ich auf jener Rückfahrt nach Italien nur unklar erfühlt hatte: daß die stärkste Bindung Jodls an Hitler in der irrationalen Sphäre zu suchen sei.

Für den flüchtigen Beobachter mochte Jodl in seiner nahezu preußisch strengen Prägung und seiner Selbstbeherrschung

* Düsenjagdflugzeuge.

gefühlskalt erscheinen. Wer ihm näher kam, lernte in ihm einen humorvollen, hilfsbereiten Vorgesetzten kennen. Das wußte ich gerade aus Briefen junger Offiziere. Aber nur die ganz wenigen, die ihm wirklich nahekamen, wußten, daß sich hinter der Verschlossenheit dieses Mannes eine überaus sensible Natur mit musischem, ja fast romantischem Einschlag verbarg. Hier in dieser Schicht, in Jodls nahezu mythischer Auffassung von Treue und der heißen Liebe zu seinem Vaterland, lag wohl die stärkste Bindung an Hitler. „Dieser Mann ist Deutschlands Schicksal im Guten wie im Bösen", hatte einst Generaloberst Frhr. v. Fritsch erklärt. Jodls Einstellung entsprach dieser Auffassung in jeder Hinsicht. Sei es aus Treue gegenüber dem Staatsoberhaupt, sei es aus nüchterner Erkenntnis der Realitäten in einem autoritären Staat, für Jodl war Hitler gleichbedeutend mit dem Schicksal Deutschlands. In der Treue zu Hitler – als welch tragischer Irrtum sollte sie sich erweisen! – glaubte er, Deutschland die Treue zu halten.

Hatte einst „Königin Vernunft" Jodl vor Hitler gewarnt, so fühlte er sich auch jetzt, nachdem die Jahre der berauschenden militärischen Erfolge von der Nacht eines verzweifelten Schicksalkampfes abgelöst waren, an die Seite dieser „infernalischen Größe" gebunden: „In all diesen Enttäuschungen gab es für mich als Mensch und Soldat keinen anderen Weg als den der Treue."

Jodl war Soldat, „das Soldatentum lag mir im Blut", sagte er später in Nürnberg aus. Er war es, ohne durch diese Veranlagung eingeengt zu sein. Seine Unbedingtheit jedoch, sein Treuebegriff zu Staatsoberhaupt und Oberstem Befehlshaber, ließ eine geistige Auseinandersetzung mit der Verstrickung, in die er geraten war, nur bedingt zu. Vielleicht sah er sie nicht einmal, weil sie seinem einfachen gradlinigen Wesen nicht gemäß war. Gerade dadurch wurde er, was ihm wohl erst später zum Bewußtsein kam, zu einem guten Werkzeug des Bösen.

Das Denken des Frontsoldaten, dem seine ganze Liebe galt, ließ Jodl von sich den gleichen Gehorsam fordern, den er dem Mann an der Front abverlangte. Für ihn gab es nur den äußeren Feind. Wo er ihn im Innern, in Deutschland selbst, erkannte, trat er ihm entgegen, wo sein Rechtsgefühl und Ehrgefühl des Offiziers unmittelbar verletzt wurde. Die Fülle der täglich an ihn herantretenden Aufgaben – der Kriegstagebuchführer des Wehrmachtführungsstabes, Prof. Percy Ernst Schramm, hat sie als Zeuge in Nürnberg anschaulich geschildert – ließ ihm für Grübeln wenig Zeit. Es ist wohl kein Zufall, daß ein großer Teil der Rebellen nicht mehr aktiv im Dienst war. Von der unmittelbaren Verantwortung des Tagesgeschehens entbunden, verfügten sie über vermehrte innere Freiheit des Handelns. Jodl hätte den Gedanken, unter dem Vorwand der Erkrankung den Abschied zu nehmen – den Rücktritt hatte Hitler für die Dauer des Krieges verboten –, für seine Person ebenso abgelehnt wie den des Attentats. Je aussichtsloser die Lage, um so stärker fühlte er sich offenbar an seinen Posten gebunden. Der Fahneneid, dem er sich einst als Fähnrich begeistert verschworen. war ihm noch immer oberstes Gesetz in dem Sinne, seinem Land bis zuletzt zu dienen.

Wenn nun Offiziere wie Beck, Tresckow und Stauffenberg sich in ihrer Verzweiflung zu dem äußersten Mittel eines Attentates durchgerungen hatten, so konnte ich ihnen meine Achtung, ja Bewunderung ob ihrer Konsequenz nicht versagen. Ihre Tat würde vermutlich in Zukunft das moralische Kapital unseres Landes bilden. Aber meine Gefühle waren hin- und hergerissen. Sie mußten vor allem, schon aus persönlichen Gründen, dem Mann gelten, den sein Gewissen hieß, den Eid zu halten. Es war vorauszusehen, daß Alfred Jodl einem nicht minder tragischen Geschick entgegenging, wie seine Kameraden es auf sich genommen hatten.

9.
Die Brücke

> „Es ist bemerkenswert, daß wir gerade von dem Menschen, den wir lieben, am mindesten aussagen können, wie er sei – wir lieben ihn einfach.“
>
> *Max Frisch, „Tagebuch“*

Mein Versetzungsgesuch nach Deutschland – zunächst in die Attachéabteilung – war genehmigt, Anfang Oktober 1944 zog ich in das Heim Jodls im Portierhaus des Ausweich-Hauptquartiers des OKW ein. Tag und Nacht Luftalarm. Niemand begriff, daß ich freiwillig die Oase des Friedens am Gardasee hatte verlassen können, um mitzuerleben, wie der totale Krieg die Fackel über der Reichshauptstadt schwang, und daß ich damit inneren Frieden gewann. Und doch war es so. Nur zuweilen tauchten, einer Fata Morgana gleich, die letzten Wochen am Gardasee vor mir auf: das Rauschen des Sees beim Aufwachen, der Gischt der Wellen auf der Haut, die leuchtend bunte Fülle der Rosen, der Duft der Kamelienblüte, die sich im Sterben zu so unvergleichbarer Farbe wandelt; lange Schlagschatten der Edelkastanien auf herbstlichem Gras an steilen Hängen, das Sausen des Bergwindes in den Fächern ihrer goldenen Blätter, steinige steile Pfade hinauf zur Kapelle auf schmalem Felsband, von den Lanzen der Zypressen bewacht; und das Wunder des Lichts auf den Höhen des Monte Baldo, wenn in Gargnano schon alles in tiefem Schatten lag. Am Abend vor meiner Abfahrt hatten mich meine Freunde auf die Terrasse gerufen: Wie am ersten Tag meiner Ankunft glitt lautlos und dicht am Steg eine große Barkasse vorbei, die leuchtend gelben Segel hart an den Wind getrimmt.

Im November 1944 gelang es mir, eine Tätigkeit in der Zweigstelle des Präsidiums des Deutschen Roten Kreuzes am Halleschen Tor zu finden. Die Leitung dieses Amtes für Kriegsgefangenenwesen hatte Herr Grüneisen, ein Mann von großer

Fähigkeit und Integrität. Mir fiel die Bearbeitung der britischen und amerikanischen Kriegsgefangenenlager in Italien zu; es ging dabei um Beratung der Angehörigen und Nachforschungen nach Vermißten. Bedrückend, daß man mit der Flut von Anfragen kaum Schritt halten konnte; trotzdem mühten wir uns, den ausgefüllten Formblättern durch einen Zusatz eine persönliche Note zu geben.

Mitte Oktober kam Alfred nach Berlin – er müsse an die Westfront. Den Telefongesprächen während der kurzen Zeit seiner Anwesenheit daheim konnte ich entnehmen, daß etwas Ungewöhnliches in der Luft lag. Am 20. November 1944 wurde das Führerhauptquartier nach Berlin verlegt, Anfang Dezember nach „Adlerhorst" bei Ziegenberg. Als Alfred dorthin flog und bei dieser Gelegenheit wieder für einen Tag in Berlin war, faßte er mich beim Abschied um die Schultern: „Drücke den Daumen, daß das neblige Wetter anhält. Du wirst ja gemerkt haben, daß etwas Besonderes im Gange ist. Wenn der Kriegsgott es gut mit uns meint, können wir Deutschland vielleicht vor dem Schlimmsten bewahren." Kein Wort von der bevorstehenden Ardennenoffensive, von dieser erfuhr ich erst am nächsten Tag im Radio.

Erst später schilderte mir Alfred den der Offensive zugrunde liegenden Plan: Durch die im Ardennengebiet dünn gesäte Front des Feindes sollten massierte deutsche Einheiten an der Nahtstelle zwischen Briten und Amerikanern über Lüttich nach Antwerpen durchstoßen, um nach Möglichkeit diesen wichtigsten Nachschubhafen der Alliierten in deutsche Hand zu bringen. Hitlers Hoffnungen waren in ihrer Utopie noch weiter gegangen, er hatte den Divisionskommandeuren in einer Ansprache erklärt: „Wer da so wie eine Spinne im Netz sitzend die Entwicklung verfolgt, der kann sehen, wie von Stunde zu Stunde sich diese Gegensätze entwickeln. Wenn hier noch ein paar ganz schwere Schläge erfolgen, so kann jeden Augenblick passieren, daß diese künstlich aufrechterhaltene gemeinsame Front plötzlich mit einem Donnerschlag zusammenbricht."[20]

„Starke deutsche Kräfte sind am 16. Dezember 1944 um 5.30 Uhr in breiter Front von dem Westwall nach einer kurzen, aber gewaltigen Feuervorbereitung zum Angriff angetreten." Als ich zum Dienst kam, sahen mir überall gespannte Gesichter entgegen. Man hatte sich an die Terminologie des „Absetzens", „Einigelns" und „hinhaltenden Widerstands" im Wehrmachtbericht so gewöhnt, daß das Wort „Angriff" offenbar etwas Aufrüttelndes besaß. In größter Spannung wartete ich abends auf Alfreds Anruf.

„Bisher geht alles gut, die Verluste sind tragbar." Nach drei Tagen klang die Stimme sehr bedrückt: „Es hat sich aufgeklärt, unsere Truppe hat die Hölle durch die schweren Luftangriffe." Das Ringen um Bastogne hatte begonnen.

War dieses Unternehmen, das schwerste Verluste kostete, zu dieser Zeit noch zu rechtfertigen? „Es war ein verzweifelter Versuch in verzweifelter Lage, nach Clausewitz berechtigt", hat Jodl später dazu geschrieben. „Nur in diesem Versuch bestand noch eine Chance. Im Osten war die Zahlenüberlegenheit der Erdtruppen groß, im Westen nur gering, stark hingegen die Überlegenheit der Luftwaffe. Man hoffte, daß sie im Winter bei geeignetem Wetter nicht so wirksam sein werde. Gelang die Offensive und damit die Vernichtung zahlreicher alliierter Divisionen, so konnte man im Westen für eine gewisse Zeit mit einem Stopp rechnen und dann mit wirklichem Einsatz den russischen Vormarsch stoppen, der zu dieser Zeit die Weichsel und Warschau erreicht hatte."[21]

Weihnachten 1944. War es ein Trost, zu wissen, daß dies wohl die letzten Kriegsweihnachten sein würden? Vielleicht das Letzte überhaupt? Am Heiligen Abend fand erstmals nach Wochen kein Luftangriff statt, kaum wagte man es zu glauben. „Was ist in diesem Jahr alles auf mich eingestürzt", schrieb mir Alfred in seinem Weihnachtsbrief. „Die Niederlage im Osten, der Abfall unserer Verbündeten, Irmas Tod, das Attentat, der Verlust Frankreichs, der völlige Niederbruch unserer Luftwaffe, der Einbruch der Feinde in deutsches Land."

Am 12. Januar 1945 begann der russische Großangriff am Baranowbrückenkopf, die Ardennenoffensive wurde endgültig abgebrochen. Das Oberkommando der Wehrmacht bezog nunmehr endgültig sein Ausweichhauptquartier in Berlin. Alfred war schweigsamer als je aus dem Westen zurückgekehrt. Das Mißlingen der Ardennenoffensive, die Verluste der Truppe und der unaufhaltsame Vormarsch der Russen lasteten schwer auf ihm.

Der 3. Februar war ein klarer, frostiger Tag. Gegen 10 Uhr wurde Alarm gegeben. „Starke Bombereinheiten im Anflug auf Leipzig." Kurz darauf Vollalarm – also doch Berlin. In der Dienststelle des Roten Kreuzes nahmen meine Kollegin und ich die Karteien und Mäntel unter den Arm und gingen hinunter in den Keller. Wir suchten uns einen möglichst kleinen Raum mit gewölbter Decke aus. Dann fiel mir ein, daß ich meine dicken Bergschuhe aus Italien oben vergessen hatte. Ich rannte die

Kellertreppen hinauf und stieß beinahe mit dem Luftschutzwart zusammen. Sein Gesicht unter dem Helm war aschfarben. „Christbäume über uns", sagte er mit heiserer Stimme und deutete nach oben. Ich holte tief Luft. Mein Gott, da sah ich das gefürchtete Fanal am Himmel, die Einweisungssignale für den Bomberstrom. In roten, gelben und grünen Farben gaukelten die Leuchtzeichen im blassen Februarhimmel. Und jetzt konnte man durch einen Spalt zwischen zwei Häusern den Bomberstrom herankommen sehen, seine Kondensfahnen zerrissen den Himmel in Streifen, die Luft vibrierte vom Donnern der Motoren. Mit zwei, drei Sprüngen war ich zurück im Keller, und schon erbebte das Haus unter den ersten Einschlägen ringsum. Es hörte sich an, als würden Tonnenhalden auf Blechdächer geschüttet. „Mittenmang die Ostereier", sagte der Luftschutzwart. Ich stand mit unsicheren Knien an die Wand gelehnt, nach Selbstbeherrschung ringend, als die zweite Welle herankam und uns das äußere Gleichgewicht verlieren ließ. Die Erde bäumte sich in immer kürzeren Abständen auf, Stehen wurde unmöglich, das Licht verlosch. Ein kurzes jaulendes Pfeifen, eine dröhnende Explosion, die das Haus in seinen Grundfesten wanken ließ. „Volltreffer!" rief eine Stimme. Ich fühlte mein Herz erst jagen, dann langsam und fast schmerzhaft gegen die Rippen schlagen, zur Beruhigung versuchte ich die Einschläge zu zählen. Jetzt kam die dritte Welle. Rrhhhmm, rrhhhmm. Mein Gott, ob es lange dauert, wenn man erstickt oder verbrennt? War Alfred in der Reichskanzlei, und war die auch getroffen? Ich wußte, daß nun Zentner an glühendheißen Trümmern über uns lagen – noch ein Treffer und die phosphorhaltige Lava würde hereinlecken, und wir würden zu weißem Staub zusammenschrumpfen. Die dritte Welle ebbte ab, wir standen mit zitternden Knien auf und leuchteten mit der Kerze die Decke ab, über die sich wie Spinnfäden feine Rissen zogen. Es wurde zusehends wärmer. Eine Tür wurde aufgestoßen, und ein Mann auf einer Bahre hineingeschoben. Er war bewußtlos, unter dem zerrissenen Hemd hob und senkte sich der massige Brustkorb in mühevollem Atemholen. Eine Krankenschwester reinigte das Gesicht vom Kalkstaub und versuchte vergeblich, das blutige Rinnsal aus Ohr und Mund zu stillen. Rrhhhmm, rrhhhmm – die vierte Welle. Die Kerzen gingen aus, als habe sie eine Geisterhand ausgelöscht. Und dann mit einemmal, lauter als die berstenden Einschläge zuvor – Stille.

Wir sahen einander an, nickten uns zu, sprachen alle durcheinander. „Die Kellertür ist verschüttet", sagte der Luftschutzwart nach einem Erkundungsgang. „Mal sehen, ob der Notausgang noch klar ist." „Der ist auch zu", rief ein Mann von der Leiter herunter. Nach einer Weile hörten wir, wie draußen gegraben wurde. Die Tür zum Notausgang wurde aufgezogen, Zementtrümmer fielen uns entgegen. Erst wurde vorsichtig die Bahre durchgeschoben, dann krochen wir einer nach dem anderen hinaus. Als ich mich aufrichtete, blieb ich wie gebannt stehen, denn ein Inferno von höllischer Schönheit bot sich dem Auge. Zur Rechten des Halleschen Tores brannte der Häuserblock wie eine riesige Fackel, der Feuersturm trieb Myriaden von Funken vor sich her und peitschte sie in die Höhe zu wilder Hexenjagd. Die ausgebrannten Fassaden gegenüber leuchteten phosphorgrün, rotglühende Feuerzungen leckten aus den Fensterhöhlen, aus den unteren Stockwerken qualmten tintenschwarze Rauchwolken heraus und wälzten sich die Straße entlang wie ein Ungeheuer der Vorzeit. In der Mitte des Platzes standen zwei Pferde. Dem einen Tier hing das Zaumzeug vom Hals, das andere war ohne jedes Geschirr. Schweißnaß vor Angst und Hitze standen die beiden Pferde mit geschlossenen Augen, zitternden Knien und eingeklemmten Schwänzen, die Köpfe tief gesenkt und vom Feuersturm abgewandt, ein jammervolles Bild der preisgegebenen Kreatur. Ich stolperte über einen zerknickten Laternenpfahl, die Birne brannte. Dann merkte ich, wie ich vom Rauch hustete und meine Augen zu tränen begannen, und bald brannten sie wie Feuer. „Tücher vorbinden!" rief jemand. Die Namen wurden aufgerufen, niemand fehlte bis auf einen Mann, der im gegenüberliegenden Keller Schutz gesucht hatte und, wie wie später hörten, dort ums Leben gekommen war. Unsere Dienststelle war ein Trümmerhaufen, da gab es nichts mehr zu retten. Also raus aus diesem Hexenkessel. „Hier lang!" – „Nein, besser die Straße, da ist weniger Rauch." Vorüberhastende Schatten im Qualm. Rrhhmmm ging es wieder los? „Ach wo, Zeitzünder." – „Dieser elende Rauch!"

Am Potsdamer Platz wurde es heller, die Splitter knirschten unter den Füßen. „Wir versuchen mal zum Lützowkrankenhaus zu kommen", schlug Gräfin Waldersee, unsere zweite Vorsitzende, vor. „Wir müssen unsere Augen behandeln lassen." Das Krankenhaus war unversehrt, auf dem Korridor standen in langen Reihen Bahren mit Toten und Verletzten. Als wir aus dem Waschraum kamen, sahen wir SS-Soldaten eine Bahre die Treppe hinaufbringen. Darauf lag ein Toter mit einem Gesicht von grimmigem und gnadenlosem Ausdruck. „Das ist ja Freisler", flüsterte ein Arzt. So sah also der gehaßte Präsident des Volksgerichtshofes aus! „Das ist ein Gottesurteil", sagte mit leiser, aber deutlicher Stimme die Oberin, Mary von Bülow.

Unser Angebot, zu helfen, wurde abgelehnt, so beschloß ich, so schnell als möglich heimzukommen, um Alfred zu verständigen. Ich konnte nur hoffen, daß weder die Reichskanzlei noch das Hauptquartier des OKW in Dahlem getroffen waren. Trotz des Anblickes der vielen Toten und der Trümmer hatte mich ganz plötzlich eine Art Euphorie ergriffen, ein rein kreatürliches Lebensgefühl von geradezu unbändiger Stärke. Ich lebte! Wie jetzt heimkommen? Keine Straßenbahn ging, keine S-Bahn. Da kam ein mit Schutt beladener Lastwagen heran, obenauf saßen russische Kriegsgefangene. Ich winkte, der Fahrer hielt. „Na, wo soll der Ausflug hingehen?" – „Nach Dahlem?" fragte ich zurück. Er nickte. „Bis Breitenbachplatz könnense mit." Ich kletterte hinauf, die Russen rückten zur Seite, einer bot mir mit breitem Grinsen seinen windgeschützten Platz an. Ich verteilte meine Zigaretten, waren sie nicht meine Brüder in Gefahr?

Am Oskar-Helene-Heim sah ich mich in einen Automatenspiegel und erschrak über mein Aussehen: rotunterlaufene Augen und noch immer schwarze Streifen im Gesicht. Aber daheim angelangt, vergaß ich das alles und rannte in der Freude des Überlebens in die Dienstbaracke meines Mannes. Alfred stand über einen Tisch mit Karten gebeugt, Major i. G. Büchs trug gerade die Luftlage vor. „Wir hatten einen Volltreffer!" rief ich mitten in den Vortrag hinein. Alfred drehte sich erstaunt um, dann sah ich ihn lachen. „Wie siehst du nur aus!" Seine Stimme klang aber ganz anders als sonst. „Ich komme gleich hinüber, geh dich erst mal waschen." Später gestand er mir daheim, daß ihn bei aller Sorge während des Angriffs das Gefühl beruhigt habe, daß das „Rabbit" – mein Spitzname – schon „durchkriechen" werde. „Ich habe nicht gewußt, was so ein ‚Rabbit' aber für Bammel haben kann", gestand ich ihm.

Das Amt für Kriegsgefangenenwesen des Deutschen Roten Kreuzes wurde zunächst notdürftig in Nikolassee untergebracht. Bald darauf übernahm ich die stellvertretende Leitung der Landesstelle III in Zehlendorf. Etwa 30 Frauen aller Bevölkerungsschichten arbeiteten hier. Mochten die täglichen Angriffe die Verkehrsverbindungen noch so zerstört haben, sie kamen! Sie kamen, auch wenn sie mehr als zwei Stunden zu Fuß laufen mußten, und gingen erst in den Keller, wenn Kondensstreifen am Himmel zu sehen waren.

Unsere Arbeit galt nun nicht mehr den Kriegsgefangenen, die waren ja nun gottlob in Sicherheit. Jetzt galt es, dem Strom der Flüchtlinge aus Pommern, Ostpreußen, Sudetenland und Schlesien zu helfen und über ihr Schicksal Auskunft zu geben.

„Sieh dir das mal an“, sagte Alfred eines Nachts und schob mir einen rot eingebundenen Aktendeckel über den Schreibtisch zu. ‚Eklipse‘ stand groß gedruckt auf dem Deckel. Dies bei britischen Gefangenen erbeutete Dokument enthielt Anweisungen für die Besetzung. Ich entfaltete die beigefügte Karte Deutschlands. Sie zeigte die geplante Aufteilung unseres Landes in drei Zonen – die Beteiligung Frankreichs war damals noch nicht vorgesehen –, und die russische Zonengrenze verlief längs der Elbe. Dann würde meine Schwägerin mit ihren vier Kindern, die von Kassel in den Harz geflohen war, unter russische Besatzungsmacht geraten. „Du wirst nun begreifen, warum wir eben im Westen eine letzte Möglichkeit versuchen mußten“, erklärte mir Alfred. „Bei einem Erfolg hätten wir verhindern können, was sich jetzt in Ostpreußen abspielt.“ Er zeigte mir einen von Ilja Ehrenburg verfaßten Aufruf an die Rote Armee:

„Tötet! Tötet! Es gibt nichts, was an den Deutschen unschuldig ist, die Lebenden nicht und die Ungeborenen nicht. Folgt der Weisung des Genossen Stalin und zerstampft für immer das faschistische Tier in seiner Höhle. Brecht mit Gewalt den Rassenhochmut der germanischen Frauen! Nehmt sie als rechtmäßige Beute. Tötet! Ihr tapferen vorwärtsstürmenden Rotarmisten!“

Die Agonie in ihren letzten qualvollen Phasen begann. Durch die Straßen zogen in langen Reihen, mühsam Bein vor Bein setzend, abgemagerte Flüchtlinge und Pferde im eisigen Ostwind. Wäre eine vorherige Kapitulation möglich gewesen? Unter Hitler kaum. Aber es sprachen auch andere Gründe dagegen; Jodl hat in Nürnberg dazu ausgesagt:

„Es sprachen im Winter 1945 viele Gründe dagegen, abgesehen davon, daß die Frage der Kapitulation überhaupt nur dem Obersten Befehlshaber obliegen kann. Es sprach vor allem dagegen, daß es nur eine bedingungslose Kapitulation sein konnte, denn darüber hatte uns das Ausland nicht im Zweifel gelassen . . . Nun erforderte die bedingungslose Kapitulation ein Stehenbleiben der Verbände an der Stelle, wo sie waren, und damit die Gefangennahme durch den Gegner, der ihnen gegenüberstand. Es mußte dasselbe eintreten, was im Winter 1941 bei Wjasma eingetreten war. Es mußten Millionen von Gefangenen plötzlich im Winter auf freiem Felde kampieren. Der Tod hätte eine ungeheure Ernte eingebracht, und vor allem, es wären alle dreieinhalb Millionen, die noch an der Ostfront standen, dem Ostgegner in die Hände gefallen. Es war unser Bestreben, möglichst viele Menschen in den westlichen Raum zu retten. Das konnte man nur durchführen, wenn die beiden Fronten näher herangerückt wurden . . ."

Fast jeder Tag brachte die Nachricht einer Tragödie, die Vernichtung einer Stadt. In der Nacht vom 13. auf den 14. Februar begannen unsere Fenster zu klirren, ohne daß ein Schuß fiel. Es war gespenstisch. In dieser Nacht wurde Dresden in zwei Angriffen dem Erdboden gleichgemacht, und die etwa 250.000 Toten, meist Flüchtlinge, auf Scheiterhaufen verbrannt, weil man zur Beerdigung keine Zeit fand.

Meine jüngste Schwester hatte mich um Hilfe für Albrecht Haushofer ersucht, ich gab die Bitte an Alfred weiter. „Ich kann dir da nur wenig Hoffnungen machten", sagte er nachts, „der Führer hat sich sehr scharf geäußert. Ich bin froh, wenn ich für Bonin etwas erreichen kann."

Oberst i. G. von Bonin war am 17. Januar 1945 auf Befehl Hitlers verhaftet worden, weil er den Befehl zur Räumung von Warschau entworfen hatte. Obwohl Generalstabschef Guderian den Befehl unterzeichnet hatte, richtete sich Hitlers Wut gegen Bonin. „Ich will die Generalstabsclique treffen, in der der Geist des 20. Juli entstanden ist, die muß ausgerottet werden." Hier hatte sich plötzlich Jodl eingeschaltet. Oberstleutnant John von Freyend, Keitels Adjutant, hat mir später die Szene geschildert. „Das mußte man miterlebt haben! Mit rotem Kopf hat der Herr Generaloberst dem Führer ins Gesicht gesagt: ‚Darüber können Sie sich nicht wundern, mein Führer. Wenn in der Tat ein Mann wie Bonin, der zu den besten und ältesten preußischen Offiziersfamilien gehört, einfach auf Grund von Gerüchten und ohne jeden Grund ins Gefängnis geworfen wird, so daß ihm nicht einmal ein Prozeß gemacht wird, dann können Sie sich nicht wundern, wenn sich der Geist des 20. Juli breitmacht.' Wir hielten alle den Atem an", schloß John seinen Bericht, „wir dachten, jetzt ist es um den Generaloberst geschehen. Aber der Führer sagte kein Wort."

Ich hatte Bonin im Februar eine Nachricht ins Gefängnis zukommen lassen, daß wir alles täten, um ihn freizubekommen.

Ende des Monats brachte mir Alfred einen Brief von ihm. Ich machte den an „Generaloberst Jodl“ adressierten Brief auf und begann vorzulesen. Plötzlich aber hörte ich auf, weil ich meinen Augen nicht traute: „Wie oft habe ich in dieser verdammten Zelle an unsere Unterhaltung in Rom denken müssen“, stand in Bonins klarer Handschrift zu lesen, „und wie wir damals davon sprachen, wie nahe sich Genie und Wahnsinn sein können, und ob es nicht besser sei, wenn H. von der Bildfläche verschwinde. Heute kann ich nur sagen, daß es das einzig Richtige gewesen wäre, diesen Wahnsinnigen zeitig zu beseitigen.“ Ich fühlte, wie mir buchstäblich kalter Schweiß auf der Stirn ausbrach; ich stand auf. Alfred, der von seiner Aktenarbeit aus nur nebenbei zugehört hatte, fragte erstaunt: „Warum liest du nicht weiter?“ „Ich kann es nicht ganz entziffern“, murmelte ich und lief unter einem Vorwand in die Küche, um den Brief mit zitternden Händen zu verbrennen. Wer hatte diesen Brief befördert, durch wessen Hände war er gelaufen, hatte ihn jemand gelesen? „Köpfe müssen rollen“, dieses schreckliche Wort von Goebbels verfolgte mich die ganzen nächsten Tage, bei jedem Klingeln des Telefons oder der Haustür schreckte ich zusammen.

Und dann gab es, im Zusammenhang hiermit, ein erheiterndes Erlebnis. Es klingelte dann doch einmal, und von oben hinunterblickend, sah ich einen Schutzpolizisten an der Haustür. Mit Herzklopfen öffnete ich sie und stand einem alten Nachbarn aus Pommern, Alexander v. Quistorp, gegenüber. „Ich habe mich zur Schutzpolizei gemeldet, um nicht in den Volkssturm eingezogen zu werden“, erklärte er mir, ahnungslos, daß mich sein Anblick so geängstigt hatte.

„Wie geht es Wernher?“ wollte ich wissen. Er wisse nichts von seinem Schwiegersohn, Wernher v. Braun, sagte er, dieser befinde sich wahrscheinlich auf der Flucht vor den Russen.

Seit dem Herbst hatte ich mich bemüht, die für unsere Heirat erforderlichen Papiere zusammenzubringen. Das war nahezu hoffnungslos, weil sich einmal Schwierigkeiten ergaben durch die britische Herkunft meiner Mutter, zum anderen, weil die Behörden in Pommern nicht antworteten. Ich schrieb, ich telegraphierte. Endlich, Ende Februar, hatte ich das Nötigste beisammen, und Alfred schlug den 7. März, den Geburtstag meines gefallenen Bruders, als Hochzeitstag vor.

Von der Berliner Stadtverwaltung gab es zu dieser Zeit noch Sonderrationen für Hochzeiten, zufällig war ich die letzte, die sie erhielt. „Da könnense sich gratulieren“, meinte die Stadtangestellte. „Wird's denn auch reichen?“

Wir waren nur ein ganz kleiner Kreis: meine Eltern, Konrad Graf Bullion, der Bruder Irmas, sein Sohn, Dr. med. Franz Graf Bullion, meine Cousine Margaret Böhlau, die ausgebombte Familie Herter vom unteren Stock und wir beide. Ich war froh, daß die Eltern aus Potsdam schon am frühen Morgen eingetroffen waren, ehe die ersten Luftangriffe begannen. Ich hatte gerade Kristall und Porzellan aus dem Keller geholt und mit dem Tischdecken begonnen, da kam der erste Alarm. Also rasch wieder abgedeckt. Es war aber nur ein Störangriff, und als nach der Entwarnung Alfred vom Dienst herüberkam, gingen wir zu Fuß zum Standesamt. Auf dem Weg dorthin umgingen wir mehrmals mit Stroh abgedeckte Blindgänger aus der letzten Nacht. Die übliche Zugabe von Hitlers „Mein Kampf“ wurde vom Standesbeamten vergessen, und wir fragten auch nicht danach. „Hast du es eigentlich jemals gelesen?“ fragte ich Alfred auf dem Heimweg. Als er den Kopf schüttelte, sagte ich lachend: „Ich auch nicht.“

Daheim war alles fertiggedeckt, und wir fanden ein festliches Essen vor: Suppe, kalten Schinken (ein Geschenk von Marschall Antonescu), eine Salatplatte, Pudding, dazu französischen Sekt. Unser Mansardenzimmer war ein Blumengarten. Hitler hatte einen Kamelienbaum mit 42 Blüten geschickt.

Nach dem ersten Gang stand Alfred auf und sprach zu meinen Eltern gewandt:

„Alles an diesem heutigen Tag ist ungewöhnlich, nicht nur, daß ich selber zu meiner Hochzeit spreche, sondern auch, was ich zu sagen habe.“

Nach kurzem Gedenken an Irma und die Gefallenen in der Familie fuhr er fort:

„Wenn Menschen heiraten, so treten sie damit in der Regel in den Frühsommer ihres Lebens. Vor ihnen liegt eine Welt von Hoffnungen, verklärt von Wünschen, die das Glück den Menschen gewähren kann, wenn sie es immer in ihrem Herzen tragen und stark genug sind, es sich immer wieder zu erkämpfen.

Auch wir sind noch jung und stark genug, zu hoffen, zu lieben und zu kämpfen. Wir kennen das Leben in seinen Höhen und Tiefen. Wir kennen auch den ungewöhnlichen Ernst, der hinter dieser Stunde steht, in der die Zeugen unserer Kultur in Schutt und Asche versinken und die Würfel über unseres Volkes Zukunft fallen. So ist auch der heutige Tag für uns ein bewußter und entschlossener Schritt in die Zukunft und kein Verkriechen in ein persönliches Glück, unbekümmert um die Ereignisse um uns.

Ich hoffe, wir werden stark und selbstlos genug sein, um jedem Schicksal anständig, furchtlos und treu zu begegnen, uns allen gegenseitig zu helfen und alles zu tragen, was uns auferlegt wird. Wer das Leben liebt, selbst geliebt wird und den Tod nicht fürchtet, der wird glücklich sein bis zur letzten Stunde. So wollen wir unsere Gläser erheben und anstoßen, nicht nur auf unser beider Zukunft, sondern auf das Band, das uns alle umschlingen möge als eine kleine Gesellschaft in der großen des deutschen Volkes, dem unser ganzes Sein für die Zukunft gehören soll."

Als ich die Eltern am Nachmittag zur S-Bahn brachte, nahmen wir bewegten Herzens voneinander Abschied. „Das war die letzte große Freude meines Lebens", sagte meine Mutter; sie hatte Alfred seit Kriegsbeginn nicht mehr gesehen und ihn in den kurzen Stunden ganz in ihr Herz geschlossen.

Als ich zurück war, schlug Alfred einen Gang im Grunewald vor: „Unsere Hochzeitsreise." Es war ein warmer Abend, die Amseln lockten, von der Erde kam ein würziger Duft. Kaum waren wir zurück, als das Telefon klingelte: General Westphal, Chef des Generalstabes vom Oberbefehlshaber West, am Apparat. Ich sah, wie sich das Gesicht meines Mannes mit Röte überzog, er fuhr sich mit der Hand über den Kopf. „Bei Remagen?" fragte er ungläubig zurück, „das ist doch nicht möglich." Pause. „Ja, ich werde den Führer sofort unterrichten." Er legte den Hörer auf, kam auf mich zu und faßte mich bei den Schultern: „Patton ist mit Panzern über den Rhein bei Remagen, und das an unserem Hochzeitstag." Er sah nach der Uhr. „Ich muß gleich weg und sehe kommen, daß es spät wird, bis ich vom Führer zurück bin. Ich bring dir wieder ein paar Brötchen aus der vegetarischen Küche mit." Die Tür schlug hinter ihm zu.

Ich begann den festlichen Tisch abzudecken. Patton hatte eine Brücke überschritten, genau wie wir. Aber Patton wußte, daß vor ihm der Sieg lag. Wir wußten, daß vor uns der Zusammenbruch lag. Wir hatten eine Brücke überschritten, deren Steg ins Ungewisse führte, in ein Nichts. Aber lag vielleicht nicht gerade hier eine Hoffnung auf etwas Besseres?

Gegen 21 Uhr wurde Vollalarm gegeben. Die Einschläge waren selbst in unserem stark betonierten Keller so stark zu spüren, daß Putzi sich verkroch. Als ich nach Entwarnung nach oben kam, sah ich, daß der Luftdruck aus sämtlichen Fenstern das Glas hinausgeblasen hatte, von den Decken hingen Kalkbrocken und Strohgeflecht herunter, Möbel und Fußböden waren von Staub und Mörtel verdreckt. Ich machte mich an die Arbeit und wollte gerade zwei Eimer Schutt hinausbringen, als Alfred das Zimmer betrat. Er sah sich schweigend um, dann fuhr er mit dem Finger um den mit Kalkstaub bedeckten Rand des Telefons und hielt ihn mir unter die Nase. „Darf ich fragen", sagte er lächelnd, „wann meine liebe Hausfrau das letzte Mal Staub gewischt hat?"

AUF GNADE UND UNGNADE

1.
Bedingungslose Kapitulation

> „Ich kann in dieser Stunde nur die Bitte aussprechen, daß die Sieger gnädig mit ihnen verfahren mögen.“
>
> *Alfred Jodl, Reims, 7. Mai 1945*

War es Staub, den ich mir aus den Augen wischen mußte? Wo war ich? Benommen spürte ich, wie mir jemand den Fallschirm abhakte, und hörte das Wort „Prag“. Benommen stieg ich aus, setzte den Hund auf die Erde und ging den anderen nach. Ich sah sie in irgendeine Halle hineingehen, sich an irgendeinen Tisch setzen – irgendwelche Personen in irgendeiner Stadt, und sie waren mir alle vollkommen gleichgültig.

Die Tür zum Nebenraum wurde geöffnet, ein junger Luftwaffenhauptmann mit Ritterkreuz sah uns erstaunt an und schloß sie dann wieder. Durch den Spalt hatte ich an einem weißgedeckten Tisch eine Reihe junger Flieger sitzen sehen. Hier gab es also noch etwas, das Bestand und Ordnung hatte. Dr. Lehmann, der oberste Richter der Wehrmacht, setzte sich zu mir. „Hunger?“ Er steckte mir eine Wurstschnitte in die Hand, Putzi drängelte sich aus ihrer Tasche, ich fühlte mich besser.

Major von Szymonski kam mit der Nachricht, daß wir am späten Abend mit dem Kraftwagen weiter nach dem Süden fahren würden. Ich ging auf dem Flugplatz herum. Ich sah Putzi einen Knochen eingraben, den ihr das Bodenpersonal zugeworfen hatte. Ihre kleine schwarze Nase war braun von böhmischer Erde. „Meinst du wirklich, daß wir beide hier noch mal herkommen?“ fragte ich sie. Ihre Augen sahen mich mit dem schrankenlosen Vertrauen an, dessen nur Hunde fähig sind, und ich mußte sie auf ihre kleine Schnauze küssen, weil sie mich wieder lachen gelehrt hatte.

Als ich in die Halle zurückkam, zog mich General Scherff

beiseite. „Was soll ich nur tun, wenn ich verhört werde. Man kann doch unmöglich Kameraden belasten. Ist es nicht besser, Schluß zu machen?" Ich beruhigte ihn, ohne zu ahnen, wie ernst ihm seine Worte waren. Ein paar Tage später hat er sich das Leben genommen.

Gegen Mitternacht schickte General Toussaint, damals noch Befehlshaber in Prag, Wagen zur Weiterfahrt. Wir fuhren durch den Böhmerwald, durch endlose dunkle Wälder. Zuweilen faßte der Kegel des Scheinwerfers Truppen auf dem Rückmarsch oder Kosaken der Wlassowarmee* mit angepflockten Pferden bei der Rast. Langsam dämmerte es, am Horizont begann sich die Kette der Alpen abzuzeichnen. Wie mochte es jetzt in Berlin aussehen?

Gegen sieben Uhr hielt unser Wagen vor der Reichskanzlei bei Bischofswiesen. Steif, aber neugierig, stieg ich aus. Hier hatte also mein Mann all die Jahre gearbeitet, wenn sich Hitler auf dem Berghof aufhielt. Ein großer Platz, zur Linken ein langgestrecktes Gebäude. „Da arbeitet Lammers", wurde mir bedeutet. Rechtwinklig dazu lag ein einfaches und schön gebautes Haus im Bayrischen Stil – das war das Dienstgebäude von Keitel und Jodl gewesen. Auch die Einrichtung war einfach, aber gediegen und geschmackvoll. Unten fand ich eine größere Ansammlung am Frühstückstisch vor, Offiziere der Wehrmacht, Beamte verschiedener Ministerien, Sekretärinnen und auch SS-Leute. Nach dem Essen brachte ich meine wichtigsten Sachen in den tief gelegenen Luftschutzkeller, legte mich dann hin und schlief in meiner Erschöpfung bis zum nächsten Morgen. Laute Kommandorufe weckten mich, ich lief ans Fenster. Die Reichskanzlei war von SS-Truppen in voller Feldausrüstung umstellt. Was bedeutete das nun wieder? Hastig zog ich mich an und versuchte im unteren Stock Genaues zu erfahren, aber keiner wußte, was los sei. Ich hatte beabsichtigt, zum Friseur zu gehen, aber die SS-Wachen verweigerten den Durchlaß. Ich bat, den Kommandeur zu sprechen, er stand höflich auf. Den kannte ich doch? Es war derselbe, der einst die Leibwache von Mussolini kommandiert hatte. Nach einigem Überlegen stellte er mir einen Sonderausweis aus. „Benützen Sie bitte den Luftschutztunnel", bat er. An einer Mauer stand ein Fahrrad, ich überlegte nicht lange, „borgte" es mir und fragte

* General Andrei Wlassow war im Herbst 1942 zu den Deutschen übergegangen und hatte aus russischen Kriegsgefangenen eine Freiwilligenarmee geschaffen, um gegen den Bolschewismus zu kämpfen.

mich durch, den Weg in die Strubkaserne. Dort wußte ich den Vertreter meines Mannes. Er hatte aber weder Nachricht von ihm, noch wußte er die Gründe für die Zernierung der Reichskanzlei. Von der Kaserne radelte ich nach Berchtesgaden. Als ich beim Friseur mit Behagen das warme Wasser auf der Kopfhaut spürte, mußte ich daran denken, daß ich bei der letzten Kopfwäsche wegen Luftalarms mit Lockenwicklern in den Keller gelaufen war. In der Nebenkabine wurde mit leiser Stimme eine Unterhaltung geführt. Plötzlich fing mein Ohr die Worte auf: „Ja, und nun hat er sich ja entschlossen, in Berlin zu bleiben und da zu sterben." Mein Gott, das konnte nur Hitler sein, und Alfred war noch bei ihm. Ich sprang auf, lief zum Telefon und ließ mir die Nummer vom Obersalzberg geben. Görings Adjutant, Oberst i. G. von Brauchitsch, meldete sich. „Gibt es eine Möglichkeit, nach Berlin zurückzufliegen?" fragte ich ihn atemlos. „Davon würde ich abraten", meinte er gelassen, „der Herr Generaloberst hat ja vorgestern Berlin in Richtung Norden verlassen." Ich konnte es nicht fassen. „Sind Sie ganz sicher, daß mein Mann aus Berlin raus ist?" – „Ganz sicher", beruhigte er mich, „wir erwarten den Herrn Generaloberst in den nächsten Tagen hier unten, es kann aber auch sein, daß er im Norden bleibt." Alfred getrennt von Hitler – ich hätte laut schreien können vor Glück und Erleichterung! Erst unter dem Haartrockner kam mir mit einem Schock zum Bewußtsein, was dieser Entschluß Hitlers für die Berliner Bevölkerung bedeutete. Und vielleicht auch für Potsdam. Wie mochte es jetzt da aussehen, lebten die Eltern noch? Ich saß beim Friseur und mußte mich schämen.

Früh am nächsten Morgen dröhnte die Luft von einem Anflugssturm feindlicher Bomber, und bald erschütterten schwerste Detonationen vom Obersalzberg her die Luft, Hitlers Berghof wurde dem Boden gleichgemacht. Während Frau Keitel gleichmütig den Anflug einer neuen Welle beobachtete, rannte ich, der Berliner Eindrücke gedenkend, hinunter in den Luftschutzkeller. Erst führten Serpentinen, dann steile Treppen in 200 m Tiefe. Am Tunnelende saßen bleich und verstört die Minister Lammers und Funk. Ich hörte von ihnen die Zusammenhänge des gestrigen Tages, sie waren froh, ihn überlebt zu haben: „Vorgestern kam General Koller* aus Berlin zum Reichsmarschall und berichtete ihm, was Jodl in Krampnitz gesagt hatte: Der Führer könne aus

* Generalstabschef der Luftwaffe.

physischen Gründen nicht mehr kämpfen, er wolle sich erschießen, um nicht verwundet in Feindeshand zu fallen. Als man ihn überreden wollte, die Truppen vom Westen nach Osten abzudrehen, habe der Führer erklärt, das könne der Reichsmarschall besser!" – „Na und?" rief ich. „Wir schickten darauf an den Führer einen Funkspruch, ob er einverstanden sei, daß der Reichsmarschall die Gesamtführung übernehme." – „Und was kam als Antwort?" – „‚Meiner Handlungsweise nicht beraubt, verbiete ich Schritte in der von Ihnen angedeuteten Richtung.' Und kurz darauf wurden wir, Funk und ich, dann der Reichsmarschall, Bouhler und auch Oberst von Brauchitsch, verhaftet. Hinter dem Ganzen steckt natürlich Bormann; es geht ein Gerücht, daß gegen den Reichsmarschall ein Prozeß läuft. Wir sind ja wieder frei, aber weiß man, wie lange?"

„So ein Irrsinn das alles!" wollte ich sagen, statt dessen sah ich mich um, ob uns niemand gehört hatte.

Am 26. April radelte ich wieder zur Strubkaserne und hörte zu meiner Freude, daß Jodl in Flensburg eingetroffen war. Zwei Tage später brachte mir Oberst i. G. von Maizières, der nachts die russischen Armeen überflogen hatte, einen Brief von Alfred. In großen, hastig geschriebenen Zeilen beschrieb mir Alfred die Ereignisse seit unserer Trennung: die letzte Konferenz im Führerbunker, die Absicht des OKW, die 12. Armee gegen die Flanke der 3. russischen Panzerarmee einzudrehen, gleichgültig, was die Amerikaner an der Elbe täten. „Wir haben noch immer Funkverkehr mit Berlin, wo sich der Feind den Weg ins Stadtinnere erkämpft hat", schrieb er. „Das Herz blutet bei diesen Gesprächen. Es ist wie der Kampf der Westgoten am Vesuv."

Die nächsten Tage verbrachte ich mehr oder weniger am Radio. Fast apathisch nahm man Nachrichten in sich auf, die Jahre zuvor noch unfaßbar erschienen wären: am 29. April die Erschießung Mussolinis und Clara Petaccis am Comersee, das unwürdige Zurschaustellen ihrer an den Füßen aufgehängten Leichen auf der Piazza Loreto in Mailand. „Evviva il Duce! A Morte!" – Weg mit ihm! Dann die Kapitulation der Heeresgruppe Süd in Norditalien. Und dann spät am Abend des 1. Mai eine Sondermeldung aus Flensburg, von Dönitz unterzeichnet:

„Aus dem Führerhauptquartier wird gemeldet, daß unser Führer Adolf Hitler heute nachmittag in seinem Befehlsstand in der Reichskanzlei, bis zum letzten Atemzug gegen den Bolschewismus kämpfend, für Deutschland gefallen ist."

Über die makabren Ereignisse in der Reichskanzlei in Berlin hörte ich erst später von den Stenographen, noch besaß ich keine Vorstellung von dem wirklichen Tod Hitlers. Der Gedanke jedoch ließ mich nicht los, daß das Leben dieses Mannes, der unser Volk nach beispiellosem Aufstieg in den Abgrund geführt hatte, nun zu Ende war. Bitterkeit und ein bohrendes Fragen wühlten mich auf. Vor allem aber brannte der Schmerz um die Sinnlosigkeit der Opfer in mir, und die Furcht vor dem Bevorstehenden löste den Alpdruck der Vergangenheit ab, zugleich empfand ich ein Gefühl der Befreiung.

„Meine erste Aufgabe ist es, deutsche Menschen vor der Vernichtung durch den vordrängenden bolschewistischen Feind zu retten", lautete die Devise des nunmehrigen Reichsoberhauptes, Großadmiral Dönitz. Auch führende Offiziere in der Strubkaserne rechneten mit der, wenn auch vagen, Möglichkeit eines Bruches zwischen den ehemaligen Feinden. Und noch immer nahm man an, Jodl würde nach dem Süden kommen. Das ließ mich dem Rat des Feldmarschalls Kesselring folgen, mich seinem nach Österreich ausweichenden Stab anzuschließen. Ich suchte Kesselring in seinem Hauptquartier in Mittersill auf. In seiner gelassenen Art wirkte er auf mich wie ein Fels in der Brandung. Entgegen der von seinem Stab vertretenen Hoffnung auf die Möglichkeit eines baldigen Bruches der feindlichen Koalition sah er die Lage sehr realistisch. Er riet mir, mit Frau Keitel zurückzukehren. „Mir sind Gerüchte von Zusammenstößen zwischen Österreichern und Reichsdeutschen zu Ohren gekommen, da sind Sie sicherer daheim. Berchtesgaden wird allerdings nicht gerade das ratsamste Quartier sein." Ich nahm schweren Herzens von ihm Abschied, die klare, saubere soldatische Atmosphäre hier war eine Wohltat gegen die Auflösungserscheinungen in der Reichskanzlei. Auch blieb ich ungern mit Frau Keitel weiter zusammen, aber wir saßen in einem Boot, und sie war herzleidend.

Wir fuhren zurück. An Frau Keitels Wagen verriet die niedrige Wagennummer den Ministerrang ihres Mannes. Ich mußte daran denken, daß sich 1918 beim Zusammenbruch wohl niemals ein Fahrer in Uniform mit Offiziersfrauen inmitten der sich auflösenden Truppen hätte zeigen können. Wir hingegen hörten nie auch nur ein böses Wort. Woran lag das? Waren die Begleitumstände nicht ungleich schwerer als 1918? Ich sah die Gründe hiefür und sehe sie auch heute noch, in der vielleicht einzigen positiven Hinterlassenschaft des Regimes, der Beseitigung von Klassengegensätzen, und einem damals immer noch wirksamen starken Gefühl eines gemeinsam zu bestehenden Schicksales.

Kurz vor dem kleinen Ort Hallein, unweit von Salzburg, hielt der Fahrer meines Mannes. „Hören Sie das Schießen?" Er ging zu einem Bauernhof, um die Lage zu erkunden. Bei seiner Rückkehr nahm er sich die Gebirgsjägermütze vom Kopf und wischte sich die schweißnasse Stirn. „Marokkaner san da und schlimm hausen tun s'. Von der SS haben s' welche in die Salzach geschmissen." Der Feldwebel schlug vor, sich bei einer ihm bekannten Bäuerin auf einem abgelegenen Hof zunächst zu verstecken. Als wir auf den Hof einfuhren, fanden wir das Haus leer und alles verschlossen. Wir blieben die Nacht im Wagen sitzen, bei Morgengrauen erbrachen wir die Scheunentür, fuhren die Wagen in die Scheune und deckten sie mit Heu ab. Die Waffen der Offiziere und Fahrer wurden im Teich versenkt. Am Vormittag kam die Bäuerin, eine hübsche kräftige Frau. Sie nahm unser Hiersein verhältnismäßig gleichmütig auf. Wir berieten uns noch in der Küche, als ein lautes Hämmern an der verschlossenen Haustür dröhnte. Durch den Gardinenspalt sah ich von oben etwa zehn Männer vor der Tür stehen. Sie trugen KZ-Kleidung, hatten Schnapsflaschen in der Tasche und Maschinenpistolen umgehängt. Die Bäuerin öffnete, wir hörten erregtes Stimmengewirr. Nach einiger Zeit zogen sie ab, die Bäuerin rief uns hinunter. „Das waren die vom KZ nebenan", sagte sie erregt, „jetzt soll ich vom Hof, weil ich mein polnisches Mädel geschlagen hab', wo sie doch gestohlen hat." Nun war es an uns, sie zu beruhigen. Mich hatte der Anblick der ausgemergelten Häftlinge in der schlotternden gestreiften Kleidung tief betroffen. Die finstere Entschlossenheit, der Ausdruck des Hasses ließ etwas auf mich zukommen, von dem ich wenig wußte. Oder hatte ich dieses Wissen unbewußt von mir geschoben?

Ich beschloß, in die Stadt zu gehen, um mir ein Bild von den Zuständen zu machen. Im Mantel mit der Binde vom Roten Kreuz und mit meinem Ausweis, dazu mit dem Hund auf dem Arm, fühlte ich mich leidlich sicher. Auf Umwegen ging ich durch Hintergassen zum Markt. Dort war eine große Menschenmenge versammelt, auf einem umgestürzten Leiterwagen saßen russische Kriegsgefangene und sangen. Vom Sockel eines Denkmals herunter hielt ein ehemaliger Sträfling eine Rede, die von lauten Zurufen begleitet wurde. Obwohl mir bange zumute war, ging ich näher heran. Ich mußte mehr über diese Menschen erfahren, über ihr

Schicksal, das in diesen Gesichtern um mich eingegraben stand. Noch rang ich mit dem Entschluß, einen der Häftlinge anzusprechen, als einer auf mich zukam und den Hund streichelte: „Gutes kleines Tier." Es war ein Pole, er hatte in Berlin gearbeitet, hörte ich. Plötzlich erhob sich wildes Geschrei. Ich sah, wie ein Mann herangeschleppt wurde, auf den die Menge mit Knüppeln einschlug. Sein Kopf hing blutüberströmt nach vorn, und ich rannte fort, so rasch ich konnte. „Nix gut", hatte ich den Polen noch sagen hören. Im Bauernhof herrschte große Aufregung, die KZler waren zurückgekommen, hatten geplündert und gedroht, den Hof anzuzünden, wenn dem polnischen Mädchen nicht Genugtuung geschähe. Abends hämmerte es wieder an der Tür, wieder erregter Wortwechsel, aber die resolute Bäuerin behielt die Oberhand. So ging das ein paar Tage, und mir wurde es unheimlich, als mir unser Fahrer gestand, er habe dem kommunistischen Bürgermeister, einem ehemaligen Schulfreund, unser Hiersein mitgeteilt. Als ich später in Nürnberg von den Verbrechen in den Konzentrationslagern erfuhr, erschienen mir rückblickend diese Tage wie ein Ritt über den Bodensee.

Als ich am 7. Mai einen Erkundungsgang in die Stadt unternahm, waren alle Läden heruntergelassen. Vorsichtig wurde ein Spalt geöffnet, man winkte mir zu, durch den Hintereingang zu kommen. Drinnen saß eine Gruppe verstörter Menschen um den Radioapparat, ich setzte mich zu ihnen. Und nun konnte ich kaum meinen Ohren trauen: „Heute morgen wurde in Reims die bedingungslose Kapitulation durch Generaloberst Gustav Jodl unterzeichnet." Wieso Gustav? – der erste Gedanke. Dann – ausgerechnet Alfred hatte dieses Dokument unterzeichnen müssen? Wie hatte man doch einst jene in Deutschland geschmäht, die den Vertrag von Versailles unterzeichnet hatten! Ich stand auf, es brauchte ja niemand zu wissen, wer ich war, mir liefen die Tränen herunter. Wie benommen ging ich zurück. Landser aller Waffengattungen kamen mir entgegen, es ging ihnen darum, vor der Gefangennahme die Heimat zu erreichen. Aber fast alle paar hundert Meter wurden sie angehalten und von ehemaligen Internierten nach allen Regeln der Kunst „gefilzt". Viele von ihnen hatten schließlich nur noch Unterhosen an, aber sie hasteten weiter, weiter.

Bedingungslose Kapitulation! Ich entsann mich des Dokuments „Eklipse", das mir Alfred im April gezeigt hatte – die Karten mit dem in Zonen aufgeteilten Deutschland. Ich stieg einen Hang hinan und legte mich ins Gras. Ich sah nicht die blühenden Wiesen, nicht den strahlend blauen Himmel. Alles dies war vorauszusehen gewesen und brannte doch wie Feuer. Es dämmerte schon, als ich zum Bauernhof ging, ich sah auf der Autobahn eine endlose Reihe von Lichtern heranrollen wie eine Perlenkette. Panzer – die Amerikaner kamen. Vom Hof hörte ich rufen, sie hatten sich um mich gesorgt.

Später schrieb mir Alfred über diese Tage:

„Du hast in einem Deiner Briefe von der Tragik gesprochen, daß gerade ich die Kapitulation unterzeichnen mußte. Es war kein Zufall. Ich hielt es für meine Pflicht, es zu tun. Denn als Admiral von Friedeburg aus Reims meldete, daß er zum Abschluß gedrängt werde, da ging aus dem Entwurf des Vertrages hervor, daß jedes Weiterkämpfen der neuen Regierung zur Last gelegt würde, und ferner, daß wir mit dem Inkrafttreten der Kapitulation, für die eine Frist von 24 Stunden nach der Unterzeichnung vorgeschrieben war, keinerlei Bewegungen mehr machen durften. Diese würden sonst als ein Bruch des Vertrages angesehen. Nun wußte ich aber, daß keine Macht der Welt die an der Ostfront stehenden Truppen davon abhalten könnte, sich nach Westen in den amerikanisch-englischen Machtbereich zu begeben statt in sowjetische Gefangenschaft, solange sie noch einen Weg nach rückwärts frei hatten. Aus diesem Dilemma mußte ein Ausweg gefunden werden. Das konnte Friedeburg nicht. Ich mußte vorschlagen, daß ein mit den Verhältnissen vertrauter Heeresoffizier entsandt würde. Es war vorauszusehen, daß Dönitz mich bestimmte. Ich bin in Reims in vollem Maße als Offizier behandelt worden, ich fand bei dem Chef des Befehlshabers Verständnis für unsere Lage. Ich bekam die Erlaubnis, einen Generalstabsoffizier nach Pilsen zu fliegen, der dort mit starkem amerikanischem Geleit durch Böhmen und die Straßenkämpfe sicher zu Schörner geleitet wurde, um wörtlich unsere Lage zu erklären. Ich erreichte eine Frist von 48 Stunden statt 24, von der Unterzeichnung bis zum Inkrafttreten, und ich habe nach der Unterzeichnung wörtlich folgendes gesagt:

‚Mit dieser Unterschrift sind das deutsche Volk und die deutsche Wehrmacht auf Gnade und Ungnade den Siegern ausgeliefert. Beide haben in diesem Krieg mehr geleistet und mehr erduldet als vielleicht je ein Volk auf dieser Erde. Ich kann in dieser Stunde nur die Bitte aussprechen, daß die Sieger mit ihnen gnädig verfahren mögen.‘

Ein längerer Aufschub, noch mehr Menschen zu retten, war

nicht zu erreichen. Ich mußte noch diese Nacht vom 7. Mai unterzeichnen, sonst hätte der Bombenkrieg wieder eingesetzt, und die englisch-amerikanischen Linien wären für alle von der Ostfront zurückflutenden Truppen gesperrt worden. Der Dank aber gebührt General Bedell Smith."[22]

2.
Take it easy

„Nicht verzweifeln, auch darüber nicht, daß Du nicht verzweifelst. Wenn schon alles zu Ende scheint, kommen doch neue Kräfte angerückt, das bedeutet eben, daß Du lebst.“
Franz Kafka, „Tagebuch“

„Waren Sie ein Nazi?“ Der amerikanische Sergeant, der mich dies fragte, saß weit zurückgelehnt im Sessel, die Füße in seinen Feldstiefeln auf dem Tisch. Ich starrte wie gebannt auf die Kreppgummisohlen, in deren Rillen Kieskrümel steckten. Zwischen den Fenstern hing eine von Schüssen durchlöcherte Hakenkreuzfahne, an der Wand ein zerschossenes Hitlerbild. Außer dem Sergeanten waren zwei oder drei junge Offiziere im Zimmer, sie sahen alle sehr satt aus. Von ihren Hüften baumelten in langen Gurten Revolver. Rein optisch betrachtet, gefiel mir die Uniform dieser Soldaten, sie erschien mir zweckmäßig und kleidsam zugleich.

„Well, I repeat, were you a Nazi?“ unterbrach der Sergeant meine Gedankengänge. Ich hatte absichtlich einen Augenblick gezögert, vielleicht konnte auch für Alfred von dieser Antwort etwas abhängen. Aber dies hier war der Feind, zumindest jahrelang der Feind gewesen, und was ging es ihn an, daß aus einem Wunschbild von einst die bitterste Enttäuschung geworden war. „Sure“, sagte ich also mit einem gewissen Trotz. „Congratulations“, sagte nun ein Captain, „at least one of them“ – immerhin mal eine. Nun mischte sich ein dritter ein: „Und was ist mit Belsen und Buchenwald?“ fragte er mit vor Haß beißender Schärfe in der Stimme. „Das ist furchtbar, wenn es wahr ist“, sagte ich. „Ich habe jetzt nach Kriegsende zum ersten Mal von diesen Zuständen gehört.“ – „Zur Hölle mit euch verdammten Krauts!“* rief nun

* Amerikanischer Spottname für die Deutschen.

wieder der Captain. „Das ist doch die Höhe, das könnt ihr niemand weismachen! Zu Tausenden wurden die Menschen vergast und verbrannt, und jetzt will keiner von euch was gewußt haben.“ – „Von Lagern habe ich gehört“, gab ich zu, „zum Beispiel von Dachau und Oranienburg. Aber von dem anderen nie!“ Der Captain war aufgestanden, er schlug sich mit der Hand gegen die Stirn. „Buddys, did you hear that?“ – „Sie haben von nichts gewußt, nichts von den Millionen von Juden, die umgebracht wurden.“ – „So wahr mir Gott helfe, nein“, sagte ich wahrheitsgemäß. „Ich habe Gerüchte darüber für Feindpropaganda gehalten.“ Ich sah ihnen an, daß sie mir nicht glaubten, aber sie lachten wenigstens nicht mehr. Ich begriff aber, daß es vergeblich sein würde, ihnen die verschiedenen Welten im Dritten Reich klarzumachen.

„Was ist hiermit?“ fragte nun wieder der Sergeant, ein schwarzhaariger Hüne. Er ließ ein Mutterkreuz* vor meinen Augen hin- und herbaumeln, an seinem behaarten Handgelenk trug er drei Uhren. „Auch deswegen verachten wir euch.“ – „Nun“, sagte ich, „meine Mutter bekam dieses Kreuz, weil sie sieben Kinder hatte, und mit dem Kreuz wurde sie im Laden zuerst bedient, wenn sie einkaufte.“ Diese praktische Sicht schien ihm einzuleuchten, er legte das Mutterkreuz wieder auf den Tisch. Der Fragerei müde, beschrieb ich dem Captain kurz, wer wir seien, wo wir uns aufhielten, und bat um Genehmigung, nach Deutschland zurückzukehren. „Vorerst haben Sie und Frau Keitel sich als Gefangene zu betrachten“, meinte er, „ich will aber sehen, daß Sie nach Berchtesgaden zurück können.“ Als ich ging, hörte ich sie vergnügt lachen, einer rief: „Four points for each of them!“ Später erfuhr ich, daß für Gefangene aus der führenden Schicht Punkte gewährt wurden, 80 Punkte brachten Heimaturlaub ein.

Kaum war ich am Bauernhof angelangt, fuhren drei Jeeps vor das Haus. In sehr korrekter Form wurde die Beschlagnahme der Dienstwagen geregelt, Frau Keitel behielt den ihren, da er Privatbesitz war. Die Fahrt ging zunächst nach Salzburg, wo wir auf Ehrenwort im Hotel Bristol einquartiert wurden. Wir hatten alle seit einer Woche nichts richtig Warmes mehr gegessen und hatten Hunger. Ich faßte mir ein Herz, stieg eine Hintertreppe hinunter und suchte nach der Küche. Bei dem Geruch von Spaghetti lief mir das Wasser im Munde zusammen, ich fragte den Küchenchef, ob er

* NS-Ehrenzeichen für Mütter.

Reste übrig habe. Erstaunt fragte er zurück, wieso ich Englisch spräche, und als er hörte, meine Mutter sei Engländerin, händigte er mir einen Topf mit gekochten Nudeln, Corned beef, Fett und zwei Stangen Weißbrot aus. Voller Stolz brachte ich meine Beute nach oben, die Stimmung hob sich sichtlich. „Wo wollen Sie denn wieder hin?" fragte der Stabsarzt, der mit beiden Backen kaute. „Nichts ist umsonst", sagte ich, „ich habe dem Sergeanten zugesagt, daß ich mich mit ihm zusammen fotografieren lasse."

Am nächsten Morgen wurden wir nach Berchtesgaden gebracht, das Sternenbanner der Sieger flatterte am Jeep. Wo mochte mein Mann sein? – Heute war sein Geburtstag. Wenn man ihn so korrekt behandelte wie uns bisher, brauchte ich keine Sorge zu haben. Die Ankunft unserer kleinen Kolonne in der ehemaligen Reichskanzlei, dem nunmehrigen Hauptquartier der 101. Airbornedivision, erregte Aufsehen. Baseball spielende und sich sonnende GIs kamen heran und starrten neugierig auf den Jeep. Wir stiegen aus, Frau Keitel ging seelenruhig an einem sich im Liegestuhl rekelnden jungen Soldaten vorbei und sagte ruhig und bestimmt, mit dem Zeigefinger weisend: „This is my house." Dem Jungen blieb der Mund offen vor Erstaunen, er stand langsam und verlegen auf. Da kam der Oberstleutnant zurück, der uns gefahren hatte: „Es tut mir leid, Ma'am", sagte er sehr höflich. „General Taylor hat hier Quartier bezogen, er hat mich aber beauftragt, Ihnen beiden eine Unterkunft in der Stadt zu verschaffen." Er brachte uns persönlich zum Bürgermeister, der begreiflicherweise wenig erfreut war, in seiner ohnehin politisch so belasteten Gemeinde nun, wie er meinte, noch weitere „top-nazis" zu beherbergen. Nur unwillig stellte er einen Quartierschein aus. So fanden wir uns dank der Ritterlichkeit des Generals Maxwell Taylor, des Verteidigers von Bastogne, statt in irgendeinem Flüchtlingslager in der stilvollen und blitzsauberen Villa der Familie Amort. Beiden sei an dieser Stelle gedankt.

Übrigens waren auch Amorts froh, Deutsche im Haus zu haben, so waren sie wenigstens ihrer Möbel sicher. Aber mein Gefühl, so einfach könne das Kriegsende nicht ausgehen, trog mich nicht. Nachts weckte uns heftiges Hämmern an der Tür, neu eingetroffene Truppen reklamierten die Villa als Quartier. Ich erklärte die Situation und bat, zu ihrem Kommandeur gebracht zu werden. Die gleiche Situation wie in Hallein, Hakenkreuzfahne, zerschossenes Hitlerbild an der Wand. Aber diesmal war mein Gegenüber ein Fanatiker. „Das könnte euch Krauts so passen!" rief er. „Jetzt in einer Villa wohnen, wo ich monatelang in einem Fuchsloch hausen mußte, ja in einem Fuchsloch! Und meinen Bruder habt ihr Gangster auch umgebracht!" Ich bekam einen roten Kopf. „Hören Sie mal!" rief ich. „Es war ja schließlich Krieg, in unserer Familie sind nicht weniger als sechs Männer gefallen, mein Bruder darunter, und dann denken Sie mal an Dresden und Hamburg. Da sind Hunderttausende verbrannt, fast als der Krieg zu Ende war, und Zivilisten dazu!" – „Wie die Ratten seid ihr eurem Führer gefolgt!" brüllte er zurück. „Verbrecher seid ihr, einer wie der andere!" – „Wir haben für unser Land gekämpft!" rief ich. „Genau wie ihr auch!" Er schüttelte den Kopf und rief mir die Namen Belsen und Buchenwald entgegen, und nun kamen neue, bisher nicht gehörte Namen dazu, Birkenfeld und Mauthausen, und ganz unvorstellbare Zahlen von Toten. Jetzt wurde ich unsicher, hier verlor ich den Boden unter den Füßen. So ging ich kurzerhand aus dem Zimmer und warf die Tür hinter mir zu. Was war es doch für ein Irrsinn gewesen, ausgerechnet hierher nach Berchtesgaden zu gehen – doch wohin nun, und noch dazu mit der kranken Frau Keitel? Ich überlegte, zur Reichskanzlei zu laufen, da kam mir schon der Oberstleutnant im Jeep entgegen, der uns gestern so höflich geholfen hatte. Er hatte offenbar von dem Zusammenstoß gehört, bat mich, in seinen Jeep einzusteigen und brachte mich zu Amorts zurück. Und nun prangte an unserem Eingangstor ein Schild, das damals mehr bedeutete als alles andere: „Off limits." – „Now you are perfectly safe", sagte der junge Offizier, nachdem er seinen Namen unter das Schild gesetzt hatte. Dann bot er uns Nahrungsmittel an, aber es schien mir richtig, dies abzulehnen. Ein Dach über dem Kopf war genug. Hingegen faßte ich den Mut zu einer Frage, die mich all die Tage ständig verfolgt hatte: „Meinen Sie, daß man Keitel und Jodl, nur weil sie zu Hitlers militärischem Stab gehörten, zu den Kriegsverbrechern rechnen wird?" Er dachte einen Augenblick nach: „I don't believe so", Soldaten werde man wohl kaum vor ein Gericht stellen. Mir fiel ein Stein vom Herzen.

Nun ging es also darum, sich um die Ernährung zu kümmern. Die Läden waren noch alle geschlossen, die Salzburger Rationen aufgebraucht. „Im Keller der Strubkaserne sollen Kartoffeln sein", vertraute mir ein Beamter des Auswärtigen Amtes an, der sich dem Zugriff des CIC* noch hatte entziehen können. Wir machten uns

* Counter Intelligence Corps, die militärische Abwehrorganisation der USA.

mit Rucksäcken auf den Weg, gelangten unbemerkt durch eine Zaunlücke in den Innenhof und von dort in den Keller. Nach einigem Suchen fanden wir die Kartoffeln. Kartoffeln? Ein übel riechender, nasser Haufen mit langen grünen Trieben, aber ab und zu griff die Hand eine feste Knolle. Bald war der Rucksack voll. Plötzlich ein lautes Schimpfen, durch das Kellerfenster beobachteten wir, wie ein kleiner wutentbrannter Sergeant eine Frau einen Sack mit Kartoffeln entleeren ließ. Wir rasten den dunklen Gang entlang, sahen vorsichtig um die Hausecke, und schon war es geschehen: „Stop you bastards!", schrie uns der dicke kleine Sergeant an. Mir zitterten die Hände vor Wut, als wir die Rucksäcke entleeren mußten.

Am nächsten Tag machten die Bäckereien auf, Lebensmittelkarten wurden ausgegeben. Wir wechselten uns beim Anstehen ab, immer jeder etwa eine Stunde; nach ungefähr sieben Stunden kam ich dran, unsere Abschnitte vorzulegen. Das erste Brot nach Kriegsende! Ich trug es heim wie eine Reichskleinodie, auf jeden kamen drei Schnitten. Frau Keitel maß mit dem Zentimetermaß die Scheiben ab, und jeder dachte, seines sei das kleinste. Und Putzi teilte sich mit mir unsere Rate.

Am nächsten Morgen wurde ich zum CIC bestellt. „Waren Sie ein Nazi?" Ich konnte diese nun schon so oft gestellte primitive Frage nicht mehr hören und legte schweigend meinen Registrierschein vor, den „Kleinen Fragebogen". Der Captain vor mir las ihn aufmerksam durch. „Also kein PG!* Aber Ihr Mann war es doch sicher?" – „Der Wehrmacht war jegliche politische Tätigkeit, Wahl wie Parteimitgliedschaft, verboten", erklärte ich ihm. „Nach dem Attentat 1944 hat aber Hitler meinem Mann das goldene Parteiabzeichen verliehen, dadurch wurde er automatisch Mitglied." – „Haben Sie ‚Mein Kampf' gelesen?" – „Nein." – „Wollten Sie den Krieg gewinnen?" – „Natürlich", sagte ich damals noch sehr unbefangen. – „Der war aber doch längst verloren, warum habt ihr dann weitergekämpft?" – „Wir hofften auf einen Bruch zwischen den Westmächten und den Russen, vielleicht auch auf die Wunderwaffen." – „Ich wette mein Vermögen und mein Leben, daß es nie zu einem Bruch kommen wird. Wußten Sie von Judenvergasungen?" – „Nein." – „Kein Mensch wird Ihnen das je glauben. Sie dürfen gehen, dürfen die Stadt aber nicht verlassen. Ist das klar?" – „Yes."

* Parteigenosse (der NSDAP).

Kurz darauf hörte ich, Kesselring sei mit seinem Stab zurück und im Berchtesgadener Hof einquartiert. Ungehindert konnte ich an den amerikanischen Posten vorbeigehen und erfuhr von einem Generalstabsoffizier, daß der Stab unter General Westphal die Demobilisierung im Süden durchführe. „Wissen Sie etwas über meinen Mann?" – „Wir haben soeben einen Funkspruch vom Herrn Generaloberst aus Flensburg bekommen. Er führt zur Zeit im Auftrag der Alliierten die Gesamtdemobilisierung durch." Mit leiser Stimme setzte er hinzu: „Feldmarschall Keitel ist gestern verhaftet worden." Ich fragte, ob man einem Funkspruch einen Gruß von mir hinzufügen könnte – ja, das ginge. Dann bat ich den Offizier, mitzukommen, um Frau Keitel die Verhaftung ihres Mannes selbst mitzuteilen. Am nächsten Morgen zeigte man mir bei Kesselrings Stab einen Funkspruch von Jodl, dem ein Nachsatz angehängt war: „Meine Frau soll bleiben, wo sie ist, und helfen, wo sie kann."

„Dönitz and High Command taken prisoner at Flensburg", lautete die Schlagzeile der Zeitungen am 23. Mai 1945. Die GIs der umliegenden Häuser schickten mir täglich die Zeitung „Stars and Stripes" herüber, so blieb ich auf dem laufenden. Ich las, daß zunächst eine Kontrollkommission der Westmächte eingetroffen war, zwei Tage später dann eine russische unter Führung von General Truskow. Dönitz, Jodl und Admiral von Friedeburg waren auf das Wohnschiff „Patria" bestellt worden, wo die Alliierte Kontrollkommission ihren Sitz hatte. Der amerikanische Generalmajor Lovell Rooks hatte ihnen die Gefangennahme mitgeteilt.

„Meine Herren, ich habe . . . vom Obersten Befehlshaber, General Eisenhower, Instruktion erhalten, Ihnen heute morgen mitzuteilen, daß er – im Einvernehmen mit dem sowjetischen Oberkommando – entschieden hat, daß die amtierende deutsche Regierung und das Oberkommando der Wehrmacht mit seinen Mitgliedern als kriegsgefangen in Haft genommen werden sollen . . ."

Das war also das Ende der Regierung Dönitz. General Rooks hatte sodann Jodl gefragt, ob er Dokumente bei sich habe. Jodl hatte ihm wortlos mehrere Akten ausgehändigt, darunter auch sein Tagebuch, das später im Prozeß eine solche Rolle spielen sollte. Dönitz hatte das Schiff mit den Worten verlassen: „Dann haben wir nichts mehr zu verlieren." Seine Überzeugung, nach den Regeln der Genfer Konvention als Offizier behandelt zu werden, wurde von seinem Kameraden v. Friedeburg nicht geteilt. Der Admiral beging Selbstmord, nachdem er erlebt hatte, in welch unwürdiger Form die Reichsregierung in Haft genommen worden war. Der Adjutant von Dönitz, Kapitän zur See Lüdde-Neurath, hat später eine anschauliche Schilderung darüber gegeben:

„Kurz nach Beginn der Sitzung platzten mit gezogenen MPs und Handgranaten bis an die Zähne bewaffnete englische Soldaten in den Saal. Erste Maßnahme: ‚Hände hoch!' Zweite Maßnahme: ‚Hosen herunter!' Dann wurde die vorhin angedeutete Untersuchung, die bei uns wenigstens einzeln vorgenommen wurde, in corona durchgeführt. Danach wurden alle in unwürdiger Weise auf dem Hof zusammengetrieben, wo sie übermäßig lang mit erhobenen Armen stehen mußten. Nach Einlieferung in das Polizeirevier fand erneute Durchsuchung, auch des Gepäcks, statt. Für das, was wirklich geschah, prägte ich die Bezeichnung ‚organisierte Plünderung'. Wohin die höchste deutsche Führung gebracht worden war, war zunächst noch nicht zu erfahren."

Es kam jetzt eine Zeit, wo die Parole hieß: Abwarten und überleben, überleben und abwarten. Abwarten und hassen. Nein, nicht hassen. Um die Lage des Besiegten zu begreifen, die Demütigungen, war es offenbar angebracht, es jetzt am eigenen Leibe zu erfahren. Und überall gab es Unterschiede. An einem Tag sah man, wie bettelnde Kinder schüsselweise Nahrungsreste erhielten, am nächsten Tag ließ ein Hasser angesichts der ausgestreckten Arme pfundweise das Essen auf den Rasen schütten.

Das tägliche Leben drehte sich um Essen, nunmehr mit einer gewissen Routine. Frau Keitel kochte, ich holte ein. Wenn mir durch die damals zugestandenen 1200 Kalorien schon schwindlig war, so machten die Gerüchte, die man beim Anstehen hörte, nicht minder schwindlig, wenn sie auch Abwechslung brachten: wer vergewaltigt worden war, wer Selbstmord verübt hatte, wer fraternisierte; wer für die Amis plättete, wessen Haus geplündert worden war, wer schon vorher den Kriegsausgang gewußt hatte, wer immer „dagegen" gewesen war, und schließlich, wer von einem Ersatz wußte: Saucenersatz, Suppenersatz, Marmeladenersatz! Gäbe es doch nur einen Ersatz für mich, dachte ich, wenn die Beine vom Stehen langsam weich wurden. Der eine sagte: „Lieber wieder Bomben als dies", die andere: „Jetzt sind wir an der Reihe." Und der dritte ging hin und denunzierte. Keine Post, keine Nachricht von Mann oder Familie, von Eltern, Geschwistern, Nachbarn, von Freunden. Man schwebte wie ein schlecht

Links: Die Eltern Luise Jodls, Robert und Kate von Benda.
Unten: Das Haus ihrer Kindheit in Rubkow in Pommern.

Alfred Jodl

Links: Als Kadett.

Unten links: Im Ersten Weltkrieg.

Unten rechts: Als Bergsteiger.

Rechte Seite:

Oben links: Generaloberst Franz Halder, Chef des Generalstabs des Heeres 1938 bis 1942.

Oben rechts: General Ludwig Beck, Chef des Generalstabs des Heeres 1935 bis 1938.

Unten: Generaloberst Werner Frhr. v. Fritsch, 1935 bis 1938 Oberbefehlshaber des Heeres (l.), und General Beck.

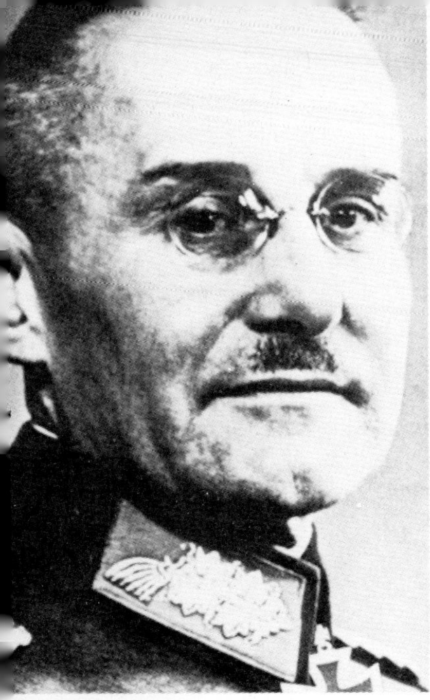

Linke Seite:
Oben links: Luise Jodl in Fontainebleau während des Frankreichfeldzuges. Im Korbsessel der Major i. G. Reinhard Gehlen.
Oben rechts: In Gargnàno mit Anna Maria und Romano Mussolini, den jüngsten Kindern des Duce (zweite und dritter von links).
Unten: Im Hauptquartier des Heeres in Forges/Belgien.
Rechte Seite:
Links: Irma Jodl, geb. Bullion, die erste Frau des Generals.
Rechts: Franz v. Benda, der Bruder der Autorin, als Leutnant.

Linke Seite: Lagebesprechungen im Führerhauptquartier.
Oben (v. l. n. r.): Hitler, Göring, Jodl, Jeschonnek.
Unten: Keitel, Hitler, Jodl.
Rechte Seite: Generaloberst Alfred Jodl in Reims.

Oben links: Luise und Alfred Jodl gegen Kriegsende.
Oben rechts: Generaloberst Alfred Jodl überreicht die Unterzeichnung der Gesamtkapitulation der Deutschen Wehrmacht.

gefüllter Gasballon an der Schnur der Siegermächte. Aber man lebte!

Ich sah mir meine Finger an, sie trugen noch die schwarze Stempelfarbe. Wir waren jetzt alle in Gruppen eingeteilt, und es mochte für die Besatzungsmacht wirklich nicht leicht sein, zu unterscheiden, in welche Gruppen sie einzuteilen hatte, wo übler Opportunismus begann und wo ehrliche Hilfsbereitschaft sich anbot. Man hörte groteske Geschichten: Ein alter Mann, der die Spuren eines Pferdebisses trug, hatte sich bei den Amerikanern beklagt, ihm sei im KZ Übles zugefügt worden. Sie waren vor Mitleid zerflossen und hatten ihm einen Cognac nach dem anderen eingeflößt. „Ich bin zwei Tage nicht mehr aufgewacht", berichtete er mir stolz.

Mit dem Stab der 101. Airbornedivision hielt ich weiter Kontakt, das oft gehörte Wort „What can I do to help you" prägte in mir eine bleibende Sympathie für Amerikaner. Der Divisionsarzt erzählte mir: „Bis ich nach Europa kam, hielt ich das meiste für Propaganda, was ich über Deutschland hörte. Was ich dann aber in den Konzentrationslagern gesehen habe, übertraf alles, was ich je für möglich gehalten habe." Er zeigte mir Aufnahmen aus den Lagern. Sie waren furchtbar, so unaussprechlich furchtbar, daß sie mich auch nachts verfolgten. Langsam begann ich den Haß zu verstehen und auch, daß vieles einfach wahr sein müsse, was Presse und Radio täglich und nahezu stündlich verbreiteten. Hatte Alfred davon gewußt? Ich konnte es mir nicht vorstellen.

Eines Tages rief Frau Amort mir zu: „Von der Zeitung ist jemand da, ein Interview wollens." Ich ging in die gute Stube mit dem schönen alten Ölbild und fand am Tisch in der Ecke zwei überaus anziehend aussehende junge Menschen sitzen. Die junge Frau im Khakihemd – es war, so glaube ich, die später durch ihre Berichterstattung über Korea berühmt gewordene Margaret Higgins – bot mir Zigaretten an, ihr Begleiter, ein Schotte, fragte, ob er wohl Pfeife rauchen dürfe. Wir saßen uns gegenüber und ich dachte: „Was sind das doch für nette junge Menschen, wir müßten uns gut verstehen." Zunächst waren die Themen allgemeiner Art, aber dann geschah es: Die junge Frau zog Aufnahmen aus ihrer Tasche, Bilder aus den Konzentrationslagern, und breitete sie wie einen Fächer vor mir auf dem Tisch aus. „Nein", dachte ich traurig, „es kann kein Verstehen geben. Was auf diesen Postkarten zu sehen ist, muß einfach eine unüberwindliche Schranke zwischen uns bilden." – „Wie dachten Sie über Hitler?" Es war nicht leicht, die Fangfragen meines intelligenten Gegenübers zu beantworten, mit so gewinnendem Lächeln vorgebracht. Ich wollte aufrichtig sein, zugleich aber Boden für Alfred gewinnen. So war ich dankbar, als gerade Frau Keitel hereinkam – jetzt sprachen wir über die Rolle der Frau im Dritten Reich. „Die Frau gehört in die Küche", sagte Frau Keitel in strengem Ton. Der Schotte warf einen triumphierenden Blick auf seine hübsche Kollegin. „You are right, Ma'am." Und nun standen diese beiden anziehenden jungen Menschen wieder auf, lächelnd verabschiedeten sie sich. „Warum habt ihr so lange gekämpft?" wollte der Schotte noch von mir wissen. „Denken Sie an ‚unconditional surrender'", antwortete ich. „Denken Sie an Churchills Worte nach Dünkirchen. Und dann hofften wir vor allem immer noch auf einen Bruch zwischen euch und Marschall Stalin." – „Hahhah", rief er belustigt, „wenn Sie ihm den Marschalltitel geben, scheinen Sie ja ganz viel von ihm zu halten." Was antworten? „Nun", meinte ich, „ich denke mir, daß er trotz aller Skrupellosigkeit Großes für sein Volk gewollt und geleistet hat." Ich hatte sie zur Gartentür gebracht. Der Schotte klopfte seine Pfeife aus und stieg zu seiner hübschen Begleiterin in den Jeep. Winkend fuhren sie davon. Ich sah ihnen traurig nach.

Ich besaß gottlob noch ein wenig Geld und war froh, daß Alfred daran gedacht hatte. Eines Tages bat mich eine Stabshelferin um Rat, die ohne jeden Pfennig war. Wir überlegten, und als ich hörte, in der Strubkaserne sei Bettwäsche aus Dirndlleinen zu „borgen", holten wir uns von dort Stoff und Polsterzeug. Dann entwarf ich einen Schnitt vom Wahrzeichen der 101. Airbornedivision: ein Känguruh, das in Lebensgröße vor der Reichskanzlei stand. Unser Modell wurde etwa handgroß, gut ausgestopft und konnte sogar sitzen. Auf den Beutel aus rotem Stoff stickten wir „Souvenir from Berchtesgaden". Als die Stabshelferin das kleine Känguruh aus Dirndlleinen einem amerikanischen Sergeant zum Kauf anbot, bestellte er gleich 50 Stück zu je 5 Mark. Ich wurde nun ehrgeizig für meinen Schützling und entwarf eine doppelt so große Känguruhmutter mit Jungen im Beutel, eines davon ein kleiner Russe mit Hammer und Sichel. Sie brachte der Stabshelferin 25 Mark ein.

Im Juli begann die Potsdamer Konferenz. Ich konnte mir das alles kaum vorstellen: die Wahlniederlage von Englands Helden Churchill, die Großen Drei im Schloß von Potsdam und schließlich die Atombombe von Hiroshima.

Zum Leben, zu einem wirklich inneren Leben, kehrte ich

eigentlich erst zurück, als ich Menschen kennenlernte, mit denen ich ein echtes Gespräch führen konnte. Sie wurden mir zu Freunden, denen ich unendlich viel verdanke.

Professor Herbert Kraus und seine Frau Tilly lernte ich in der täglichen „Schlange" kennen. Er – Völkerrechtler von internationalem Ruf – hatte im Dritten Reich emigrieren müssen. In Dresden hatte das Paar seine kleinen Kinder im Feuersturm der Bombenangriffe verloren, aber wie durch eine Gottesfügung wiedergefunden. Der alte Herr sah so elend aus, daß ihm ein Kind eines Tages auf der Straße Brot anbot. Ich rechnete es diesen beiden liebenswerten Menschen, die doch im Dritten Reich eine so schwere Zeit hinter sich hatten, hoch an, daß sie sich gerade meiner so annahmen, und jedes Gespräch war ein Gewinn. Zu diesem Kreis in der Schönau gesellte sich zuweilen Professor Percy Ernst Schramm. Er hatte im Wehrmachtführungsstab ab 1943 das Kriegstagebuch geführt, und darum bedeuteten mir die Gespräche mit ihm besonders viel. Als ich ihn kennenlernte, saß er in Militärbreeches, Pantoffeln und im Sporthemd am Gartentisch, um sich Bücher verstreut, und arbeitete an einem Werk über ‚Marie Antoinette'. Ich bewunderte seine Fähigkeit zur Konzentration auf eine so fernliegende Zeit. „Für einen Historiker ist das kein Problem", meinte er. Mir kam der Gedanke, diesen Gelehrten über das Verhältnis meines Mannes zu Hitler auszufragen, wovon ich ja wenig wußte.

„Bahnte sich im Kopf des Führers ein neuer militärischer Entschluß an", beschrieb mir Professor Schramm, „dann war es Jodl, mit dem er eifrig diskutierte und von dem er sich die erforderlichen Unterlagen geben ließ. Jodl war es, der Hitler Einwände und eigene Vorschläge entgegenstellte und ihm auch die Bedenken der anderen Dienststellen vortrug." Schramm dachte nach. Dann fuhr er fort: „Bis zum Schluß hat Ihr Mann sich bemüht, so zu handeln, wie er als Offizier erzogen war. Es gehört zu seiner Tragik, daß die Möglichkeit, sich in diesem Sinne in der Umgebung des Führers positiv auszuwirken, relativ gering war. Schlimmeres zu verhindern, war der Herr Generaloberst ständig bemüht. Das steht nur in keinen Akten und ist auch nicht nach außen hervorgetreten. Es durfte ja niemals der Eindruck entstehen, der Führer ließe sich gängeln." Als Historiker interessierte sich Professor Schramm für die Kindheit und Jugend von Alfred. „Es wird schwerfallen, über Ihren Mann eine Biographie zu schreiben, denn man fragte sich oft, wie es wirklich hinter dieser Maske aussieht, die er so oft trug. Außerdem wird es allgemein schwerfallen, über Generäle Biographien zu schreiben, seitdem Schlachten mit Hilfe von Fernschreibern von einem Zimmer aus geführt werden. Nur in ganz wenigen Fällen wird ein Führer den Truppen noch wirklich vertraut, wie etwa Dietl oder Rommel. Die ganze Entwicklung der Technik läuft auf eine Entpersönlichung des höheren Offiziers, ja vielleicht von uns allen hinaus." – „Ich habe immer gestaunt, wie er mit einem einzigen Urlaub diese Zeit physisch ausgehalten hat", meinte ich. – „Ja", stimmte Schramm zu, „ja, das ging mir ähnlich. Aber die eiserne Gesundheit und das vielleicht noch stärkere Nervensystem haben ihm sicher dabei geholfen. Mit Stimmungen hatte Ihr Mann kaum zu kämpfen, und soweit sie ihn, wie ja schließlich jeden von uns, beschlichen, unterdrückte er sie mit jener Disziplin, die er nicht nur von anderen, sondern auch von sich selbst forderte." – „Meinen Sie, daß er die Dinge realistisch sah?" Wieder hoben sich Schramms Stirnfalten und die Schrägfalten an den klugen Augen nach oben. „Ich meine", sagte er, „daß der Generaloberst von Haus aus Optimist ist. Bei ihm entfachen Schwierigkeiten Energien, zugleich nimmt er die Dinge, wie sie kommen – mit Gleichmut, aber doch großer Anteilnahme. Probleme, die nicht drängen, ließ er allerdings an sich herankommen. Sein Optimismus entsprang also keineswegs einer Sehweise in Rosarot, sondern einer inneren Kraft, auch des Willens. Er war viel zu nüchtern veranlagt, um der suggestiven Wirkung des Führers ganz zu erliegen, und schirmte sich mit Realitäten dagegen ab." – „Sprach er sich im Stab über seine wirkliche Auffassung aus?" – „Nein. Und vielleicht mag der eine oder andere den Eindruck gehabt haben, der Generaloberst sei im Bannkreis des Führers zu einer Verkennung der Gesamtlage geraten. Dann stellte er aber nicht in Rechnung, daß sich der Chef des Wehrmachtführungsstabes eben dazu verpflichtet fühlte, eine Maske zu tragen und seine Sorgen für sich zu behalten, ja darüber hinaus, Zweifler zu stützen. Ein guter Führer müsse auch etwas von einem Schauspieler haben, so sagte er einmal in einer Ansprache vor seinem engsten Arbeitskreis. Er sah es ja als seine Aufgabe an, von Zeit zu Zeit zu seinen Offizieren zu sprechen, um seinen Teil zum Durchhalten beizutragen. Durch seine Ruhe und Sachlichkeit übte er dabei eine starke Wirkung aus, gelegentlich erschreckte er uns beinahe durch den schonungslosen Ernst seiner Darstellung. Aber selbst im engsten Kreis sprach der Generaloberst niemals von dem, was möglicherweise kommen könnte. Das hätte ihm unoffiziersmäßig gedünkt." – „Und wie wirkte das auf

Sie persönlich?" – „Nun, es war nicht zu verkennen, daß sich bei Jodl unter dem Druck des Krieges eine gewisse Sturheit ausprägte, die nun einmal zu einem militärischen Führer mitdazugehört, weil sie krisenfest macht, und ihn, bewußt oder unbewußt, einseitiger werden ließ. Wenn er aber die Dinge nicht richtig sah, dann lag das nicht an einer falschen Brille, sondern daran, daß er sie vom rein militärischen Standpunkt aus betrachtete und dabei das Politische und Psychische nicht ausreichend in Rechnung stellte. Von Haus aus klar und eindeutig geformt, waren Einfühlungsvermögen und Witterung für das Verhalten anderer nicht unbedingt seine starke Seite."

Mir bedeutete es sehr viel, von diesem ungemein menschlich denkenden Historiker so viel über Alfred zu erfahren. Und langsam, langsam gewann ich durch diese Gespräche mit diesen Freunden das Gleichgewicht wieder, das durch die Erschöpfung der letzten Monate gründlich verlorengegangen war. Ja zuweilen spürte ich sogar, daß trotz aller Sorge um Mann, Familie und Freunde, in dieser Zeit eines improvisierten Lebens etwas ganz Neues lag, ein Gefühl der Befreiung und ein neues Beginnen.

Und dann gab es noch einen Trost, meinen kleinen Hund Putzi. Trotz des kärglichen Futters war Putzi stets vergnügt und half mir immer wieder, düstere Stunden zu überwinden. Kiplings Verse gingen mir oft durch den Sinn: „Four feets said, I am coming with you." . . . Nur wenn Schnürlregen ans Fenster prasselte, drehte sie sich dreimal auf ihrem Kissen herum, ein deutliches Zeichen, daß sie jetzt nicht zu sprechen sei. „Take it easy!" schien diese Geste zu sagen. „Take it easy! Alles geht vorüber, der Regen und auch diese Zeit des Wartens." Take it easy! Aber konnte man das?

3.
Kriegsverbrecher?

„Die Tatsache, daß ich für meine Weggenossen das Schicksal unserer Sache verkörperte, mußte mein Verhalten bestimmen und meiner Person etwas aufzwingen, das ich nicht mehr ändern konnte."

Charles de Gaulle, „Mémoires de guerre"

Da mich amerikanische Soldaten von den umliegenden Villen fast täglich mit Zeitungen versorgten, konnte ich mir ein Bild über die Stimmung im Ausland machen. Dabei gewann ich den Eindruck, daß sich die Welle des Hasses fast mehr gegen die Offiziere, die „Militaristen", richtete, als etwa gegen Partei und Politiker.[23] Fast jeden Tag konnte man neue Versionen lesen, was mit den Offizieren geschehen sollte: „General Staff indefinitely exiled", „segregation of German officers to the Fireland" (ich sah mich schon zwischen Pinguinen), „automatic arrest" usw. Ich nahm das zunächst mehr als Propaganda, aber dann las ich Anfang Juni in „Stars and Stripes", eine Anzahl höherer Offiziere, darunter auch Jodl, sei zusammen mit führenden Politikern und Parteifunktionären in ein Internierungslager nach Mondorf in Luxemburg gebracht worden. Aus dem Bericht ging ferner hervor, daß entgegen der Genfer Konvention die Offiziere keineswegs als Kriegsgefangene, sondern wie Strafgefangene behandelt wurden. Nachts kam mir der Gedanke, an General Eisenhower zu schreiben. Ich bat ihn, man möge mich in einem Gerichtsverfahren als Zeugin zulassen, damit ich über meinen Mann aussagen könne. Es erscheine mir undenkbar, Jodl könnte irgend etwas Verbrecherisches begangen haben.

Wie nun diesen Brief befördern? Mir fiel das „War Crime Investigation Center" ein, vielleicht konnte man mir dort etwas raten. „What can I do for you?" – diese ansprechende amerikanische Formel menschlicher Hilfsbereitschaft, selbst hier fand ich sie. Captain Palmer, Chef der Dienststelle, las meinen Brief und erklärte sich bereit, ihn weiterzuleiten. „I have no sympathies whatever for you Germans, but I understand your situation." Damals ahnte ich nicht, daß die Antwort von Eisenhowers Stabschef, General Bedell Smith, mir später in Nürnberg in einer Notlage helfen würde.

Der Bericht aus Mondorf hatte mich so deprimiert, daß ich das Bedürfnis verspürte, den von Alfred so geliebten Chiemsee wiederzusehen und auch zu erkunden, ob unsere Freunde dort noch lebten. Unter Umgehung der Kontrollen trampte ich mit Lastern dorthin. Bei der Begrüßung ließ mich der Gesichtsausdruck Schlimmes ahnen. „Wissen Sie es denn noch nicht?" fragten alle durcheinander, als ich müde meinen Rucksack fallen ließ. Ich schüttelte den Kopf. „Ach, du lieber Gott. Ihr Mann ist zusammen mit Keitel und anderen nach Nürnberg in den Justizpalast gebracht worden. Dort soll ein Prozeß wegen Kriegsverbrechen stattfinden." – „Wer sind die anderen?" wollte ich rasch wissen, „sind es alles Soldaten?" – „Nein, eben nicht. Alles durcheinander. Parteileute, Ribbentrop, Streicher, Kaltenbrunner, dann natürlich Göring. Wie kommt bloß Ihr Mann dazu?" Mir schien der Boden unter den Füßen zu schwanken. Ich hatte mit einer langen Haft Jodls gerechnet, unter Umständen auch mit Verbannung, aber nie damit, daß man ihn mit den NS-Größen in einen Topf werfen würde.

Ich beschloß, umgehend nach Nürnberg zu trampen. Da aber am Sonntag keine Lastwagen fuhren, ruderte ich zur Fraueninsel, um Alfred von dort Blumen mitzubringen. Alte Freunde und neue, wie Dr. Wilhelm Ritter v. Schramm, aber auch ganz Fremde halfen mir. Bei Morgengrauen stand ich an der Autobahn, eine Stange Zigaretten in der Hand. Der erste Wagen, der im Nebel herankam, hielt. „Wohin?" – „Nürnberg." – „Hier, die ganze Schachtel für Sie!" – „Nehmen Sie sich bei den Kontrollen in acht", meinte der Fahrer, „immer wieder der gleiche Zauber." Ich hatte Glück. Es begann zu regnen, und ich buddelte mir zwischen den geladenen Kohlköpfen eine Art Höhle und kam auf diese Art ungeschoren nach Nürnberg hinein.

Es herrschte pechschwarze Nacht, als ich steif, pitschnaß und schmutzig vor dem Bahnhof abstieg. Alles dunkel, nur die Fenster des noch erhaltenen Grandhotels, offenbar ein Quartier der Amerikaner, erstrahlten in hellem Glanz. Zwischen den Ruinen des Bahnhofgebäudes saßen und lagen schattenhafte Gestalten, Strandgut des Zusammenbruches. Ich fragte nach der Bahnhofmission und wurde an das Pfarramt St. Lorenz verwiesen. Ich begann den Weg dorthin zu suchen. Aber es gab nur schmale Pfade zwischen den Trümmern, Straßen fand ich nicht. Mit den Händen tastete ich mich weiter zwischen Eisenstangen und Zementblökken. Ein widerwärtiger Gestank ging von den Trümmern aus, fast wie Leichengeruch. Nach einiger Zeit sah ich schattenhafte Umrisse eines großen Gebäudes, eines Kirchenturmes. Das mußte St. Lorenz sein. Aber wie konnte es in dieser toten Welt der ausgebrannten Fassaden Leben geben? Ich ging um die Kirche, alle Tore waren verschlossen. Ich begann zu rufen, erst zaghaft, dann lauter, um mir selbst Mut zu machen. Plötzlich jagte ein Jeep heran, durch das grelle Licht der Scheinwerfer erschien diese tote Welt noch gespenstischer. Ein Mann stieg aus, er sah sich um: „This is terrible, just terrible." Ich wollte ihn ansprechen, aber schon war er wieder eingestiegen, und der Jeep stob wie ein Spuk davon. Der Regen rauschte gleichmäßig herunter, ich begann wieder zu rufen. Plötzlich durchpfeilte von oben ein Lichtstrahl das Dunkel, ein Fenster öffnete sich, eine Stimme fragte, wer da sei. Ich bat diese Stimme, diese trostreiche Stimme in Dunkelheit und Regen, um Rat und Hilfe. „Ich komme." Das Fenster schloß sich, ich wartete an der Tür der Ruine. Konnte hier jemand wohnen? Die Tür ging auf, im flackernden Licht einer Kerze sah ich einen Mann, in seinem Gesicht standen Güte und großer Ernst geschrieben. „Ich bin die Frau des Generaloberst Jodl", sagte ich. „Sie werden ja wissen, daß er hier vor Gericht gestellt werden soll. Wüßten Sie einen Rat für eine Unterkunft?" Der Mann – es war Diakon Wechsler von der Gemeinde St. Lorenz – dachte nicht lange nach. „Ich habe ein überdachtes Zimmer, aber wenn Sie es mit mir teilen wollen, so wird es mir eine Freude und Ehre sein."

Als ich am Küchenherd meine Sachen trocknete, empfand ich eine Geborgenheit, wie ich sie seit der Flucht aus Berlin nicht mehr gespürt hatte. Bruder Wechsler schilderte mir den Bombenangriff am 7. Januar 1945 auf Nürnberg, der binnen einer halben Stunde die Stadt in Asche und Trümmer gelegt hatte: „Das war doch ein Irrsinn, so kurz vor Kriegsende diese Schätze noch zu zerstören. Industrie gibt es doch im Zentrum nicht. Aber als ich aus dem Keller heraufkam und die Türme unserer Kirche mitten im Feuersturm unversehrt sah, da hätte ich vor Freude weinen können, Gott hatte unser Gebet erhört." Als ich auf meinem Lager die immer noch steifen Glieder streckte, zogen all diese Bilder an mir vorbei. Der Regen prasselte ans Fenster, aber in mir war eine tiefe Beglückung, am gleichen Ort zu sein wie mein Mann und als Fremde aufgenommen worden zu sein wie ein Gast. „Dies ist Christentum", dachte ich, als ich Bruder Wechsler die Abendglocke läuten hörte. Es konnte nur eine der Glocken geläutet werden, was tat es, sie läutete. Warm und voll drang ihr Klang ins Zimmer.

Nach dem Frühstück ging ich auf Suche nach Nahrungsmitteln. Kein Mensch war zu sehen. Nun erst erkannte ich den vollen Grad der Zerstörungen, im Vergleich zu den wohlerhaltenen Bauernhöfen Oberbayerns sah die Stadt aus wie eine Kraterlandschaft auf dem Mond. Ich suchte einen Pfad zum Markt und sah ein paar Gestalten im Keller einer Ruine verschwinden. Aus dem durch die Trümmer ragenden Kamin kräuselte Rauch. Ich stieg die Treppen hinunter, und als ich hörte, es gebe Tomaten zu kaufen, reihte ich mich in die Schlange ein. Die Gespräche gingen hin und her, von Brotrationen über getrocknete Kartoffeln zu Kohlenraten. Von den Ruinen sprach niemand, das war vorbei. Plötzlich vernahm ich das Wort „Kriegsverbrecher". – „Jetzt sollen sie mal sehen, ob ihnen die Wunderwaffen aus der Patsche helfen", sagte eine rauhe Stimme. Die Frau, die so sprach, war barfuß, aus einem Loch ihrer verblichenen grünen Strickjacke zeigte sich die nackte Schulter. „Geschieht ihnen recht, den Gaunern", stimmte ein untersetzter Mann mit Stoppelbart bei und spuckte auf die Erde. Ich schwieg. Ich schwieg nicht um der Tomaten willen, aber ich wußte, wie Judas zumute gewesen sein mußte.

Bruder Wechsler staunte sprachlos, als ich mit Tomaten zurückkam. Sie waren grün, hart und klein, aber was tat es? Wenn wir uns heute wiedersehen, sprechen wir immer von diesen Tomaten, so beglückt waren wir damals!

Doch nun zum Justizpalast! Ich zog das Reservekostüm aus dem Rucksack, die gestrige Kleidung trocknete noch. Bruder Wechsler beschrieb mir den Weg, die Hauptstraße nach Fürth sei frei.

In der Adlerstraße räumten Kriegsgefangene der Waffen-SS die Trümmer auf, bewacht von schwerbewaffneten Posten. Am Plärrer fragte ich einen Arbeiter, der zwei Rohrenden zusammenschweißte, nach dem Weg zum Gefängnis. „Was wollen S' denn da?" fragte er mürrisch. Diesmal schwieg ich nicht. „Einen Kriegsverbrecher besuchen", sagte ich so leichthin, wie ich vermochte. „Ah, einer von dene, von dene!" rief er. Dann legte er sein Werkzeug hin und stand auf. Er schob die Mütze nach hinten.

„Dieser Krieg, dieser Krieg! Beide Söhne sind gefallen, und wofür? Und die Tochter – das ist ein Amifräulein!“ Er lachte höhnisch und spuckte in den Rinnstein. „Auf eines bin ich neugierig“, fuhr er fort, „ob einer von dene da im Justiz für seinen Führer einstehen wird.“ – „Das wird schwerhalten nach allem, was wir heute alles wissen“, entgegnete ich und hätte mich fast dabei umgesehen. „Aber eines weiß ich, für sein eigenes Handeln und sein Volk wird einer stehen.“ – „Und der wäre?“ – „Ein Soldat, und zwar der Generaloberst Jodl, das ist mein Mann.“ Der Arbeiter sah mich an, sein Gesicht veränderte sich, er zog die verbeulte Mütze vom Kopf und bot mir seine zerfurchte schmutzige Hand. „Ich wußte nicht, daß die Amis auch Soldaten dahin brachten. Meine beiden Buben hatten das EK I, einer als Leutnant bei den Fliegern, der andere als Panzerfeldwebel – Afrikakorps!“ Hatte mich je ein Händedruck so stolz gemacht? Ich konnte gar nicht richtig sehen, als ich die Fürther Straße entlanghastete.

Und dann stand ich vor dem Justizgebäude und starrte auf die regendunklen Mauern. Hier irgendwo saß nun mein Mann in einer Zelle. Ich ging erst um das Gebäude herum und versuchte, auf den Gefängnistrakt im Innenhof, von dem mir Bruder Wechsler berichtet hatte, einen Blick zu werfen. Aber die hohen Mauern boten keinen Durchlaß. An der Vorderfront fand ich eine kleine Tür offen. Ich ging eine Treppe hinauf und kam in ein Zimmer, wo amerikanische Offiziere und Soldaten herumsaßen, lasen und rauchten. Ich sprach einen Captain an, hochgewachsen, mit einem jungenhaft sympathischen Ausdruck: „Ich bin die Frau des Generaloberst Jodl, darf ich meinen Mann besuchen?“ – „Es tut mir leid, Ma'am, das wird kaum möglich sein“, meinte er nach kurzer Rücksprache mit einem Oberst. „Aber Sie dürfen ihm schreiben.“ Ich holte tief Luft – so war also eine Kontaktaufnahme möglich! Ich bat um Bleistift und Papier, setzte mich an einen kleinen Tisch und begann – nein, wollte beginnen, zu schreiben. Aber was?

So schrieb ich vom Chiemsee, all seiner Schönheit, von Irmas Grab, und daß ich so stolz war wie noch nie, den Namen Jodl zu tragen.

Der Captain nahm den Brief und ging damit fort. Ich stellte mir vor, wie er nun durch irgendwelche Gänge zu der Zelle ging, in der Alfred untergebracht war. Und ich sah Alfred auf seiner Pritsche sitzen, verzweifelt und allein. Ich sah alles genau vor mir, und auch, wie ihm der Captain den Brief durch die Türklappe schieben würde. Und mußte denken, wie es wäre, könnte ich selbst hingehen und ihn aus seiner Zelle mit mir nehmen. „Komm", würde ich sagen, „laß uns neu beginnen und aus dem verhängnisvollen Irrtum der letzten Jahre etwas ganz Neues aufbauen." Und die leere Zelle würde von dem Krachen der zuschlagenden Tür widerhallen.

Der Captain kam zurück. „Sie können sich am Nachmittag eine Antwort holen." Das war mehr, viel mehr, als ich erwartet hatte. Mir schoß durch den Kopf, ob ich ihm wohl die Hand geben dürfte, ich, die Frau des angeblichen Verbrechers, ihm, dem Sieger. Da nahm dieser Captain meine beiden Hände in die seinen und sah mich tiefen Ernstes an: „Ma'am, I wish to God your husband will get safely through all this."

Als ich am Nachmittag das Zimmer im Justizpalast wieder betrat, saß ein Oberst am Schreibtisch. Man hatte inzwischen gelernt, die Rangabzeichen zu unterscheiden. Er stand auf: „Ma'am, your husband is a fine soldier." – „Thank you", sagte ich, „aber seit wann stellt man Soldaten vor Gericht?" Er nickte wortlos zustimmend und händigte mir einen Brief aus, der Alfreds Schriftzüge trug. Regnete es immer noch? Ich merkte nichts davon, eilte nur mit dem Brief unter den Schutz irgendeines Daches und riß den Umschlag auf. Nach Monaten sprach endlich wieder der Mensch zu mir, zu dem ich gehörte:

„Bis jetzt habe ich alles stoisch ertragen, aber als heute früh Dein frischer Brief kam, mit den Blumen vom Grab, da hat es mich beinah umgeworfen . . . Nun kann mir nichts mehr passieren, alles ist so leicht, seitdem ich diese Verbindung habe. Wie stolz können wir sein auf unser sauberes Leben für unser Land . . ."

Ich spürte die Wärme der Hand, die dies geschrieben, aber auch das, was nicht gesagt war – die tiefe Betroffenheit, die Schmach und die Einsamkeit.

Im Pfarramt verfaßte ich eine ausführliche Antwort und beschrieb Alfred, daß ich wegen Lebensmittelkarten und vor allem wegen der Kontrolle zurück nach Berchtesgaden müsse. Ich hinterließ den Brief, und zwei weitere auf Vorrat, bei Bruder Wechsler, der sie im Gefängnis abgeben sollte.

In Berchtesgaden angelangt, suchte ich zunächst nach einem Postweg, und wiederum war es Captain Palmer von der „War Crimes Commission", der mir Hilfe zusagte. Palmer war Flieger, mit seinen sehr dunklen intelligenten Augen hätte man ihn für einen Südfranzosen halten können. „Ich habe gehört, daß aus einem erbeuteten Stenogramm hervorgeht, Ihr Mann habe nichts von Buchenwald gewußt", erzählte er mir.

Am nächsten Tag brachten mir Freunde eine Ausgabe von „Stars und Stripes" mit dem Titel: „Will Keitel and Jodl cheat the gallows?" Der Artikel stammte von einem Pierre Huss und beschrieb, daß man den beiden Offizieren im Gefängnis unter demütigenden Umständen die Achselstücke heruntergeschnitten habe. Wie mußte es jetzt in Alfred aussehen? Zum ersten Mal wurde mir die Möglichkeit eines Todesurteils bewußt. Von diesem Tage an verließ mich dieses Wissen nicht eine einzige Stunde. Ein schweigsames Gespenst, auftauchend und verschwindend, schattenhaft und verhaßt. Und dann – in dunkelsten Stunden – fast ein Freund.

Wieder packte ich den Rucksack, versorgte mich, so gut es ging, mit Vorrat an Lebensmitteln und trampte nach Reichenhall. Ein Lastwagen mit Salzladung nahm mich nach Nürnberg mit. In Ingolstadt hielt ein junger Mitfahrer dem Kontrollposten seinen Registrierschein umgekehrt hin. „Hier, du schwarzes Schwein, kannst es ja doch nicht lesen." – „Sie irren", kam es in fehlerlosem Deutsch zurück, „ich bin Dozent für Philologie und spreche fünf Sprachen." Der Junge wurde rot bis unter die Haarwurzeln.

Im Justizpalast fand ich alles sehr verändert, offenbar war die aktive Truppe abgezogen, nun hatten Besatzungstruppen die Regie übernommen. Das Gebäude war von MPs abgeriegelt, im Wartezimmer saß ein Offizier mit polnischem Namen. Auf meine Frage nach einem Brief von Generaloberst Jodl antwortete mir der Leutnant höhnisch: „Es gibt keinen Generaloberst Jodl, es gibt nur einen Kriegsverbrecher dieses Namens." Mir stieg das Blut in den Kopf: „Hören Sie, wenn wir den Krieg gewonnen hätten und euren General Eisenhower so behandelt, gegen die Genfer Konvention, und ich bin sicher, wir hätten es nicht getan – was würden Sie dann dazu sagen?" Er grinste spöttisch, schwieg aber und zog aus der Schublade einen Brief für mich hervor.

Wer und wo war Pierre Huss, der diesen furchtbaren Artikel über den Galgen geschrieben hatte? Vom Portier im Grand-Hotel erfuhr ich, daß er dort wohnte. Ich schrieb ein paar Zeilen und bat um eine Unterredung. Huss kam, in jeder Geste der Sieger, die Treppe hinunter in den Vorraum und setzte sich wortlos an den runden Tisch. Ich zeigte ihm die Zeitung mit dem Artikel. „Ist das, was Sie geschrieben haben" – das Wort Galgen vermochte ich nicht über die Lippen zu bringen –, „ist das Ihre persönliche Auffassung oder die der öffentlichen Meinung in Amerika?" – „Beides", sagte er gleichmütig, zündete sich eine Zigarette an und sah mich mit dem gleichen haßerfüllten Ausdruck an, der mir im Gerichtsgebäude schon bei den Militärpolizisten aufgefallen war. „Sehen Sie denn keinen Unterschied zwischen Soldaten, die für ihr Land kämpften, und denen, die für die Verbrechen gegen die Juden und in den Konzentrationslagern verantwortlich sind?" fragte ich. – „Nicht den geringsten. Ihr seid allesamt gleich schuld." Ich stand auf und verließ das Hotel. Jetzt wußte ich, worauf es ankam und was in diesem Prozeß bewiesen werden mußte.

4.
Wichtige Briefe im geteilten Deutschland

„Der Pflug geht über Hunderttausende . . .“
Frank Thieß

Seit meiner Flucht aus Berlin hatte ich nichts mehr von meinen Eltern in Potsdam gehört, auch von meinen fünf Geschwistern, die in alle Winde verstreut waren, wußte ich nichts. Diese gänzliche Abgeschlossenheit bedrückte mich so, daß ich beschloß, von Nürnberg aus nach Kassel zu trampen, wo die Schwiegermutter meines gefallenen Bruders Franz gewohnt hatte.

Beim Diakon hinterließ ich einige Briefe für Alfred und durfte zu meiner großen Freude auch einen Begonientopf mitschicken.

Bis Kitzingen nahm mich ein Lastwagen mit, dort wartete ich am Straßenrand auf neue Möglichkeiten. Plötzlich hielt ein großer offener amerikanischer Lastwagen. „Hi, you come along!“ Ein baumlanger, ölverschmutzter Fahrer lehnte sich weit heraus und winkte uns drei Wartende zu sich heran: einen Pfarrer in schwarzer Soutane, einen Matrosen in der Uniform der U-Boot-Männer und mich. Im Nu saßen wir oben. Die Fahrt ging durch das anmutige Frankenland, aber in so beängstigendem Tempo, daß der Matrose vergeblich versuchte, Äpfel von den Straßenbäumen zu streifen. Kurz vor Aschaffenburg hielt der Fahrer. „Have a drink.“ Wir sahen uns verständnisvoll an und tranken umsichtig die Schnapsflasche leer. Der Pfarrer wischte sich die Stirn. „Jeden Moment dachte ich, jetzt geht’s gegen den Baum.“ Als der Matrose dem Fahrer die leere Flasche zurückgab, zeigte dieser ihm grinsend zwei weitere volle Flaschen unter seinem Sitz. „Später kommt der Spessart“, beruhigte uns der Matrose, „da fährt er nicht mehr als 20 Knoten.“

In Frankfurt angekommen, hörten wir zu unserem Erstaunen,

daß ein Zug nach Hamburg ginge. Ein Zug! Also herunter vom Laster und bis zum Abend warten. Ich suchte mir zwischen den Ruinen einen leidlich bequemen Platz und sah mich neugierig um. In kleinen Gruppen saßen und lagerten Hunderte von abgerissenen und hohläugigen Flüchtlingen neben ihren Koffern oder Pappkästen. Dazwischen standen Jugendliche, lange Haare unter den nach hinten geschobenen Mützen, Zigarettenstummel in den Mundwinkeln. Drei von ihnen verhandelten mit einem Neger in karierter Jacke, der aus seinem Koffer Stangen von „Lucky Strike" herausholte. „Die Ruinen der Städte wird man leichter aufbauen als diese Ruinen einer zerstörten Jugend", sagte neben mir eine Krankenschwester. „Ich kenne das, es gibt Familien, die seit Wochen hier wohnen." Sie wollte nach Hamburg, wir beschlossen, bis Kassel zusammenzubleiben. Am Himmel türmte sich eine schwarze Wand auf, es donnerte. „Wir stellen uns am besten jetzt schon an!" rief die Schwester. Wir gingen zum Bahnsteig, eine große Menschenmenge wartete bereits. Es gelang uns, bis in die erste Reihe vorzudringen. Alle hakten sich ein, um nicht von den Nachdringenden auf die Gleise geschoben zu werden, es begann zu regnen. „Nur noch diese Nacht", sagte die fröhliche Stimme der Krankenschwester. „Ich war drei Jahre nicht daheim." Jetzt regnete es in Strömen, die Menschen standen fünf Reihen tief wie eine Mauer. „Da kommt er!" – Langsam wurden im Dunkeln die Umrisse einer Lokomotive sichtbar, der Zug rollte ein. „Da sind ja schon welche drin!" – „Rein durchs Fenster!" – „Oder auf das Dach?" – „Hier sind Zigaretten, können Sie mich raufheben?" Gut, daß kein Glas in den Fenstern war, ich fühlte mich hochgehoben, zog mich ins Abteil, lag einen kurzen Moment auf den Schultern der Insassen und sackte allmählich durch auf meine Beine. Neben mir tauchte die weiße Haube der Schwester auf. „Ob die auf dem Dach sich wohl halten können?" Draußen im Dunkeln tobte ein erbarmungsloser Kampf. „Meine Schuhe, meine Schuhe!" schrie eine Frauenstimme. Man hatte der alten Frau die Schuhe abgezogen, als sie mit dem Oberkörper über den Fensterrahmen ins Abteil hing. Ein gellendes Pfeifen, ein Zischen, ein Aufheulen der Zurückbleibenden – der Zug fuhr an. Ein Kind neben mir weinte. „Ich krieg' keine Luft." Es rieb seine Nase an meinem Mantel. Wir hoben es auf und legten es ins Gepäcknetz. „Unser Haus steht noch", ertönte die fröhliche Stimme der Krankenschwester. „Jedenfalls vor drei Wochen, als Mutter schrieb, stand es noch. Die Äpfel im Garten müßten jetzt reif sein." Ich spürte, wie meine Kleider zu trocknen begannen, der schneidende Fahrtwind machte die Luft erträglich. In Gießen hielt der Zug, durch das Fenster wuchtete sich ein gewichtiger Mann. „Keks gefällig", fragte er, „heiße Würstchen, Obst, Bananen?" – „Halts Maul", antwortete eine Stimme, „wir schlafen." – Pferde schlafen auch im Stehen, dachte ich, und wirklich, ich schlief ein. „Kassel!" Schiebend, stoßend, ziehend gelang es mir, gerade noch im letzten Augenblick vor Abfahrt aus dem Zug hinauszukommen. Hu, wie kalt! Ich wollte den Mantel zuknöpfen, aber es war kein Knopf mehr daran!

Bis sechs Uhr mußte ich auf dem kalten Bahnsteig warten, erst dann war das Betreten der Straße erlaubt. Ich machte mich auf den Weg nach Wilhelmshöhe. „Mein Gott", dachte ich beim Anblick der zerbombten Villen, „das ist ja fast noch schlimmer als in Nürnberg." Das Haus in der Landgraf-Karl-Straße war heil, nur die Fenster ohne Glas. Ich sah die Namensliste der Hausbewohner durch, die laut Anordnung der Besatzungsmacht an jeder Haustür angebracht sein mußte. Ich las sie noch einmal, ich fand keinen der Namen darunter, die ich suchte. Bitterlich enttäuscht wollte ich mich abwenden, da fiel mein Blick auf die rechte Türhälfte, wo ebenfalls eine Liste mit Hausbewohnern angeheftet war. Ich las die Namen v. Fritsch, Werner und von Benda, und es war wie ein Salut von Kanonen. Hier waren sie! Hier waren sie! Die Frau meines Bruders, zugleich meine beste Freundin, ihre Großmutter, Mutter und die Kinder. Ich begann zu rufen, zu klingeln. Nie in meinem Leben werde ich dies vergessen: Die Balkontüre öffnete sich, wie Schwalben vom Nest sahen die vier Kinder, Brigitte, Helmuth, Rosi und Franz von Benda, von oben herunter und winkten. „Wo sind denn die Großeltern?" rief ich. „In der Ostzone!" Also die Eltern lebten! Das war das Wichtigste. Kleine, feste, braune Arme um meinen Hals, runde Kinderbacken, aus hellen Stimmen ein Sturzbach von Fragen und Rufen: „Hast du Brot mit?" – „Lebt dein Hund noch?" – „Gib mir deinen Rucksack." – „Wir schlafen alle vier auf Matratzen auf dem Korridor, du kannst da noch unterkommen." – „Dein Mantel hat ja keine Knöpfe."

Von meiner Schwägerin hörte ich Näheres über die Eltern: Die Russen hatten sie aus dem Potsdamer Haus ausgewiesen, sie waren in den Harz geflohen und wohnten jetzt dort bei Verwandten. Dort hatte auch meine Schwägerin gewohnt, bis die Russen einmarschiert waren. „Noch am Tag davor", berichtete Ruth,

„fuhren die Engländer mit Panzern und Lautsprechern herum und forderten die Bevölkerung zum Bleiben auf, das Land werde weiterhin zur britischen Besatzungszone gehören. Aber gottlob packten wir zeitig das Nötigste und schlichen uns über die Grenze. Sie läuft ja dicht am Gut vorbei." – „Meinst du, daß man sich mit den Eltern an der Grenze treffen könnte?" – „Man kann es versuchen, aber sie waren damals schon sehr schwach vom Hunger und all der Aufregung." – „Du kennst dich doch aus, bitte komm mit." Ich mußte versuchen, die Eltern zu sehen.

Zwei Tage später trampten Ruth und ich Richtung Harz. Ich machte mir Notizen, um später von allem Gesehenen meinem Mann zu berichten. In Vienenburg gaben wir einem Grenzgänger Geld und baten ihn, einen Brief an die Eltern drüben mitzunehmen. Man konnte die Kirchtürme des Gutes meines Vetters von der Grenze aus sehen. „Könnt Ihr morgen an der großen Scheune sein, Straßenkreuzung an der Grenze? Sonst bitte Nachricht, wie es geht." In der Senke sahen wir russische Soldaten mit Hunden patroullieren. „Man muß sich schon gut auskennen, um unbemerkt rüberzukommen", meinte eine alte Frau, die vorbeikam. „Bei uns geht die Grenze durch den Acker, da dürfen wir täglich rüber. Wenn Sie erwischt werden, ist's aus", fügte sie hinzu. Hinter uns rasselte ein britischer Panzer heran. Die Luke öffnete sich, ein britischer Sergeant mit Barett und Schnurrbart steckte den Kopf heraus: „This is Niemandsland, no one is permitted to stay here. Go on!" Wir sahen uns an, Ruth zuckte mit den Achseln. War dies noch unser Deutschland, wo du deine Eltern nicht sehen konntest, ohne dich der Gefahr auszusetzen, von den Russen verschleppt zu werden?

Wir warteten noch zwei Tage auf Nachricht, dann gaben wir es auf. Auch hatte mich plötzlich eine starke Unruhe gepackt, ich spürte, daß mich Alfred brauchte. Also so rasch wie möglich zurück nach Nürnberg!

Bis Gießen ging ein Zug, dort mußte ich warten. Die Luft im Wartesaal war erstickend, das Stehen ermüdend, ich legte mich auf eine Sitzbank, den Hut über die Augen, und schlief sofort ein. Ich wachte auf, als mir jemand den Hut wegnahm, und balancierte mich wieder auf die Erde. Gegenüber lagerte eine Gruppe entlassener deutscher Landser. Ich hörte, wie sie mit halblauter Stimme Erfahrungen austauschten. Einer von ihnen, mit einem Gesicht wie ein Totenkopf, über das ein ständiges Zucken ging, stand plötzlich auf. Das maskenhafte Gesicht riß die Augen weit auf, der Totenkopf begann sich selbst Befehle zu geben: „Die Kompanie halt!“ . . . „Die Augen rrrrechts!“ . . . In ihnen stand nun ein irres Flackern, er versuchte im Paradeschritt durch die Lagernden zu gehen, lehnte den Kopf an die Wand und stieß ein markerschütterndes Schreien aus. Die Kameraden holten ihn zurück, nun lag er schluchzend auf der Erde, er mochte etwa 18 Jahre alt sein. „Alles Scheiße, alles Scheiße, alles umsonst!“

Beim Hellwerden gelang es mir, auf einem Kohlenzug über Aschaffenburg und Fürth nach Nürnberg zu kommen. Als ich nachts am hellerleuchteten Justizpalast entlanghastete, spürte ich, daß Alfred sich in einer tiefen Depression befand, und schrieb noch in der Nacht meinen Bericht.

Meine Ahnung hatte mich nicht betrogen. Alfred war wohl in großer Sorge um meine Rückkehr, aber vor allem wurde ihm erst jetzt klar, daß er selbst als Kriegsverbrecher angeklagt werden würde. Vor meiner Abfahrt hatte er mir noch ganz zuversichtlich geschrieben: „Ich weiß noch von keiner Anklage, ich habe das Gefühl, mehr als Zeuge befragt zu werden.“ Der Brief, den ich mir am nächsten Morgen abholte, klang ganz anders: „Ich habe mich eigentlich die ganzen verflossenen Monate nie mit dem Gedanken befaßt, daß wir uns lange nicht oder gar nie wiedersehen könnten, bis er mir in Deinen Briefen erstmals entgegentrat. Jetzt habe ich mich auch mit ihm vertrautgemacht . . . Ob einen irgendwann eine Krankheit dahinrafft oder ob einen irgendwann an einer Mauer ein paar Kugeln an einen raschen Soldatentod erinnern, ist dann gleich . . .“

Später erfuhr ich von ihm, er habe sich in diesen Tagen täglich mit dem Gedanken an Selbstmord beschäftigt. Ich machte mir bittere Vorwürfe, daß ich über die verabredete Zeit hinaus fortgeblieben war, aber bald zeigte sich in seinen Briefen wieder die alte Zuversicht. Erst als ich dessen gewiß war, traute ich mir zu, wieder nach Berchtesgaden zurückzutrampen, und konnte diesmal auch Frau Keitel den ersten Brief ihres Mannes mitbringen.

Später erfuhr ich von Alfred, daß er in dieser Zeit an das Gericht eine Beschwerde eingegeben hatte:

„Ich bin nunmehr 13 Wochen hinter Gittern, in Einzelhaft und bei einer Verpflegung, die zu einer Abnahme von 20 Pfund geführt hat. Ich bin entwürdigt und gedemütigt worden, aber niemand hat bis zum heutigen Tage so viel Gerechtigkeit gezeigt, mir offen ins Gesicht zu klären, was gegen mich vorliegt, und mich zu fragen, was ich dazu zu sagen habe. Ich bin also rechtloser als der größte amerikanische Verbrecher, ja rechtloser als ein Tier, für das es ein Tierschutzgesetz gibt."

In Berchtesgaden angekommen, fand ich zwei Briefe vor. Die erste Post seit Kriegsende! Einer trug die Handschrift meiner Mutter und war an dem Tag geschrieben worden, als wir an der Grenze gewartet hatten:

„Mein geliebtes Kind! Du kannst Dir nicht vorstellen, wie glücklich wir waren, als der freundliche Grenzgänger den Brief bei uns abgab. Nur kommen konnten wir nicht. Wir hausen zu sieben Personen in zwei winzigen Räumen. Trotzdem ist es besser als in Potsdam, wo wir nichts mehr zu essen hatten. Mit tiefster Anteilnahme denken wir an Alfred und wie sich alles entwickeln wird. Natürlich gehörst Du jetzt zu ihm und darfst nur an ihn denken, es wäre traurig, wenn es anders wäre. Möge Gott Euch beschützen!"

Ich las den Brief nochmals, ganz die alte geliebte Handschrift. Dann nahm ich den anderen, er trug hinten die Aufschrift: „Headquarter US-Forces European Theater". „Wie ist der Brief hergekommen?" fragte ich aufgeregt Frau Amort. „Den haben vorgestern zwei Amis abgegeben." Ich öffnete vorsichtig den Umschlag und las:

„Meine sehr geehrte Frau Jodl!

General Eisenhower hat Ihren Brief mit Sympathie gelesen und überdacht. Da der Fall des Generals Jodl in den Händen der alliierten Gerichtsbarkeit liegt und nicht in denen des Generals Eisenhower, würde es eine unnötige Bemühung darstellen, dieses Hauptquartier zwecks Erstattung einer Aussage aufzusuchen. General Eisenhower hat mich jedoch beauftragt, Ihnen zu versichern, daß Ihnen jede Gelegenheit gegeben werden wird, über General Jodl auszusagen. Der Brief ist demzufolge an die zuständigen alliierten Instanzen weitergeleitet worden, und ich werde mich persönlich um die Angelegenheit weiter kümmern.

Ihr aufrichtig ergebener Bedell Smith
Generalleutnant"

DER KRIEG GEHT WEITER

1.
Anklage gegen Hermann Göring und andere

> „Überlegt der Mann in der Zelle es sich genau, so befindet er sich in einer Auseinandersetzung mit den Instanzen seiner Geschichtlichkeit. Von ihnen ist er ergriffen und hier in diese Zelle geworfen, und vor ihnen muß er bestehen."
>
> *Werner Sombart*

Am 20. Oktober 1945 brachten Radio und Presse die Nachricht, daß den Gefangenen in Nürnberg die Anklageschrift ausgehändigt worden sei. Ich packte meine Wintersachen, um nach Nürnberg zu trampen. In Reichenhall traf ich Professor Herbert Kraus mit Frau Tilly, beide auf der Suche nach einer Fahrgelegenheit nach Göttingen. „Diesmal steht Ihr Mann im vordersten Graben", meinte Herbert Kraus, seine Augen unter buschigen Brauen waren sehr ernst.

Zunächst hieß es, in Nürnberg ein Dach über dem Kopf finden. Der gute Stern, der schon bei meiner ersten Fahrt im August über mir gestanden war, blieb mir treu, eine fränkische Familie in Erlenstegen nahm mich auf. Nun galt es, einen geeigneten Verteidiger zu gewinnen. Alfred hatte in seinem letzten Brief einen Freund der Familie, den Rechtshistoriker Professor Heinrich Mitteis, vorgeschlagen. Mitteis hatte 1934 nach einem Zusammenstoß mit der Reichsstudentenführung die Universität München verlassen müssen und war einem Ruf nach dem heimatlichen Wien gefolgt. Nach dem Anschluß Österreichs war die Gestapo mehrfach bei ihm erschienen, und ohne die schützende Hand Jodls wäre ihm das Konzentrationslager wohl kaum erspart geblieben. Mitteis war dann später einem Ruf nach Rostock gefolgt. Da wir jedoch nicht wußten, wie er die russische Besetzung überstanden hatte, kamen wir von dem Gedanken, ihn um die Verteidigung zu bitten, wieder ab.

Nun hatte ich kürzlich mit Dr. Schlögl, dem Vorsitzenden des Roten Kreuzes in Nürnberg, die Frage der Verteidigung erörtert.

„Warum fragen Sie nicht Professor Exner, bei dem habe ich in München studiert. Er ist Strafrechtler und besitzt in seinem Fach einen Namen. Außerdem hat er in München auch über Völkerrecht gelesen, das dürfte auch von Wert sein. Vor allem meine ich, so wie ich ihn kenne, wäre das ein Mann, der sich für den Generaloberst einsetzen würde.“ Ich schrieb diesen Vorschlag meinem Mann und entnahm seiner Antwort mit Erstaunen, daß er Exner kannte: „Wir sind uns vor etwa 20 Jahren im Haus meines Onkels, des Philosophen Jodl, in Wien begegnet. Ich habe damals einen sehr starken Eindruck von der Persönlichkeit dieses Mannes gewonnen, auch von seinem Wissen, und könnte mir niemand Besseren vorstellen.“

Ich ging zum Justizpalast, um beim Generalsekretariat des „Internationalen Militärgerichtshofes“ („International Military Tribunal“) den Antrag auf Zulassung von Professor Exner als Verteidiger zu stellen. Wiederum hatte sich die Atmosphäre geändert. Die Delegationen der Siegermächte waren eingetroffen, auf den Gängen hörte man alle Sprachen. Das Generalsekretariat befand sich im zweiten Stock, ein Militärpolizist brachte mich dorthin. Auf dem Weg durch die langen Korridore fielen mir auf den Türschildern viele deutsche Namen auf. Ich betrat ein Zimmer, auf dessen Tür der Name „General Gill“ stand. Gill ist der Mädchenname meiner Mutter, das machte mir den Mann sympathisch, ehe ich ihn gesehen hatte. In sehr sachlicher und fast liebenswürdiger Weise gab mir der General auf alle Fragen Auskunft und brachte mich zu einem Juristen, Dr. Wechsler, um die Form des Antrages zu besprechen. „Ihr Mann hat durch Captain Neave bereits eine Liste von Verteidigern zugestellt bekommen.“

„Ist ein Professor Exner von der Universität München dabei?“ – „Lassen Sie mich nachsehen. Nein. Aber wenn Ihr Mann Professor Exner als Verteidiger wünscht, und dieser bereit ist, wird das Gericht sicher nichts dagegen einzuwenden haben.“ Ich füllte die Formulare aus – wenn Exner ablehnte, müßten wir weitersehen. „Ich kenne Professor Exner übrigens als einen sehr bekannten Strafrechtler“, meinte Dr. Wechsler, als er mich zur Tür begleitete. Mir erschien dies alles als ein gutes Vorzeichen.

Als ich um die obere Ecke des Korridors bog, sah ich mich plötzlich zwei Männern der Waffen-SS gegenüber, auf dem Rücken ihrer Tarnjacken das große PW*. Sie gehörten wohl zu

* Prisoner of war (Kriegsgefangener).

den Gefangenen, die die Bombentrümmer wegräumten. Sie lehnten weit zum offenen Fenster hinaus, um auf den Hof hinuntersehen zu können. Eine innere Stimme hieß mich, über ihren Rücken hinweg auch hinunterzuschauen, und fast hätte ich mich durch einen Schrei verraten. In dem ein wenig von einer Mauer verdeckten Hof marschierten Männer, Gefangene, im Kreis, hinter jedem ein MP mit Maschinenpistole. Jetzt erkannte ich Alfred, sekundenschnell nahm ich alles in mich auf – Ledermantel, Mütze über blassem Gesicht und den betont aufrechten Gang. Er ging so rasch, daß der Posten hinter ihm schimpfte. Dann war plötzlich der graue neblige Hof wieder leer, als sei eine Vision ausgelöscht. Die SS-Männer mit dem PW auf dem Rücken sahen mich an: „Das waren sie!" – „Hi, you bastards!" kam eine scharfe Stimme von hinten, „shut that window and no talk with Fräuleins!" Der amerikanische Militärpolizist stand jetzt vor mir, ein großer, guternährter Bursche, seine Kinnbacken bewegten sich unentwegt beim Kaugummikauen. „Your pass?" Ich mußte mich zusammennehmen, um ihm nicht irgendeine sinnlose Grobheit ins Gesicht zu sagen. Der demütigende Anblick meines Mannes als krimineller Häftling hatte plötzlich, zum erstenmal seit Kriegsbeginn, Haß, siedenden Haß, in mir aufsteigen lassen. „Okay, that's all right", sagte der Posten, sah mich neugierig an und gab mir meinen Ausweis zurück.

Im Warteraum wurde mir ein Brief von Alfred ausgehändigt; ich las auf dem Heimweg:

„Überall dort, wo sich das deutsche Volk mit dem alliierten Gericht auf der Suche nach der Schuld am Kriege treffen wird, dort ist auch bei einem Urteil zu erwarten, daß es vom deutschen Volk innerlich als ein gerechtes anerkannt und nicht als eine Vergewaltigung der deutschen Rechtsauffassung abgelehnt wird. Auf nichts kommt es in diesem Prozeß mehr an als darauf . . . Aber . . . es kocht in mir, seit ich die Anklage gelesen. Man macht es wie 1918. Wenn schon dieser Krieg einen Sinn gehabt haben soll, so kann er doch nur darin liegen, daß aus ihm wenigstens die Befriedung Europas, wenn nicht der Welt, auf lange Sicht hervorgeht. Dazu muß an Stelle der Gewalt, die den Krieg verursachte und den Sieg errungen hat, letzten Endes ein von allen Seiten anerkanntes Recht treten. Denn sonst sind die Menschen und Völker nicht einen Schritt weiter als vorher. Nun, der Generalstaatsanwalt ist noch nicht das Gericht . . . Rasend hat mich der summarische Vorwurf gemacht, daß die Angeklagten sich in den besetzten Gebieten persönlich bereichert hätten. Von den wirklichen Verbrechen höre ich jetzt zum ersten Mal, und man wird es nicht wahrhaben wollen."

So hatte Alfred von der planmäßigen Judenvernichtung nichts gewußt! Noch kannte ich den Text der Anklage nicht, aber wenn nur ein Bruchteil dessen stimmte, was Presse und Rundfunk bisher pausenlos verkündeten, so war es genug, um das Herz eines jeden Deutschen mit Scham und Verzweiflung zu erfüllen. Da alle Angeklagten ohne Unterschied gleichermaßen für alle Verbrechen verantwortlich gemacht wurden, würde die Verteidigung vor einer schweren Aufgabe stehen, durch dieses verfilzte Dickicht von Wahrheit und Propaganda hindurchzufinden. Es müßte klargestellt werden, ging es mir durch den Kopf, wo wirkliche Schuld liegt, wo andererseits Männer durch ihre Stellung während des Existenzkampfes der Nation in verhängnisvolle Situationen mithineingezogen worden waren, ohne selbst unmittelbar an Verbrechen beteiligt gewesen zu sein.

Als ich am 29. Oktober das Wartezimmer des Justizpalastes betrat, sah ich, daß die ersten deutschen Verteidiger eingetroffen waren. Ein großer, sehr gepflegter Herr, weißhaarig unter dem Homburg, sprach mit einem etwa gleichaltrigen Kollegen im Tweedmantel und bayrischen Trachtenhut. „Ich habe Jodl schon gesehen, er wartet auf Sie", hörte ich den Herrn im Homburg zu seinem Kollegen sagen. Sollte das Exner sein? Ich machte mich bekannt, er war es tatsächlich! „Darf ich Ihnen Dr. Dix vorstellen, er wird Schacht verteidigen." Dann zog mich Exner beiseite. „Die Sache kam natürlich etwas überraschend. Vorgestern erschien in München ein Mann vom CIC bei mir und fragte, ob ich bereit sei, Jodl vor dem IMT* zu verteidigen. Sie wissen ja, daß ich Ihren Mann von Wien her kenne. Nun bin ich aber einmal kein Praktiker, zum anderen muß ich gewisse Rücksichten auf meine Gesundheit nehmen. Aber wenn mich ein Fall in diesem Prozeß interessiert, so ist es eben der von Generaloberst Jodl." Ich empfand gleich große Sympathie für diesen Mann und konnte mir vorstellen, wie gut er und Alfred zusammenpassen würden. Exner war mittelgroß und kräftig gebaut; kluge gütige Augen, mit Falten des Humors in den Winkeln, beherrschten das Gesicht. Ein kurz geschnittener Schnurrbart verstärkte das willensstarke Kinn. Von der ganzen Persönlichkeit ging Gelassenheit und Ruhe aus. Zu

* International Military Tribunal.

diesem Mann mußte man Vertrauen haben. Daß Exner uns im Laufe eines schweren Jahres zu einem nahen Freund werden sollte, wußte ich damals noch nicht.

Exner hatte für den Nachmittag eine Besprechung mit seinem Mandanten verabredet. Ich wartete im Vorzimmer, neben mir saßen zwei Damen. Als der amerikanische Geistliche, Pater Sixtus, den Raum betrat – wir hatten schon des öfteren Gespräche miteinander geführt –, sah er mich erstaunt an: „Sie kennen sich nicht?“ Er machte mich mit Frau von Ribbentrop und Frau von Schirach bekannt. Dann kam Exner zurück und winkte mir zu, mit ihm zu kommen. „Ich werde die Verteidigung übernehmen.“ Er legte mir die Hand auf die Schulter: „Ihr Mann läßt natürlich tausendmal grüßen, es geht ihm gut. Ich war wirklich erstaunt, ihn auch innerlich in so guter Verfassung vorzufinden. Das wird eine gute Zusammenarbeit werden, wir haben uns gleich verstanden.“

Ich zeigte Exner einen Brief meines Mannes: „Ich möchte Dir vorschlagen, Dich zu bemühen, als Sekretärin meines Verteidigers verwendet zu werden. Jemand Besseren als Dich kann er gar nicht finden! Du kennst die Organisation, Personen, Feldzüge. Die vielen Vorteile, die in einer solchen Tätigkeit liegen, wirst Du ja selbst ermessen können.“ In Exners Gesicht hoben sich die waagrechten Stirnfalten. „Können Sie denn schreiben?“ Als er hörte, ich sei immerhin zehn Jahre Sekretärin der deutschen Generalstabschefs gewesen, stimmte er zu: „Gehen wir doch gleich zum Generalsekretariat und stellen den Antrag.“ Als Exner sein Anliegen bei dem zuständigen Bearbeiter, Mr. Raymond, vorbrachte, merkte man deutlich dessen Erstaunen. Er verbarg es aber mit der gleichen Liebenswürdigkeit, mit der er die pausenlosen Telefonanrufe entgegennahm und in allen Sprachen beantwortete. „Erst muß ich General Gill fragen.“ Als er aus Gills Zimmer zurückkam, händigte er Exner lächelnd die Genehmigung zu meiner Einstellung aus: „This is most exceptional, most exceptional.“ Als wir auf dem Korridor auf die Ausfertigung unserer Ausweise warteten, kam eine Gruppe Deutscher die Treppe herauf, einer davon mit weit ausladenden Gesten. „Das kann doch nur Herbert Kraus sein“, dachte ich. Er war es, wir fielen uns um den Hals. „So trifft man sich wieder“, sagte er, „ich werde Dr. Dix bei der Verteidigung von Schacht helfen.“

Stolz zeigte ich den Herren meine Ausweise: gelbe Karten für das Betreten des Justizpalastes, rote Karten für die Messe, Quartierschein und sogar einen Schein für Heizmaterial. Um meine Sachen aus Erlenstegen in mein neues Quartier zu bringen, wurde mir außerdem ein amerikanischer Jeep zur Verfügung gestellt. „Wie steht es mit Ihren Sachen?" fragte ich Exner. „Ich muß heute abend nach München zurück", erwiderte er. Ich erschrak, es hatte so gutgetan, jemand zur Seite zu haben. Exner lachte, als er mein bestürztes Gesicht sah. „In drei Tagen spätestens bin ich zurück. Das wird hier ja ein langer und harter Kampf. Ich will auch sehen, noch Unterstützung zu finden, und habe an Prof. Jahrreiss, einen Kölner Völkerrechtler, gedacht. Aber ich habe schon einen Auftrag für Sie. Verschaffen Sie uns auf die Scheine ein geeignetes Quartier, möglichst nahe am Gericht. Also auf bald, und nicht den Mut verlieren!"

Am nächsten Morgen machte ich mich auf Zimmersuche. In der Denisstraße, etwa acht Minuten vom Justizpalast, fand ich, was wir brauchten: drei Zimmer, so nahe beieinander, daß man nur über die Straße gehen mußte. Mein künftiges Quartier war bei Familie Pöhlmann, Denisstraße 30. Da diese Quartiere für die am Gericht Beschäftigten kurzerhand beschlagnahmt worden waren, nahm ich an, daß man uns unwillig aufnehmen würde. Das Gegenteil war der Fall. Ich durfte mich bei der Familie Pöhlmann wie ein Kind im Hause fühlen und werde ihnen mein Leben dafür dankbar sein. Vater Pöhlmann, ein ehemaliger Beamter im Justizpalast, baute mir dank seiner Kriegserfahrungen einen kleinen eisernen Ofen. Mutter Pöhlmann verwöhnte mich, wann immer sie konnte, mit Äpfeln oder auch Klößen, und die bildhübsche Tochter Hilde, deren Zimmer für mich beschlagnahmt war, nahm dies ohne Groll hin.

Als sich mit Fortlauf des Prozesses bei mir nervlich bedingte Störungen einstellten, nahm sich die gute Mutter Pöhlmann meiner mit mütterlicher Fürsorge an und brachte manche Nachtstunde an meinem Bett zu.

Nun, wo die Quartierfrage geklärt war, erbat ich einen Jeep, um mein Gepäck zu holen. Der wachhabende MP im Jeep-Pool, der Sammelstelle für Fahrzeuge, sah mich erst mißtrauisch an, aber ein „permit" vom IMT galt wie ein Schein vom Lieben Gott. Auf der Rückfahrt von Erlenstegen dachte ich darüber nach, daß ich nun zum dritten Mal in einem Jeep saß. Einmal als Gefangene in Salzburg, dann auf der Fahrt zu General Maxwell Taylor und nun hier in Nürnberg. Was Alfred anging, so hatte sich die Lage fraglos verschlechtert. Dennoch fühlte ich mich stolz und glücklich. Wir hatten immerhin das eine gewonnen, in diesem Kampf zusammen zu sein. Für den Augenblick genügte das, man lebte von einem Tag zum anderen.

Professor Exner kehrte am 16. November zurück und brachte seinen Kollegen Professor Hermann Jahrreiss mit. Ich arbeitete gerade im Dokumentenzimmer, als die beiden hereinkamen. Es erging mir nicht anders als seinerzeit mit Exner: Vom ersten Augenblick an empfand ich das Gefühl, einem Freund zu begegnen, bei dem unsere Sache in guten Händen lag. „Ich bin so glücklich über meine beiden Verteidiger, die mir menschlich so sympathisch sind", schrieb Alfred nach seiner ersten Begegnung mit Jahrreiss.

Die täglichen Besprechungen zwischen Angeklagten und Verteidigern fanden zunächst am Tage, später, nach Prozeßbeginn, in den Abendstunden statt. Zunächst durften die Gefangenen im Zimmer 55 unter Bewachung mit den Verteidigern an einem Tisch sitzen. Auf Anordnung des Gefängniskommandanten, des von allen Angeklagten gehaßten Colonel Andrus, wurden jedoch bald Reihenkabinen errichtet, von denen aus die Angeklagten nur durch ein Gitterfenster mit ihren Verteidigern konferieren konnten. Alle Proteste nützten nichts. Trotz dieser demütigenden Umstände blieben diese abendlichen Besprechungen für uns die Sternstunde des Tages. „Wie geht es dem Mandanten? Wie sieht er aus? Hat er was mitgegeben?" Das waren immer meine ersten Fragen, wenn ich abends die Professoren vom Justizpalast abholte. Die Wärme und Anteilnahme, mit der sie berichteten, bereiteten mir täglich erneute Freude, und fast immer brachten sie Zettel mit, auf denen Alfred kurze Notizen für mich geschrieben hatte.

Die Verteidigung war inzwischen entsprechend der Zahl der Angeklagten auf 20 gestiegen, zu denen noch eine große Zahl Hilfsverteidiger hinzukam. Nach langen Besprechungen kam man überein, in einem Antrag der Gesamtverteidigung die grundsätzlichen rechtlichen Einwendungen gegen das Statut des IMT zu formulieren und zu Protokoll zu bringen. Professor Jahrreiss erhielt von der Gesamtverteidigung den Auftrag hierzu, und als er mir in den späten Abendstunden des 18. November 1945 seine Ausarbeitung in die Maschine diktierte, war ich sehr stolz, daß gerade der Verteidiger Jodls diese historisch wichtige Aufgabe übertragen bekommen hatte. Zugleich wurden mir beim Schreiben die rechtlichen Probleme dieses Prozesses zum ersten Mal bewußt:

„Zwei furchtbare Weltkriege und die gewaltsamen Zusammenstöße, durch die der Frieden unter den Staaten in der Zeit zwischen diesen großen, erdumspannenden Konflikten verletzt worden ist, haben in den gepeinigten Völkern diese Erkenntnis reifen lassen: Eine wirkliche Ordnung zwischen den Staaten ist nicht möglich, solange jeder Staat das Recht hat, zu jeder Zeit und zu jedem Zweck Krieg zu führen. Die öffentliche Meinung der Welt hat in den letzten Jahren immer schärfer abgelehnt, daß der Entschluß zur Führung eines Krieges jenseits von Gut und Böse stehe. Sie unterscheidet zwischen gerechten und ungerechten Kriegen und verlangt, daß die Staatengemeinschaft den Staat, der einen ungerechten Krieg führt, zur Rechenschaft zieht ... Ja, es wird gefordert, daß nicht nur der schuldige Staat verurteilt und haftbar gemacht wird, sondern darüber hinaus, daß die Männer, die an der Entfesselung des ungerechten Krieges schuldig sind, von einem internationalen Gericht verurteilt werden ... Die Menschheit will, daß dieser Gedanke in Zukunft mehr als eine Forderung, daß er geltendes Völkerrecht ist."

„Aber", so fuhr der Antrag fort, „heute ist er noch nicht geltendes Völkerrecht. Weder die Satzung des Völkerbundes noch der Kellogg-Briand-Pakt, noch irgendein anderer Vertrag, der nach 1918 in jener ersten Welle der Versuche, den Angriffskrieg zu ächten, geschlossen worden ist, hat diesen Gedanken verwirklicht.

Der jetzige Prozeß kann sich deshalb, soweit er Verbrechen wider den Frieden ahnden soll, nicht auf geltendes Völkerrecht stützen, sondern ist ein Verfahren auf Grund eines neuen Strafgesetzes, eines Strafgesetzes, das erst nach der Tat geschaffen wurde. Dies widerspricht einem in der Welt geheiligten Grundsatz der Rechtspflege, dessen teilweise Verletzung im Hitler-Deutschland außer- und innerhalb des Reiches erregt mißbilligt worden ist. Es ist der Satz: Bestraft werden darf nur, wer gegen ein zur Zeit der Tat bestehendes Gesetz verstoßen hat, das ihm Strafe androhte ...

· Die Verteidiger aller anwesenden Angeklagten würden ihre Pflichten verletzen, wenn sie das Verlassen des geltenden Völkerrechtes und die Zurücksetzung eines allgemein anerkannten Grundsatzes der modernen Strafrechtspflege schweigend hinnähmen und Bedenken unterdrückten, die heute auch außerhalb Deutschlands offen ausgedrückt werden. Dies um so mehr, als die Verteidigung einhellig überzeugt ist, daß dieser Prozeß auch dann in hohem Maß dem Fortschritt der Weltordnung dienen könnte, wenn er sich nicht vom geltenden Völkerrecht entfernt.

Die Verteidigung ist schließlich verpflichtet, schon jetzt auf eine andere Eigenart dieses Prozesses hinzuweisen, mit der er von allgemein anerkannten Grundsätzen der modernen Strafrechtspflege abweicht: Die Richter sind nur von Staaten bestellt, die in diesem Krieg die eine Partei gewesen sind. Diese eine Streitpartei ist alles in einem: Schöpfer der Gerichtsverfassung und der Strafrechtsnormen, Ankläger und Richter. Daß dies nicht so sein dürfte, war die allgemeine Rechtsüberzeugung.

Im Hinblick auf die Vielfalt und Schwierigkeit dieser Rechtsfragen stellt die Verteidigung den Antrag:

Der Gerichtshof möge von international anerkannten Völkerrechtsgelehrten Gutachten über die rechtlichen Grundlagen des auf diesem Statut beruhenden Prozesses einholen."

Nur noch zwei Tage bis zur Prozeßeröffnung. Die Spannung in uns allen stieg, sie spiegelte sich auch in Alfreds Briefen wider:

„Sehr belastend empfinde ich, daß die Ankläger im Besitz aller Akten sind und aller Unterlagen, auch der, die für uns sprechen, während wir nicht mehr haben als unseren Kopf. Immerhin ist mein Wissen wenigstens um die militärgeschichtlichen Dinge groß ... Ich bin hell, frisch und wach. Ich weiß, wo ich abzurücken habe, aber ich werde nie etwas Unanständiges tun ... Hoffentlich kann ich mich genug im Zaum halten. Kein Verteidiger aber wird es besser verstehen, einem eventuellen Versuch, Pflicht, Gehorsam und Treue als Verbrechen hinzustellen, mit der ganzen Leidenschaft entgegenzutreten als ich selbst. Wie schade, daß die Anklage sich nicht auf die wirklichen Verbrechen beschränkt, sondern auch sittliches Recht in Unrecht verdreht. So werde ich am Dienstag auf die Schanze treten in dem Bewußtsein, in der eigenen Sache die des deutschen Soldaten zu verteidigen."

Wie sehr sich Alfred mit den Problemen der Vergangenheit auseinandersetzte, zeigt auch seine Studie über die „Schuldfrage". Hier heißt es unter anderem:

„Es war 1918 unendlich viel Bereitschaft vorhanden, das rein nationale Denken zu überwinden durch eine westeuropäische, vielleicht auch durch eine Völkerbundsidee. Aber dazu bedurfte es eines innenpolitisch gefestigten und reifen Volkes und eines großen Staatsmannes im Lager unserer damaligen Gegner ... Unter den Revolutionskämpfen in Deutschland, unter dem Versailler Diktat mit all seinen Demütigungen und widersinnigen Grenzziehungen, unter der Not und Arbeitslosigkeit wurde all das zarte Grün zertreten, das auf der jungen Wiese einer europäischen Verständigung zu sprießen begonnen hatte.

Die Saat, die dafür aufging, war die der NSDAP. Sie war eine revolutionäre Partei, mindestens so wie die kommunistische. Sie hatte drei große Ziele: die Überwindung des Marxismus und damit der Idee des Klassenkampfes, die Befreiung von der geistigen, kulturellen und wirtschaftlichen Beherrschung durch das Judentum und von den Fesseln des Versailler Vertrages. Daneben verachtete sie mehr oder weniger alle bürgerlichen Parteien und letzten Endes auch die Reichswehr und deren Führung. Sie sah in ihr ein ideenloses Söldnerheer, das den Gedanken des Volksheeres auch geistig zu Grabe trug und letzten Endes nur der jeweiligen Regierung als politisches Machtinstrument diente. Diese neue Partei, von unbekannten Menschen gegründet, ohne Gönner, ohne Presse, war ursprünglich der Feind aller. Nach menschlichem Ermessen konnte sie niemals zum Erfolg kommen. Sie tat es dennoch. Man sage nicht, das wäre nur die Folge einer sehr geschickten und raffinierten Propaganda. Propaganda allein vermag nichts, wenn nicht hinter ihr eine Idee oder eindrucksvolle Taten stehen. Man kann auch nicht als Begründung ausführen, daß kein Volk sich leichter irreführen ließe als das deutsche. Um einen solchen Erfolg zu erreichen, bedurfte es schon tieferliegender Gründe. Was letzten Endes der Partei auf legalem Weg zum Siege verhalf, das war das Unvermögen jeder anderen Partei und jeder Regierungskonstellation, infolge der drückenden Bestimmungen zu außen- und innenpolitischen Erfolgen zu kommen. Es lag eine tiefe Weisheit in der bekannten Karikatur eines großen französischen Witzblattes etwa vom Jahre 1936, unter der stand: Die Ursache marschiert der Wirkung voraus. Sie zeigte Adolf Hitler, wie er die Parade seiner neuen Wehrmacht abnimmt. Voraus marschieren die Staatsmänner unserer Gegner von 1918, zuerst die Schemen der inzwischen Verstorbenen, dahinter die noch lebenden, an der Spitze Clemenceau, die Rolle des Versailler Vertrages wie ein Gewehr geschultert.

Revolutionen sind unerbittlich und maßlos in ihrer Zielsetzung, und was ihnen fehlt, ist Weisheit, Erfahrung und Demut. Wohl kamen 1933 viele häßliche Schlacken an die Oberfläche und erregten schwere Sorgen. Aber noch wußte niemand, ob diese mächtig einsetzende Entwicklung sich in historischer Größe vollenden oder im Verhängnis untergehen würde."

Der 20. November, der Tag der Prozeßeröffnung, war gekommen. Vor dem Justizpalast fuhren schwere Pattonpanzer auf, die langen Rohre schußbereit ausgerichtet. Posten mit aufgepflanztem Bajonett bewachten den Eingang, über dem die Flaggen der

Großen Vier wehten. Hunderte von Wagen aller Nationen stauten sich vor dem Einfahrtstor. Zähflüssig und unaufhaltsam schob sich der Strom der Besucher an den Kontrollposten vorbei: Russen, Amerikaner, Franzosen, Engländer, Tschechen, Polen, Norweger, Kanadier, Belgier, Holländer, Dänen, Offiziere aller Waffengattungen und Ränge, Pressevertreter mit verwegen sitzenden Baskenmützen, elegante Sekretärinnen mit hauchdünnen Strümpfen und gutgeschneiderter Uniform. Hineingeraten in diesen Sog fand ich mich eingekeilt zwischen einer Russin mit breiten Epauletten auf der schwarzen Uniformbluse und keck aufgesetzter Tartarenmütze und einem britischen Admiral, dessen Kinn sich wie ein Schiffsbug den Weg bahnte. Die Gesichter um mich trugen alle den gleichen Ausdruck, die Zufriedenheit der Sieger, und ich roch ihr Parfüm. Durchgeschleust durch den Engpaß der Kontrolle flutete dieser schillernde Strom den Korridor entlang dem Gerichtssaal zu. Ich sah ihm voller Neid nach. Ich hätte alles darum gegeben, Alfred bei der Gerichtseröffnung sehen zu können, aber mein Gesuch war abgelehnt worden. Im Dokumentenzimmer probierten die Professoren ihre Talare an, ich freute mich an dem würdigen Eindruck. Und dann entdeckte ich zu meiner Freude deutsche Marineuniformen: Flottenrichter Kranzbühler, der Verteidiger von Großadmiral Dönitz, und sein Hilfsverteidiger, Korvettenkapitän Meckel. Durch ihre Zugehörigkeit zu einer noch aktiv eingesetzten Minenräumeinheit hatten sie die Erlaubnis zum Tragen ihrer Uniform erhalten.

Die Dokumentenzentrale, wo die Verteidigung zunächst arbeitete, stand unter der Leitung von Mr. Schrader, einem außerordentlich korrekten Marineoffizier. Ich erbat mir zunächst die Anklage, um den Paragraphen über Jodl sorgfältig durchzulesen: „Der Angeklagte Jodl war von 1932 bis 1945 Oberstleutnant in der Operationsabteilung der Wehrmacht, Chef der Operationsabteilung im Oberkommando der Wehrmacht, Generalmajor, Chef des Wehrmachtführungsstabes und Generalleutnant. Der Angeklagte Jodl benutzte die vorangegangenen Stellungen, seinen persönlichen Einfluß und seine engen Beziehungen zum Führer dazu, daß er die Machtergreifung der Naziverschwörer und die Festigung ihrer Kontrolle über Deutschland, wie in Anklagepunkt I angeführt, förderte."

Das wollte mir nicht in den Kopf. Ich ging zu Mr. Schrader. „Hören Sie", sagte ich, „Jodl hat Hitler erst nach Kriegsbeginn persönlich kennengelernt, er war 1933 sogar gegen ihn, das habe ich selbst erlebt! Muß man das nicht berücksichtigen?" – „Doch natürlich", meinte Mr. Schrader. „Wenn Ihre Verteidigung das beweisen kann, wird man diesen Punkt fallenlassen müssen."

In der Tat wurde dieser Anklagepunkt später von der britischen Anklagebehörde zurückgezogen.

Ich las weiter:

„Er stärkte und festigte die Vorbereitung für den Krieg, wie in Anklagepunkt I angeführt. Er nahm an den militärischen Plänen und Vorbereitungen der Naziverschwörer für Angriffskriege und Kriege in Verletzung internationaler Verträge, Vereinbarungen und Zusicherungen teil, wie in Anklagepunkt I und II angeführt. Er genehmigte und leitete Kriegsverbrechen, wie in Anklagepunkt III angeführt, und Verbrechen gegen die Humanität, wie in Anklagepunkt IV angeführt, einschließlich vieler verschiedenartiger Verbrechen gegen Personen und Eigentum, und nahm an diesen Verbrechen teil."

Ich konnte mir unter diesen „Verbrechen gegen Personen und Eigentum" wenig vorstellen und machte mir zunächst eine Liste aller Belastungsdokumente, die der Anklage beigefügt waren. Es kam einem seltsam vor, ehemals geheimste Dokumente mit dem Stempel „Chefsache", wie etwa die Landungspläne gegen England, nunmehr in englischer Übersetzung zu sehen.

Ich begann ein Dokument zurückzuübersetzen, kam aber nicht recht weiter, es war mir unmöglich, mich zu konzentrieren. Ich starrte vor mich hin und dachte, wie es jetzt wohl im Gerichtssaal aussah. „Mrs. Jodl, kennen Sie dieses Dokument?" Ich sah auf, vor mir stand ein junger amerikanischer Soldat mit einem Aktenstück. „Schreiben Sie sich lieber die Anlage ab", riet er mir mit leiser Stimme, „es könnte sein, daß Sie später nicht mehr an das Dokument rankönnen."

Das Dokument selbst enthielt einen Bericht über die Erschießung britischer Kommandoangehöriger in Norwegen. In der Anlage befanden sich Angaben über die Ausstattung des Kommandotrupps mit Zivilkleidung unter der Uniform und mit Armbinden „Deutsche Wehrmacht". Letzteres war nach internationalem Kriegsrecht unzulässig, mithin die Erschießung der Kommandosoldaten als Saboteure vermutlich gerechtfertigt. Ich sah den jungen Soldaten an, ohne ein Wort sagen zu können. Ich wußte, er war Jude, und viele seiner Angehörigen waren in KZs ermordet worden, und heute war das Gericht zusammengetreten, um die führenden Männer des Regimes, unter dem sich derartiges ereignen konnte, zur Rechenschaft zu ziehen. Und hier bot mir, der Frau eines dieser Angeklagten, eines der Opfer die Hand zur Wahrheitsfindung.

Mit größter Spannung wartete ich mittags auf unsere Verteidiger. Bald summte der Raum von Berichten und widerstreitenden Meinungen. Auf dem Weg in die Messe und während des Essens gaben mir die Professoren eine genaue Beschreibung, so daß mir alles deutlich vor Augen stand: der große rechteckige, mit Holz getäfelte Saal, verhängte Fenster, grelles Neonlicht. „Zur Linken sitzen die Angeklagten in zwei Reihen, davor wir Verteidiger", erzählte Exner. – „Unser Mandant sitzt auf der zweiten Bank zwischen Sauckel und Papen. Hinter jedem steht ein MP", ergänzte Jahrreiss. – „Und Gericht und Ankläger?" – „Die acht Richter sitzen den Angeklagten gegenüber. Lord Justice Lawrence, der Vorsitzende, und Mr. Birkett amtieren für England, Biddle und Parker heißen die Richter aus USA. Frankreich wird vertreten durch Professor Donnedieu de Vabres[24] und Falco, und als russische Richter fungieren die Generäle Woltschkow und Nikischenko. Die Russen tragen übrigens als einzige in diesem sogenannten Militärgerichtshof Uniform." – „Und die Ankläger?"

„Die sind rechts an vier Tischen gruppiert, Jackson an der Spitze. Dahinter ist dann die Zuschauertribüne, natürlich voll bis obenhin."

Ich ließ mir dann die technischen Anlagen beschreiben: Jeder im Raum, auch die Angeklagten, trug Kopfhörer. Mittels eines Schalthebels konnte jeder dem Verlauf der Sitzung, die Satz für Satz von den Dolmetschern im Simultanverfahren übersetzt wurde, in der von ihm gewünschten Sprache folgen. An diesem Morgen war Punkt I der Anklage, der sogenannte „Common Plan", die „Verschwörung", vorgetragen worden, danach Punkt II, „Verbrechen gegen den Frieden". „Als wir gingen", sagte Exner, „sah ich übrigens, daß die Angeklagten miteinander sprechen durften." Ich konnte mir vorstellen, welch eine Erlösung nach so langer Einzelhaft solch ein Gespräch für Alfred bedeuten mußte.

Als ich in der Messe dem aufgeregten Stimmengewirr lauschte, wurde mir plötzlich bewußt, daß sich seit gestern die Atmosphäre grundlegend geändert hatte. Nicht etwa der Eßraum selbst. Der war derselbe, ein nüchtern kahles ehemaliges Schulzimmer, wo wir uns die Mahlzeiten auf einem Tablett holten. Nein, es waren die Menschen, die sich seit heute morgen verändert hatten. Zunächst waren sich alle mit mißtrauischer Vorsicht begegnet, sich fast entschuldigend, hier Verteidiger zu sein. Und das hatte sich geändert. Ich spürte ein Gefühl der Zusammengehörigkeit, das mich an die Atmosphäre nach einem Bombenangriff erinnerte. Zwar prallten die Meinungen teils hart aufeinander, aber mir schien, als sei unter dem Druck der Welle rotglühenden Hasses die kleine Schar der deutschen Verteidiger zu einer Einheit zusammengeschweißt worden.

Dieser Eindruck wurde durch ein persönliches Erlebnis bestätigt. Ich hatte mich zunächst bei den gemeinsamen Mahlzeiten häufig abseits gesetzt, um mich von der Arbeit und den seelischen Eindrücken zu entspannen. In einem Schülerpult fand ich ein dafür geeignetes Refugium. Auf dem tintenbekleckten Deckel des Pults stand das Einmaleins und in roter Tinte: „Wir sind gewesen." Auf dieses zweideutige Wort pflegte ich demonstrativ mein Tablett zu stellen, mit meiner Tasche drunter, um die Waagrechte zu wahren. Ich suchte dieses Refugium aber auch deswegen auf, weil sich am ersten Tag meines Erscheinens in der Mensa einer der Senioren der Verteidigung darüber beschwert hatte, daß die Frau eines „Kriegsverbrechers" auch hier esse. Heute setzte ich mich nun wieder zu den Professoren, um ja kein Wort von ihren Schilderungen zu verlieren. Da nickte mir der Rechtsanwalt aus Hamburg über den Tisch freundlich zu. „Wenn die erste Garnitur noch am Leben wäre, säße Ihr Mann heute nicht auf der Anklagebank. Da gehört er gar nicht hin."[25]

„Hier, sehen Sie sich dies an, das ist die Anklageschrift gegen Jodl", berichtete mir abends Professor Exner. „Der Fall unseres Mandanten wird von der britischen Anklagebehörde vorgetragen. Bitte bis morgen übersetzen." Bei der Arbeit stellte ich mit Erleichterung fest, daß das Schwergewicht auf der generalstabsmäßigen Arbeit Jodls lag. Die Anklageschrift umfaßte 11 Punkte:

1. Beteiligung an der Förderung der Machtergreifung durch die Naziverschwörer und an der Festigung ihrer Kontrolle über Deutschland (der Punkt wurde später fallengelassen).
2. Beteiligung an der geheimen Wiederaufrüstung in Verletzung des Versailler Vertrages.
3. Beteiligung an der Wiederbesetzung und Befestigung des Rheinlandes.
4. Beteiligung an Plänen eines Angriffes auf Österreich und die Tschechoslowakei.

5. Beteiligung an der Ausführung eines Planes, in Österreich einzufallen.
6. Beteiligung an der Ausführung des Planes, in die Tschechoslowakei einzufallen.
7. Beteiligung im Planen gegen Polen.
8. Beteiligung im Planen gegen Dänemark, Norwegen, Belgien, Niederlande, Luxemburg, Jugoslawien, Griechenland.
9. Beteiligung im Planen am Kriege gegen die UdSSR.
10. Beteiligung im Planen von Kriegsverbrechen und Verbrechen gegen die Humanität.
11. Verbrechen gegen die Menschlichkeit.

Professor Jahrreiss machte mich auf die beigefügte Liste der Belastungsdokumente aufmerksam: „In vier Fällen wird Jodl nur deswegen belastet, weil er bei einer Besprechung zugegen war. Darum brauchen wir uns wohl keine Sorgen machen. Mit dem Tagebuch hingegen werden wir wohl noch allerlei Kummer haben."

In Nürnberg, aber auch in der heutigen historischen Literatur sind vielfach Begriffsverwechslungen über die Tagebücher Jodls entstanden. Das in Nürnberg so häufig zitierte Tagebuch – Dok. Nr. PS 1780 – ist trotz des Titels „Dienstliches Tagebuch" in Wirklichkeit das einzige privaten Charakters. Es umfaßt die Zeitspanne zwischen 1937 und 1939 und gibt über so wichtige Ereignisse wie die Krise um Feldmarschall von Blomberg, Generaloberst Frhr. v. Fritsch und die Sudetenkrise vor dem Münchner Abkommen wichtige Aufschlüsse. Neben sachlichen Eintragungen enthält das Heft im grünen Aktendeckel emotionale Gedankengänge, die im Sinne der Anklage hochpolitischen Charakter annehmen mußten. Als Jodl bei seiner Gefangennahme in Flensburg aus freien Stücken den Alliierten das Heft übergab, „um der historischen Wahrheit willen", konnte er nicht ahnen, daß dieses Tagebuch gerade in der Anklage gegen ihn eine so bedeutsame Rolle spielen würde. Die Anklage zitierte geflissentlich nur das, was als Negativum gewertet werden konnte, wie etwa die Bewunderung für Hitler, und übersah ebenso geflissentlich, daß Jodl zur Zeit der Niederschrift Oberst im Generalstab war, ein junger Abteilungsleiter im Wehrmachtamt ohne jeden politischen Einfluß. In anderen, später entstandenen Tagebüchern, die eher Notizbüchern gleichen, finden sich keinerlei emotionale Eintragungen mehr über die Person Hitlers.[26]

Inzwischen hatte Chiefjustice Jackson, der amerikanische Hauptankläger, erklärt:

„Auf der Anklagebank sitzen 20 gebrochene Männer, von der Demütigung derer, die sie einmal geführt, fast ebenso bitter geschmäht wie von dem Elend derer, die sie angriffen ... Man kann sich beim Anblick dieser armseligen Gestalten, wie sie hier als Gefangene vor uns sitzen, kaum die Macht vorstellen, mit der sie als Naziführer einst einen großen Teil der Welt beherrschten ... Wir müssen an unsere Aufgabe mit so viel innerer Überlegenheit, geistiger Unbestechlichkeit herantreten, daß dieser Prozeß einmal der Nachwelt als die Erfüllung menschlichen Sehnens nach Gerechtigkeit erscheinen möge."

Dabei hatte Jackson noch im Mai 1945 vor der „International Law Guild" die Warnung ausgesprochen, man dürfe nicht ein Gerichtsverfahren für nichtrechtliche Zwecke durchführen!

Am 29. November 1945 wurde im Gerichtssaal als Beweismaterial ein Film über die Konzentrationslager vorgeführt. Beim Mittagessen hörte man Vermutungen, daß die Bilder zum Teil gestellt seien. Aber es genügte, was in der Presse davon zu sehen war, und ich spürte aus Alfreds Brief seine Erschütterung:

„Diese Tatsachen sind das furchtbarste Erbe, das das Regime des Nationalsozialismus dem deutschen Volke hinterlassen hat. Das ist viel schlimmer als die Zerstörung der deutschen Städte. Die Ruinen könnten als ehrenvolle Wunden des Kampfes eines Volkes um seine Existenz gelten. Diese Schmach aber besudelt alles: die Begeisterung unserer Jugend, die ganze Wehrmacht und ihre Führer. Ich habe schon ausgeführt, wie planmäßig wir alle in dieser Richtung getäuscht worden sind. Die Anklage, daß wir alle von diesen Zuständen gewußt hätten, ist falsch. Ich hätte ein solches Wissen nicht einen Tag ertragen."

Am 30. November kamen die Verteidiger sehr aufgeregt von der Sitzung. „Der erste Zeuge der Anklagebehörde ist aufgetreten", berichtete Exner, „General Lahousen." Es gab mir einen Schock, daß ausgerechnet der erste Zeuge der Anklage ein Offizier war. Ich erzählte den Professoren, was ich von Lahousen wußte: „Er war der erste österreichische Generalstabsoffizier, der sich nach dem Anschluß bei Beck meldete und sich somit den Deutschen zur Verfügung stellte. Er wurde dann gleich als Generalstabsoffizier in die deutsche Abwehr übernommen. Mein Mann sprach immer mit besonderer Achtung und Sympathie von ihm." Keitels Verteidiger, Dr. Nelte, war sehr ernst: „Lahousen hat den Feldmarschall schwer belastet, es geht um ein Gespräch im Sonderzug des Führers am 10. September 1939, wo von Eliminierung der Intelligenz und des Adels in Polen die Rede ist." Von der anderen Tischseite schaltete sich Dr. Dix, Schachts Verteidiger, ein: „Ich meine, die Verteidigung Jodls kann sich heute gratulieren. Es war ganz offenkundig, daß der Zeuge Jodl nicht belasten wollte, er sagte aus, Jodl sei erst später hinzugekommen, als das Gespräch schon um andere Dinge ging."

Unter dem Eindruck der Aussage von Lahousen schrieb Jodl:

„Der Zeuge ist ein charakteristischer Beweis, mit welch innerer Zerrissenheit die Wehrmacht in diesen Krieg ging, den sie nicht wollte, und wieviel Gegnerschaft gegen die Revolution in ihr steckte, die durch die Erfolge zu Anfang zurückgedrängt, später wieder durchbrach. Die ungeheure Tragik für einen Soldaten, der Konflikt zwischen vaterländischer Pflicht und der Ablehnung vieler Methoden des Regimes liegt nach dieser Zeugenaussage offen zutage."

Am 5. Dezember saß ich über der Abschrift einer Weisung Hitlers im Dokumentenzimmer, als Mr. Schrader an mich herantrat. „Es tut mir leid, Ma'am", sagte er mit leiser Stimme. „Sie müssen das Haus innerhalb von zehn Minuten verlassen." Ich starrte ihn verständnislos an. „Das ist doch nicht möglich, warum denn in aller Welt?" – „General Watson hat es befohlen, es ist etwas Dummes passiert. Frau Frick hat sich auf die Zuschauertribüne gemogelt und ihrem Mann von dort aus zugewinkt." – „Bitte, Mr. Schrader, helfen Sie mir, daß ich bleiben kann, wer soll denn sonst für die Verteidiger arbeiten?" Zusammen gingen wir zu Captain Neave. „Captain", sagte Mr. Schrader, „ich kann bezeugen, daß Mrs. Jodl sich im Dokumentenzimmer einwandfrei verhalten hat, kann sie nicht bleiben?" Neave hob bedauernd die Schultern. „General Watson wird sich auf keinen Fall darauf einlassen, I am sorry, es ist eine harte Entscheidung." Langsam und verzweifelt räumte ich meinen Schreibtisch ab. „Es geht ja nicht nur um die Schreibarbeit", erklärte ich Mr. Schrader. „Wenn mir die Ausweise entzogen werden, muß ich wegen der Unterkunft und der Lebensmittelkarten zurück nach Berchtesgaden." – „Vielleicht findet sich doch noch ein Ausweg", tröstete er mich, „warten Sie erst mal die Verteidiger ab." Ich durfte aber nicht einmal das abwarten, sondern mußte sofort meine Ausweise im Vorzimmer abgeben. Der Posten war ein Soldat von der französischen Division „Rhin et Danube".

Daheim bruzzelte der Ofen, Frau Pöhlmann suchte mich zu trösten. Aber mir schien alles verloren, wo wir nun getrennt werden sollten. Plötzlich klingelte es Sturm, ich hörte Stimmen, Jahrreiss stand in der Tür. „Alles in Ordnung!“, rief er, „Sie bleiben Sekretärin am IMT, nur eines müssen Sie einhalten: nicht mehr das Gerichtsgebäude zu betreten.“ Noch während der Sitzung hatte sich der Befehl von Watson herumgesprochen und die Professoren hatten bei Captain Neave erreicht, daß ich als externe Hilfskraft bei unserem Team bleiben konnte. Frau Pöhlmann brachte Kartoffelklöße, um an unserer Freude teilzunehmen. „Ja, ja, die Professoren“, sagte sie einmal ums andere. Am nächsten Tag stand als Schlagzeile in „Stars and Stripes“: „General Watson has fired Mrs. Jodl.“

Alfred hatte den Vorfall noch am gleichen Tag von dem deutschen Arzt Dr. Pflücker erfahren und schrieb mir: „Ich bin gar nicht so unglücklich, daß man Dich aus dem Haus verwiesen hat. Ich weiß, wie schwierig die Arbeitsverhältnisse sind, und glaube, daß Du Dich allein in einem ruhigen Zimmer weniger abarbeitest. Wir vier verfolgen ja alle das Ziel, etwas Abstand zu gewinnen. Fast der interessanteste, aber auch der traurigste Tag war heute die Schilderung, wie es zum großen Kriege kam. Wie sind wir alle getäuscht worden, mit welch gläubigem Idealismus bin ich in diesen Krieg gegangen, und wie ganz anders waren die Hintergründe. Vielleicht war es besser, daß ich es nicht gewußt habe.“

Was mein Mann bei der Neuregelung nicht bedachte, war die Unbequemlichkeit für die Verteidiger selbst. Sie mußten nun täglich die in ihrem Fach liegenden Aktenstöße, Protokolle und Dokumente sämtlicher Angeklagten mit in die Messe bringen, wo ich sie dann heimnahm. Bald stapelten sich die Dokumente zu Tausenden die Wände des kleinen Zimmers hoch. Alles mußte kontrolliert werden, überall konnte ein Beweismittel entdeckt werden.

Aus einem mir nicht mehr erinnerlichen Grund war etwa zehn Tage später noch einmal meine Position als Sekretärin gefährdet. Wiederum wurde ich aufgefordert, meine „Permit-Scheine“ abzuliefern. In meiner Not fiel mir der Brief von General Bedell Smith ein, den ich vorigen Herbst in Berchtesgaden vorgefunden hatte. Ich bat den wachhabenden Offizier, den Brief zu lesen. Er las ihn zweimal sorgfältig durch. „Warten Sie einen Moment“, sagte er und verließ das Zimmer. Nach kurzer Zeit kam er zurück. „Sie können die Ausweise behalten"; lächelnd gab er mir den Brief von General Bedell Smith zurück. „Ich kann also Mitglied der Verteidigung bleiben?" –„Yes, okay, Ma'am." – „Lang lebe General Bedell Smith", dachte ich. Wie schön, daß es noch eine Welt gab, in der der Brief eines Generals Gewicht hatte!

Zu meiner Freude blieb der Kontakt zu den amerikanischen Geistlichen weiterhin so lebendig wie bisher. In Father Gerecke, dem evangelischen Pfarrer, fand ich einen Mann, dessen einfacher Glaubenskraft man sich nicht entziehen konnte. Den menschlich weit näheren Kontakt fand ich zu dem katholischen Geistlichen, Father Sixtus O'Connor. In seiner Uniform, seiner frischen, drahtigen Erscheinung, wirkte er eher wie ein junger Leutnant, dem die Welt offen stand, denn wie ein Mann, dessen eigentliches Denken dem Jenseits galt. Es war die Stärke dieses Mannes, daß seine lebensnahe Fühlung mit der Welt ihn verstehend machte, verstehend auch für die diesem Prozeß zugrunde liegenden tieferen Ursachen. Ein Verstehen, das aus warmem, furchtlosem, hilfsbereitem Herzen kam. Das Wirken dieser Geistlichen, die fern jeden Pharisäertums ihre Pflicht erfüllten – deutschen Seelsorgern war der Zugang nicht gestattet – ging auch über die Grenzen von Nürnberg hinaus. Für die Frau des Generals Dostler, der wegen Erschießung eines Kommandotrupps in Italien zum Tode verurteilt worden war, vermittelte Pater Sixtus Post nach Rom.

Wertvolle Verbindungen entwickelten sich auch zu den amerikanischen Gerichtspsychologen. Ich muß gestehen, daß ich in diesem Fach damals noch völlig unwissend war und diese Gespräche gern noch einmal führen würde. Bei Dr. Kelley spürte ich viel menschliches Verständnis und nicht den Haß, aus dem damals Dr. Gilbert zunächst keinen Hehl machte. Aus einem Brief dieses Gelehrten, auch aus seinem Nürnberger Tagebuch weiß ich jedoch heute, daß er seine damalige Auffassung in bezug auf die angeklagten Soldaten geändert hat:

„Ich bin nicht derjenige", schrieb er später, „der das Recht von Frau Jodl, an die Unschuld ihres Mannes zu glauben, abstreiten möchte. Darüber hinaus wird mir immer klarer, daß man auch die Witwen der gefallenen deutschen Soldaten zu den Opfern des Hitlerschen Wahnsinns rechnen muß. Zu diesen rechne ich auch Frau Jodl." Von dem segensreichen Wirken des deutschen Gefängnisarztes Dr. Pflücker erfuhr ich in den Einzelheiten erst nach Prozeßende. Er hatte sich freiwillig zur Betreuung der Gefangenen gemeldet und ihnen viel Gutes getan.

2.
Ihr werdet zahlen müssen

„Diese Tatsachen sind das furchtbarste Erbe, das das Regime des Nationalsozialismus dem deutschen Volk hinterlassen hat.“

Alfred Jodl vor dem Internationalen Militärgerichtshof

„Unsere Schuld zu verkleinern, kann nicht unser Anliegen sein, denn nur, wenn wir die Kraft haben, sie wissend zu überleben, werden wir Achtung genießen.“

Alexander Mitscherlich

Der Prozeß war nun angelaufen, und alle anfänglichen Vermutungen über seine Dauer sollten sich als falsch erweisen. Rückschauend betrachtet war die Zeit von fast einem Jahr viel zu kurz, das Wissen viel zu gering, um zu einer einigermaßen zutreffenden Wahrheitsfindung zu kommen. Aber kam es den Siegern in diesem Prozeß darauf an? Zunächst hatte Jodl einen positiven Eindruck gewonnen:

„Von der Sachlichkeit und Gewissenhaftigkeit des Gerichts bin ich schon nach diesen paar Tagen überzeugt. Die Ankläger sind gefährlich, einmal weil sie nicht Sachverständige sind in allen militärischen Fragen, und dann durch ihr Bestreben, mit Dokumenten zu überraschen, von denen wir vorher nie etwas hörten.“ ... „Nur auf den Beweis meiner sauberen Gesinnung kommt es mir an. Daß ich mich mit ganzer Kraft für den Sieg eingesetzt habe, das kann man mir ruhig zum Vorwurf machen.“

Am zweiten Prozeßtag nahm das Gericht Stellung zu der von Prof. Jahrreiss im Namen der Gesamtverteidigung formulierten Eingabe. Eine öffentliche Verlesung wurde abgelehnt. So gelangten die Proteste gegen das Statut nicht ins Protokoll, und auch die Presse wurde zunächst nicht informiert. „Die Ausarbeitung des Statuts geschah in Ausübung der souveränen Macht jener Staaten, denen sich das Deutsche Reich bedingungslos ergeben hatte, und das nicht angezweifelte Recht jener Länder, für die besetzten Gebiete Gesetze zu erlassen, ist von der zivilisierten Welt anerkannt worden.“ Nun, wir hatten als besetzende Macht unsere Gesetze erlassen, jetzt erließen die Gegner die ihren.

Dann wurden die Angeklagten befragt, ob sie sich als „schuldig" oder „nicht schuldig" erklärten. Sämtliche Angeklagten erklärten sich als „nicht schuldig". Alfred fügte noch einen Satz hinzu: „Für alles, was ich tat oder tun mußte, werde ich mich mit klarem Gewissen vor Gott, der Geschichte und meinem Volk verantworten."

Zur Prozeßeröffnung waren einige der namhaftesten Publizisten der Welt erschienen: Peter de Mendelssohn für „New Statesman and Nation", Louis Lochner für „Chicago Tribune", Dos Passos für „Life", Erika Mann für „Evening Standard", William Shirer, um nur einige zu nennen. Zeitungen wie „Daily Herald" und „Stars and Stripes" baten mich um ein Interview. Zunächst glaubte ich dabei etwas herausholen zu können, war aber zu unerfahren. Und wie ein Kind in den Teich fällt, so fiel ich in unbekannte Tiefen der Fangfragen. Was ich am nächsten Tag über das Interview las, entsprach so wenig dem von mir beabsichtigten Zweck, daß ich rasch begriff, daß es eines schlaueren Kopfes und vor allem mehr Erfahrung bedurfte, um diesen gewitzten Fragestellern gewachsen zu sein. Und ich ärgerte mich, wenn man mich eine „reizlose Matrone" nannte. Nur einmal kam es zu einem guten Gespräch, soweit ich mich erinnere, war es mit Sarah Churchill, der Nichte des Premiers. Es tat wohl zu hören, daß breite Kreise der britischen Armee und Marine dem Verfahren gegen Soldaten strikt ablehnend gegenüber standen. Das war aber damals eine Ausnahme. Die Weltöffentlichkeit hatte weitgehend ihr Urteil über die Angeklagten schon gesprochen. Aber dann erreichten uns doch erste Stimmen der Kritik, und das war wie eine Erlösung. Man empfand solche Meinungen damals wie eine Stimmgabel, um die eigene, unsicher gewordene Meinung wieder abzustimmen und sich vom Druck der Haßpropaganda nicht umwerfen zu lassen. So schrieb die Basler Zeitung vom 20./21. Oktober 1945:

„Die ‚Times' legen Nachdruck auf die Feststellung, daß man sich davor hüten müsse, die Nürnberger Verhandlungen als rein juristischen Prozeß zu bezeichnen. Es handle sich um eine Prozedur, die ein Novum darstelle, nämlich um Übertragung von Gedanken des formellen Strafrechts sowie der Sittengesetze auf das internationale Recht, dessen Objekte bisher nur Staaten aber nicht Machthaber selbst gewesen seien. Das Blatt . . . interpretiert die außerordentlichen und souveränen Machtbefugnisse des Internationalen Gerichtshofes dahin, daß ihm frei bleibe, auch festzustellen, daß einige der Beschuldigungen der Anklageschrift Verstöße gegen das Sittengesetz beinhalten, deren Bestrafung wünschenswert ist, aber nach den bisher geltenden juristischen Ansichten nicht möglich war. Dies, argumentiert das Blatt, bedeute ein klares Verlassen rechtlichen Bodens und das Betreten des politischen Feldes."

Mitte Dezember erhielt ich aus dem Harz in der Ostzone einen Brief meiner Mutter, der mich tief bestürzte. Sie wog nur noch 80 Pfund, die Schrift, diese sonst immer so ungemein klare und schöne Schrift, war kaum lesbar. „Ich hätte so gern an Alfred geschrieben", las ich, „aber ich bin zu schwach, ihm auch nur im Geiste etwas zu geben." Meine gute Mutter! Ihre schmale geliebte Gestalt stand vor mir, so wie ich sie zuletzt an jenem letzten Apriltag im Fensterrahmen in Potsdam gesehen hatte. Die Eltern hatten damals ihr Haus verlassen müssen, waren zunächst bei Verwandten im Harz untergekommen, bis die Russen sie auch dort des Hauses verwiesen und in einer armseligen Scheune einquartiert hatten. Wie immer, dachte unser Mämmchen auch jetzt nicht an sich, nur an andere: „Wie gern hätte ich Dich wiedergesehen, aber Du kannst jetzt Alfred nicht im Stich lassen. Wir müssen hoffen, daß uns Gott dennoch ein Wiedersehen schenkt." Alfred überließ es mir, ob ich den Versuch machen wollte, über die Zonengrenze zu ihr zu gelangen. Ich wußte aber von seiner Besorgnis, mich könnte das gleiche Schicksal ereilen wie die Frau des Großadmirals Raeder, die am Tag des Einmarsches der Russen in Berlin in die Lubjanka gebracht worden war. Schweren Herzens entschloß ich mich, nicht hinzutrampen. Alfred schrieb: „Noch nie, seit ich im Kerker sitze, hat mich eine Nachricht so betroffen, wie die von heute, und noch nie habe ich solche Sehnsucht empfunden, Dir über den Kopf zu streichen und Dich zu trösten. Ich hatte so wenig Gelegenheit, Deine, unsere Mutter kennenzulernen. Aber ich habe im Kriege die Größe ihrer Haltung empfunden, daß sie, obwohl Engländerin und ihrem Wesen nach eine Gegnerin des Systems, ihren Kindern zuliebe, die im Dienste dieses Staates standen, nie auch nur ein Wort der Klage oder der Kritik geschrieben hat. Diese Haltung auch nach dem Zusammenbruch, dieses stille Dulden und Ertragen des Leidens, ohne je mit einem Wort von sich zu sprechen, erhebt sie auf die höchste Stufe des Menschentums. Ich weiß, daß die Liebe einer Mutter durch nichts zu ersetzen ist, sie steht auf einsamer Höhe, weil sie in keiner Stunde des Lebens versagt."

Alfred begriff, obwohl er unser Mämmchen kaum kannte, doch ganz ihr Wesen. Vielleicht hatte ich erst als erwachsener Mensch all das erfassen können, was sie uns Kindern gegeben: das Immer-Dasein ohne festzuhalten, das Eingehen auf die verschiedensten Interessen, die lauterste Prägung des Charakters, die bei aller Zartheit niemals klagende Zähigkeit in Krisen, das immer bereite Fördern der musischen Interessen ihrer Kinder.

Meine Mutter war, obwohl in Berlin als Tochter des Ingenieurs Henry Gill, des Direktors der Berliner Wasserwerke, geboren, „a British born subject". Die Vorfahren waren teils schottischer Abstammung, Großonkel Aird hatte in Assuan den Staudamm miterbaut. Als Kinder hatten wir bis 1914 immer eine englische Nurse und waren so mühelos in den angelsächsischen Sprach- und Kulturkreis hineingewachsen, woran auch zwei Weltkriege nichts ändern sollten. Meine Mutter war sehr gläubig, ohne dogmatisch gebunden zu sein. Ihrer Schwester schrieb sie, daß die alte englische Hymne „O God, our hope in ages past . . . our shelter in the stormy blast" ein unsagbarer Halt bei der Vertreibung durch die Russen aus Potsdam gewesen sei.

Am 20. Dezember 1945 verkündete der Gerichtshof eine Pause über die Weihnachtstage bis zum 2. Januar. Jeder von uns war dankbar für diesen Beschluß. Einmal hatte uns die tägliche Arbeit bis in die Nachtstunden mitgenommen. Was sich aber noch deutlicher in den Gesichtern der Verteidiger widerspiegelte, war die seelische Erschöpfung. Es bedeutete eine ungeheure Belastung, Tag für Tag die Vorlage von neuem erdrückendem Beweismaterial zu erleben, an dessen Echtheit bis auf relativ geringe Ausnahmen kein Zweifel bestehen konnte. Jeder war sich klar darüber, daß die sich in diesem Prozeß enthüllenden Geschehnisse für Jahrzehnte eine schwere Belastung für unser Land darstellen würden, die für Generationen kaum zu tilgen war. Daran änderte auch nichts der Gedanke an die Hunderttausenden von Bombenopfern aus Hamburg und Dresden, an die Millionen Ausgewiesener aus Ostdeutschland. Dies Geschehen mußte sich auch für eine künftige Politik ungeheuer erschwerend auswirken.

Es war auch wichtig, äußerlich Abstand zu gewinnen. „Ihr lebt wohl auf einer Insel", hörte ich öfters Freunde sagen, die mich auf der Durchfahrt besuchten. Und das war durchaus zutreffend. Der normale deutsche Bürger hatte damals, sofern nicht interniert, eigentlich nur zwei Probleme zu bewältigen: nicht zu verhungern und nicht zu erfrieren. Wir Angehörige des IMT waren hingegen dank der uns zugeteilten Lebensmittel und Heizmaterialien von diesen täglichen Existenzsorgen befreit, ein zuweilen bedrückendes Gefühl gegenüber Freunden und Verwandten. Aber nur so konnten wir unsere ganze Kraft auf die Wahrheitsfindung über die Vergangenheit konzentrieren. Zuweilen nahmen wir uns vor, die Gespräche einmal auf andere Bahnen und Wege zu lenken, aber auf geheimnisvolle Art wurden wir immer wieder auf den Treidelpfad zurückgeführt, von dem aus wir uns an dünnem Seil wieder in die Vergangenheit zurückzogen, um sie wie mit einem Echolot abzutasten.

Mit Jeeps, die das Gericht zur Verfügung stellte, fuhren die Verteidiger zum Fest in ihre Heimatorte. Ich fühlte mich recht verlassen ohne sie, die tägliche Berichterstattung über unseren Mandanten fehlte. Ich erhielt allerdings zweimal wöchentlich Post von Alfred durch das Gericht. Die in Bayern ansässigen Geschwister der ersten Frau meines Mannes, Konrad Graf Bullion und seine Frau Hedwig, hatten mich eingeladen, die Festtage bei ihnen zu verbringen, aber ich sagte ab. Mir schien, als könnte ich die stille Kraft, die durch die Wände der Zelle zu mir drang, nicht missen. Meine Bitte, Alfred einen kleinen Tannenbaum zu schikken, hatte Colonel Andrus abgelehnt. Lediglich einen kleinen Notizkalender für das neue Jahr, mit kleinen Zeichnungen für jeden Tag, hatte das Gericht genehmigt. Alfred schrieb: „Ich bin körperlich und seelisch besser denn je beisammen. Ich glaube, daß der Dreiklang aus meinen Aussagen, denen der Zeugen und den Dokumenten einen guten Akkord gibt . . . Schreibe, wie Dir zumute ist. Ich will keine ‚fröhlichen' Briefe. Ich weiß, wieviel leichter ich es habe als Du, aus vielen Gründen, und deswegen sollst Du auch alles auf mich abladen, was Dich beschwert, solange ich für Dich da sein kann . . . Ich freue mich, wie die Not alle anständigen Menschen zusammenhalten läßt, und wie sie in Fürsorge und Hilfsbereitschaft das Flämmchen der Menschlichkeit hüten und nähren, damit es einstmals wieder als wärmende Flamme die Menschen vereinige, die heute noch Haß und Leidenschaft trennt . . . Ich kann Dir nur versichern, daß ich die ganzen kommenden Tage mit dem beglückenden Gefühl Deiner sorgenden Nähe verleben werde. Die Anfechtungen vom September sind vorbei und werden nie wiederkehren, auch nicht in den letzten Tagen, die für Dich die schwersten sein werden . . ."

Als am Heiligen Abend mit beginnender Dämmerung die Glocken Nürnbergs zu läuten begannen – es waren ihrer nur mehr

Generaloberst Alfred Jodl unterzeichnet am 7. Mai 1945 in Reims die Gesamtkapitulation der Deutschen Wehrmacht.

Oben: Der Justizpalast in Nürnberg.
Rechts: Der Angeklagte in seiner Zelle.
Nächste Seite: Hauptverhandlung vor dem Internationalen Militärgerichtshof. Von den Angeklagten sind zu sehen (v. l. n. r.):
1. Reihe: Ribbentrop, Keitel, Rosenberg, Frank, Frick;
2. Reihe: Raeder, Schirach, Sauckel, Jodl, Papen.
Unmittelbar vor den Angeklagtenbänken die Verteidiger Jodls: Prof. Exner (l.) und Prof. Jahrreiss (beide halten die Hand vor den Mund).

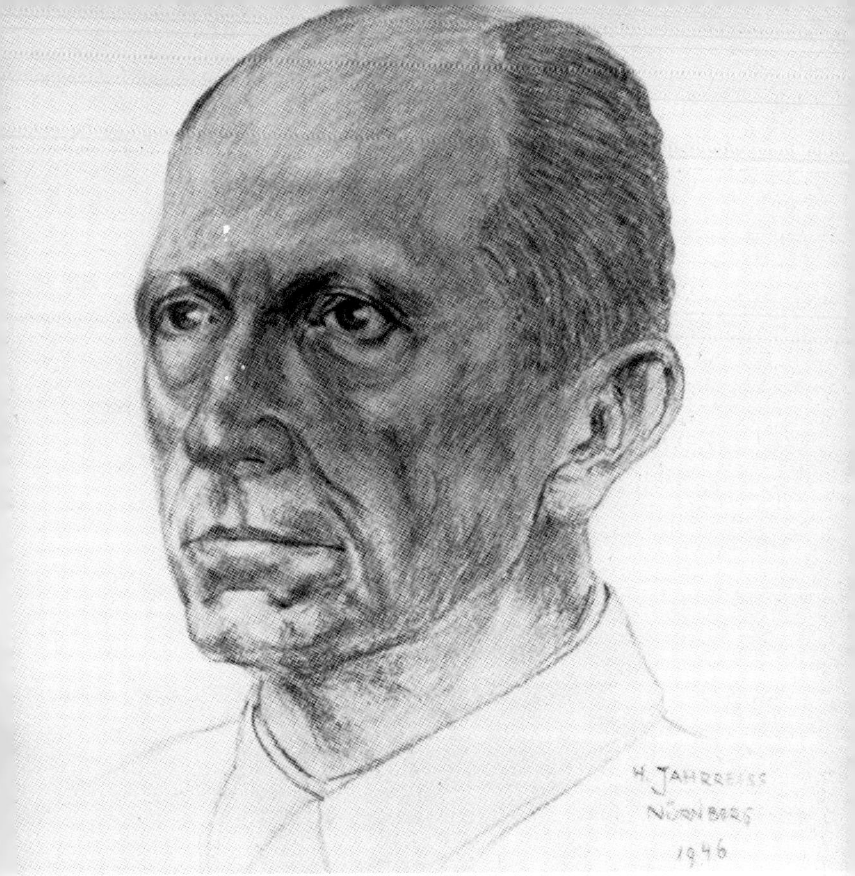

Links: Luise Jodl als Sekretärin der Verteidigung.
Oben: So sah Prof. Jahrreiss seinen Mandanten.

Links: Professor Franz Exner, gemeinsam mit Professor Hermann Jahrreiss Verteidiger Generaloberst Jodls.
Unten: Alfred Jodl im Kreuzverhör.

sonst alles nur Stein. Die ständig beobachtenden Augen an der Klappe in der Tür, und niemals das gnadenreiche Dunkel der Nacht, immer angeleuchtet. „Go on!“ rief der MP von oben.

Daheim fand ich mein Zimmer warm beheizt. B. hatten einen kleinen Baum geschickt, Pöhlmanns holten mich zu sich. Ich war unter Freunden. Um Mitternacht ging ich zur Christmette in die Kirche von Sankt Antonius. Die Kirche war überfüllt, aber es gab kein Drängen, nur ein sich bescheidendes Bitten, an dieser ersten Mette nach dem Kriege teilnehmen zu dürfen. In den von Not und Hunger gezeichneten Gesichtern stand eine tiefe Sehnsucht geschrieben. Als die Glocken in die klare kalte Winternacht voll und feierlich hinausklangen, wußte ich, daß sie Alfred in der Zelle den gleichen Trost bringen würden wie mir. Sein Brief, den mir Pater Sixtus am Weihnachtsmorgen überreichte, zeigte dies:

„Für uns gibt es kein höheres Fest der Liebe als Weihnachten. Aber der Grad dieser Liebe hängt nicht davon ab, was man sich schenken kann. Wenn ich auch nie in meinem Leben so arm war und niemandem eine sichtbare Freude machen kann, so fühle ich mich doch in meiner Einsamkeit reich. Sei nicht traurig, daß alle Deine Bemühungen, mir etwas zu schicken, zunichte wurden. Wenn es im Leben nicht auf das Leben selbst ankäme, sondern auf dessen Resultat, dann müßte ich heute der unglücklichste Mensch sein. So bin ich es aber nicht. Im Kampf zu stehen für die Idee, die Ehre unserer Soldaten zu wahren, das gibt diesem Weihnachten sein Gepräge, wie auch das namenlose Leid, das über Tausende von Unglücklichen und Unschuldigen gekommen ist. So wollen wir an diesem Heiligen Abend keine Weichheit über uns Herr werden lassen, sondern uns die Hand geben in der Erkenntnis, daß es keine Lage gibt, die man nicht durch seine Haltung, durch Leisten oder Dulden, veredeln kann.“

Am Neujahrstag kamen die Professoren zurück, verfroren stiegen sie aus dem Jeep. „Was macht unser Mandant?“ war die erste Frage. In Exners warm geheiztem Zimmer setzten wir uns um den Tisch, und ich las ihnen Alfreds Beschreibung der Weihnachtstage vor:

„Nun sind die Feiertage vorbei, die doch Freudentage waren. Am 24. kam von Dir nichts, am Nachmittag klang das Harmonium mit alten Weihnachtsliedern in die Zelle. Ich arbeitete. Dann brachte der Arzt eine Packung mit Keks und Pulver für eine Limonade, es war warm und gemütlich, und ich gedachte bei der Weihnachtsmusik all derer, die es nicht so gut haben wie ich. Dann läuteten die Glocken, und es kam die Zeit, wo ich mich mit all Deinen Briefen auf das Bett setzte. Froh und glücklich schlief ich ein. Am 25. zum Frühstück kamen Deine beiden Briefe, und mir wurde so recht klar, wie alle Freude relativ ist und wie kein kostbareres Geschenk mich hätte glücklicher machen können. Am 25. gab es viel Besuch, die drei Psychologen, der katholische Geistliche, und zwei längere Spaziergänge, wo ich die zu trösten versuchte, die noch nichts von den Frauen gehört haben. Mein Weihnachtstischchen steht auf dem Bett an der Wand, eine Pappschachtel, darauf ein blaues Deckchen, alte Bilder, Dein Kalender, der Tannenzweig und die Blattpflanze, die so brav mit mir die Zelle teilt. . . . Zum Neuen Jahr wollen wir die Hoffnung in uns lebendig erhalten; nie wissen wir Menschen, was es bringt. Dir bringt das Neue Jahr zunächst einen Stoß von Arbeit. Das gründliche Lesen der Dokumente hat mir manch Wertvolles in diesen Tagen gebracht."

Als die Verteidiger von der ersten Sitzung zurückkamen, brachten sie ganze Stöße von Dokumenten, obenauf lag eine dicke blaue Mappe. „Das sind alles Ausarbeitungen Ihres Mannes", sagte Exner, „er möchte für jeden von uns eine Abschrift.[27] Ich habe schon darüber nachgedacht, eine zweite Schreibkraft heranzuziehen. Es gibt Teams, die haben vier Sekretärinnen." Ich bat ihn, davon abzusehen, weil ich für meine Stellung am IMT fürchtete. Er stimmte zu. „Jahrreiss wird im Frühjahr seine Frau heranziehen, weil er mit einem Plädoyer für die Gesamtverteidigung beauftragt worden ist. Vielleicht kann sie uns ein wenig helfen."

Heute, wo ich dies schreibe, bedaure ich, daß wir keine Schreibkraft zur Mithilfe hatten. Das hätte mir Zeit gegeben, mich umzuhören nach Zeugen und Beweismaterial. Aber unter den damaligen Umständen war die Entscheidung wohl doch die richtige.

Ich zeigte den Professoren ein Gutachten Alfreds über die „Ursachen des deutschen Zusammenbruchs". „Nach dem Ersten Weltkrieg mußten sich die militärischen Führer vor dem Reichstag über die Ursachen des Zusammenbruchs und der Niederlage verantworten", meinte Exner nachdenklich. „Heute wird man von Ihrem Mann Rechenschaft verlangen, warum man so lange gekämpft hat."

Am 3. Jänner 1946 kamen alle Verteidiger sehr ernst und nachdenklich aus dem Gerichtssaal zurück. In der Verhandlung gegen SS-Obergruppenführer Kaltenbrunner war ein Zeuge aufgetreten, der furchtbare Dinge über die Tätigkeit der „Einsatzgruppen" im Osten ausgesagt hatte. Ich las mir die Protokolle genau durch; um mich mit der Vergangenheit auseinanderzusetzen, mußte ich den Dingen auf den Grund gehen.

Otto Ohlendorf, SS-Obergruppenführer und Abteilungschef im Reichssicherheitshauptamt, war 1941/42 Führer der Einsatzgruppe D in der Ukraine gewesen. Nach seiner Aussage hatte er ein paar Tage vor Beginn des Rußlandfeldzuges von Himmler persönlich die Weisung erhalten, Juden und bolschewistische Kommissare im Bereich der Einsatzgruppe zu liquidieren. Im Frühjahr 1941 sei es zwischen SS-Obergruppenführer Heydrich und der Wehrmacht, vertreten durch den Oberquartiermeister General Eduard Wagner, der sich später am 20. Juli 1944 als Mitglied des Widerstandes erschossen hatte, zu einem Übereinkommen über die Tätigkeit dieser Einsatzgruppen und ihre Abgrenzung gegenüber den operativen Truppen gekommen.

Der entscheidende Befehl hiezu war jedoch vom OKW am 3. März 1941 von Keitel unterschrieben, als „Richtlinien auf Sondergebieten zur Weisung Nr. 21" erlassen worden (PS 447).[28] War in diesem Befehl von der „Liquidierung von Juden und Kommissaren" die Rede gewesen? Der Text des Dokumentes und eidliche Aussagen ergaben, daß dies nicht zutraf.

Ich hatte mich zwingen müssen, die Protokolle zu lesen, so tief waren Abscheu und Entsetzen:

„Der Hinrichtungsort war in der Regel ein Panzerabwehrgraben oder eine natürliche Gruft. Die Hinrichtungen wurden militärisch durchgeführt, mit Pelotons . . . Dann folgte ein Befehl Himmlers, daß in der Zukunft Frauen und Kinder nur noch durch Gaswagen zur Tötung kommen sollen . . . Dem Gaswagen sah man den Verwendungszweck nicht an. Es war ein geschlossener Lastwagen. Sie waren so eingerichtet, daß nach Anlaufen der Motoren Gas in den Wagen geleitet und der Tod in etwa 10 bis 15 Minuten herbeigeführt wurde . . ."

Der nächste Zeuge, SS-Hauptsturmführer Wisliceny, wurde von dem amerikanischen Ankläger Oberst Brookhardt über den zeitlichen Ablauf der geplanten Judenvernichtung verhört: „Bis zum Jahre 1940 waren die allgemeinen Richtlinien innerhalb des Referates, die Judenfrage in Deutschland und den von Deutschland besetzten Gebieten durch eine planmäßige Auswanderung zu regeln. Als zweite Phase kam von diesem Zeitpunkt ab die

Konzentrierung aller Juden in Polen und in übrigen von Deutschland besetzten Gebieten im Osten in Form von Ghettos. Diese Periode dauerte ungefähr bis zum Beginn des Jahres 1942. Als dritte Periode kam die sogenannte Endlösung der Judenfrage, das heißt die planmäßige Ausrottung und Vernichtung des jüdischen Volkes. Diese Periode dauerte bis zum Oktober 1944, bis Himmler den Befehl gab, diese Vernichtungen einzustellen."

Von wem gingen nun diese Befehle aus, von Hitler oder Himmler? Wisliceny beschrieb eine Unterredung mit Eichmann, worin er ihn um die Besuchserlaubnis für ein Ghetto gebeten habe. Nach einigem Zögern erklärte Eichmann, diese Juden wären nicht mehr am Leben:

„Ich fragte ihn daraufhin, wer einen solchen Befehl gegeben habe. Er berief sich darauf, es wäre ein Befehl von Himmler. Ich bat ihn, er möge mir einen solchen Befehl zeigen, ich könne mir nicht vorstellen, daß ein solcher Befehl tatsächlich existiere ... Eichmann sagte mir, er könne auch diesen Befehl schriftlich zeigen, wenn es mein persönliches Gewissen beruhige. Er holte aus seinem Panzerschrank einen schmalen Aktenband heraus, in dem er blätterte und zeigte mir ein Schreiben Himmlers an den Chef des SD. In diesem Schreiben stand sinngemäß etwa folgendes: Der Führer habe die Endlösung der Judenfrage befohlen. Mit der Durchführung dieser sogenannten Endlösung wurde der Chef der Sicherheitspolizei und des SD und der Inspekteur der Konzentrationslager beauftragt. Dieses Schreiben war von Himmler selbst unterzeichnet."

Wisliceny schilderte dann, was Eichmann unter „Endlösung" verstanden habe:

„Er sagte mir, daß in diesem Begriff sich die planmäßige biologische Vernichtung des Judentums in den Ostgebieten verbarg ... Er sprach immer von mindestens 4 Millionen, manchmal nannte er sogar die Zahl von 5 Millionen. Er drückte das in einer ganz besonders zynischen Weise aus. Er sagte, er würde lachend in die Grube springen, in dem Gefühl, daß er fünf Millionen auf dem Gewissen habe."

„Wenn man das liest, braucht man sich über diesen Prozeß und den Haß gegen uns wirklich nicht zu wundern", schrieb ich Alfred.

Einige Tage später wurden diese grausigen Berichte durch fast noch schlimmere ergänzt: Dr. Blaha, Lagerarzt in Dachau, schilderte die pseudowissenschaftlichen Versuche an hilflosen Gefangenen: Impfungen mit Salzwasser, Fleckfieberbazillen, Benzininjektionen, Unterkühlung u. a. Würde es jemals gelingen, der Welt klarzumachen, daß von diesen Verbrechen wirklich nur die unmittelbar Beteiligten wußten? Der Zeuge Höllriegel, ein Wachmann, schilderte, wie bei Todesstrafe verboten war, zu Dritten über die Vorgänge in den Lagern zu sprechen.

Als Kriminalist und Umweltforscher interessierte sich Professor Exner für die psychologischen Motive des Lagerleiters von Auschwitz, Höß. Er stellte den Antrag, mit ihm sprechen zu dürfen, und kam nachdenklich zurück: „Es ist wirklich seltsam. Dieser Mann ist nun verantwortlich für den Tod von Millionen, und trotzdem hatte ich nicht den Eindruck, einem kaltblütigen Verbrecher gegenüber zu sitzen. Er hat mir seine schweren Konflikte geschildert, aber Himmler habe ihm in einem nächtlichen Gespräch klargemacht, die Judenvernichtung sei entscheidend für das Weiterbestehen Deutschlands. ‚Wir oder sie!'"

„Die Menschen waren in einer totalen Verwirrung moralischer Begriffe verstrickt", fuhr Exner fort, „welch fürchterliches Spiel hat man auch mit dem Idealismus der jungen SS-Leute getrieben."

Zwei Tage nach dieser Verhandlung bekam ich hohes Fieber. In meinen Angstträumen sah ich das verhungerte Gesicht meiner Mutter, sah, wie sie sich vergeblich mühte, zwei Fäden aneinander zu knüpfen. Dann wechselte das Bild, mir war, als kröchen alle Toten und Gefolterten aus den Dokumentenstapeln auf mich zu, als erwachten sie zu gespenstischem Hexentanz der Gerippe um mein Bett: „Ihr habt zu diesem Regime gehalten, Ihr werdet zahlen müssen!"

In dieser Nacht starb meine Mutter in der Ostzone.

3.
Soldaten vor Gericht

„Man kann eine Sache wollen und für sie kämpfen, das ist ein herrliches Los. Man kann sie wollen und nicht für sie kämpfen, nicht der Rede wert. Man kann sie nicht wollen und sich deshalb weigern, für sie zu kämpfen, das kann sehr schwer werden. Aber Du hast Deinen Frieden mit Dir. Aber sie nicht wollen und doch kämpfen, weil da ganz bestimmte Umstände vorliegen, dabei mußt Du verlieren. So oder so. Du kannst nichts teilen und von nichts mehr wissen wollen, damit Du ein sauberer Herr bleibst in dieser Welt. Ob Du willst oder nicht, Du mußt schuldig werden."

Gerd Gaiser, „Die sterbende Jagd"

Am 4. Februar 1946 begann General Telford Taylor, zweiter amerikanischer Hauptankläger, die Anklage gegen die als „verbrecherisch" angeklagte „Gruppe Generalstab und OKW" vorzutragen. Als Mitglieder dieser Gruppe bezeichnete er 130 Offiziere, darunter 49 Truppenführer, die dem Generalstab niemals angehört hatten. Die jüngeren Offiziere des Generalstabs wurden in die Anklage nicht miteinbezogen, da das kürzlich erlassene Kontrollratsgesetz Nr. 10 sie ohnehin unter automatischen Arrest stellte. So handelte es sich im Grunde genommen mehr um die Hierarchie der militärischen Führer als um eine Gruppe.

An der seit der Kapitulation in der Presse deutlich erkennbaren Tendenz, Offiziere schärfer anzugreifen als etwa Beamte der Reichsregierung, des Auswärtigen Dienstes, der Justiz, ja selbst der Partei, schien sich wenig geändert zu haben. Mit keinem Wort wurde erwähnt, daß gerade die Offiziere der Reichswehr an der einstigen Wahl Hitlers nicht beteiligt waren, weil Generaloberst von Seeckt jede politische Betätigung eines Offiziers streng untersagt hatte. Bei den Tischgesprächen in der Messe hatte ich oft keinen leichten Stand: „Warum hat Jodl nicht einfach Schluß gemacht, der mußte doch mehr wissen als die anderen!" Wie oft bekam ich das vorgehalten, ärgerte mich über die Undurchdachtheit und versuchte zu erklären: daß das OKW zunächst der Arbeitsstab Hitlers war und Jodl anfangs gar keine Befehlsgewalt besaß;[29] daß gerade die unmittelbare Nähe zu den Dingen die Sicht häufig erschwere; daß kein ausländischer Staatsmann mit einem im Ausland mehr oder minder unbekannten Generalstabsoffizier verhandelt hätte; daß die Offiziere von Seeckt zu unpolitischem Denken erzogen worden waren; daß es vor allem – soweit man sich nicht zum Mord entschloß – nicht so einfach war mit dem „Schlußmachen“. Die Frontbefehlshaber standen dem Feind gegenüber, verantwortlich für das Leben ihrer Soldaten, im Osten im Kampf gegen den Kommunismus. Das galt nicht minder für Jodl. Und dieser stand dazu täglich einem skrupellosen Diktator gegenüber, im Saturnring seiner unumschränkten Gewalt, im magischen Zirkel dieses dämonischen Willens, vom Presseamt vermutlich nur einseitig unterrichtet. Beiden, Jodl wie den Frontbefehlshabern, war Denken und Handeln diktiert durch die Forderung der Alliierten nach „bedingungsloser Kapitulation“. „Ich bin eigentlich noch niemand begegnet“, erklärte ich Dr. Dix, „der dieses Schlußmachen in allen Phasen einmal logisch durchdacht hat. Dazu gehörte eine Gegenseite, die mitspielte. Denken Sie an die Reaktion der Alliierten nach dem 20. Juli!“ Dr. Dix nickte. Als einer der Verteidiger von Angeklagten des 20. Juli wußte er nur allzugut, wie nahezu hoffnungslos die Versuche der Rebellen gewesen waren, mit dem Ausland Kontakte im Sinne einer Unterstützung ihrer Pläne herzustellen.

Angesichts dieser gegen die Soldaten gerichteten Haßpropaganda begrüßten unsere Verteidiger es sehr, daß das amerikanische Soldatenblatt „Stars and Stripes“ das Problem aufgriff. Das Blatt zitierte einen Artikel aus dem offiziellen Organ der amerikanischen Streitkräfte „Army and Navy-Journal“, worin Hauptankläger Jackson beschuldigt wurde, den ehrenhaften Stand der Soldaten zu diskreditieren. Mit Spannung warteten wir auf Jacksons Antwort: „Ich habe es klargemacht, daß wir diese Militaristen nicht verfolgen, weil sie ihrem Land dienten und in den Krieg gezogen sind. Nicht, weil sie Kriege geführt, sondern weil sie zum Krieg getrieben haben.“

Diese, auch von General Telford Taylor aufgegriffene These der „Kriegstreiberei“ ist heute historisch nachweisbar unzutreffend. Keiner der Angeklagten wurde verurteilt, die Initiative zum Krieg ergriffen zu haben. Es gibt – abgesehen vom Vorschlag Raeders, einer britischen Landung in Norwegen zuvorzukommen – kein Dokument, in dem Pläne zur Ausweitung des Krieges von jemand anderem als von Hitler selbst ausgehen. Und auch hier wird erst die künftige Geschichtsschreibung volle Klarheit bringen.

Wiederum war es eine Stimme aus den USA, die der Verteidigung Unterstützung brachte, diesmal der amerikanische Generalstabschef General George Marshall selbst: Die „Basler Zeitung“ zitierte aus einem Bericht an den Präsidenten Truman:

„Keinerlei Beweis ist bis jetzt dafür erbracht worden, daß der deutsche Generalstab irgendeinen weitergehenden strategischen Plan hatte. Die Geschichte des deutschen Generalstabes von 1938 an ist die eines dauernden Kampfes der Meinungen, in welchem das militärische Urteil mehr und mehr den persönlichen Befehlen Hitlers unterlag . . .“

Und kommentierte hiezu:

„Bekanntlich hat es die sogenannte Kriegsverbrecherkommission der Alliierten für richtig befunden, neben den verantwortlichen Hitler-Größen auch die militärischen Führer anzuklagen. Für diese werden nunmehr die Feststellungen des Marshall-Berichts zweifellos eine wesentliche Entlastung bringen. Wichtiger noch ist, daß dadurch auch der amerikanischen Öffentlichkeit zum ersten Mal authentisch mitgeteilt wird – was übrigens die Kenner der Verhältnisse von jeher wußten –, daß der deutsche Generalstab und die konservativen Kräfte in Deutschland keinesfalls Kriegshetzer und Kriegsverbrecher waren, sondern im Gegenteil schon Jahre vor dem Krieg und noch im Krieg die Kriegspolitik Hitlers in jedem Fall abzubremsen oder wenigstens zu beschränken suchten.“

General Taylor hatte in seiner Anklage mehrfach die sogenannten „Schlüsseldokumente“ zitiert. Es handelte sich um insgesamt zehn Dokumente, einige davon Ansprachen Hitlers. Sie wurden deshalb als so belastend angesehen, weil sie ein – wenn auch zum Teil widerspruchsvolles, so doch aufschlußreiches – Bild der von Hitler verfolgten Ziele gaben. Unsere Verteidigung war sehr zufrieden, daß für Jodl nur drei von diesen zehn Dokumenten von der Anklage verwendet wurden.

Das erste war das sogenannte „Hoßbach-Protokoll“, eine nachträgliche Niederschrift des damaligen Chefadjutanten Hitlers, Oberst i. G. Hoßbach, über eine Besprechung in der Reichskanzlei am 5. November 1937. Außer Hitler hatten teilgenommen: Reichskriegsminister von Blomberg, die Oberbefehlshaber der drei Wehrmachtsteile, Göring, Fritsch und Raeder, Reichsaußenminister Frhr. v. Neurath und Hoßbach. Ohne eine befehlsmäßige Festlegung hatte Hitler damals erstmals künftige Absichten enthüllt:

„Zur Lösung der deutschen Frage kann es nur den Weg der Gewalt geben ... Sollte ich noch am Leben sein, so ist es mein unabänderlicher Entschluß, spätestens 1943/45 die deutsche Raumfrage zu lösen ... Der Überfall auf die Tschechoslowakei muß blitzartig erfolgen ..."

Aus dem nachträglich angefertigten Protokoll Hoßbachs geht hervor, daß sowohl Blomberg als auch Fritsch Bedenken geltend gemacht haben. „Vermutlich ein Schlüsseldokument für die Fritsch-Krise", meinte Exner zutreffend. Heute weiß man, daß dieses Protokoll weder von Generaloberst Frhr. v. Fritsch 1938 an seinen Nachfolger, Generaloberst v. Brauchitsch, noch von Generaloberst Beck an General Halder übergeben worden ist. War hierfür strikte Geheimhaltung bestimmend, oder maß man dem Dokument eine nicht so große Bedeutung bei?

Beim zweiten Dokument, von der Anklage auch der „Kleine Schmundt" (nach Hitlers ehemaligem Chefadjutanten) genannt, handelt es sich ebenfalls um eine Ansprache Hitlers, diesmal vom 23. Mai 1939 vor den versammelten Oberbefehlshabern. Auch bei dieser Ansprache war Jodl nicht zugegen, er befand sich damals noch als Artillerieführer in Brünn. Hier tauchte erstmalig das Wort „Lebensraum im Osten" auf. „Es bleibt der Entschluß, bei erster passender Gelegenheit Polen anzugreifen. An eine Wiederholung der Tschechei ist nicht zu glauben. Es wird zum Kampf kommen. Aufgabe ist es, Polen zu isolieren ..."

Vom nächsten Dokument, einer Ansprache Hitlers auf dem Obersalzberg am 22. August 1939 – Jodl war wiederum nicht zugegen –, gab es drei verschiedene Versionen, keine mit Unterschrift.

Als „Schlüsseldokumente" galten außerdem: das Gesetz über die Einsetzung eines Reichsverteidigungsrates und die Aufzeichnungen des Dolmetschers und Gesandten Dr. Paul Schmidt über die Unterredung Hitlers mit dem japanischen Außenminister Matsuoka.

Die drei restlichen Schlüsseldokumente waren für den Fall Jodl relevant: der sogenannte „Große Schmundt", ein Bündel von 81 Fernschreiben über Pläne für den Einmarsch in die Tschechoslowakei, die von Jodl paraphierte, aber von Hitler am 18. Dezember 1940 unterzeichnete Weisung Nr. 21 für den Rußlandfeldzug und das Protokoll einer Ansprache Hitlers vom 23. November 1939, wo Jodl zugegen war: „Vom ersten Augenblick an war ich mir klar, daß ich mich mit dem sudetendeutschen Gebiet nicht begnügen konnte . . . Dann kam die Errichtung des Protektorates, und damit war die Grundlage für die Eroberung Polens gelegt, aber ich war mir zu dem Zeitpunkt noch nicht im klaren, ob ich erst gegen den Osten und dann gegen den Westen oder umgekehrt vorgehen sollte."

General Taylor war in seiner Anklage auf ein Problem von grundsätzlicher Bedeutung eingegangen: den Begriff des „Angriffskrieges" im Gegensatz zum „gerechten Krieg": „Es ist vollkommen legal, wenn Berufssoldaten Pläne für nationale Notfälle ausarbeiten, es ist sogar vollkommen legal, wenn militärische Führer solche Pläne ausführen und Kriege führen, sofern sie damit nicht Kriege planen und führen, die ungesetzlich sind, weil sie Angriffskriege sind und gegen das Statut verstoßen."[30]

Alfred nahm dazu als Soldat Stellung: „Wir Soldaten kennen keine Angriffskriege. Das ist ein politischer Begriff. Auch Angriffskriege können strategisch defensiv geführt werden und umgekehrt. Noch nie ist ein Soldat für etwas anderes verantwortlich gemacht worden als für die militärischen Handlungen oder Unterlassungen. Hat man je davon gehört, daß der Stabschef Napoleons für die Kriege Napoleons verantwortlich gemacht wurde?"

„Wie steht es mit diesem ‚Angriffskrieg'?" fragte ich Professor Jahrreiss. „Ist der Begriff schon im Völkerrecht klar definiert worden?" – „Nein. Das weiß auch Jackson und hat es bereits als eine Schwäche des Statuts bezeichnet. Und Sie werden sich erinnern, daß ich in meinem Plädoyer für die Gesamtverteidigung bei Prozeßbeginn das Gericht darauf hinwies, daß der Krieg zwar durch den Briand-Kellogg-Pakt geächtet, die Strafbarkeit eines solchen Krieges aber noch nicht geltendes Völkerrecht ist, noch weniger die Strafbarkeit eines Individuums."

Als wir uns am späten Abend über all diese Fragen unterhielten, gestand ich den Professoren, daß mir von alledem der Kopf ein wenig brummte. Wir saßen wie immer um den runden Tisch; Exner ruhte, seine geliebte Pfeife rauchend, in der Ecke des roten Plüschsofas, die Hüfte mit Kissen abgestützt (er litt damals bereits an einem Tumor). Jahrreiss arbeitete an einem Stapel von Dokumenten und machte sich mit seinen rasch hingeworfenen, aber peinlich genauen Stenogrammzeichen Notizen. Der Ofen war ausgegangen, wir begannen zu frieren: „Eine Frage noch", sagte ich. „Hat schon jemals ein Staat zugegeben, daß er einen Angriffskrieg geführt hat?" In Exners Augenwinkeln vertieften sich die

Lachfalten. „Heute wird kein Staat so dumm sein, das zuzugeben. Die Staatsmänner und Feldherren des Altertums hätten sich vermutlich mit Stolz dazu bekannt, nur gewinnen mußten sie ihn. Heute geht es ganz klar um einen politischen Begriff, der sich nach Völkerrecht solange der Anwendung entziehen muß, bis er klar definiert und als strafbar erklärt worden ist." Sein Gesicht wurde plötzlich sehr ernst, er klopfte die Pfeife aus: „Wenn aus diesem Prozeß ein Recht hervorginge, das maßgeblich zur Sicherung des Friedens beiträgt, dann würde er einen historischen Sinn bekommen."

Ich zeigte ihm die Notiz meines Mannes zum „Angriffskrieg". „Das zeigt doch, daß sich das Problem der Strafbarkeit gar nicht gestellt hat. Wird es eine Rolle spielen, wie der Angeklagte die Dinge sah?" Jetzt lächelte Exner wieder. „Aber gewiß. Sie beginnen jetzt, in die ältesten Grundsätze des kontinentalen Strafrechts einzusteigen: ‚actus non facit reum nisi mens rea.' Zu einem Verbrechen gehören zweierlei: der ‚actus', die objektive Seite, die Tat, und die ‚mens rea', die subjektive Seite, die Schuld. Darauf werde ich im Plädoyer natürlich näher eingehen."

Taylor legte am 9. Jänner 1946 bei den Spezialanklagen gegen Keitel und Jodl zwei eidesstattliche Aussagen vor, gegen die die Verteidigung Jodls Einspruch erhob, weil sie nicht den Tatsachen entsprachen. Es handelte sich um zwei inhaltlich identische Aussagen von Feldmarschall von Brauchitsch und Generaloberst Halder über die Kriegsspitzengliederung. In der beigefügten Skizze wurde das OKW als selbständige Führungszentrale dargestellt, der die drei Wehrmachtteile direkt unterstanden. Das war unrichtig. Das OKW war nur der Arbeitsstab Hitlers, wenn sich auch im Verlauf des Krieges Verschiebungen in der Befehlsgewalt ergaben.[31] Die Tendenz dieser Aussagen machte mir erhebliche Sorgen. Sie zeigten das deutliche Streben des einstigen OKH, die alleinige Verantwortung auf das OKW zu verschieben.[32] So sagte mir der erste Verteidiger der „Gruppe Generalstab" ganz offen: „Keitel und Jodl sind ja doch verloren, wir schieben alles auf das OKW." Diese Haltung veranlaßte den ehemaligen obersten Richter der Wehrmacht, Generalrichter Dr. Lehmann – ich kannte ihn von der Flucht her –, zu folgendem Brief an den Anwalt:

„Es muß mit Erstaunen festgestellt werden, daß die Stellung des OKW in den Augen der Wehrmachtteile um so größer und einflußreicher wird, je mehr die Zeit fortschreitet. Schon vor dem Krieg und während des Krieges konnten die Wehrmachtteile nicht genug tun in der Feststellung, daß das OKW den Wehrmachtteilen gar nichts zu sagen hätte. Die Oberbefehlshaber unterstünden allein dem Führer. Das wurde häufig in ausgesprochen verletzender Form dargelegt . . . Im Gegensatz dazu stehen die Tendenzen, die man jetzt allerorten beobachten kann: Man gibt sich Mühe, es so darzustellen, als sei das OKW die oberste Stelle der militärischen Führung gewesen, der die Wehrmachtteile schweigsam und in soldatischer Selbstentäußerung Gehorsam geleistet hätten. Ich möchte nur hervorheben, daß aus der so betonten unmittelbaren Verantwortung der Oberbefehlshaber gegenüber dem Führer nicht nur Rechte, sondern auch Pflichten herzuleiten waren. Diese Pflichten bestanden keineswegs nur für Keitel und Jodl. So sehr ich Verständnis dafür habe, daß man sich bemüht, den Charakter der Gruppe klarzustellen, so wenig werde ich zusehen, daß dieses ausschließlich auf Kosten von Feldmarschall Keitel und Generaloberst Jodl geschieht."

Ich versuchte den Verteidigern zu erklären: „Durch die unmittelbare Unterstellung des Heeres unter Hitler ab 1941 ist die Heeresführung wohl den stärksten Belastungen ausgesetzt gewesen. Es wird kein Zufall sein, daß weder Marine noch Luftwaffe am Attentat beteiligt waren – mit ganz wenigen Ausnahmen." – „Sicher haben Sie recht", meinte Exner, „aber sehen Sie, man hat sogar Männer des Attentats, wie Beck und Witzleben, mit auf die Liste der Verbrecher gesetzt. Diese zusammen mit einem Mann wie Himmler! Das bedeutet doch ganz bewußte Diffamierung des Soldaten. Und da hilft nur eines: ‚esprit du corps' den Anklägern gegenüber. Ihr Mann hat mir eine Liste gezeigt, welchen Offizieren er gegen Hitler geholfen hat, oft ohne deren Wissen. Das scheint man jetzt vergessen zu haben."

Angesichts dieser Vorgänge war es mir eine tiefe Freude, als Alfred am 10. Mai, seinem Geburtstag, ein Beweis der Kameradschaft über alle Spannungen hinweg entgegengebracht wurde. Er schrieb:

„Habe heute Glückwunschadresse bekommen mit zwei Päckchen Zigaretten, die lautet: ‚Unserem lieben Jodl (dieselben Worte sprach einmal Beck auf einer Generalstabsreise, bei der ich als Gast des OKW teilnahm) zum heutigen Tage herzlichste Glückwünsche und Wünsche in unbeirrbarem Glauben an Ihren Stern." Unterzeichnet hatten: die Feldmarschälle von Manstein, Brauchitsch und Kesselring, die Generale Westphal und Stumpff, und Jodls ehemaliger Mitarbeiter Major i. G. Büchs.

Professor Exner hatte, teils aus sachlichen, teils aus gesundheitlichen Gründen, um Enthebung von seinem Posten als Mitverteidiger der „Gruppe Generalstab" gebeten. Zunächst wurden als Nachfolger Dr. Leverkühn und Dr. v. Schlabrendorff genannt. Ich lernte Dr. v. Schlabrendorff in der Messe kennen, es war meine erste bewußte Begegnung mit einem Mitglied des Widerstandes. Er sprach mich auf seinen Freund Tresckow an, und mit tiefer Bewegung hörte ich von ihm Einzelheiten über den selbstgesuchten Tod. Als mich Schlabrendorff heim in die Denisstraße brachte, fragte ich ihn, ob er ein Todesurteil meines Mannes für möglich erachte. „Ganz sicher ist mit einer Reihe von Todesurteilen zu rechnen, ich möchte aber meinen, daß Ihr Mann keinesfalls dazugehört." Diese Worte beruhigten mich sehr, denn ich konnte annehmen, daß er gut unterrichtet war. Oder wollte er mich bloß trösten?

Statt Leverkühn und Schlabrendorff wurde Dr. Hans Laternser als Verteidiger der „Gruppe Generalstab" ernannt. Zwischen ihm und unserer Verteidigung entwickelte sich eine gute und vertrauensvolle Zusammenarbeit, und wie der spätere Freispruch der „Gruppe Generalstab" beweist, lag die Verteidigung der Offiziere bei ihm in besten Händen, wie auch bei seinem Mitverteidiger Dr. Frohwein.

Am 9. Januar wurde die Spezialanklage gegen Keitel und Jodl durch den britischen Ankläger Dr. Roberts verlesen. Die Zusammenfassung der Anklage gegen beide Offiziere in einem Dokument bereitete uns Kopfzerbrechen. „Das kann leicht zu einer Verwischung der Kompetenzen führen", meinte Jahrreiss. „Ihr Mann hat zwar erklärt, er würde Keitel niemals belasten, aber als Verteidiger dürfen wir nur an seine Interessen denken."[33]

Mr. Roberts schloß die Anklage gegen Jodl mit den Worten: „Was Jodls Teilnahme an Kriegsverbrechen und Verbrechen gegen die Menschlichkeit betrifft, so tritt er viel weniger in Erscheinung als Keitel. Er hatte natürlich nicht die Befugnis, Befehle und Weisungen auszugeben. Aber wir sehen, daß er jedenfalls den berüchtigten Führerbefehl unterschrieben und weitergegeben hat, nach dem Kommandos erschossen und keinesfalls als Kriegsgefangene behandelt werden sollten. Ich bin der Meinung, daß gegen diese zwei Männer das Beweismaterial überwältigend ist und ihre Verurteilung von der zivilisierten Welt verlangt wird."

In den Anklagereden spielte neben dem „Angriffskrieg" die

Frage des Gehorsams eine große Rolle: „Politische Anhängerschaft und militärischer Gehorsam sind gute Dinge, aber es kommt der Punkt, wo man sich weigern muß, seinem Führer zu folgen."

Im Verlauf dieses Verhandlungstages ließ der amerikanische Gerichtspsychologe, Mr. Gilbert, mich wissen, daß ein amerikanischer Professor um eine Unterredung mit mir bäte. Der Gelehrte, soweit ich mich erinnere, Mr. Louis aus Ohio, empfing mich in Gilberts Zimmer und fragte mit der seinem Volke eigenen Vorurteilslosigkeit und Ungezwungenheit nach Entstehung und Entwicklung des Gehorsamsbegriffes in der deutschen Armee. Aus meiner ganzen Entwicklung heraus – obwohl in einem überaus liberalen Elternhaus aufgewachsen – schien mir Autorität etwas Nützliches. Und aus der jahrelangen beruflichen Erfahrung im Kriegsministerium war mir militärischer Gehorsam so sehr zu einem festen Begriff geworden, daß ich mir darüber wohl schon gelegentlich Gedanken gemacht, aber ihn doch nie ernstlich in Frage gestellt hatte. Mangel an Zivilcourage erschien mir eher als Schwäche des Charakters, als eine Folge des geforderten Gehorsams. So war ich für meinen Gesprächspartner höchstens deswegen von Wert, weil ich ihm in großen Zügen Alfreds Auffassung übermitteln konnte, der sich gerade zu diesem Thema in einer Studie eingehend geäußert hatte. Weil sie für die Beurteilung seiner Denkweise wichtig ist, führe ich einen Auszug an:

„Als der Reichspräsident von Hindenburg starb, habe ich, wie alle Offiziere, den Eid auf Adolf Hitler geleistet, den sich die überwältigende Mehrheit des deutschen Volkes als seinen Führer erkoren hatte: ‚Ich schwöre bei Gott diesen heiligen Eid, daß ich dem Führer des deutschen Volkes, Adolf Hitler, dem Obersten Befehlshaber der Wehrmacht, unbedingten Gehorsam leisten und als tapferer Soldat bereit sein will, jederzeit für diesen Eid mein Leben einzusetzen.' Dieser Eid hat mein Handeln bestimmt, an ihn fühlte ich mich gebunden. Denn er bedeutete für mich – und niemand ist in dem politischen Wirrwarr der Nachkriegszeit für diesen Grundsatz gerade als Lehrer der Generalstabsoffiziere mehr eingetreten als ich – die moralischen und sittlichen Grundlagen jeder militärischen Disziplin und damit der staatlichen Existenz überhaupt. Eine Wehrmacht, die nur um Haaresbreite von diesem Grundsatz abgeht, ist nicht wert, daß der Staat einen Pfennig für sie ausgibt, denn sie wird eine Gefahr für den Staat, zu dessen Schutz sie doch vorhanden ist. Dieser Gehorsam kann aber nicht nur für die einfachen Soldaten oder Truppen gelten, sondern gerade für die Generäle, um so mehr, je höher ihre Stellung. Denn die Kriegsgeschichte hat mich gelehrt, daß nicht die Truppe, sondern die höheren Führer es sind, die zum Ungehorsam neigen und dadurch mehr als einmal die größten militärischen und politischen Krisen oder Niederlagen verschuldet haben.[34]

Der Gedanke, daß eine die Legislative und Exekutive ausübende legale staatliche Obrigkeit nicht sittlich handeln könnte, ist meines Wissens in den deutschen Rechtsgrundsätzen gar nicht vorgesehen. Es müßte sich also schon um ein Gesetz handeln, das über den Gesetzen des Staates regiert. Und damit kann man auf den religiösen Grundsatz kommen, man muß Gott mehr gehorchen als den Menschen, oder auf diesen Prozeß angewandt, man muß den in der christlichen Menschheit allgemein anerkannten sittlichen und moralischen Grundsätzen mehr gehorchen als einer staatlichen und militärischen Obrigkeit, die ihre Verletzung befiehlt, ein Grundsatz, den ich in ganz klarliegenden Fällen anerkenne. Denn kein Befehl hätte mich dazu gebracht, Martern, Folterungen oder sonstige Bestialitäten zu begehen.

Trotzdem kann diese Rechtsauffassung nur mit größter Sorgfalt vertreten werden, denn es ist z. B. ein höchst moralischer und sittlicher Grundsatz der ernsten Bibelforscher, nicht gegen andere Menschen zu kämpfen. Seine Befolgung im großen Umfang könnte aber zur Vernichtung oder Auflösung eines Staates führen. Unsere Westgegner wären in schwere Verlegenheit gekommen, wenn die Besatzungen der Bomberflotten erklärt hätten, sie verweigerten die Terrorangriffe gegen die deutschen Städte, da sie mit der Massenvernichtung friedlicher Zivilbevölkerung verknüpft sind und daher gegen die Grundlagen einer zivilisierten Kriegführung verstoßen.

Solange es auf der Erde keine höhere Autorität gibt als die der Einzelstaaten, also keine Macht, die in der Lage ist, die Befolgung jeder überstaatlichen Verordnung zu erzwingen, so lange sind Bürger und erst recht Soldaten an die Gesetze, Verordnungen und Befehle ihrer Staaten, und dieses ganz besonders im Kriege, gebunden, jedenfalls solange diese Befehle nicht einen ganz klar erkannten, den Rechtsauffassungen dieses Landes widersprechenden Zweck befolgen."

Jodl schließt seine Ausführungen mit den Worten: „Allen Offizieren war klar, daß der Kampf nicht um das Regime, sondern um Deutschland ging. Wir waren wie in einem havarierten Schiff, das entweder den Sturm überstehen oder mit Mann und Maus untergehen würde. Jeden Antrag eines Offiziers um Ablösung von seiner Stelle oder um Verabschiedung hatte der Führer als eine Verletzung der Gehorsamspflicht strikte verboten, sonst hätte ich diesen Schritt 1942 getan. Es blieb also nur der Weg, sich selbst zu erschießen oder offen den Gehorsam zu verweigern, was einem Selbstmord gleichkam. Wem nutzte man damit? Deutschland gewiß nicht, und darauf kam es an. Andere Offiziere wären an die Stelle getreten, hätten entweder nach kurzer Zeit abgewirtschaftet oder wären noch willfährigere Werkzeuge dieser gewalttätigen und energiegeladenen Persönlichkeit geworden. Nichts hätten sie ändern können. Durch die Wehrmacht wäre eine neue Erschütterung des Vertrauens in die Führung gegangen. Mein Handeln war nicht darauf abgestimmt, mir ein Alibi vor dem Gericht unserer Feinde zu verschaffen, es war allein darauf abgestimmt, durch meine Pflicht und meine Verantwortung vor dem deutschen Volk. Durch meine Stellung hatte ich frühzeitig erkannt, daß der Führer das Schicksal Deutschlands geworden war. Wer zu irgendeiner Zeit nach der Übernahme der Macht durch Adolf Hitler glaubte, an diesem Schicksal etwas ändern zu können, der irrte. Er konnte nur Deutschland in einen furchtbaren Bruderkrieg stürzen. So bin ich zu dem Entschluß gekommen, den schweren und entsagungsvollen Weg an der Seite des Führers bis zum bitteren Ende zu gehen. Ich hatte immerhin noch einen gewissen Einfluß, ich konnte es mir erlauben, in vielen Fällen ihm offen eine andere Auffassung entgegenzusetzen, und habe sie manchmal in Führungsfragen auch durchgesetzt. Ich konnte ausgleichen und damit Dutzenden von Offizieren helfen. Ich konnte auch die schlimmsten Auswüchse der Repressalien hie und da verhindern (Behandlung der Tiefflieger, Kündigung der Genfer Konvention usw.). Oft aber war jeder Widerstand von vornherein unmöglich. Jeder Mann, der im Führerhauptquartier war, wird bekunden, daß ich frei war von jedem Kadavergehorsam und bekannt wegen meiner Auffassungen.

Ich fasse also zusammen, daß ich praktisch keinen anderen Weg wußte, um das, was die Anklage als Verbrechen bezeichnet, zu verhindern, soweit diese Verbrechen überhaupt in meinen Verantwortungsbereich gehörten. Wenn der Generalstaatsanwalt eine solche Forderung stellt, dann soll er mir auch den Weg sagen, den ich dazu hätte einschlagen müssen. Es gab ihn nicht."

Beim Gespräch mit dem amerikanischen Professor war ein Punkt gestreift worden, von dem ich zu wenig wußte, um seine

Bedeutung zu erfassen. Es ging um den „Schutz des höheren Befehls" – „the defense of superior order". Nach Artikel 8 des Status des IMT galt das Handeln auf Befehl der Regierung oder eines Vorgesetzten nicht als strafausschließend, konnte jedoch als strafmildernd berücksichtigt werden.

Erst nach dem Urteil, also zu spät, kam uns ein Geschehen zur Kenntnis, das für Jodls Verteidigung hätte mitentscheidend sein können. Von anonymer Hand ging Professor Exner die Studie eines britischen Völkerrechtlers, Professor Smith in London, zu, die sich mit dem „defense of superior order" befaßte. Es erregte uns ungeheuer, zu erfahren, daß im Hinblick auf den Nürnberger Prozeß der einschlägige Paragraph im Britischen „Manual of Military Law" im Jahre 1944 – wie übrigens bei den Amerikanern auch – abgeändert worden war. Professor Smith zitierte in seiner Studie die frühere Fassung des Paragraphen und schrieb dazu:

„Der eben zitierte Paragraph genügte zum Freispruch der meisten Angeklagten des Leipziger Prozesses nach dem Weltkrieg 1914 und würde auch eine vollständige Verteidigung für die meisten Anklagen in Nürnberg darstellen. Als im April 1944 die Kriegsverbrecherprozesse in London vorbereitet wurden, änderte das Kriegsministerium die Formulierung des Paragraphen 443 derart, daß ihm der Schutz des höheren Befehls genommen wurde." Professor Smith kritisierte dieses Vorgehen mit Schärfe: „Es ist von entscheidender Bedeutung, daß der Text abgeändert wurde, nachdem viele der angeklagten Taten schon begangen waren. Es ist völlig unvereinbar mit den Traditionen unserer Justiz, der Verteidigung dieser Art eine wesentliche Basis zu entziehen."[35]

Das Gericht hat zur Gehorsamsfrage später entschieden:

„Das wahre Kriterium hat keinen Zusammenhang mit dem erhaltenen Befehl. Es liegt in der Entscheidung darüber, ob und inwieweit der Urheber der den Gegenstand der Anklage bildenden Tat die sittliche Freiheit und die praktische Wahl hatte."[36]

4.
Ankläger und Verteidiger

„Als ein Militärgerichtshof stellt dieser Gerichtshof eine Fortsetzung der Kriegsanstrengungen der Alliierten dar."
Hauptankläger Jackson, Internationaler Militärgerichtshof, 26. Juli 1946

Noch immer hatten die Ankläger das Wort. Am 17. Februar begann der französische Hauptankläger François de Menthon mit gallischem Pathos und brillant geschliffener Rhetorik die Anklage seiner Regierung zu verlesen. Eine seiner Thesen lautete, in einem illegalen Krieg sei jedwede Kriegshandlung „verbrecherisch". Während die angelsächsische Anklage sich fast ausschließlich auf das teils manipulierte Tatsachenmaterial deutscher Beutedokumente stützte, bestand das französische Material meist aus eidesstattlichen Erklärungen französischer Staatsbürger. In ihrem Gleichmaß der Beschuldigungen gegen die „deutschen Barbaren" wirkten sie etwas abstumpfend.

Wiederum faßte die französische Anklageschrift, „Réquisitoire individuelle", die Punkte gegen Keitel und Jodl zusammen, das gleiche Problem einer Verquickung der Kompetenzen mit sich bringend. Legten die Briten ihr Hauptgewicht auf den „Angriffskrieg", so standen hier die „Kriegsverbrechen" im Vordergrund. Von den 30 angeführten Belastungsdokumenten waren sieben relevant.[37] Über Jodl wurde gesagt: „Seine Haltung, seine Befehle, seine Handlungsweise enthüllten, daß er sich zu einem General mit politischen Inspirationen entwickelte." – „Wo sind sie?" schrieb Alfred in nüchterner Selbsterkenntnis an den Rand der Anklage.

Anschließend kamen die Russen zu Wort. Das Dokumentenmaterial übertraf an Umfang noch das der Franzosen und lag, wie dieses, ungeheftet in den Fächern der Verteidigung. Die meist fehlenden Beglaubigungen führten zu einer ersten Kontroverse zwischen dem Gerichtsvorsitzenden, Lord Justice Lawrence, und dem russischen Hauptankläger. Dieser erste Riß in der Mauer der Großen Vier erschien uns damals von großer Bedeutung.

Als erster Zeuge der Russen erschien – große Aufregung – Feldmarschall Paulus, einstiger Oberbefehlshaber der 6. Armee in Stalingrad, im Zeugenstand. Paulus hatte in einem Affidavit Keitel und Jodl als „Kriegsverbrecher“ bezeichnet; sie seien dafür verantwortlich, daß aus Stalingrad eine Vernichtungszone für die russische Zivilbevölkerung geworden sei, er fühle sich als Überlebender verpflichtet, „dem Sowjetvolk Genugtuung zu leisten“.

Kein Wort der eigenen Verantwortung gegenüber dem deutschen Volk und den ihm unterstellt gewesenen Soldaten! Die Behauptung von Paulus, Jodl trage die Verantwortung für die Ablehnung seines Antrages auf Kapitulation durch Hitler, konnte er selbst kaum für wahr halten. Denn einmal konnte er die genauen Zusammenhänge nicht kennen, zum anderen mußte er wissen, daß zu diesem Zeitpunkt Jodl von der Verantwortung für den Ostkriegsschauplatz entbunden war. „Wir hatten den Eindruck, daß Paulus unter sehr starkem Druck steht“, erzählte mir abends Dr. Kranzbühler. „Paulus soll erst gestern abend hier eingeliefert worden und gleich nach der Vernehmung unter schwerer Bewachung wieder abtransportiert worden sein.“

„Ich habe großes Mitleid mit diesem Zeugen“, schrieb Alfred.

Mit einem szenisch wohlberechneten Schlußakt – der Archimandrit von Kiew erschien in vollem Ornat im Zeugenstand – schloß die Anklagebehörde ihren Vortrag. Über 2000 Belastungsdokumente waren dem Gericht vorgelegt worden, 29 Zeugen hatten ausgesagt. Die Ankläger hatten alle Trümpfe in der Hand. Durch die Erbeutung nahezu aller deutschen Dokumente und Archive waren sie im Besitz auch desjenigen Materials, das zur Entlastung der Angeklagten hätte dienen können. Die Weltpresse und die der deutschen Länder stand hinter ihnen, die enthüllten Verbrechen des Regimes riefen nach Sühne. Dieser eindeutigen Forderung hatte bereits im Mai 1945 Großadmiral Dönitz als letztes Staatsoberhaupt entsprochen, als er nach Bekanntwerden der Verbrechen in den Konzentrationslagern das Kriegsgericht mit umgehender Untersuchung und Aburteilung der Schuldigen beauftragt hatte.

Wie kam es, daß trotz alledem die Ankläger einen objektiven Beobachter nicht überzeugen konnten, dieser Prozeß sei etwas anderes als eine politische Maßnahme, als „eine Fortsetzung der Kriegsanstrengungen“, wie Jackson später formulierte. Schon am

24. November 1945 hatte sich Jackson gleich zu Prozeßbeginn ähnlich geäußert. Flottenrichter Kranzbühler berichtete uns davon:

„Das war in einer Sitzung, an der außer den Richtern und den Hauptanklägern nur Kollege Dix und ich teilnahmen. Es ging zunächst nur darum, daß die Verteidigung Abdrucke der Dokumente bekam. Jackson wehrte sich auf das äußerste dagegen: Das würde zu einer derartigen Verzögerung führen, daß der eigentliche von den USA erstrebte Zweck des Prozesses gefährdet würde. Was denn dieser Zweck sei', fragte Lord Justice Lawrence. ‚Die Welt muß überzeugt werden', war Jacksons Antwort gewesen, ‚daß das Hitler-Regime so verbrecherisch war, wie die USA immer dargestellt haben. Nur so kann man dem deutschen Volk die Politik der Bestrafung klarmachen.' Diese offen geäußerte, rein politische Zielsetzung hatte mich sehr beeindruckt." – „Und was sagten die Richter dazu?" fragte ich. – „Nun, so ganz überzeugt waren sie offensichtlich nicht, denn wir haben ja dann die Kopien aller Dokumente bekommen. Aber – warten wir das Urteil ab."

Als wir abends über die Probleme sprachen, meinte Exner dazu: „Dabei bin ich überzeugt, daß ein Teil dieser Männer mit wirklichem Idealismus an seine Aufgabe herangeht und sogar glaubt, der Sache des Rechts einen großen Dienst zu leisten."

Die Anklagebehörde hatte 21 Männer, deren Traditionen meist so grundverschieden waren wie ihre Ziele, des „Common Plan", der „gemeinsamen Verschwörung" zur Begehung von Verbrechen angeklagt. Sie verstieg sich zur Behauptung, diese Verschwörung gehe auf das Jahr 1921 zurück, also auf eine Zeit, zu der sich die meisten Angeklagten noch nicht einmal kannten. Rechtliche Schuld wurde vermischt mit moralischer Schuld und politischem Irrtum. Die Ankläger übergingen bewußt, daß die letzten Entscheidungen zwischen legitimen und moralischen Pflichten in einer Diktatur solche vor Gott sind. Die Ankläger brandmarkten, obwohl sie von eigenen Verbrechen und Völkerrechtsverletzungen wissen mußten – Ermordung polnischer Offiziere bei Katyn, geplante Landung in Norwegen, Teilung Polens im deutsch-sowjetischen Geheimabkommen von 1939. Und daß endlich die mehr als fragwürdige Gestalt des Gaston Oulman (er wurde später als kriminell entlarvt und beging Selbstmord) das deutsche Volk täglich über den Prozeß unterrichtete, konnte nicht dazu beitragen, diesen „als die Erfüllung menschlichen Sehnens nach Gerechtigkeit" (Jackson) anzuerkennen.

Und nun – die Verteidigung. Am 8. März 1946 kam der Tag, an dem sie – endlich und doch viel zu früh – das Wort ergreifen sollte. In diesem Prozeß vor dem Internationalen Militärgerichtshof, der in Wirklichkeit aber nichts anderes war als ein interalliiertes Okkupationsgericht, sah sich die Verteidigung einer Situation gegenüber, in der sie von vornherein unterlegen war. Hinter den deutschen Juristen, die an die verantwortungsvolle Aufgabe der Wahrheitsfindung herangingen, stand damals niemand, weder eine zentrale deutsche Instanz noch eine freie deutsche Meinung. „Wir vertreten hier gewissermaßen ein deutsches Auswärtiges Amt", stellte einmal Dr. Dix fest. „Wenn wir unsere Aufgabe so erfüllen, wie die Geschichte es von uns fordert, so können wir einen wichtigen Beitrag zu Befriedung und Versöhnung leisten."

Was der Verteidigung naturgemäß zunächst fehlte, war die gründliche Kenntnis und Übersicht der wesentlichen Zusammenhänge der Vergangenheit, Voraussetzung für ein gezieltes Konzept. War schon das Wissen um die Vergangenheit unzureichend, so fehlte es völlig in bezug auf die Gegenwart. Die Verteidigung kannte zwar die Abkommen von Moskau und Jalta über die Bestrafung der Kriegsverbrecher, sie kannte die Charta des IMT. Aber sie kannte nicht die Vorbesprechungen zur Entstehung dieser Charta, wußte nichts vom Einfluß des russischen Professors Trainin. Täglich erneut den deprimierenden Eindrücken der Belastungsdokumente ausgesetzt, mußte sie zudem gegen die Brandung der Propaganda ankämpfen, die die Angeklagten mit einer Welle des Hasses überflutete, sie mit Barbarentum und Sadismus gleichsetzte.

Hinzu kamen vielfach persönliche psychische Belastungen. Es war fraglos eine großzügige Entscheidung gewesen, zunächst auch ehemalige Parteigenossen als Anwälte zuzulassen. Aber die ständig sich wiederholenden Überprüfungen durch den CIC brachten eine unwürdige Atmosphäre mit sich und führten sogar zur vorübergehenden, irrtümlichen Verhaftung eines Münchener Juristen. Außerdem setzte es vielfach gehässige Angriffe durch die deutsche Presse, die erst aufhörten, als sich Lord Justice Lawrence in öffentlicher Sitzung hinter die deutschen Verteidiger als Funktionäre des Gerichts stellte und ihnen seinen Schutz zusagte.

Mindestens ebenso stark wie diese Handikaps wirkten sich, zumindest in den ersten Monaten, reine verfahrensmäßige Behinderungen aus. Da war zunächst der Gegensatz zwischen kontinentaleuropäischem und angelsächsischem Rechtsdenken! Nach deutschem, aber auch nach französischem Recht, ist der Staatsanwalt Helfer des Gerichts bei der Wahrheitsfindung, er ergreift keinerlei Partei. In dem nach angelsächsischem Recht durchgeführten Prozeß mußten sich die Verteidiger erst darauf einstellen, daß der Staatsanwalt ihnen als Partei gegenüberstand. Erst allmählich wuchs die Verteidigung in dieses Verfahren hinein und wurde sich der Bedeutung des ihr bisher fremden „Kreuzverhörs" bewußt, mit seinen nicht selten gerissenen Methoden, einen Zeugen der Unglaubwürdigkeit zu überführen. „Wir haben in dem englischen Hauptankläger einen vorzüglichen, wenn auch für uns oft schmerzlichen Lehrmeister", schilderte mir Kranzbühler. „Auch die anderen, genau abgestuften Methoden des angelsächsischen Verfahrens, durch ‚stipulations, objections, rebuttals' usw., auf die Beweisführung einzuwirken, werden wir wohl erst heraushaben, wenn der Prozeß zu Ende ist."

Schritt für Schritt, eingeengt durch die Verfahrensregeln, mußte sich die Verteidigung ihren Weg erkämpfen. Auf ihren dem Gericht am 4. Februar eingereichten Vorschlag für die Beweisführung antwortete die Anklagebehörde mit einem Gegenvorschlag: Die Verteidigung möge in einzelnen Punkten, wie etwa der Anklage auf „Verschwörung" und „Ungerechten Krieg", von vornherein zustimmen. Ferner wurde verlangt, zu einem recht frühen Zeitpunkt eine Aufstellung über die beantragten Zeugen, die Fragen an sie, und über die Beweisdokumente einzureichen. Während also die Anklagebehörde ihr Beweismaterial ohne jede Kontrolle und überraschend vorlegen konnte, sollte nun das der Verteidigung einer genauen Kontrolle unterliegen und vom Gericht über seine Zulassung auf Grund eines Gutachtens der Anklage entschieden werden. Am 16. Februar protestierte eine Delegation, bestehend aus Prof. Exner, Flottenrichter Kranzbühler, Dr. Siemers und Dr. Stahmer, gegen diese Behandlung der Verteidigung, jedoch vergeblich. Das Gericht genehmigte zwar ein Plädoyer der Gesamtverteidigung über allgemeine Rechtsfragen, lehnte jedoch jeden anderen Antrag ab.

Dies bedeutete, daß in den Anträgen auf Zeugenladung nun Punkt für Punkt festgelegt werden mußte, worüber der Zeuge befragt werden würde. Lehnte das Gericht einen Zeugen ab, so bestand zwar die Möglichkeit, einen Fragebogen an ihn zu schicken, doch war das kein vollwertiger Ersatz. Zu diesem Zeitpunkt befand sich nahezu die gesamte Hierarchie der deutschen Beamten und Offiziere in Internierungslagern. Es lag auf der

Hand, daß keiner der Internierten Wert darauf legte, die Aufmerksamkeit auf sich zu lenken oder gar als Zeuge nach Nürnberg gerufen zu werden. Denn es war eine wohlbekannte Tatsache, daß die inzwischen eingesetzten Entnazifizierungsbehörden eng mit den Anklägern zusammenarbeiteten und daß letztere darauf bedacht waren, so viele wie möglich als „Verbrecher" abzustempeln. Als Zeuge in Nürnberg aufzutreten, konnte daher leicht bedeuten, in einem Flügel der „war criminals" zu landen.

Mit der Beschaffung der von der Verteidigung beantragten Dokumente stand es nicht weniger heikel. Als z. B. Dr. Stahmer für seine Beweisführung die Vorlage der amtlichen deutschen Dokumente über polnische und russische Greueltaten beantragte, erklärte der britische Hauptankläger:

„Diese Dokumente sollen also beweisen, daß, wenn das Reich Verletzungen der Kriegsregeln begangen hat, die anderen dasselbe begangen haben. Die Meinung der Anklagevertretung geht dahin, daß dieses vollkommen unerheblich ist."

Gegen dieses Verbot, auf begangene Straftaten des Gegners hinzuweisen, protestierte Professor Exner vergeblich: „Man muß das Motiv einer Tat berücksichtigen und ihren eventuellen Vergeltungscharakter."

Die Anzahl der Verteidiger war mittlerweile durch Hinzuziehung von Mitverteidigern auf etwas mehr als das Doppelte gestiegen; fast jedes Team verfügte über zwei bis drei Sekretärinnen. Die Bezahlung erfolgte durch das Gericht. Bei den täglichen gemeinsamen Mahlzeiten hatte ich Gelegenheit, die Mehrzahl der Anwälte kennenzulernen und gewann bald den Eindruck, meist hervorragenden Vertretern ihres Berufes zu begegnen. Die mir zunächst fremde Sprache der Juristen hatte ich inzwischen begreifen gelernt, so daß ich in den Debatten folgen konnte. Ich erfuhr auf diese Weise auch vieles über die Fälle der anderen Angeklagten, wozu mir die Arbeit sonst keine Zeit ließ. Mir fiel auf, wie manch einer der Verteidiger, der sich zu Prozeßbeginn noch abfällig über seinen Mandanten geäußert hatte, im Lauf der Zeit in einer Art Symbiose seine Meinung so änderte, daß er mit Verständnis, wenn nicht Sympathie, von ihm sprach. Vereinzelt konnte man allerdings das Gegenteil beobachten, wie etwa bei Dr. Kauffmann, dem Verteidiger Kaltenbrunners.

Wenn ich beim Essen inmitten dieser sich lebhaft unterhaltenden Gruppen saß, wünschte ich mir zuweilen, nicht als eine an diesem Prozeß Beteiligte, sondern als unbeteiligte Beobachterin hier zu weilen. Ich wäre seelisch freier, weniger müde gewesen, wacher im Aufnehmen. Und doch sind mir die Eindrücke noch ungemein gegenwärtig. Unser Team stand auf besonders gutem Fuß mit den Verteidigern von Schacht: Professor Herbert Kraus, seiner Frau Tilly und Dr. Dix. Wenn ich morgens alle zusammen mit unseren Verteidigern an dem für uns reservierten Ecktisch sitzen sah, dann war das immer ein guter Tagesbeginn, und ich konnte einer lehrreichen und angeregten Unterhaltung sicher sein. Dr. Dix fiel schon durch seine Erscheinung auf, ein Weltmann im besten Sinne, von großem Wuchs, mit ungemein klugen Augen unter der hohen Stirn und dem Kranz weißer Haare. Hinter diesem überaus gewinnenden Äußeren verbarg sich Bescheidenheit, Güte und Sensibilität. Er war in den Klassikern so belesen, daß er vermutlich zu jeder Situation ein passendes Zitat gewußt hätte. Ich liebte es sehr, seinen farbigen Schilderungen zu lauschen, sei es aus seiner Beamtenzeit in Kamerun oder von seiner Tätigkeit als Rechtsberater von Mitgliedern der Widerstandsbewegung. Dr. Dix gehörte der „konzilianten Richtung" der Verteidiger an, er zögerte aber nicht, im Wortgefecht zum scharfen Säbel zu greifen, wenn sein Rechtsempfinden verletzt war.

Zu unserer Tischrunde gesellten sich häufig auch die beiden Verteidiger von Großadmiral Dönitz, Flottenrichter Kranzbühler und Korvettenkapitän Meckel. Sie trugen die Uniform ihrer noch aktiven Minenräumeinheit mit wohltuender Selbstverständlichkeit. Kranzbühler vereinte in elastischer Beweglichkeit in sich den Kampfgeist der „scharfen Richtung" und Konzilianz. In meisterhafter Beherrschung der Materie vermochte er in zähem Kampf gegenüber dem Gericht manch gewichtigen Punkt zugunsten der Gesamtverteidigung zu gewinnen und stand in gleichermaßen höchstem Ansehen bei den Kollegen wie beim Gericht. Man mußte ihn näher kennen, um zu wissen, mit welchem Idealismus, mit wieviel Herz und menschlichem Verstehen sich dieser Mann mit den sehr beherrschten Zügen und Bewegungen für seine Ziele, ohne jede Rücksicht auf seine eigene Person, einsetzte. Auch mit den Verteidigern von Großadmiral Raeder, Dr. Siemers und Frhr. v. d. Lippe, hielten wir lebhaften Kontakt. Dieses Team betonte gern seine zivile Note, auch bei schönstem Wetter trug der angesehene Hamburger Anwalt seinen Regenschirm bei sich. Von gewinnendem Charme in der Unterhaltung, besonders auch Frauen gegenüber, wurde Dr. Siemers zu einem Fanatiker, wenn das Gespräch auf Hitler kam. Er sah in ihm einen reinen

Verbrecher, der das deutsche Volk nur für seine Machtinstinkte benutzt hatte.

Zum wechselnden Kreis der Tafelrunde zählte auch Dr. Nelte, der Verteidiger Keitels. Er führte die sehr umfangreichen Arbeiten für seine Beweisführung mit Hilfe von Frau und Tochter durch und war die ganze Zeit über von unermüdlicher Arbeitskraft. Seine sehr menschliche Einstellung zum Geschick seines Mandanten gewann meine Sympathie. Man bekam leichter Kontakt zu ihm als zu Dr. Laternser, dem Verteidiger des Generalstabs, dessen sensibles Gesicht von rastloser Arbeit gekennzeichnet war. Sein furchtloses Eintreten für die Offiziere verschaffte ihm oft keinen leichten Stand, es ging ihm die Eleganz des Florettfechtens von Kranzbühler ab. Wenn bei harten Debatten die Meinungen am Tisch aufeinanderprallten, so wußte sich immer mit Humor und liebenswürdiger Geste Dr. Steinbauer aus Wien, der Verteidiger von Seyß-Inquart, einzuschalten. Von seinem Mandanten sprach er mit Sympathie und Achtung: „Er steht diesem Prozeß ganz anders als Jodl gegenüber", erklärte mir Dr. Steinbauer einmal, „Seyß-Inquart ist ein Philosoph, er wird auch dem Schlimmsten mit einem weisen Lächeln entgegensehen. Ihr Mann führt seine Verteidigung mit dem Schwert in der Hand bis zur letzten Minute." Er sollte sich irren.

Am Tischende ragte mit großkarierter Jacke und farbenfrohem Schlips der Münchner Anwalt Dr. Sauter unter den Kollegen hervor, Verteidiger des Wirtschaftsministers Funk. Wenn man sich nach einem arbeitsreichen Tag von Sauter, einem begeisterten Angler, von seinen Fangerlebnissen berichten ließ, dann war das, als säße man selbst geruhsam im Boot auf dem Starnberger See. Für die Gesamtverteidigung nahm er eine genauso wichtige Rolle ein wie sein Kollege Dr. Nath mit seiner Frau, ebenfalls eine brillante Juristin. Das scharfe Profil vom Rauch der Pfeife umwölkt, saß am Nebentisch Dr. Haensel, als Anwalt, Autor und Alpinist gleichermaßen bekannt. Er hatte sich aus psychologischem Interesse der Verteidigung der SS angeschlossen, die von Dr. Pelckmann nach dem Urteil der Kollegen in juristisch bestechender Form wahrgenommen wurde. Ihm gegenüber, den scharfen Nasenrücken in hitziger Debatte vorgestreckt, saß Dr. Seidl, im Scherz zuweilen „V 2" genannt. Seine Dynamik und zähe Beharrlichkeit, mit der er die Zulassung des deutsch-russischen Geheimabkommens als Beweismaterial durchzusetzen gewußt hatte, sicherte ihm nicht nur Bewunderung und Anerkennung der Kollegen, sondern auch das Gericht brachte diesem Münchner Anwalt besondere Aufmerksamkeit entgegen. Das gleiche galt für Dr. Horn, Verteidiger des ehemaligen Außenministers v. Ribbentrop. Ihm oblag die heikle Aufgabe, die Außenpolitik des Dritten Reiches zu verteidigen und, zusammen mit Kranzbühler, eine Stellungnahme zum Problem des Angriffskrieges auszuarbeiten.

Und schließlich die uns Nächststehenden, unsere Verteidiger. Professor Hermann Jahrreiss, gebürtiger Sachse, war zunächst als Amtsrichter tätig gewesen, bis er sich für die wissenschaftliche Laufbahn entschied. Schon mit 28 Jahren Extraordinarius in Leipzig, folgte er später Berufungen nach Köln und Greifswald. Ihm bedeutete das Lehren der Jugend ebenso eine Mission wie seine Tätigkeit als Forscher. Es war kein Zufall, daß die Gesamtverteidigung gerade ihn mit der Ausarbeitung des Plädoyers über Völkerrechtsfragen beauftragt hatte. Seine nüchterne Betrachtungsweise wurde in lebendigster Weise ergänzt durch vielseitige künstlerische Interessen und eine hohe Begabung auf malerischem Gebiet. „Zum Sehen geboren, zum Schauen bestellt." Diese olympische Schau verriet sich schon rein äußerlich in der stark gewölbten hohen Stirn, den scharf beobachtenden Augen unter dem Helm grauer Haare. Sein menschliches, Freiheit gewährendes Verständnis gewann ihm das ganze Herz seines Mandanten.

Und schließlich, gleichermaßen ein Freund, Professor Franz Exner – nun schon lange am Fuße seiner geliebten Berge ruhend. Als Sproß einer berühmten Wiener Gelehrtenfamilie, die Gottfried Keller zu ihren Freunden zählte, hatte er gleich seinem Vater die juristische Laufbahn gewählt. Über Aufforderung der Carnegie-Stiftung befaßte er sich eingehend mit Kriminalbiologie und -soziologie und machte sich in diesem Fach einen Namen von internationalem Rang. In selten glücklicher Weise vereinten sich in Exner die Gründlichkeit und behutsam wägende Nachdenklichkeit des Forschers und Philosophen mit dem frohen Genuß am täglichen Leben, das ihm immer wieder als die anschaulichste Quelle seiner Umweltforschungen dünkte. Es war mir eine stete Freude, zu beobachten, mit welcher Zuneigung und Achtung die anderen Verteidiger ihm begegneten. Seine Güte, sein nie versagender Humor, zugleich eine in vorausgeahnter Todesnähe überhöhte Lebensweisheit halfen mir, manch dunkle Stunden zu überwinden.

Ich glaube sagen zu dürfen, daß die menschlichen Bindungen zwischen Jodl und seinen Verteidigern – außer bei Dönitz –

einmalig in der Geschichte des Prozesses gewesen sind. Sie wurden Freunde. Je mehr ich mir dessen bewußt wurde, desto mehr bedrückte mich der sich merklich verschlechternde Gesundheitszustand von Professor Exner. Er sprach niemals oder nur selten von seinen Beschwerden, aber dem aufmerksamen Beobachter konnten Müdigkeit und Schmerz in den Zügen nicht entgehen, wenn er von den Sitzungen zurückkam. Konnten wir verantworten, diesen treuen Freund einer derartigen Belastung auszusetzen, ihn vielleicht seiner letzten Reserven zu berauben und damit sein Leben zu verkürzen? Würde andererseits ein Wechsel nicht bei meinem Mann eine Krise hervorrufen? Ganz behutsam deutete ich Alfred gegenüber meine Sorgen an. Seine Antwort war klar und präzis wie immer: „Wir würden Professor Exner zutiefst kränken, wenn wir ihn um Rücktritt bäten, er könnte das als mangelndes Vertrauen deuten. Mein Vertrauen aber ist unbegrenzt. Da sich Jahrreiss so energisch einschaltet, bleibt zu hoffen, daß Exner durchhält, ohne Schaden zu nehmen. Ich glaube, er sieht diese Verteidigung als seine letzte große Aufgabe an."

Wie recht mein Mann mit dieser Auffassung hatte, wurde mir bewußt, als ich bald darauf Professor Exner in der Erlanger Universitätsklinik besuchte, wo er sich einer Bestrahlung unterzog. Er lehnte es ab, auch nur mit einem Wort von seiner Gesundheit zu sprechen, und wollte nur das Neueste vom Prozeß wissen: vom Gericht, von der Anklage, von den Verteidigern. Vor allem aber – immer wieder – von seinem Mandanten.

5.
Vorbereitungen zur Beweisaufnahme

„Für uns gilt allein das Versuchen. Der Rest ist nicht unsere Sache."

T. S. Eliot

Am 6. März wurde über die von Professor Exner eine Woche zuvor eingereichten Anträge für Zeugen und Dokumente vor dem Gerichtshof verhandelt. Die beantragten Dokumente – insgesamt 21 – wurden in der Mehrzahl zugelassen, einige jedoch abgelehnt. Zu diesen gehörte u. a. das Buch des Vorsitzenden der Volkskommission in der UdSSR, Ponomarenko, über den Partisanenkampf im Osten. „500.000 deutsche Truppen durch Partisanen getötet", unter diesem Titel hatte „Stars and Stripes" das Buch ausführlich kommentiert. Bei zwei anderen abgelehnten Dokumenten handelte es sich einmal um das „Handbuch für neuzeitliche Kriegführung",[38] zum anderen um einen bei Dieppe 1942 erbeuteten britischen Befehl, deutsche Kriegsgefangene zu fesseln. Beide Dokumente waren wichtig für die Entstehung des „Kommandobefehls", des Befehls, sogenannte „Kommandotrupps" zu erschießen.

Als der britische Hauptankläger diese Dokumente ablehnte, protestierte Professor Exner:

„Was die Irrelevanz anbelangt: Wir behaupten nicht, daß die Befehle Rechtswidriges enthalten. Wenn aber z. B. in dem Nahkampfbefehl den englischen Soldaten Handlungen befohlen werden, die man unseren Soldaten zum Vorwurf macht, dann läge doch ein Widerspruch vor, der allerdings von Bedeutung wäre. Denn offenbar stünde dann die englische Regierung auf dem Standpunkt, daß diese Art Kampfhandlungen zulässig sind. Wenn sie aber dort zulässig sind, so müssen sie auch bei uns zulässig sein, denn es darf nicht mit zwei Maßen gemessen werden."

„Der Gerichtshof wird sich mit Ihren Argumenten befassen", lautete die salomonische Antwort des Vorsitzenden. Professor Exners Protest nützte nichts. Die britische Nahkampfvorschrift blieb Jodl als Beweismaterial versagt, erst im Prozeß Nr. XII konnte sie General Warlimont von seiner Verteidigung vorbringen lassen.

Ich hatte inzwischen mit dem Schreiben der Dokumentenbücher begonnen. Diese Bücher enthielten alles zur Unterstützung unserer Beweisführung gesammelte Material in der Reihenfolge der geplanten Verhöre. Bei jedem Dokument – insgesamt 125 – waren auf einem Vorsatzblatt Angaben über Herkunft und Datum sowie eine Bescheinigung der Echtheit durch den Verteidiger erforderlich. Obwohl es sich meist nur um kurze Auszüge handelte, umfaßten die drei Bücher schließlich 200 Seiten. Das Abziehen und die Übersetzung der geschriebenen Matrizen durch das Generalsekretariat hatte natürlich zur Folge, daß der Anklage ihr Inhalt bekannt wurde. Bei einer Stichprobe entdeckten wir, daß sowohl im englischen wie im französischen Text zuweilen wichtige Stellen fehlten, so daß Satz für Satz mit der deutschen Fassung verglichen werden mußte. In einer Eingabe machte Exner auf diese Irrtümer aufmerksam – im englischen Text an 38, im französischen an 32 Stellen.

Die Verteidigung entschloß sich, das Verhör Jodls – entgegen der Anklage – umzugruppieren, d. h. den „Angriffskrieg", also die generalstabsmäßige Tätigkeit, an den Schluß, und das Verhör über die „Kriegsverbrechen" an den Anfang zu stellen.

Von den für Jodl beantragten 19 Zeugen genehmigte das Gericht vier: General a. D. August Winter, zuletzt stellvertretender Chef des Wehrmachtführungsstabes, Prof. Dr. Percy Schramm, 1943 bis 1945 als Major der Reserve Führer des Kriegstagebuches im Wehrmachtführungsstab, Generalmajor Horst Frhr. v. Buttlar und Major i. G. Büchs, beide Generalstabsoffiziere unter Jodl. Für die restlichen Zeugen wurden „interrogations"* genehmigt.

Bemerkenswert war, daß sich ein Zeuge, Oberst Soltmann, ehemaliger Chef der Abteilung Fremde Heere West in einem Telegramm freiwillig zur Aussage über den Norwegenfeldzug anbot. Sein Mut kostete ihn die Freiheit, denn es war ihm gelungen, sich zunächst der Internierung zu entziehen. Die Amerikaner zeigten sich aber von seiner charaktervollen Haltung

* Gemeint sind hier schriftliche Befragungen und Zeugenaussagen.

so beeindruckt, daß er als einer der ersten Offiziere entlassen wurde. Noch stärker beeindruckte uns, daß der ehemalige Kommandant des Baubataillons 537, Oberst Ahrens, bei Nacht und Nebel über die Zonengrenze gekommen war, um über die Ermordung der polnischen Offiziere bei Katyn auszusagen. Bis tief in die Nacht diktierte er mir seinen Bericht: Bei nächtlichem Pirschgang hatte ihn ein scharrender Wolf auf die Hügel der Massengräber aufmerksam gemacht.

Nachdem in der Presse Berichte über die Anträge Exners erschienen waren, trafen noch weitere freiwillige Zeugenangebote ein. Ein Landrat bot sich zur Aussage über die Terrorflieger an, ein Pfarrer über den Bandenkrieg; wichtiger erschien uns der Brief einer Jüdin aus Wien, Frau Moskowitsch. Sie schrieb an den befreundeten Professor Exner:

„Wien, 9. 11. 1945, 2 Uhr nachts.

Ich habe erfahren, daß Du zum Verteidiger von General Jodl bestimmt worden bist. Falls Du glaubst, daß eine Zeugenaussage von mir ihm nützen könnte, so möchte ich Dir folgendes mitteilen: Im März 1939 wurde die Nachricht verbreitet, daß alle Juden nach Polen verschickt würden. In meiner Todesangst schrieb ich an die Frau von General Jodl, in welcher Gefahr wir stünden. Er und seine Frau waren wiederholt bei uns. Er war für mich der Inbegriff eines hochgebildeten und ethisch hochstehenden Offiziers. Zunächst kam ein amtlicher Brief Jodls, daß er nichts für uns tun könne. Aber nach einigen Wochen las uns der Präsident des Verwaltungsgerichtshofes Barsch einen Brief Jodls vor, er habe uns leider im amtlichen Schreiben die Bitte abschlagen müssen, aber er hoffe, daß wir nun nicht nach Polen geschickt würden. Damals war uns zumute wie einem Begnadigten nach einem Todesurteil. Mein Mann und ich fühlten uns seit damals dem Ehepaar tief verpflichtet. Aus diesem Gefühl heraus habe ich mich entschlossen, an Dich zu schreiben, und hoffe, Du wirst es verstehen, daß ich es als meine Schuldigkeit verstehe, zu versuchen, einen kleinen Beitrag zur Entlastung dieses tief unglücklichen Mannes zu geben.“

Wir sprachen darüber, ob man diesen Brief als Beweismaterial anführen sollte. Exner war dagegen: „Angesichts dieser überwältigenden Ziffern an jüdischen Opfern wird ein Einzelfall nicht ins Gewicht fallen. Vor allem aber ist Ihr Mann ja gar nicht wegen Judenmordes angeklagt.“

Am 10. März 1946 erhielt ich einen Brief Alfreds, der mir zeigte, wie sehr er sich mit der Vergangenheit und vor allem der Person Hitlers auseinandersetzte:

„In meinen Gedanken über die vergangenen Geschehnisse kreiselt der Kompaß meiner Gefühle noch. Wenn ich lese, wie Frank Thieß nach 1500 Jahren unter Abwendung von der ‚Historie' zu einem wahren Bild über den byzantinischen Kaiser Justinian zu gelangen versuchte, dann muß ich im verstärkten Maße an die Gegenwart denken und mich daran erinnern, wie die Geschichte jenes Mannes, der die ganze Welt in Aufruhr brachte, schon während ihres Ablaufes selbst, und zum Teil sogar von *ihm*, gefälscht wurde. Und so ertappe ich mich immer wieder bei dem Gedanken, ob es nicht meine Mission wäre, ohne jede Rücksicht auf meine persönliche Verteidigung nur der Klarstellung der historischen Wahrheit zu dienen. Ich würde es auch tun, wenn nicht zwei Momente dagegen sprächen. Einmal ist das nicht die Hauptaufgabe des Gerichtes, das jeden derartigen Versuch mit dem juristischen Begriff ‚unerheblich' beenden kann; er muß aber letzten Endes auch erfolglos bleiben, da die Archive der anderen Seite verschlossen sind. Und zweitens frage ich mich: Kenne ich diesen Mann überhaupt, an dessen Seite ich lange Jahre ein so dornen- und entsagungsvolles Dasein geführt habe? Hat er nicht auch mit meinem Idealismus gespielt und ihn nur benutzt zu Zwecken, die er in seinem Innern verbarg? Wer will sich rühmen, einen anderen Menschen zu kennen, wenn er einem nicht in Freud und Leid verborgenste Falten seines Herzens geöffnet hat? So weiß ich heute nicht einmal, was er gedacht, gewollt und gewußt hat, sondern weiß nur, was ich darüber gedacht und vermutet habe. Und wenn heute die Umhüllung fällt von einem Bild, in dem man einmal ein Kunstwerk zu sehen hoffte, und sieht sich dann vor einer teuflischen Entartung, so mögen sich die künftigen Historiker darüber den Kopf zerbrechen, ob das von Anfang an so war oder ob sich dieses Bild parallel mit den Geschehnissen wandelte. Manchmal falle ich wieder in den Fehler, der Herkunft die Schuld zu geben, um mich dann wieder daran zu erinnern, wie vielen Bauernsöhnen die Geschichte den Namen der ‚Große' gegeben hat. Das ethische Fundament, das ist das Entscheidende, nicht der Wille und nicht der Geist. Es ist schon wahr: ‚Das Ewige ist stille, laut die Vergänglichkeit, schweigend geht Gottes Wille über die Erdenheit . . .'"

Durch geheime Kanäle hatte ich inzwischen allerlei über das Gefängnis selbst in Erfahrung gebracht. Es bestand aus vier

Flügeln mit je 100 Zellen. Im ersten Flügel waren die sogenannten „Hauptkriegsverbrecher“ untergebracht, mein Mann in Zelle 6. Bei den Gefangenen im zweiten Flügel handelte es sich um besonders wichtige Zeugen oder um solche, die später angeklagt werden sollten. Sie lebten ebenfalls in Einzelhaft. Die Häftlinge im dritten und vierten Flügel durften sich gegenseitig besuchen. Manche erfuhren erst nach Monaten, warum man sie nach Nürnberg gebracht hatte. Trug ein Mann den gleichen Namen wie ein bekannter Nationalsozialist, so konnte er sich unter Umständen mit mehreren seiner Namensvettern monatelang interniert finden. So waren z. B. drei Hildebrands in Nürnberg versammelt, ehe der Gesuchte, Gauleiter Hildebrandt, gefunden wurde.

Ob im „Zeugenflügel“ oder im Flügel der „Hauptkriegsverbrecher“: alle Häftlinge mußten sich bei der Einlieferung der gleichen Prozedur unterziehen: Ablieferung der Hosenträger, Schnürsenkel, des Rasierzeugs usw. Die Behandlung der Offiziere stand in krassem Gegensatz zu den Bestimmungen der Genfer Konvention über die Behandlung von Kriegsgefangenen. Für den untersetzten, stiernackigen Kommandanten des Gefängnisses, Colonel Andrus, waren diese Deutschen – ob Offiziere, Industrielle, Minister oder Wissenschaftler – alle „Gangster“. Alfreds eindeutiges Urteil:

„Was der Kommandant – einer der wenigen Menschen, die ich hasse – an Erschwerungen sich noch ausdenken kann, wird er tun. Er ist ein moralisch völlig minderwertiges Subjekt, haßerfüllt, scheinheilig, nur nach Alkohol und Weibern aus.“

Die stärkste Belastung bedeuteten wohl die nächtlichen Störungen, vor allem das grelle Licht der Scheinwerfer, von denen die Gefangenen ständig angestrahlt wurden. Alfreds Tagebuch gibt davon ein anschauliches Bild:

„7. 2. Nächtliches Intermezzo mit Posten, der mich im Bett umdrehen will und den ich anbrülle, daß ich ihn niederschlage, wenn er mich noch mal anrührt.

20. 2. Wieder das Weckenspiel des Postens. Kurz vor der Ablösung kommt er in die Zelle, nachdem ich nicht zu erkennen gebe, daß ich aufgewacht bin von dem Lärmen und Leuchten auf meinen Kopf.

21. 2. Vom Posten durch Anreden aufgeweckt.

23. 2. Zweiter Posten weckt mich durch Lärmen. Als ich das Gesicht zur Wand drehe, kommt er in die Zelle.

25. 2. Posten weckt mich, weil ich auf dem Bauch liege. Er verschwindet auf meine Warnung ohne Gebrüll.

15. 3. Nachts Krach mit sadistischem Posten. Ich lasse mich auf Bitten des NO* erweichen, wieder ins Bett zu gehen.
16. 4. Die ganze Nacht Schikanen des Postens. Ein besonders roher Kerl von 8.20 bis 10.30 Uhr und 2.30 bis 3.40 Uhr.
23. 4. Posten weckt mich viermal durch Anrufen und sagt dann ‚sleep well'".

„Wie soll er das Kreuzverhör durchhalten?" fragte ich Exner, „Alfred schreibt mir, daß die rein physische Inanspruchnahme der schon vernommenen Angeklagten eine ungeheure gewesen sei." – „Nun, die Zeugen bekommen ja eine extra Zulage", tröstete mich Jahrreiss.

Daß die Gefangenen trotz dieser Behandlung, die allgemein als eine systematisch gehandhabte Demoralisierung empfunden wurde, den Humor bewahrten, zeigt ein fiktives Kreuzverhör, eine Parodie, die mir eines Tages zuging:

Frage: „Hatten Sie Haustiere?"
Antwort: „Jawohl."
Frage: „Wie viele Haustiere hatten Sie?"
Antwort: „14 Stück."
Frage: „Dann hatten Sie also auch Milch?"
Antwort: „Ich hatte keine Milch."
Frage: „Sie haben doch eben gesagt, daß Sie Haustiere hatten. Wollen Sie an der ursprünglichen Aussage etwas ändern? Hatten Sie Haustiere oder nicht?"
Antwort: „Natürlich, das habe ich doch schon gesagt."
Frage: „Also wieviel Milch hatten Sie?"
Antwort: „Darf ich Ihnen erklären . . ."
Frage: „Zeuge, ich will von Ihnen keine Erklärungen haben. Sie sollen erst meine Fragen beantworten. Kann man von Haustieren Milch haben?"
Antwort: „Selbstverständlich, aber . . ."
Frage: „Also doch, Zeuge, jetzt kommen wir der Sache schon näher. Sie hatten also Milch. Vielleicht nicht viel, aber Sie hatten Milch."
Antwort: „Nein, ich hatte auch nicht viel Milch, ich . . ."
Frage: „Dann hatten Sie also wenig Milch. Welchen Unterschied machen Sie zwischen einem, der wenig Milch hat, und einem, der nicht viel Milch hat?"
Antwort: „Da mache ich keinen Unterschied."

* Night-Officer (Offizier vom Nachtdienst).

Frage: „Wieviel hat einer, der wenig Milch hat?"
Antwort: „Es käme darauf an, ob . . ."
Frage: „Ist ein Liter wenig?"
Antwort: „Ein Liter ist nicht viel."
Frage: „Wieviel sind bei Ihnen einige Liter?"
Antwort: „Sicher mehr als einer."
Frage: „Sehen Sie, Herr Zeuge, jetzt kommen wir der Sache wieder näher. Ich komme nunmehr auf die ursprüngliche Frage zurück. Wieviel Liter Milch hatten Sie?"
Antwort: „Ich sagte schon, ich hatte keine Milch."
Frage: „Wollen Sie dem Gericht weismachen, daß Sie keine Milch hatten, obwohl Sie Haustiere besaßen?"
Antwort: „Diese Frage ist leicht zu beantworten. Ich hatte deswegen keine Milch, weil ich einen Hund, eine Katze und zwölf Hühner besaß."
Frage: „Warum haben Sie diese Erklärung nicht gleich abgegeben?"
Antwort: „Sie wollten ja keine Erklärung, sondern immer nur die Antwort ‚ja' oder ‚nein'."
Fragesteller: „Ich habe keine weiteren Fragen an diesen Zeugen."

Der 12. März wurde für meinen Mann und mich zu einem bedeutungsvollen Tag. Alfred hatte mich wissen lassen, daß die Angeklagten von nun an im Dachgeschoß – einzeln und ohne Sprecherlaubnis – essen würden statt wie bisher im Keller. Die Fenster dieses Dachgeschosses gingen auf die hinter dem Justizpalast entlangführende Einbahnstraße hinaus, die Sichtweite betrug etwa 150 Meter. Als ich mich zur verabredeten Zeit am Straßenrand zwischen zwei Häusern aufstellte, war das eine Fenster offen, aber niemand zu sehen. Ich zählte die Fenster der Häuserwand, ehe ich wieder hinsah – leer. Eine Viertelstunde verging. Plötzlich stand, klar und deutlich, eine uniformierte Gestalt im Fenster, Alfred! Er führte die Hand an den Mund, rauchte er? Ich wiederholte die Geste. Ich zog mein Taschentuch, winkte. Aber plötzlich stand neben ihm eine zweite Gestalt, ich erkannte den weißen Helm eines MP. Ich schnaubte mir die Nase und sah, daß Alfred das ebenfalls tat, und gleich darauf war das Fenster leer. Von diesem Tag an sahen wir uns täglich, oft nahm ich Putzi, den kleinen Terrier, mit, um durch Spielen mit ihm vor den Posten den Schein zu wahren. „Der freie Blick über Nürnberg und in die Weite ist mir das Liebste und Schönste des Tages", schrieb mir Alfred in den zensurierten Briefen. Als sich die Apfelbäume des zwischen Gebäude und Straße liegenden Gartens belaubten, bangte ich einige Tage, ob uns die Sicht genommen würde. Bis heute weiß ich nicht, welch helfende Hand die Zweige zurückschnitt. Später ließ Colonel Andrus die Fenster vergittern, um die Sicht einzuschränken.

Inzwischen sagte Feldmarschall Kesselring als Zeuge für Göring aus. Jeder Verteidiger, der sich eine nutzbringende Antwort erhoffte, durfte ihn befragen. So nahm Professor Jahrreiss die Gelegenheit wahr, Auskünfte über die Handhabung des Kommandobefehls in Italien zu erhalten, wie über die Haltung Jodls zu Hitler. Kesselring bezeichnete Jodl als „den Sachwalter der Frontoberbefehlshaber"; er habe Hitler in einem Maße widersprochen, „das an die Grenze des militärisch Möglichen ging".

Hermann Göring gewann im Zeugenstand durch sein ruhiges und sicheres Auftreten nicht nur die Achtung mancher Deutscher zurück, sondern auch die der Amerikaner. „Very clever", telegraphierte „Associated Press" nach New York, und nach einem harten Zusammenstoß zwischen Jackson und Göring: „He made a monkey of him." Auch Alfred, der während des Krieges Göring sehr kritisch gegenübergestanden war, zeigte sich beeindruckt; zugleich wurde ihm mehr denn je sein eigener Auftrag bewußt:

„Ich hatte kein Recht und keinen Anlaß, dieser jetzigen großen Aufgabe mich zu entziehen, denn das eine ist sicher, daß ich einige helle und lichte Farben in dieses düstere Gemälde bringe, und das ist wertvoll für die ganze Wehrmacht und für unser Volk. Was allerdings die Presse schreiben wird, das könnte ich Dir schon heute sagen. Aber die Protokolle meiner Aussage und meiner Schlußworte kann sie nicht verwischen, sie bleiben geschichtliche Dokumente."

Wir waren alle so in unserer Arbeit vergraben, daß uns das Werden des Frühlings fast wie ein unerwartetes Ereignis überraschte. Alfred schrieb:

„Das erinnert mich an die Zeit in Dahlem, wie an einen Frühling vor einer winterlichen Nacht, von der wir nicht wissen, ob und wann sie endet. Aber in ihr sehe ich das Leben wie in Deiner kleinen Pflanze, die bei mir ist. Sie hat nicht mehr ein Blatt von denen, die dran waren, als ich sie bekam, und ist doch voll von Blättern und das gleiche Stöckchen. Die Wurzeln sind dieselben geblieben, wie die Wurzeln meines Seins im Unglück und Glück dieselben geblieben sind. So kann alles, was um mich geschieht oder nicht geschehen wird, nur meinen Körper betreffen, nicht meine Seele . . . Unser Spaziergang ist, von Samstag und Sonntag abgesehen, natürlich am Abend so um den Sonnenuntergang. Es ist still und friedlich, und wenn ich erst 15mal schnell die Runde gegangen bin, dann gehe ich langsam in die Mitte, schaue in den Himmel und träume, und oft war es schon so, daß alles ringsum verschwindet, alle Mauern und Posten, und ich bin ganz allein und ganz woanders."

Der Fall des ehemaligen Außenministers v. Ribbentrop bescherte der Verteidigung ein schweres Handikap: Der Gerichtshof lehnte jegliches Material über den Versailler Vertrag als Begründung der nachfolgenden Entwicklung ab.

Am 3. April begann die Beweisaufnahme im Fall Keitel. Für uns waren seine Aussagen über die Abgrenzung der Kompetenzen im Oberkommando der Wehrmacht wichtig: Während Keitel im wesentlichen die ministeriellen, also auch die verwaltungsmäßigen Aufgaben oblagen, fiel Jodl mehr oder minder die operative Kriegführung zu.

„Wie beurteilen Sie Keitels Aussage?" fragte Exner Dr. Dix nach dem ersten Kreuzverhör. Dix wiegte den Kopf und machte ein bedenkliches Gesicht. „Sein Mut zur Wahrhaftigkeit ist anerkennenswert, aber er war zu weich." Dem russischen Ankläger General Rudenko gegenüber hatte Keitel erklärt: „Ich war ein gehorsamer und loyaler Soldat meines Führers . . . Ich glaube nicht, daß es in Rußland Generäle gibt, die dem Marschall Stalin nicht bedingungslos gehorchen." Als ich das las, fragte ich bei Tisch die Tafelrunde: „Wird man je von den russischen Generälen den moralischen Aufstand gegen Stalin verlangen? Hier wird doch mit zweierlei Maß gemessen." – „Das Maß setzt immer der Sieger", meinte Dr. Sauter vom Tische nebenan.

Ostern kam, ich fuhr zwei Tage nach Berchtesgaden, um mir Sommersachen zu holen. Nach Nürnberg zurückgekehrt, konnte ich mir gleich einen Brief abholen:

„Wenn Du von Deiner Fahrt nach Berchtesgaden berichtest, so denke daran, daß mich alles interessiert, und daß ich ganz vom Leben abgeschnitten bin. Wer reist, der weiß, was man spricht oder ob man nicht spricht . . . Der Eindruck über den Prozeß . . . das alles ist wissenswert für mich, ganz abgesehen von Deinen Eindrücken . . . Ich nehme an allem, was außerhalb der Zelle vor sich geht, stärksten Anteil, und wenn ich von einem lieben Menschen höre, daß ihm Glück widerfahre, dann nehme ich so daran teil, wie wenn es mir geschehen wäre. Wie dankbar muß ich sein über den Reichtum, den das Leben über mich ausgeschüttet hat. Nie bin ich einsam und verlassen gewesen, immer hat mich eine liebende Hand in die andere gegeben. Wie dankbar und froh muß ich darüber sein und bin es auch. Ich glaube unter allen, die hier das Los mit mir teilen, ist kaum jemand innerlich so ausgeglichen wie ich. Nun freue ich mich auf Deinen Bericht, und wenn auch nicht alles erfreulich sein kann, so sind es doch Eindrücke aus der Freiheit und aus dem Leben. Wie ein frischer Chiemseewind, der die muffige Luft dieses fürchterlich verhängten Gerichtssaales verjagen wird ..."

Zu Ostern schrieb er mir ein Wort des heiligen Augustinus:

„Im Notwendigen Einheit, im Zweifelhaften Freiheit, in allem Liebe", und fügte hinzu:

„So weiß ich an diesem Fest der Auferstehung, daß auch mir das Leben nicht zu einem Karfreitag zu werden braucht, sondern immer noch ein Ostersonntag werden kann, und daß, wenn uns noch ein gemeinsames Leben geschenkt wird, auch über ihm der Satz des heiligen Augustinus stehen wird ... Wir waren bei dem schönen Wetter viel im Freien, und durch das lange Sitzen ist man schon so einseitig geworden, daß einem nach drei Viertelstunden Gehen die Muskeln im Kreuz weh tun. Im Hauptquartier war es umgekehrt, da war es das stundenlange Stehen. Die ersten zwei Tage habe ich eifrig gearbeitet, die letzten Tage ausgeruht, gelesen, Schach gespielt und mich an Deinen Briefen erfreut ... Nichts ist tot in mir, alles lebendig, erfüllt von Zuversicht, Glaube und Liebe ..."

Am 24. April sprach mich Dr. Dix beim Frühstück an: „Ich fürchte, einer meiner Zeugen wird Ihnen heute Kummer bereiten." Neugierig fragte ich nach dem Namen. „Hans Bernd Gisevius." Ich hörte den Namen zum ersten Mal und wollte mehr wissen. „Ursprünglich hat Gisevius unter Diels in der politischen Abteilung gearbeitet", erklärte mir Dr. Dix. „Später schloß er sich als führendes Mitglied der Widerstandsbewegung an und spielte für sie als Vizekonsul in Zürich eine maßgebliche Rolle."

Selten war es an der Abendtafel der Verteidiger zu so erhitzten Diskussionen gekommen wie damals. Die Aussagen des Zeugen wurden zum Teil skeptisch beurteilt, denn Dr. Seidl hatte ihm die Zusammenarbeit mit der OSS* während des Krieges nachweisen können. Was heute jedem historisch Interessierten geläufig ist, war

* Office of Strategic Service.

während des Prozeßverlaufs für die meisten neu und nur teilweise verständlich: die Entwicklung der verschiedenen Strömungen der Widerstandsbewegung und ihre teilweise Zusammenarbeit mit dem Feind.

Erstmals erfuhr ich nun auch von der Beteiligung des Generaloberst Halder am Widerstand und konnte mir das nicht ganz vorstellen. Abends fragte mich Exner, wie immer an der Umwelt interessiert, ob ich als Sekretärin des Generalstabes denn nicht gemerkt hätte, was sich hinter den Kulissen abspielte. „Nun, geschimpft wurde ganz offen", erklärte ich ihm. „Und zwar von beiden Seiten, von denen, die für, aber vor allem von denen, die gegen das Regime waren. Man war in der Wehrmacht gewissermaßen unter sich, jeder achtete die Ansicht des anderen, solange es nur um das gemeinsame Ziel ging – das Wohl unseres Landes. Und eigentlich herrschte Einigkeit darüber, daß man nach dem Sieg gründlich aufräumen müßte." Exner putzte sich die Brille und zündete mit umständlicher Sorgfalt seine Pfeife an. „Ich hatte einen Sohn", begann er, „der ist gleich 1940 gefallen. Er war ursprünglich Jurist und wurde dann aus lauter Begeisterung schon vor dem Krieg Soldat. Durch seinen Tod blieb ihm die grausame Enttäuschung erspart. Ich weiß daher, wie es in der Jugend aussah. Aber was mich doch interessiert: warum hat sich etwa der Einfluß von Beck nicht früher durchgesetzt? Wie man sieht, war es zu einem späteren Zeitpunkt ja gerade die Jugend des Generalstabes – man denke an Stauffenberg und Tresckow –, die sich hinter ihn stellte." – „Nun", versuchte ich zu erklären, „da kommen verschiedene Dinge zusammen. Die Jugend hat Becks Rücktritt 1938 sicher weit mehr in sachlichen Gründen bedingt gesehen als in solchen der Moral. Sein Rücktritt wurde ja in der Öffentlichkeit auch erst im Herbst nach dem Münchner Abkommen bekannt, wo jeder auf Frieden hoffen konnte. Tresckow und Stauffenberg waren ja, wie wohl die Mehrheit damals, zunächst durchaus keine Gegner des Regimes. Das entwickelte sich erst mit der von niemand für möglich gehaltenen Kriegsausweitung, der Art von Hitlers Kriegsführung und später auch mit Kenntnis von den Dingen, die wir hier erfahren haben."

„Und die ältere Generation?" fragte Exner.

„Von denen waren ja zunächst viele sehr skeptisch. Aber hier muß man bedenken, was für einen Offizier mit Berufspassion der rasche Aufbau und die Modernisierung nach dem Trauma des verlorenen Ersten Weltkrieges bedeutete, und dann die großartigen Erfolge des ersten Kriegsjahres. Rückschauend betrachtet, wäre 1938, nach der Fritsch-Krise, der einzige Zeitpunkt zum Handeln gewesen. Aber wer konnte damals wissen, wie alles laufen würde, hinterher ist man immer klüger. Einmal im Krieg – Sie sehen ja, wohin das führte ..."

Exner versuchte mich abzulenken, er zündete sich wieder einmal seine Pfeife an.

„Erzählen Sie mir ein wenig von Ihrer Familie", bat er. „Der Sprache nach stammen Sie doch nicht aus Bayern?"

„Nun, aus Bayern zwar nicht, aber meine Vorfahren waren Leinenweber in Böhmen, also sind wir fast Landsleute."

„Doch nicht etwa aus Prag? Da hatte ich meine erste Professur."

„Nein, aber aus Alt-Benatky, gar nicht weit davon entfernt. Diese Bendas waren damals noch Leibeigene des Grafen Kleinau. Dieser ließ meinen Ururgroßvater Franz in Prag im Violinspielen ausbilden. Franz kaufte sich später los und gelangte über Warschau und den Dresdner Hof nach Preußen. Auf die Empfehlung von Quantz hin ließ sich der damalige Kronprinz Friedrich, also der spätere Alte Fritz, von dem jungen Benda in Ruppin vorspielen und fand so viel Gefallen an ihm, daß er ihn erst zum Kapellmeister und später nach dem Tod von Quantz zum Konzertmeister ernannte. Auch die Brüder, darunter den Komponisten Georg Benda, zog er an den Königshof. Auf Menzels Bild ‚Das Flötenkonzert' können Sie diesen Konzertmeister Franz Benda finden, der stehende Geiger rechts."

„Hat sich dieses musikalische Erbe denn erhalten?"

„Leider nur bei einem Familienmitglied, meinem Vetter Hans von Benda, der das Berliner Kammerorchester leitete."

„Wurden denn die Bendas schon unter Friedrich dem Großen geadelt?"

„O nein, so rasch ging das nicht. Geadelt wurde erst mein Urgroßvater, Domänendirektor beim Fürsten Thurn und Taxis. Wir sind also echt bayerischer Adel."

„Und weiter?"

„Mein Großvater war Landwirt und Politiker zugleich, Mitbegründer und Führer der Nationalliberalen Partei, Mitglied des Reichstages und des preußischen Abgeordnetenhauses. Bei uns daheim gab es viele Andenken an den Kaiser, der jährlich einmal zu meinem Großvater auf das Gut Rudow bei Berlin zur Jagd kam. Da gibt es auch köstliche Geschichten. So hatten meine Tanten, damals junge Mädchen, das Badewasser des Kaisers in

Flaschen abgefüllt und mit der Aufschrift versehen ‚Badewasser Seiner Majestät'. Und der alte Diener Franz hatte beim Servieren den Kaiser genötigt: ‚Nehmen Se, Majestät. Mehr jibt et nich.' "

Exner lachte vergnügt. „Haben Sie den Großvater noch gekannt?"

„Leider nicht. Und wen kennt man schon im Sinne des Wortes. Wenn ich darüber nachdenke, weiß ich von meinen Eltern zwar, was ich mit ihnen erlebte, aber nicht, was sie als junge Menschen erlebten. Bei sieben Kindern auf dem Gut in Pommern blieb nicht viel Zeit für uns, zumal als der Papa im Krieg war."

Der Vernehmung von Großadmiral Dönitz wohnten viele ausländische hohe Marineoffiziere auf der Zuschauertribüne bei, darunter auch der Befehlshaber der amerikanischen Marinestreitkräfte, Admiral Glasford. Alfred zeigte sich stark beeindruckt vom Aufbau der Beweisführung durch Flottenrichter Kranzbühler: „Vernehmung ausgezeichnet aufgebaut – ein stolzer Tag der Soldaten", schrieb er dem Verteidiger von Dönitz. Für unseren Fall war besonders die Aussage des Großadmirals zu der von Hitler beabsichtigten Kündigung der Genfer Konvention im März 1945 wichtig. Es war Dönitz und Jodl damals gelungen, durch ein auf seine Mentalität abgestimmtes Gutachten ihn von diesem unseligen Vorhaben abzubringen.

Bei der anschließenden Vernehmung von Großadmiral Raeder kam es zu einem Zwischenfall. Die russische Anklagebehörde bestand darauf, als Beweismaterial Aufzeichnungen des Großadmirals vorzulegen, die er während seiner Haft in Moskau verfaßt hatte. Es handelte sich u. a. auch um Werturteile über Ribbentrop, Göring, Keitel, Jodl und Dönitz. Seine Äußerungen über Keitel klangen recht abfällig. Alfred meinte dazu:

„So alt der Verfasser ist, so hat er nicht gelernt, daß es zum Schwersten auf der Welt gehört, einem anderen Menschen wirklich gerechtzuwerden. Ich glaube, daß die positiven Urteile über mich von der Anklage her ausgenutzt werden . . . Keitel ist zutiefst getroffen. Ich überlege, wie ich eine Art Ehrenrettung für ihn vornehmen kann."

Solche Notizen gelangten in die Hände der Verteidiger durch Zettel, die die Posten zwischen Mandant und Anwalt hin und her trugen. Wenn man einen solchen Zettel etwa mit folgender Notiz begann: „Übersetzung Dokument PS . . .", konnte man anschließend rein Privates hineinschreiben. So war es mir möglich – unzensuriert –, öfters meinem Herzen Luft zu machen.

Unser Dokumentenbuch war inzwischen fast fertig; nur noch zwei Fälle lagen vor uns: v. Schirach und Sauckel. In der sich allmählich verstärkenden Spannung kam der Jahrestag der Kapitulation heran. Alfred schrieb:

„Morgen wird es ein Jahr, daß ich nach Reims geflogen bin. Ich könnte mit mehr Berechtigung ein Buch schreiben ‚Bis zum bitteren Ende' als Leute, die von 1940 an in der Schweiz lebten.* Meine letzte Freude war die Treue und Anhänglichkeit des vereinigten Führerhauptquartiers mit dem Generalstab, und nie werde ich das letzte Bild vergessen. Als ich schon als Gefangener mit einem amerikanischen Offizier durch das Kasernentor fuhr, wo inzwischen alles besetzt und durchwühlt war, da präsentierten die beiden Posten – sie hatte man vergessen. Und als ihnen in diesem Augenblick die Gewehre abgenommen wurden, da standen sie so still."

Nun waren es noch zwei Tage bis zur Beweisaufnahme.

Alles war fertig vorbereitet: für Professor Exner die Dokumentenbücher und auch die Reihenfolge der vorher durchgearbeiteten Fragen, für Alfred eine kurze Liste dieser Fragen als Gedächtnisstütze. Leider machte uns sein Befinden ernstlich Sorge, sein Brief klang bedrückt:

„Schlapp, Kopfweh, Hunger. Die eingesparte Mahlzeit, das fehlende Schwarzbrot macht sich bemerkbar . . . Ein Reinfall wird es nicht, ein Zwischenfall kann es werden. Wird Professor Exner sitzen können? . . . Alle sagen, daß diese Tage doch sehr anstrengend sind und daß es ein großer Unterschied ist, ob das Kreuzverhör am Anfang oder Ende eines Tages beginnt . . .

Die Worte von Pearl S. Buck** sind eine der schönsten, die mir unterkamen, und ich habe sie zutiefst in mich aufgenommen, denn sie entsprechen ganz meinem Wesen. Manchmal hast Du einen Scherz gemacht, wenn Dir meine Bindung zu stark erschien, aber es war immer die Pflicht des guten Beispiels in mir und die Erkenntnis, daß jede staatliche Verordnung, wenn sie auch dem einzelnen lästig ist, der Allgemeinheit von Nutzen ist. Wenn ich an mein Leben denke und es mit der Anklage vergleiche, so kommt mir dies wie ein grotesker Witz vor. Nichts war mir fremder als Haß. Wie schade, daß Scherff tot ist, der so viel darüber wußte und

* Jodl meint Hans Bernd Gisevius.

** Pearl S. Buck: „Die Frauen des Hauses Wu."

dem allein ich mein Herz ausgeschüttet habe, das in diesen Dingen sonst verschlossen blieb.*

Von Dir hoffe ich, daß Du nicht in den Fehler verfällst, meine Briefe für mein ganzes echtes Ich zu halten. Es ist nur ein künstlicher, oberflächlicher Teil, meine Gedanken haften nicht nur an diesen äußerlichen Geschehnissen, sie gehen viel weiter und tiefer und entziehen sich damit automatisch der Öffentlichkeit, die sie durchlaufen müssen, ehe sie zu Dir gelangen. Vieles mußt Du fühlen und erahnen und nicht glauben, daß nur die kleinen Gefängnissorgen und der eigene Leichnam meine Welt geworden sind. Ich weiß, daß jede verschwiegene Not des Herzens auch unausgesprochen den Weg zu Dir findet. Das soll Dich nicht trauriger, sondern gläubiger machen. Heute weiß ich, letzten Endes schlägt doch alles, was echt und tief und rein ist, im Leben zum Segen aus ... Ich werde in jeder Stunde an unsere anständige, brave Wehrmacht und ihre Soldaten denken, für deren Kampf und Pflicht und Idealismus ich ein würdiger Repräsentant sein will. Die Wahrheit soll an den Tag kommen und nicht ein zweites Mal unter einer Flut von Propaganda unter anderen Vorzeichen erstickt werden. Ich weiß, daß meine Verteidiger dabei nach Kräften helfen werden, wenn sie auch einen schweren Stand haben. Es kann sein, daß die Eissplitter glänzend durch die Luft wirbeln, wenn ich mir die Stufen schlage, die ich zu einem festen Stand brauche. Wenn ich dann aber leise spüre, daß das Seil gestrafft wird, da weiß ich schon, es ist genug ... Es wird ein harter Kampf werden über zwölf Stunden, und ich werde immer angreifen. Lieber Wut und Achtung als Mitleid und Verachtung. Dr. Laternser hat mir gesagt, daß alle im Zeugenbau mit größter Spannung auf mich warten. Gott mit uns ...“

Der Sonntag verging, die Professoren durften zu ihrem Mandanten und brachten einen Brief mit, der mir wieder einmal zeigte, wie vielseitig doch dieser geliebte Mensch war:

„Runde auf Runde
ziehen die Stunden träge,
plötzlich am Wege
steht Deine Stunde.

Nun steht sie bevor. Vielleicht hast Du gedacht, daß ich heute noch fieberhaft dabei bin, mir alles noch einmal zurechtzulegen,

* General Scherff, von Hitler mit der offiziellen Geschichtsschreibung des Krieges beauftragt, hatte 1945 in Berchtesgaden den Freitod gewählt.

aber so war es nicht. Nachdem ich mich morgens mit Dr. Nelte unterhalten hatte, schlief ich nach dem Essen fest und tief, dann war Spaziergang und dann blätterte ich in Velhagens Monatsheften und fand einen Roman, der mich interessierte. Und da war plötzlich kein Gefängnis mehr und kein Prozeß, ich war ganz woanders. Wo war ich denn eigentlich? Eben im Leben, in den geheimnisvollen Gründen der menschlichen Leidenschaften und der menschlichen Seele. Jeder Mensch, der gesund und wagemutig durch Berg und Tal des Lebens wandert, wird ihnen irgendwann einmal und irgendwo begegnen. Da wirft er dann die ganze Erfahrung und das ganze Leid von Tausenden von Generationen beiseite, er vergißt die vielen, die darin zugrunde gingen, ihn lockt das Abenteuer, oder es zwingt ihn eine Macht, die stärker ist als er. Nur die Müden und Kranken, die sich über die ebenen Wege ihres Gartens nicht hinauswagen, die wissen nichts von jenen dunklen Tiefen. Sie lesen es in der Zeitung, urteilen klug und weise und sind entsetzt. Das also war meine letzte Vorbereitung auf den Prozeß."

6.
Beweisaufnahme – Kriegsverbrechen*

„Meine Person spielt in diesem Prozeß keine Rolle."
Alfred Jodl vor dem Internationalen Militärgerichtshof,
4. Juni 1946

Als ich am Morgen des 3. Juni mit unserem Team zum Justizpalast kam, wurde es mir doch sehr schwer, dem Verhör Alfreds nicht selbst folgen zu können. So bat ich Frau Jahrreiss, auch auf nebensächliche Dinge zu achten, wozu die Verteidiger ja keine Zeit hatten. Alfred hatte mir sagen lassen, er werde erstmals die lange Hose mit den Generalsstreifen anziehen.

Zunächst vernahm Professor Exner den Angeklagten über Abstammung und Herkunft. Das Gericht erfuhr, daß Jodls Großvater, Vater, Onkel, Bruder und Schwiegervater alle bayerische Offiziere waren. „Das Soldatentum lag mir im Blut." Wegen der besonderen Bedeutung schnitt Exner dann gleich die Judenfrage an und fragte den Angeklagten, wie er dazu stehe:

Jodl: „Ich war kein Antisemit. Ich bin der Auffassung, daß keine Partei, kein Staat, kein Volk und keine Rasse, auch die Kannibalen nicht, an sich gut oder böse ist, sondern nur das einzelne Individuum."

Exner: „Die Anklage behauptet, sämtliche Angeklagten hätten gerufen: ‚Deutschland erwache! Juda verrecke!' "

* Aus den rund 350 Druckseiten des IMT-Protokolls (Bd. XV, S. 312–663) können der notwendigen Kürze halber nur die wichtigsten Anklagepunkte, und auch diese nur in Auszügen, gebracht werden. Die Anklagepunkte, in denen Jodl nicht verurteilt wurde, wie Geiselerschießung, Behandlung der Kriegsgefangenen, Terrorflieger, Bandenkampf, werden nicht wiedergegeben, ausgenommen – ihrer Bedeutung wegen – die Judenfrage. Der Geschlossenheit halber folgt jedem Punkt das spätere Urteil. Außerdem werden damals noch nicht bekannte Fakten, von der Geschichtsschreibung erst später erforscht, angeführt.

Jodl: „Was mich betrifft, so ist diese Behauptung falsch. Ich habe in allen Zeiten meines Lebens mit einzelnen Juden verkehrt. Ich war bei Juden zu Gast, und einzelne Juden haben in meinem Haus verkehrt. Aber es waren Juden, die ein Vaterland kannten."
Exner: „Sind Sie auch für Juden eingetreten?"
Jodl: „Auch das."
Exner: „Wußten Sie überhaupt von der Judenvernichtung?"
Jodl: „Ich weiß, wie unwahrscheinlich diese Erklärung hier klingen mag, aber oft ist eben auch das Unwahrscheinliche wahr und das Wahrscheinliche unwahr. Ich kann nur im vollen Bewußtsein meiner Verantwortung hier zum Ausdruck bringen, daß ich niemals von einer Vernichtung von Juden gehört habe. Ich bin mißtrauisch geworden, als Himmler über den jüdischen Aufstand im Ghetto vortrug. Ich glaubte nicht recht an diesen heroischen Kampf, aber Himmler legte sofort Fotografien über die Bunker vor und sagte: ‚Das sind nicht nur Juden, da haben sich auch polnische Nationalisten hineingerettet, es ist ein erbitterter Kampf!' Niemals ist auch nur mit einem Wort die Rede gewesen von Quälereien, Verbrennungsöfen, Gaswagen, Martern wie in Zeiten der Inquisition, von medizinischen Versuchen. Ich kann nur sagen, selbst wenn ich es gehört hätte, ich hätte es nicht geglaubt, bevor ich es nicht mit eigenen Augen gesehen hätte."

Professor Exner ging nunmehr auf das Verhältnis Jodls zu Hitler über und zitierte aus dem Affidavit des Generals von Vormann, ehemals Untergebener Jodls in der Operationsabteilung des Heeres im Jahre 1938:

„Der damalige Major i. G. Jodl war 1933 mein Gruppenleiter. Er schwamm völlig im Fahrwasser des damaligen Chefs der Heeresleitung, General Frhr. v. Hammerstein, und lehnte Hitler und die Partei ab. Als Hitler am 30. Januar 1933 als Reichskanzler berufen wurde, war Jodl bestürzt und erstaunt. Ich entsinne mich genau, daß ich in seinem Auftrag die Offiziere meiner Gruppe zu einer Besprechung zusammenrufen mußte. In dieser Besprechung führte er aus: ‚Hitler ist der bestehenden Verfassung gemäß an die Spitze dieses Reiches berufen. Eine Kritik darüber, insbesondere am Verhalten des Reichspräsidenten, steht uns nicht zu. Wir haben zu gehorchen und als Soldaten unsere Pflicht zu tun. Auch eine Kritik an den neuen Maßnahmen des neuen Kanzlers in der bisherigen Form hat als unvereinbar mit unserer Stellung in Hinkunft zu unterbleiben.' Durch seine ganze Rede schwang Sorge und Besorgnis um die kommende Entwicklung der Dinge."

Jodl schilderte nun dem Gericht, wie er Hitler am 3. September 1939, also nach Beginn des Krieges, im Befehlszug persönlich vorgestellt wurde und wie zwiespältig sein Verhältnis zu ihm war.

„Zu Beginn bestand – etwa bis Ende des Westfeldzuges – eine starke Zurückhaltung. Dann faßte er mehr und mehr Vertrauen zu mir bis zum August 1942. Dann kam diese ungeheure Krise, wo sein Verhältnis zu mir von einer beißenden Schärfe und Ablehnung war.* Ich habe nie in meinem Leben einen solchen Wutausbruch eines Menschen erlebt. An jedem Vortrag über die Lage nahm ein SS-Offizier teil. Es wurden acht Stenographen bestellt, die von diesem Tag an jedes Wort mitschrieben. Der Führer gab mir nicht mehr die Hand, grüßte mich kaum mehr. Er ließ mir durch Feldmarschall Keitel sagen, er könne nicht mehr mit mir arbeiten. Ich würde durch General Paulus ersetzt, sobald Paulus Stalingrad genommen habe . . . Ich habe in dieser ganzen Zeit jeden dritten Tag General Schmundt gebeten, er möge doch dafür sorgen, daß ich endlich eine Frontstelle bei der Gebirgsarmee in Finnland bekommen solle – es geschah nichts."[39]

Exner fragte nun, ob Hitler das Diskutieren politischer Fragen zugelassen habe.

Jodl: „Eine Diskussion über politische Fragen gab es im allgemeinen nicht für uns Soldaten . . . Eine Beratung in militärischen Fragen hing von den augenblicklichen Zuständen ab. In dem Augenblick, wo er sich selbst mit Zweifeln quälte, diskutierte er wochen- und monatelang mit einem über militärische Probleme. Wenn er sich aber innerlich klar war und wenn er spontan einen Entschluß gefaßt hatte, dann war jede Diskussion zu Ende."

Exner: „Das Geheimhaltungssystem war hier öfter Gegenstand der Betrachtungen. Wurden Sie auch einbezogen in diese Geheimhaltung?"

Jodl: „Ja, und zwar in einem Ausmaß, das mir eigentlich erst in diesem Prozeß klar geworden ist. Der Führer hat die ganzen Ereignisse und Vorkommnisse bei Kriegsbeginn, also die ganzen Bemühungen des Auslandes, diesen Krieg zu verhindern, uns nur insoweit mitgeteilt, als es in der Presse stand. Er sprach zu den Politikern, zu der Partei ganz anders als zur Wehrmacht. Zur SS wieder ganz anders als zur Wehrmacht und zu den Politikern. Die Geheimhaltung über die Vernichtung der Juden, über die Ereignisse in den Konzentrationslagern war ein Meisterstück der

* Auseinandersetzungen wegen des Kaukasusfeldzuges.

Geheimhaltung und ein Meisterstück der Täuschung durch Himmler."

Nach Exners Hinweis auf ausländische Zeitungen stellte Jodl fest: „Die Auslandsnachrichten selbst wurden von der zivilen Pressestelle des Hauptquartiers aufgenommen und zensuriert. Ich bekam lediglich das, was militärisch von Interesse war. Innenpolitisches, Polizei- und Lageberichte waren verboten."

Jodl schilderte nun den täglichen Arbeitsgang im Führerhauptquartier: „Ich habe an über 5000 Besprechungen teilgenommen. Dieser Vortrag über die militärische Lage war gleichzeitig die Befehlsausgabe . . . An den anschließenden politischen Besprechungen mit fremden Politikern neutraler oder verbündeter Staaten nahm ich nicht teil. Ich nahm nicht einmal teil an den Besprechungen über Organisation, Rüstung, Verwaltung der besetzten Gebiete. Denn die rein militärischen Lagebesprechungen dauerten manchmal bis zu sechs Stunden. Was mir noch an Zeit blieb, brauchte ich wahrhaftig zu meiner Arbeit."

Professor Exner fragte nun Jodl, ob er mit Gegenvorstellungen bei Hitler auch Erfolg gehabt habe. „Können Sie ein Beispiel nennen?"

Jodl: „Es waren eine Menge operativer Fragen, die das Gericht nicht interessieren wird. Aber auf dem Gebiet, das das Gericht mehr interessiert, war es zum Beispiel die Absicht Hitlers, die Genfer Konvention zu kündigen. Das habe ich verhindert, und zwar durch Widerspruch."

Jodl sagte über seine Versuche der Einflußnahme aus:

„Wenn es durch offenen Widerspruch nicht möglich war, etwas zu verhindern, das ich meiner innersten Überzeugung nach verhindern mußte, dann gab es noch den Weg, den ich vielfach beschritten habe, den Weg einer Verzögerungstaktik, also einer Art passiver Resistenz. Ich zögerte die Bearbeitung hinaus und wartete auf einen psychologisch günstigen Moment, um mit der Angelegenheit wieder hervorzutreten. Auch dieses Verfahren hatte manchmal Erfolg, z. B. bei der Absicht, bestimmte Tiefflieger der Lynchjustiz preiszugeben. Es gab keinen Erfolg beim ‚Kommandobefehl' . . ."

Dann widerlegte Jodl die Behauptung von Gisevius, er habe Hitler „abgeriegelt", und wies das Gegenteil nach. Nachdem er von der Erschießung amerikanischer Gefangener bei Malmedy erfahren hatte, habe er sofort aus eigener Initiative eine Untersuchung durch den Oberbefehlshaber West gefordert.

„Es liefen auf vielen, leider Gottes wehrmachtsfeindlichen Wegen aufputschende Meldungen gegen die korrekte und ritterliche Einstellung der Wehrmacht zum Führer, und diese Meldungen waren es, die dann diese Entscheidung zu einem brutalen Vorgehen brachten. Es wäre sicher ungeheuer viel Unheil zu vermeiden gewesen, wenn wir Soldaten in der Lage gewesen wären, den Führer abzuriegeln. Canaris war dutzende Male beim Führer. Canaris konnte ihm melden, was er wollte und was er wußte, und mir scheint, daß er erheblich mehr gewußt hat als ich, der ich ausschließlich mit der operativen Kriegführung befaßt war. Aber er hat niemals einen Ton zu mir gesagt."

Die summarische Behauptung der Anklage über die Bereicherung der Angeklagten in den besetzten Gebieten kommentierte Jodl kurz mit den Worten: „Das ist die Verleumdung eines anständigen deutschen Offiziers."

Exner wollte nun noch zusammenfassend dem Gericht ein Bild über das Verhältnis Jodls zu Hitler geben: „Sagen Sie ganz kurz, was hat Sie an Hitler besonders beeindruckt, was hat Sie abgestoßen?"

Jodl: „Hitler war eine Führerpersönlichkeit von ungewöhnlichem Maße. Sein Wissen und sein Intellekt, seine Rhetorik und sein Wille triumphierten letzten Endes bei jeder geistigen Auseinandersetzung. In einer seltenen Weise mischte sich bei ihm Logik, Nüchternheit des Denkens und Skepsis mit einer ausschweifenden Phantasie, die oft das Kommende erahnte, aber auch oft sehr irreging ... Sein Leben im Führerhauptquartier war nichts als Pflicht und Arbeit, die Bescheidenheit seiner Lebensführung imponierend ..."

Hier unterbrach das Gericht, es habe kein Interesse an diesen Ausführungen. Exner, dem diese Fragen aus psychologischen Gründen so wichtig waren, wollte nun von Jodl aber noch wissen, was ihn an Hitler abgestoßen habe. Der Gerichtsvorsitzende lehnte auch diese Frage ab. So steht nicht im Protokoll, was Jodl als Antwort vorbereitet hatte:

„Ich kann mich nicht erinnern, je in meinem Leben in meinen Gefühlen so zerrissen gewesen zu sein wie gegenüber Hitler. Die Schwankungen gingen von Verehrung und Bewunderung bis zum Haß. Seine zersetzende und ätzende Kritik an vielem, was mir lieb und wert war – des Generalstabes, des Bürgertums, des Adels, der Reichswehr –, stieß mich besonders in der zweiten Hälfte des Krieges mehr und mehr ab ... Ich war nie in seinem privaten

Kreis. Er hat fast nie ein menschlich persönliches Wort zu mir gesprochen, außer nach dem Tod meiner ersten Frau. Eine Persönlichkeit, die ihn hätte bändigen können, gab es nach dem Tode Hindenburgs nicht mehr. Die Krise des Winters 1941 hat die Nervenkraft Hitlers verbraucht, und es kann nicht bestritten werden, daß Hitler von dieser Zeit an Hunderttausende deutscher Soldaten durch seine Unnachgiebigkeit und seine bewußte Unterbindung der operativen Elastizität in der Führung im Osten opferte. So jagten ihn skrupellose Mittel und Methoden seines Handelns von einem Unrecht in das andere und endlich sich und Deutschland in den Tod. Seine Persönlichkeit blieb gewaltig – eine infernalische Größe."

Als ich nach dem ersten Vernehmungsmorgen am Hauptportal die Verteidiger erwartete, kamen sie mir winkend entgegen. „Ihr Mann macht mit seiner großen Gelassenheit und Ruhe sicher Eindruck", meinte Exner, „ich bin gespannt auf die Reaktion in der Presse."

In der „Times" stand am nächsten Morgen:

„Alfred Jodl, Meisterplaner von Hitlers OKW, hat sich heute im Zeugenstand als ‚anständigen deutschen Offizier' bezeichnet, Worte, die vermutlich die Essenz seiner sehr klaren Verteidigung bilden werden ... Er ist im Zeugenstand viel mehr aus sich herausgegangen, als seine bisherige zurückhaltende Art und seine im allgemeinen nicht eindrucksvolle Erscheinung vermuten ließen."

Zu den Anklagepunkten gegen Jodl gehörte auch seine Rede vor den Gauleitern im Jahre 1943 nach dem Abfall Italiens. An ihr wird häufig das Bekenntnis zu Hitler gerügt, wobei jedoch in Rechnung zu stellen ist, daß Jodl die Gauleiter nach dem Abfall des Bundesgenossen moralisch stützen sollte. In der Rede finden sich jedoch auch erstaunlich offene Worte: „Daß keine Führung frei von Fehlern ist, hat der Führer selbst des öfteren ausgesprochen, wie die Kriegsgeschichte – um ein Wort von Schlieffen zu benutzen – überhaupt nur in der Aneinanderreihung von Fehlern besteht, und jede Kriegslage naturgemäß nur das Produkt von Fehlern sein kann."[40]

Jodl schilderte dem Gericht, wie ungern er – schon aus Zeitgründen – an diese Rede herangegangen war: „Ich identifizierte mich keineswegs mit der nationalsozialistischen Partei, wohl aber – wie es selbstverständlich ist für einen Generalstabsoffizier – mit meinem Obersten Befehlshaber. Denn zu dieser Zeit drehte es sich nicht mehr um die Frage: Nationalsozialismus oder Demokratie. Es drehte sich um Sein oder Nichtsein des deutschen Volkes. Und es gab auch in Deutschland Patrioten, nicht nur in seinen Nachbarländern, und ich rechne mich zu diesen Patrioten, solange ich atme ..."

Der Gerichtshof hat Jodl später nicht wegen seines Bekenntnisses zu Hitler am Ende der Rede, sondern wegen eines Absatzes über den Atlantikwall verurteilt:

> „Es gibt wenig Anhaltspunkte, daß sich Jodl mit dem Zwangsarbeitsprogramm befaßte, und er scheint sich auf seine Funktion, die strategische Planung, konzentriert zu haben. Jedoch sagte er in seiner Ansprache vom 7. November 1943 an die Gauleiter, daß es erforderlich sei, „mit rücksichtsloser Energie und Härte in Dänemark, Frankreich und den Niederlanden vorzugehen, um durchzudrücken, daß die Arbeit am Atlantikwall ausgeführt werde."

Die Beweisaufnahme zu „Kriegsverbrechen" und „Verbrechen gegen die Menschlichkeit" begann Professor Exner mit dem Verhör über den „Kommissarbefehl", den Befehl Hitlers, gefangene russische Kommissare zu erschießen. Der politische Kommissar hatte in der russischen Armee die Loyalität der Truppe zu überwachen und den Befehl über die Einheit zu übernehmen, wenn deren Führer im Kampf ausfiel. Der Kommissar trug Uniform mit besonderen Kennzeichen und war mithin rechtmäßiger Kombattant.

Hitler war anderer Auffassung. Schon lange vor Beginn des russischen Feldzuges machten seine Weisungen deutlich, daß nunmehr die Zeit der fairen Kriegführung vorbei sei und eine solche ideologischer Art einsetze. Er erteilte am 3. März 1941 Jodl Richtlinien, daß dieser Kampf mehr als nur einer der Waffen sei: „Er führt zur Auseinandersetzung zweier Weltanschauungen ... Diese Aufgaben sind so schwierig, daß man sie dem Heer nicht zumuten kann ... Bolschewistenhäuptlinge und Kommissare sind unschädlich zu machen." Der im Hinblick auf diese Ausführungen von Keitel erlassene Befehl „Richtlinien auf Sondergebieten zu Weisung Nr. 21 v. 13. 3. 41" trug zwar dem Befehl Hitlers zur verhängnisvollen Einsetzung des Reichsführers SS für Sonderaufgaben Rechnung, von einer Liquidierung der Kommissare war jedoch, wie bereits ausgeführt, nicht die Rede.

Hitler hielt sodann am 30. März 1941 vor den versammelten

Oberbefehlshabern eine Ansprache, die Generaloberst Halder in ihrer ganzen Radikalität in seinem Tagebuch notierte:

„Kampf zweier Weltanschauungen gegeneinander. Vernichtendes Urteil über Bolschewismus, ist gleich asoziales Verbrechertum, Kommunismus ungeheure Gefahr für Zukunft. Wir müssen vom Standpunkt des soldatischen Kameradentums abrücken. Der Kommissar ist vorher kein Kamerad und nachher kein Kamerad ... Vernichtung der bolschewistischen Kommissare und der kommunistischen Intelligenz ... Das ist keine Frage der Kriegsgerichte ... Der Kampf wird sich sehr unterscheiden vom Kampf im Westen ... Die Führer müssen von sich das Opfer verlangen, ihre Bedenken zu überwinden."

Hitlers Ausführungen wurden von den Oberbefehlshabern mit stärksten Bedenken aufgenommen, zu einem Protestschritt kam es jedoch nicht.[41] Es erfolgte jedoch auch keine unmittelbare Befehlsausgabe, wobei den zuständigen Dienststellen die sich in diesem Zeitraum abspielenden dramatischen Ereignisse zur Verzögerung zugute kamen: der Militärputsch in Belgrad mit nachfolgendem Balkanfeldzug, die Besetzung des griechischen Festlandes im Gegenzug gegen die von Ägypten her gelandeten britischen Truppen; der Flug von Rudolf Heß nach England und der Untergang des Schlachtschiffes „Bismarck".

Von seiten des OKW erging keine Aufforderung zu einem Kommissarbefehl. Dann jedoch – mit zwei Monaten Verzögerung – schickte das OKH dem OKW am 6. Mai 1941 einen Befehlsentwurf zu.[42] Jodls Stellvertreter, General Warlimont, faßte den Befehlsentwurf des OKH in einer Vortragsnotiz zusammen, machte abmildernde Vorschläge dazu und schickte diese Notiz an Jodl, der Randbemerkungen anbrachte.[43]

Die Vortragsnotiz Warlimonts lautete (im Auszug):

„Abt. L F HQU 12. 5. 41 I. OKH hat einen Entwurf für ‚Richtlinien betreffend Behandlung politischer Hoheitsträger usw.' für die einheitliche Durchführung des bereits am 31. 3. 41 erteilten Auftrages vorgelegt ...

Dieser Entwurf sieht vor:

1. Politische Hoheitsträger und Leiter (Kommissare) sind zu beseitigen.

2. Soweit sie von der Truppe ergriffen werden, Entscheidung durch einen Offizier mit Disziplinarstrafgewalt, ob der Betreffende zu beseitigen ist ..."

General Warlimont schlug hierzu vor, daß Funktionäre, die sich keiner feindlichen Handlung schuldig gemacht hätten, unbehelligt bleiben sollten. Auf diese Vortragsnotiz Warlimonts schrieb Jodl zwei Randbemerkungen: (oben rechts) „Muß dem Führer noch einmal vorgetragen werden" und (unten links) „Mit der Vergeltung gegen deutsche Flieger müssen wir rechnen, man zieht daher die ganze Aktion am besten als Vergeltung auf".

Professor Exner fragte nun Jodl, was er mit dieser letzteren Notiz gemeint habe?

Jodl: „Diese Absicht des Führers, die in diesem Befehlsentwurf niedergelegt war, ist übereinstimmend von allen Soldaten abgelehnt worden. Es gab darüber sehr erregte Auseinandersetzungen auch mit dem Oberbefehlshaber des Heeres. Diese Widerstände endeten dann mit dem charakteristischen Satz des Führers: ‚Ich kann nicht verlangen, daß meine Generäle meine Befehle verstehen, aber ich verlange, daß sie sie befolgen.' Ich wollte nun in diesem Fall durch meine Randbemerkung dem Feldmarschall Keitel noch einen neuen Weg zeigen, auf dem man vielleicht noch um diesen gefürchteten Befehl zunächst herumkommen konnte."

Exner: „Der Befehl wird, wie Sie sich vielleicht erinnern, von der Anklage deshalb so schwer dem deutschen Militär zum Vorwurf gemacht, weil er schon entworfen wurde, bevor der Krieg begann."

Jodl: „Es ist richtig, daß der Führer infolge seiner weltanschaulichen Einstellung gegen den Bolschewismus hier eine vielleicht zu erwartende Betätigung der Kommissare als sicher vorweggenommen hat. Er begründete ihn damit, daß er sagte: ‚Ich habe den Kampf gegen den Kommunismus 20 Jahre lang geführt, ich kenne ihn. Sie kennen ihn nicht.' Allerdings muß ich hinzusetzen: Auch wir standen gewissermaßen unter dem Einfluß dessen, was eine Literatur der ganzen Welt seit 1917 über den Bolschewismus geschrieben hatte. Trotzdem war ich der Auffassung, man müsse zunächst die Praxis abwarten, ob die Kommissare sich so verhielten, wie es der Führer von vornherein erwartete, und wenn sich das bestätigte, dann könne man mit Repressalien einschreiten. Das war der Sinn meiner Randbemerkung."[44]

Der Gerichtshof schob unter Vorenthaltung des Dokuments, das den OKH-Entwurf enthielt, dem OKW die alleinige Schuld zu und stellte im Urteil fest:

> „Ein Plan zur Beseitigung der Sowjetkommissare war in der Weisung für den ‚Fall Barbarossa' enthalten.[45] Die Entscheidung, ob sie ohne Gerichtsverfahren getötet werden sollten,

war von einem Offizier zu treffen. Ein Entwurf, der Jodls Handschrift enthält, schlägt vor, daß dies als Vergeltungsmaßnahme behandelt werde, und er sagte aus, daß dies sein Versuch gewesen sei, den Plan zu umgehen."

Der Bedeutung halber sei hier eine Ergänzung nach dem heutigen Stande der Forschung angefügt. Das Gericht war entweder noch nicht im Besitz aller für den Kommissarbefehl relevanten Dokumente oder hat Jodl nicht damit belastet.[46]

Wenn General Warlimont und auch David Irving Jodl mit der sogenannten Zwischenfassung und der endgültigen Fassung des Befehls belasten, so ist das ein grundlegender Irrum.[47] Die letzte nachweisbare Fassung vor Erlaß am 6. 6. 1941 stammt vom 22. Mai 1941. Von Jodl gibt es eine Abänderung der Ziffer 1 der Präambel, einen Befehl über die Anwendung auf die Politruks, ein Fernschreiben, daß der Führer „auf erneuten Vortrag" die Aufhebung abgelehnt habe, und die Aufhebung am 6. Mai 1942. Der Kommissarbefehl wurde ohne Unterschrift von General Warlimont an die Wehrmachtteile geleitet und am 8. Juni 1941 vom Oberbefehlshaber des Heeres an die Truppe mit Zusätzen verteilt.[48]

Professor Exner ging nun zum „Kommandobefehl" über, dem Befehl, hinter der Front abgesetzte Saboteure ohne Verhandlung zu erschießen. Naturgemäß maßen die Ankläger der Westmächte diesem Befehl mehr Bedeutung zu als dem Kommissarbefehl, weil er ihre Kriegsschauplätze betraf.

Bei den sogenannten „Kommandos" handelte es sich um Spezialeinheiten, die in Stärke von selten mehr als 20 Mann hinter der Front abgesetzt wurden, um dort Überfälle oder Sabotageakte an kriegswichtigen Anlagen oder Produktionsstätten durchzuführen. Nach Artikel 1 bis 3 der Haager Landkriegsordnung haben nur die rechtmäßigen Kombattanten in Uniform, aber auch solche, die ein aus der Ferne erkennbares Abzeichen tragen, Anspruch auf den Schutz der Genfer Konvention für Kriegsgefangene. Freischärler oder Saboteure wurden hingegen nach Kriegsbrauch in der Regel mit dem Tode bestraft.[49]

Nun hatte sich seit dem Abschluß dieser Konventionen im Jahre 1907 die Kriegführung grundsätzlich verändert. Durch das Absetzen mit Fallschirmen konnten auch rechtmäßige Kombattanten hinter die feindliche Linie gelangen. Da die Kommandotrupps jedoch teils Zivilkleider über der Uniform teils deutsche Uniformstücke trugen (der Sohn des britischen Feldmarschalls Alexander hatte bei seiner Gefangennahme in Afrika eine deutsche Feldmütze auf, wurde jedoch nicht erschossen), ergab sich das Problem einer Völkerrechtswidrigkeit.

Den unmittelbaren Anlaß zum „Kommandobefehl" brachte das Verhalten der britischen Landetruppen in Dieppe. Jodl bat das Gericht, diese Zusammenhänge ausführlicher beschreiben zu dürfen: „Es dreht sich bei diesem Prozeß um sehr viel, nicht um mich. Meine Person spielt in diesem Prozeß keine Rolle."

Jodl wies auf den engen Zusammenhang zwischen dem Wehrmachtbericht vom 7. Oktober 1942, der darin angekündigten, von Hitler persönlich verfaßten Drohung gegen Kommandos, und dem Befehl selbst hin. Er schilderte die Vorgänge in Dieppe:

„Wir hatten sämtliche Befehle der kanadischen Landungsbrigaden von Dieppe erbeutet . . . In diesen Befehlen war befohlen, daß, wo immer es möglich sei, deutschen Gefangenen die Hände zu fesseln sind. Nach einiger Zeit bekam ich durch den Oberbefehlshaber West gerichtliche Protokolle und Zeugenaussagen, mit Fotografien belegt; daraus ging für mich eindeutig hervor, daß mehrere Leute . . . so gefesselt waren, daß eine Schlinge um ihren Hals war und das Ende des Strickes um die zurückgebogenen Unterschenkel, so daß sie sich selbst erdrosselt hatten . . .

Nach einiger Zeit gab es einen Überfall durch einen Kommandotrupp auf der Insel Sarq. Wieder bekamen wir amtliche Protokolle, daß dabei Soldaten gefesselt waren, deutsche Gefangene. Und endlich erbeuteten wir die sogenannte englische Nahkampfvorschrift, und diese schlug beim Führer dem Faß den Boden aus . . . In ihr war in Abbildungen dargestellt, wie man Menschen fesseln kann, daß sie sich selbst durch die Fesselung töten, und es war genau registriert, in welcher Zeit der Tod eintritt."[50]

Jodl beschrieb nun, wie Hitler in seiner Erregung dem Wehrmachtbericht persönlich folgenden Absatz hinzugefügt hatte:

„In Zukunft werden sämtliche Terror- und Sabotagetrupps der Briten und ihrer Helfershelfer, die sich nicht wie Soldaten, sondern wie Banditen benehmen, von den deutschen Truppen auch als solche behandelt werden und, wo sie auch auftreten, rücksichtslos im Kampf niedergemacht werden."

„Dieser Zusatz", erklärte Jodl, „stammte Wort für Wort vom Führer persönlich. Nachdem der Führer diesen letzten Zusatz geschrieben hatte, wandte er sich an Feldmarschall Keitel und mich und forderte nun einen Ausführungsbefehl zu dieser allgemeinen Ankündigung im Wehrmachtbericht. Er gab dabei die Parole: ‚Aber ich wünsche keine Kriegsgerichte'."

Jodl fuhr fort, daß er auch bei genauer Durchsicht der Haager Landkriegsordnung eine Menge rechtlicher Zweifel gehabt habe. Er hatte zunächst einen Völkerrechtsexperten mit der Untersuchung der Vorgänge um Dieppe beauftragt.

Wie war nun die Angelegenheit weiterverlaufen? Es fiel der Verteidigung außerordentlich schwer, sich durch die Vielfalt der Dokumente der beteiligten Dienststellen hindurchzuarbeiten: des Wehrmachtführungsstabes, der Wehrmachtrechtsabteilung und des Amtes Ausland/Abwehr.

„Dies scheint mir geradezu ein Schulbeispiel der Verzögerungstaktik", meinte der Verteidiger, als ich ihm die Liste der Dokumente nach Daten vorlegte. „Jeder schiebt zehn Tage lang dem anderen die Sache zu in der Hoffnung, sich darum drücken zu können. Aber das mußte ja hoffnungslos bleiben, weil Hitler vor der ganzen Welt seine Absicht angekündigt hatte."

Die Entstehungsgeschichte ergab in Kürze folgendes Bild: General Warlimont hatte – auf wessen Geheiß ist nicht feststellbar – seine Quartiermeisterabteilung mit der Ausarbeitung eines Befehls beauftragt, diese schob jedoch die Angelegenheit der Rechtsabteilung zu. Die Rechtsabteilung schaltete Admiral Canaris ein, der sich klar äußerte: nur Terrortrupps ohne Uniform oder in deutscher Uniform könnten als Banditen behandelt werden. Nach mehrfachem Hin und Her wurden Hitler verschiedene Vorentwürfe vorgelegt, auf denen auch Abänderungen Jodls standen. Mit diesen Dokumenten belastete das IMT Jodl jedoch nicht, obwohl sie vorlagen.[51]

Auf Befragen durch seinen Verteidiger nahm er dazu Stellung:

„Meine Absicht war, einen Befehl überhaupt zu vermeiden. Ich erwartete eigentlich, daß auf die Ankündigung im Wehrmachtbericht hin, die ja nicht verheimlicht worden ist, sondern die offen durch den Äther um die ganze Welt ging, das englische Kriegsministerium, sei es unmittelbar, sei es auf dem Weg über Genf, erneut an uns herantreten würde, wie es vorher schon einige Male geschehen war. Damit hoffte ich, die ganze Angelegenheit auf die Ebene des Auswärtigen Amts zu schieben. Das geschah aber nicht. Das englische Kriegsministerium blieb stumm. Inzwischen waren zehn Tage vergangen, und es war nichts geschehen. Da kam am 17. Oktober der Chefadjutant des Führers, General Schmundt, zu mir und sagte, der Führer verlange den Ausführungsbefehl. Ich gab ihm wörtlich zur Antwort, daß ich nicht wisse, wie man einen solchen Befehl völkerrechtlich begründen solle."

Daß Jodls Ablehnung den Tatsachen entspricht, zeigt eine Eintragung von Hitlers Heeresadjutant, dem damaligen Major Engel, am 18. Oktober 1942, dem Tag der Befehlsausgabe:

„Erregte Aussprache Führer und Jodl, der sich mit Händen und Füßen gegen Sondermaßnahmen gegen Sabotagetrupps wehrt. Macht auf Folgen für Brandenburger und SD-Leute aufmerksam. F. verspricht sich alles von der Abschreckung. Immer wieder klägliche Rolle von Keitel, der Jodl in den Rücken fällt und F. in seiner Auffassung bestärkt. Hat Entwurf für Kdo.-Befehl mitgebracht und abzeichnen lassen. Wir, sehr besorgt wegen dieses Befehls, bekommen von Jodl Auftrag, bei OBs und Chefs hinzuwirken, daß dieser Befehl ähnlich wie Kommissarbefehl behandelt wird. Zum Schluß harte Worte F. über Lauheit der Truppe gegenüber Abschreckungsmaßnahmen. Er wisse genau, daß man im Heer die gegebenen Befehle, wie z. B. den Kommissarbefehl, gar nicht oder nur zögernd befolgt habe. Schuld habe das Oberkommando, das aus dem Soldatenberuf möglichst einen Pastorenstand machen wolle. Wenn er seine SS nicht hätte, was wäre dann noch alles unterblieben. Jodl erwidert, daß auch im Kriege internationale Vereinbarungen gelten und auch zum Wohl der eigenen Truppe."[52]

Exner fragte Jodl nach seinen Bedenken:

Jodl: „Der Gedanke war doch, daß die Soldaten, die sich in ihren Handlungen außerhalb des Kriegsrechts stellten, auch keinen Anspruch darauf haben, nach Kriegsrecht behandelt zu werden, ein Grundsatz, der im Völkerrecht zum Beispiel bei dem Begriff des Spions oder Franktireurs absolut anerkannt ist. Durch diesen Befehl sollte eine gewisse Abschreckung erzielt werden gegenüber solchen Kampfmethoden der englischen Kommandotrupps. Aber der Befehl des Führers ging ja weiter. Er sagte nämlich, alle Kommandotrupps sind niederzumachen. Und dagegen hatte ich meine ernsten Bedenken ... Ich hatte Sorge, daß nicht nur feindliche Soldaten niedergemacht würden, die sich, um den Führerausdruck zu gebrauchen, wirklich wie Banditen benahmen, sondern auch anständige Soldaten ..."

Hitler hatte mehrere ihm vorgelegte Entwürfe abgelehnt, bis er am 18. Oktober 1942 den Befehl persönlich seiner Sekretärin diktierte; es hieß darin:

„Von nun an sind alle bei sogenannten Kommandounternehmungen in Europa oder Afrika von deutschen Truppen gestellte Gegner, auch wenn es sich äußerlich um Soldaten in Uniform oder

Zerstörungstrupps mit und ohne Waffen handelt, im Kampf oder auf der Flucht bis auf den letzten Mann niederzumachen ... Selbst wenn diese Subjekte bei ihrer Auffindung scheinbar Anstalten machen, sich gefangenzugeben, ist ihnen grundsätzlich jeder Pardon zu verweigern ...“

Offenbar war sich Hitler klargewesen, daß er auf harten Widerstand bei der gesamten Wehrmacht stoßen würde. Nur so ist es erklärlich, daß er am gleichen Tag einen Zusatzbefehl verfaßte – ein in der Militärgeschichte einmaliger Vorgang –, der seinen ersten Befehl begründete und die Nichtbefolgung unter schwere Strafe stellte: „Offiziere und Unteroffiziere, die aus irgendeiner Schwäche versagen, sind unnachsichtlich zu melden und unter Umständen selbst sofort zu schärfster Verantwortung zu ziehen.“

Diesen Zusatzbefehl Hitlers hatte Jodl I. A. im Nachgang zum Kommandobefehl am 19. Oktober 1942 an die Truppe verteilt mit der Weisung, er sei nur für Kommandanten bestimmt und dürfe nicht in Feindeshand fallen. Er stellte nun offenbar die Hauptbelastung Jodls dar.

Auf Exners Befragen beschrieb Jodl die Bemühungen der Truppe, eine weitherzige Praxis walten zu lassen; auf die Frage, ob er die Weitergabe hätte verhindern können:

„Nein. Wenn ich die Weitergabe eines Befehls vom Führer persönlich verweigert hätte, wäre ich auf der Stelle abgeführt worden ...“

Jodl wurde sodann zu einem Fernschreiben des Feldmarschalls von Rundstedt bei der Invasion 1944 befragt: Dieser wollte Auskunft darüber, ob der Kommandobefehl auch auf Fallschirmspringer Anwendung finde. Keitel hatte die Anfrage bejaht, jedoch mit den Worten eingeschränkt:

„Ausgenommen bleiben feindliche Soldaten in Uniform im unmittelbaren Kampfgebiet des Landekopfes, das heißt im Bereich der in vorderer Linie kämpfenden Divisionen sowie der Reservedivisionen bis einschließlich der Generalkommandos.“

Die Anklage belastete Jodl wegen eines Zusatzes auf diesem Fernschreiben: „Auf dem italienischen Kriegsschauplatz ist sinngemäß zu verfahren.“

Der Angeklagte dazu: „Das ist kurz zu erklären. In diesem Befehl ist eine räumliche Einschränkung gemacht worden für die Anwendung des Kommandobefehls ... Und ich übernahm sie sofort für den italienischen Kriegsschauplatz.“

Das Urteil zu diesem Anklagepunkt lautete:

„Am 18. Oktober 1942 erließ Hitler den Kommandobefehl und einen Tag später eine zusätzliche Erklärung, die nur an befehlshabende Offiziere gerichtet war. Das Begleitschreiben wurde von Jodl unterzeichnet. Vorentwürfe dieses Befehls wurden von dem Stabe Jodls mit seinem Wissen hergestellt. Jodl sagte aus, daß er aus moralischen und rechtlichen Gründen stark dagegen eingestellt gewesen sei, aber er habe die Weiterleitung nicht ablehnen können. Er besteht darauf, daß er versucht habe, die Härte des Befehls bei der Durchführung zu mildern, indem er Hitler nicht mitteilte, wenn er nicht ausgeführt wurde. Er paraphierte die Denkschrift des Oberkommandos der Wehrmacht (OKW) vom 25. Juni 1944, die nach den Landungen in der Normandie den Befehl wiederholte.“

7.
Beweisaufnahme – Kriegführung, Kreuzverhör und Zeugenbefragung

„Immer hat mich der Gedanke beherrscht, für unsere Wehrmacht ... für Deutschland ... zu kämpfen."
Alfred Jodl

Am 5. Juni 1946 begann die Beweisaufnahme über Jodls Beteiligung an der Kriegführung. Jodl konnte nachweisen, daß es entgegen der Anklagebehauptung keinen fertigen Generalstabsplan zum Einmarsch in Österreich gegeben hatte. Was Jodl nicht erwähnte, war die Tatsache, daß die völlig improvisierten Einmarschpläne vom damaligen Generalstabschef Beck ausgearbeitet werden mußten – vermutlich einer der ersten Anstöße zum aktiven Widerstand bei Beck. Er, Jodl, habe dem Chef der Operationsabteilung den Rat gegeben, die Musikkorps an die Spitze der Truppen zu stellen und alle Kraftfahrer durch Brillen vor einem Blumenregen zu schützen. Der „Blumenkrieg" sollte die Richtigkeit dieser Auffassung erweisen.

Ebenfalls entgegen der Anklage konnte Jodl nachweisen, daß er bei dem Treffen Hitlers mit dem österreichischen Kanzler Kurt Schuschnigg nicht zugegen war. Hier wurde ihm wiederum die Tagebucheintragung einer Äußerung Keitels zum Verhängnis: „Schuschnigg soll zittern."

Wichtig erschienen der Anklage auch die Eintragungen anläßlich der Sudetenkrise, sie sah sie als „Verbrechen" an und vergaß dabei, daß Jodl zu dieser Zeit Hitler noch gar nicht persönlich kannte und seine Informationen im wesentlichen durch Blomberg und Keitel bezog. Seine Kritik am zögernden Generalstab und die Bewunderung für Hitler waren jedoch unverkennbar.[53]

Professor Exner legte Wert auf die rein sachlichen Eintragungen. Er verlas aus dem Tagebuch:

„Die Absicht des Führers, das tschechoslowakische Problem

noch nicht anzurühren, wird durch den tschechischen Aufmarsch vom 21. 5., der ohne jede deutsche Bedrohung und jeden auch nur scheinbaren Anlaß vor sich geht, geändert. Er führt in seinen Folgeerscheinungen durch das Stillhalten Deutschlands zu einem Prestigeverlust des Führers, den er nicht noch einmal hinzunehmen gewillt ist."

Jodl beschrieb nun, wie darauf die von ihm ausgearbeitete Weisung: „Es liegt in meiner Absicht, die Tschechoslowakei ohne Herausforderung schon in nächster Zeit zu zerstören", nunmehr von Hitler selbst abgeändert wurde in: „Es ist mein unabänderlicher Entschluß, die Tschechoslowakei in absehbarer Zeit durch eine militärische Aktion zu zerschlagen."

Bei der späteren Befragung durch Exner erklärte Jodl, daß er der nach der Münchner Konferenz abgegebenen feierlichen Erklärung Hitlers, nunmehr würde er keine Territorialansprüche mehr stellen, geglaubt habe.

Jodl schilderte dann kurz, wie er zur Zeit der Besetzung der Tschechoslowakei, seit Oktober 1938, Dienst als Artillerieführer in Wien und Brünn getan habe und somit an den Ausarbeitungen der Pläne für den Polenfeldzug mit „keinem Federstrich" beteiligt gewesen sei.

Exner: „Es ist also richtig, wenn ich resümiere, als Sie Berlin verließen, gab es noch keinen Operationsplan gegen Polen?"

Jodl: „Nein."

Die „Times" schrieb nach dem ersten Vernehmungsmorgen: „Keiner der Angeklagten hat bisher ein besseres und genaueres Bild der inneren Geschichte des Krieges gegeben als General Jodl, der im Zeugenstand eine Art hat, die Dinge zu umreißen und zu reden, die erkennen läßt, daß dies der Mann war, der Tag für Tag bis drei Uhr morgens die strategischen Pläne ausarbeitete . . . Es ist einer der Pluspunkte in Jodls Verteidigung, daß er keinen Anteil hatte an den Planungen zur Besetzung von Prag und dem Angriff auf Polen. Denn im Oktober 1938 verließ er das OKW und war sich der Kriegsgefahr so wenig bewußt, daß er sich für September für eine Seereise Karten kaufte."

Nunmehr ging Exner zur Vernehmung über den Norwegenfeldzug über. Jodl beschrieb, welch ungeheurer Entschluß es für die Führung gewesen war, die Verteidigungsfront um 3000 km auszudehnen. Als Gründe für Hitlers Entscheidung führte er den britischen Überfall auf den Transporter „Altmark" an, die Verminung der norwegischen Hoheitsgewässer und vor allem die

Abwehrmeldungen über einen bevorstehenden britischen Angriff auf Norwegen, der das Abschneiden der wirtschaftlich lebenswichtigen Erzlieferungen aus Schweden bedeutet hätte. Diese Absichten seien durch die in Narvik erbeuteten britischen Befehle und die Gefangennahme des britischen Kriegsberichterstatters Romilly eindeutig bestätigt worden.

Über den Westfeldzug verhört, wies Jodl auf die strategische Unmöglichkeit hin, rein defensiv zu bleiben, und auf seine durch die Meldungen von Admiral Canaris genährten Zweifel an der Neutralität der Niederlande und Belgiens.

Exner: „Die Ankläger werfen Ihnen vor, daß Sie diese Länder getäuscht und dann überfallen haben."

Jodl: „Ich war weder Politiker, noch war ich militärischer Oberbefehlshaber der Wehrmacht. Ich stand unter dem Eindruck, und zwar dem beweisbaren Eindruck, daß die Neutralität dieser beiden Staaten in der Tat nicht respektiert wurde. Und was den Ehrenkodex meines Handelns betrifft, muß ich sagen: das war der Gehorsam. Und daß ich weit davon entfernt bin, ihn unbegrenzt auszuüben und als Kadavergehorsam aufzufassen, darüber wird man, glaube ich, nach meinen bisherigen Ausführungen keinen Zweifel haben ... Wenn die Anklage heute hier in der Lage ist, die Anklage gegen deutsche Offiziere überhaupt zu erheben, so verdankt sie das nur diesem ethischen Prinzip des Gehorsams ihrer eigenen tapferen Soldaten."

Im Verhör über Griechenland wies Jodl nach, daß die Briten bereits im März 1940 in Piräus gelandet waren, also vor den Deutschen Griechenland besetzt hatten.

Anders in Jugoslawien. Hier hatte Hitler nach dem Putsch spontan den Balkanfeldzug befohlen, obwohl Jodl in einer Stellungnahme gewarnt hatte, man müsse „erst die Klärung der politischen Lage abwarten". Hitler hatte jedoch abgelehnt: „Da kommt nichts dabei heraus."

Zum Rußlandfeldzug erklärte Jodl, Hitler habe monatelang mit diesem Problem gerungen:

„Der Führer hat in meiner Gegenwart niemals auch nur Andeutung von einem anderen Grund gemacht als dem rein strategischen, operativen. Unaufhörlich, durch Monate hindurch, führte er aus: ‚Es ist kein Zweifel daran, England hofft auf diesen letzten Festlandsdegen, sonst hätte es nach Dünkirchen den Krieg eingestellt. Unter der Hand sind sicher schon Vereinbarungen getroffen. Der russische Aufmarsch ist unverkennbar. Eines Tages werden wir plötzlich entweder eiskalt politisch erpreßt oder angegriffen ...' Wenn die politische Prämisse richtig war, nämlich, daß uns ein Angriffskrieg drohte, dann war auch – militärisch betrachtet – der Präventivkrieg berechtigt. Uns Soldaten war die politische Lage so dargestellt worden."

Den amerikanischen Richter Biddle interessierte diese Frage so sehr, daß er sich direkt an den Zeugen wandte:

„Was war Ihr Rat? Sie haben diese Gefahr kommen sehen, was haben Sie darauf unternommen?"

Jodl: „Ich habe auch zu diesem Punkt, wie zu den meisten anderen, eine schriftliche Unterlage eingereicht, in der ich auf die ungeheure militärische Auswirkung eines solchen Entschlusses hingewiesen habe, von dem man zwar weiß, wie dieser Feldzug angeht, von dem aber kein Mensch sich eine Vorstellung machen kann, wie er enden würde ..."[54]

Exner beschloß seine Vernehmung über die Angriffskriege mit der Frage:

„Die Anklage hatte eine ganze Reihe von Feldzügen als einen lange vorbedachten und vereinbarten Eroberungsplan dargestellt, den Sie als Verschwörer provoziert und ausgeführt haben. Was sagen Sie zu dieser Darstellung?"

Jodl: „Ich glaube, daß ich dieses historisch völlig verzerrte Bild bereits durch meine Aussagen im wesentlichen korrigiert habe. Der Krieg in Polen brach aus, ohne daß ich an seiner Vorbereitung irgendwie beteiligt war. Er weitete sich aus zu einem Weltkrieg, entgegen den Hoffnungen der Soldaten. Für diesen Krieg mußte alles improvisiert werden. Es gab nichts als den Angriffskrieg gegen Polen. Es gab weder genügend Bomben noch Munition. Kein Soldat dachte damals an Norwegen, an Belgien, Holland, an Jugoslawien, an Griechenland oder gar Rußland. Es waren keinerlei militärische Vereinbarungen mit Italien oder Japan getroffen. Die Darstellung des amerikanischen Generalstabschefs Marshall erkenne ich in fast allen Punkten als absolut richtig an."

Das Gericht erkannte die Ausführungen Jodls nicht an. Im Urteilsspruch hieß es in bezug auf Jodls Beteiligung an den Angriffskriegen:

> „Obwohl der Angeklagte Keitel sein unmittelbarer Vorgesetzter war, trug er über Operationsangelegenheiten unmittelbar bei Hitler vor. Im streng militärischen Sinne fiel Jodl die eigentliche Planung des Krieges zu, und er ist in hohem Maße für die Strategie und die Leitung der Operationen verantwort-

lich. Jodl verteidigt sich damit, daß er ein zum Gehorsam vereidigter Soldat gewesen sei und kein Politiker, und daß ihm seine Stabs- und Planungsarbeit keine Zeit für andere Angelegenheiten ließ."

Wiederum war es die „Times", die mit erfreulicher Objektivität über die Vernehmung berichtete:

„Jodl hat mehr getan, als sich selbst in Nürnberg im Zeugenstand zu verteidigen. Er hat versucht, zu korrigieren, was er die ‚historische Verdrehung' der Anklage nennt, und ganz bestimmt hat kein einziger Zeuge eine kaltblütigere Distanzierung und zugleich eine genauere Darstellung der Tatsachen gezeigt. Als Stratege, und vermutlich darüber hinaus, erscheint er als der bedeutendste Kopf im Zeugenstand ... Als Soldat distanzierte er sich von Hitlers politischen Entschlüssen, aber als Stratege ist er durchaus bereit, sie als berechtigt anzuerkennen ..."

Nach Abschluß der Beweisaufnahme in eigener Sache wurde Jodl von nicht weniger als zwölf Verteidigern als Zeuge für ihre jeweiligen Mandanten befragt. „Jodl wird scheinbar als Pythia angesehen, die klare und überzeugende Auskunft gibt, und jeder Verteidiger will für seinen Mandanten etwas herausholen", kommentierte abends Gaston Oulman im Rundfunk.

Dr. Laternser schnitt eine wichtige Frage an: warum habe Hitler häufig die höchsten militärischen Führer bei Besprechungen ausgeschaltet? Jodl schilderte die Furcht Hitlers vor dem Einfluß der alten Generation auf die jungen Offiziere:

„Er ließ sich zum Beispiel nach unserem gescheiterten Angriff auf Nettuno untere Truppenführer aus diesen Kämpfen ins Führerhauptquartier kommen, und zwar angefangen vom Regimentskommandeur bis zum Kompaniechef, und hat sie persönlich tagelang ohne Anwesenheit ihrer Vorgesetzten und jeden für sich allein verhört ..."

Dr. Laternser: „Haben Sie häufig energische Gegenvorstellungen von Oberbefehlshabern miterlebt?"

Jodl: „... Ich kann sagen, daß es überhaupt keinen Vortrag gab, bei dem nicht die alte traditionelle Auffassung über Operationen in einen Konflikt geriet mit der revolutionären des Führers ... Und es war eine laufende Erscheinung, daß gerade aus Kreisen der Polizei unaufhörlich die Gelegenheit benutzt wurde, auf dem Wege über Himmler gegen die traditionelle, oder wie sie es nannten, reaktionäre humanitäre und ritterliche Einstellung der höheren Führer zu Felde zu ziehen."

Dr. Laternser fragte sodann den Zeugen über die Bemühungen der Oberbefehlshaber, den aussichtslos gewordenen Krieg zu beenden:

Jodl: „Die Beendigung des Krieges ist ja nicht eine militärische, sondern eine politische Entscheidung. Aber indirekt muß ich sagen: Es gab keinen Offizier in verantwortlicher Stellung, der nicht dem Führer vollkommen nüchtern, ehrlich und offen die militärische Lage so dargestellt hat... wie sie zum Schluß geworden ist. Auch ich persönlich habe diese meine Auffassung schriftlich in einer Denkschrift dem Führer übergeben."

Zum Massensterben russischer Kriegsgefangener befragt, erklärte Jodl die damaligen Gründe:

„Darüber bin ich unterrichtet, weil die Adjutanten des Führers persönlich dort hingeschickt waren und in meiner Gegenwart darüber berichteten ... Die eingeschlossenen russischen Armeen hatten einen fanatischen Widerstand geleistet und waren bereits die letzten acht bis zehn Tage ohne jede Verpflegung. Sie hatten buchstäblich von Baumrinden und Wurzeln gelebt und fielen nun in einem Kräftezustand in unsere Hände, in dem sie kaum mehr bewegungsfähig waren. Es war aber unmöglich, sie fortzuschaffen. Es war in dieser angespannten Versorgungslage, in der wir uns mit dem zerstörten Bahnnetz befanden, unmöglich, sie alle zu fahren. Der größte Teil wäre nur durch eine sorgfältige Lazarettbehandlung zu retten gewesen. Sehr bald setzte dann der Regen ein und später die Kälte, und das war der Grund, warum ein so großer Teil gerade dieser Gefangenen von Wjasma gestorben ist ..."

Und nun kam das Kreuzverhör – der mit stärkster Spannung erwartete 5. Juni 1946. Der britische Ankläger, Mr. Roberts, der Typ des sportlich trainierten Oxfordstudenten, sollte Jodl befragen. Am Abend vorher schrieb mir Alfred:

„Diesmal bin ich der Grenadier in der vordersten Linie. Er sieht den riesigen Artillerieaufmarsch, die Panzer und die Schlachtflieger. Er hat gut und ungestört geschlafen und hat diesen Morgen so lustig und laut gepfiffen, daß die Posten von den Nachbartüren kamen und zuhörten."

Auf seine Bitte hatte ich ihm ein kleines Schild gemalt, mit den Worten: Ruhe ... Ruhe ... Ruhe. Das wollte er vor sich hinstellen. Als er den Zeugenstand betrat, flüsterte der Posten hinter ihm: „Gib's dem schwarzen Teufel zwischen die Hörner."

„Herr Zeuge", begann Mr. Roberts, „Sie haben vor zwei Tagen dem Gerichtshof gesagt, daß Ihnen das Soldatentum im Blut liegt?"

Jodl: „Ja, das stimmt."

Mr. Roberts: „Sehr gut. Und Sie sagten gestern, Sie wären hier, um die Ehre des deutschen Soldaten zu vertreten. Stimmt das?"

Jodl: „Das tue ich in hohem Maße."

Mr. Roberts: „Sie haben sich als ein ehrenhafter Soldat hingestellt?"

Jodl: „Das habe ich mit vollem Bewußtsein."

Mr. Roberts: „Sie haben sich als einen wahrheitsliebenden Mann hingestellt?"

Jodl: „Ich habe mich als einen solchen Mann hingestellt und bin es auch." (Ruhe – Ruhe – Ruhe)

Mr. Roberts: „Und glauben Sie, daß durch das, was Sie, wie Sie sagen, während der letzten sechs oder sieben Jahre tun mußten, Ihre Ehre beschmutzt worden ist?"

Jodl: „Meine Ehre ist sicherlich nicht beschmutzt worden, denn die habe ich persönlich gewahrt."

Mr. Roberts: „Sehr gut. Sie sagen, daß Ihre Ehre nicht beschmutzt worden ist. Ist während der letzten sechs oder sieben Jahre, als Sie angeblich solche Dinge sagen mußten, Ihre Wahrheitsliebe auf demselben hohen Niveau geblieben?"

Jodl: . . . (Ruhe – Ruhe – Ruhe)

Mr. Roberts: „Können Sie diese Frage nicht beantworten?"

Jodl: „Ich glaube, ich bin zu dumm für diese Frage."

Mr. Roberts: „Gut, wenn Sie zu dumm sind, dann werde ich die Frage fallenlassen und weitergehen."

Und nun begann ein Kreuzverhör, von dem die „Times" am nächsten Tag schrieb:

„Es klingt wie ein ferner Schrei von der normannischen Küste, an diesem zweiten Jahrestag des D-Tages,* als Jodl, Meisterplaner der Wehrmacht, die Seitenwände des Zeugenstandes umgreift, um fünf Stunden lang dem erbarmungslosen Kreuzverhör von Mr. Roberts standzuhalten."

Zunächst wurde Jodl über seinen dienstlichen Werdegang verhört, dann zum Einmarsch in Österreich:

„Sie behaupten, daß die Leute sehr froh waren, Sie dort zu sehen?"

Jodl: „Die Leute, die unter meinem Befehl standen, die waren glücklich über diesen Offizier, das kann ich Ihnen sagen."

*) D-day lautete die alliierte Geheimbezeichnung für den Tag der Invasion in der Normandie, also den 6. Juni 1944.

Mr. Roberts: „Die mußten doch so tun, ob sie es waren oder nicht, nicht wahr?"
Jodl: „Nein, das mußten sie sicher nicht. Sie brauchten mir jedenfalls nicht, lange nachdem ich weg war, noch begeisterte Briefe zu schreiben, die ich während des ganzen Krieges bekommen habe von diesen Österreichern, denen mein Herz gehörte . . ."

Zur Landung in Norwegen fragte der Ankläger:

„Warum mußten Sie Ihr an Norwegen gegebenes Wort brechen und den Bewohnern dieses Landes unsägliches Leid zufügen, nur weil die Engländer in norwegisches Hoheitsgewässer eingedrungen waren und ein paar hundert Gefangene befreit hatten? Wo bleibt da die Logik?"
Jodl: „Sie haben auch nur einen kleinen Nagel von diesem ungeheuer plastischen Bild der bevorstehenden Besetzung Norwegens herausgezogen. Es gibt aber hundert solcher . . . Ich kann nur sagen, wir standen unter dem sicheren subjektiven Eindruck, daß wir in letzter Sekunde ein Unternehmen durchgeführt haben, zu dem die englischen Truppen bereits eingeschifft waren . . ."

Am Abschluß der Vernehmung über die Angriffskriege hatte der Ankläger noch zwei Fragen: die eine betraf die Bombardierung Belgrads:

„Wie viele Zivilisten, glauben Sie, wurden in der ersten Etappe dieses Zwischenspiels bei der warnungslosen Bombardierung getötet?"

Blitzschnell kam die Antwort:

„Das kann ich nicht sagen, aber sicher nur der zehnte Teil wie zum Beispiel in Dresden, als Sie den Krieg schon gewonnen hatten."

„Ich möchte nun noch eine letzte Frage an Sie richten", beendete der Ankläger seine Vernehmung über die Kriege. „Meinen Sie nicht, daß diese lange Reihe gebrochener Verträge Deutschlands Namen auf Jahrhunderte entehren wird?"
Jodl: „Das könnte sein, wenn die historische Forschung nach genauer Prüfung der russischen Dokumente den einwandfreien Nachweis liefert, daß Rußland nicht die Absicht gehabt hat, uns politisch zu erpressen oder anzugreifen. Dann ja, sonst nein."

Mr. Roberts ging nun zu den „Kriegsverbrechen" über, und nun wurden neue Dokumente, „Überraschungsdokumente", vorgelegt, die die Verteidigung nicht kannte. Zunächst ein Dokument über den norwegischen Feldzug, ein von Jodl I. A. unterzeichnetes

Fernschreiben an das XIX. Armeeoberkommando in Nordnorwegen.[55] Mr. Roberts zitierte daraus:

‚Auf Grund der geringen Bereitwilligkeit der norwegischen Bevölkerung zur freiwilligen Evakuierung hat der Führer den Vorschlägen des Reichskommissars für die besetzten norwegischen Gebiete zugestimmt und befohlen, daß die gesamte norwegische Bevölkerung ostwärts des Lyngenfjords im Interesse ihrer eigenen Sicherheit zwangsweise zu evakuieren ist, und alle Wohnstätten niederzubrennen bzw. zu zerstören sind. Oberbefehlshaber Nordfinnland ist dafür verantwortlich, daß der Führerbefehl rücksichtslos durchgeführt wird. Hierdurch allein kann vermieden werden, daß der Russe mit starken Kräften, gestützt auf die Wohnstätten und die ortskundige Bevölkerung, unseren Absetzbewegungen noch im Winter folgt und in Kürze vor der Lyngenstellung erscheint. Mitleid mit der Zivilbevölkerung ist nicht am Platze.‘

Das ist ein grausamer Befehl, Zeuge, nicht wahr?"

Jodl: „Nein, nicht ganz. Ich habe dazu etwas zu erklären. Der Befehl ist typisch, wie ich es schon schilderte, nicht von den Soldaten, sondern gegen den Willen der Soldaten durch den Reichskommissar Terboven beim Führer erzwungen worden. Der Befehl wurde in der Praxis von der Truppe in Vereinbarung mit meinem Bruder, der dort Kommandierender General war,* so abgemildert, daß tatsächlich nur das militärisch Notwendige und unbedingt nach Artikel 23 der Haager Landkriegsordnung zu Verantwortende zerstört worden ist . . . Der Wehrmachtbefehlshaber hat gegen die Auffassung Terbovens protestiert, und ich habe dem Führer diese Vorstellung energisch wiederholt. Er hat aber trotzdem diesen Befehl verlangt."

Mr. Roberts: „Ich glaube, als Sie verhört wurden, sagten Sie, daß Ihr Bruder sich über diesen Befehl beschwert habe?"

Jodl: „Auch das: Getobt hat er über diesen Befehl."

Obwohl dieser Befehl eindeutig von Hitler ausgegangen war und in einem späteren Verfahren die Gründe für die Zerstörung völkerrechtlich gebilligt werden sollten, wurde Jodl in diesem Punkt für schuldig befunden:[56]

„Am 22. Oktober 1944 befahl Jodl durch Fernschreiben die

* General der Gebirgstruppen Ferdinand Jodl, Kommandierender General des XIX. Armeeoberkommandos in Nordnorwegen. Er wurde von den norwegischen Behörden nicht angeklagt.

Evakuierung aller Personen aus Nordnorwegen und die Niederbrennung ihrer Häuser, damit sie den Russen keine Hilfe gewähren konnten."

Als nächstes „Überraschungsdokument" legte Mr. Roberts eine Stellungnahme Jodls zu der von Hitler im Frühjahr 1945 bekundeten Absicht, aus der Genfer Konvention zum Schutz der Kriegsgefangenen auszutreten, vor. Ich entsann mich deutlich des Tages – es war der 19. Februar 1945 gewesen –, als mir Alfred nachts hiervon erzählt hatte. Er hatte die Nacht hindurch an seiner Stellungnahme gearbeitet und sich auf zwölf Seiten – zwar auf Hitlers Mentalität abgestimmt, aber deutlich warnend – *dagegen* ausgesprochen:

„Formell juristisch wird man den Westgegnern eine absichtliche Verletzung des Völkerrechts im großen schwer nachweisen können. Sie beugen das Recht, wie sie es für zweckmäßig erachten, aber sie brechen es nicht. Geschieht es trotzdem, so entschuldigen sie sich nach allen Regeln. Im Kampf an der Front halten sich alle Teile an die bestehenden Abkommen und an das Gewohnheitsrecht. Im Terrorluftkrieg ist kein Staat an ein Abkommen gebunden. Rein juristisch werden wir uns also der feindlichen Propaganda gegenüber mit der Kündigung des Abkommens ins Unrecht setzen."

Jodl beleuchtete dann kurz die Vorteile und ausführlich die Nachteile einer Kündigung. Zur Ablenkung und im Wissen darum, daß Hitler moralischen Argumenten nicht zugänglich war, fügte er hinzu:

„Das Festhalten an den eingegangenen Verpflichtungen bedingt keineswegs, daß wir uns irgendwelche Beschränkungen auferlegen müssen. Versenkt z. B. der Engländer ein Lazarettschiff, muß dies wie bisher propagandistisch ausgeschlachtet werden. Das hindert keineswegs, als Repressalie sofort ein englisches Lazarettschiff zu versenken und dann darüber ebenso wie die Engländer das Bedauern, daß wir uns versehen haben, auszusprechen."

Jodl wußte genau, daß zum Zeitpunkt seiner Stellungnahme kein Schiff mehr versenkt wurde.

Unserer Verteidigung war dies Dokument schon vorher bekannt gewesen, sie hatte aber mit Rücksicht darauf, daß Hitler wegen der Gutachten von Jodl und auch Dönitz die Konvention *nicht* gekündigt hatte, auf jedes Verhör darüber verzichtet. Der Ankläger hielt nun Jodl vor, er habe Hitler nicht mit moralischen Argumenten widersprochen: „Das ist sehr ehrenhaft, nicht wahr?"

Jodl: „Dazu kann ich nur sagen, das war die Methode, die allein Erfolg beim Führer erreichen konnte, und dieser Erfolg ist dadurch eingetreten. Wenn ich mit moralischen Argumenten gekommen wäre oder mit rein rechtlichen, dann hätte er gesagt: ‚Lassen Sie mich mit diesem dummen Geschwätz in Ruhe!' und hätte die Tatsache, die Kündigung, durchgeführt. Aber diese Dinge haben ihm zu denken gegeben. Das war der Grund, warum er es nicht durchführte. Sie müssen mir schon zubilligen, daß ich nach fünfeinhalb Jahren die Taktik, wie man etwas Gutes erreichen und etwas Böses verhindern konnte, am besten kannte. Auf den Erfolg kam es an, und den habe ich erreicht."

Das Gericht befand in seinem Urteil zu diesem Anklagepunkt:

> „Als Hitler im Jahre 1945 die Kündigung der Genfer Konvention in Erwägung zog, vertrat Jodl die Auffassung, daß die Nachteile eines solchen Schrittes größer seien als seine Vorteile. Am 21. Februar sagte er Hitler, daß das Festhalten an dieser Konvention auf die Kriegführung keine störende Wirkung haben würde, und führte als Beispiel die Versenkung eines britischen Lazarettschiffes als Vergeltungsmaßnahme an, die dann als Versehen zu bezeichnen wäre. Er sagte, daß er sich so verhalten habe, weil dies die einzige Haltung war, die Hitler in Erwägung ziehen würde, und daß moralische oder rechtliche Gründe wirkungslos gewesen seien. Er stellte sich auch auf den Standpunkt, daß er auf diese Weise Hitler an der Kündigung der Konvention hinderte."

In Jodls kleinem Tagebuch aus dem Gefängnis findet sich am 7. Juni 1946, dem Beginn des Kreuzverhörs durch die russische Anklagebehörde, die Eintragung: „149. Sitzung, 15.00 russ. Kreuzverhör." Bemerkung der Stenographin: „Wir beten für Sie." Das war die zweite Sympathiekundgebung von der Gegenseite, die Jodl zuteil wurde, und er schrieb, ihm seien die Augen feucht geworden, als er diese leise geflüsterten Worte neben sich gehört habe.

Am 7. Juni begann das Verhör durch den russischen Oberst Prokrowski. „Ihr Mann war offenbar von Beginn gereizt, durch unsachliche Fragen und auch wohl durch schlechte Übersetzung", erzählte mir Exner mittags. Als zum Beispiel der Ankläger darauf bestand, Jodl sei Keitels „Stellvertreter" gewesen, kommentierte Jodl das mit den Worten: „Herr Oberst, Sie tun sich natürlich schwer, in diesen militärischen Dingen folgen zu können, das ist aber eine Lächerlichkeit."

Über den „Präventivkrieg“ gegen Rußland befragt, wies Jodl erneut auf seine Warnung hin, „vor diesem Experiment, das man wirklich nur unternehmen darf, wenn es gar keinen anderen Ausweg mehr gibt. Ich will mich nicht vermessen, zu beurteilen, ob es nicht vielleicht eine politische Möglichkeit gegeben hätte, die man nicht ausgeschöpft hat ...“

Bei vielfach gefälschten Dokumenten ging Jodl der Ärger durch: „Das ist eine Phantasiedarstellung.“ – „Jeder Soldat würde das sofort in den Papierkorb werfen.“ – „Ein Fetzen Papier.“

Als „Überraschungsdokument“ legte der russische Ankläger die von Jodl unterschriebene „Handhabung für die Propaganda“ vor und wollte wissen, ob hieran das Propagandaministerium, also Goebbels, beteiligt gewesen sei.[57] Zu dieser interessanten Frage bemerkte Jodl, daß man sich einst in Genf darüber geeinigt habe, daß Propaganda völkerrechtlich nicht strafbar sei.

Nun begann der russische Ankläger Jodl über ein Dokument zu verhören, über das ihn schon sein Verteidiger befragt hatte. Der von Jodl I. A. unterzeichnete Befehl an das OKH, ein etwaiges Leningrader Kapitulationsangebot nicht anzunehmen,[58] lautete:

„Der Führer hat erneut entschieden, daß eine Kapitulation von Leningrad und später von Moskau nicht anzunehmen ist, auch wenn sie von der Gegenseite angeboten würde. Die moralische Berechtigung zu dieser Maßnahme liegt vor aller Welt klar. Ebenso wie im Krieg durch die Sprengung mit Zeitzündern die schwersten Gefahren für die Truppe entstanden sind, muß damit in Moskau und in Leningrad in noch stärkerem Maße gerechnet werden. Daß Leningrad unterminiert sei und bis zum letzten Mann verteidigt würde, hat der sowjetische Rundfunk selbst bekanntgegeben.

Schwere Seuchengefahren sind zu erwarten ... Kleine nicht gesperrte Lücken, die ein Herausströmen der Bevölkerung nach Innerrußland ermöglichen, sind daher zu begrüßen.“

Jodl erklärte dem Ankläger:

„Der erste Anlaß war eine Meldung des Generalfeldmarschalls Leeb, des Oberbefehlshabers der Heeresgruppe Nord vor Leningrad.[59] Er meldete, daß die Bevölkerung von Leningrad bereits anfange, gegen seine Linien nach Westen und Südwesten herauszudrücken. Er machte darauf aufmerksam, daß es ihm ganz unmöglich sei, diese Millionenbevölkerung zu versorgen, wenn sie irgendwie in seine Hand käme. Denn die Nachschubverhältnisse der Heeresgruppe waren katastrophal. Das war der erste Anlaß. Nun hatten wir kurz zuvor Kiew besetzt, da ereignete sich eine große Sprengung nach der anderen. Der größte Teil der Innenstadt ist abgebrannt. 50.000 wurden obdachlos. Der Kommandant dachte erst an Sabotage, bis wir eine Sprengkarte erbeuteten. Diese Karte enthielt etwa 50 bis 60 Objekte von Kiew, die zur Sprengung langfristig vorbereitet waren . . . größtenteils sollte die Sprengung durch Entzündung mittels Funkwellen ausgelöst werden . . .

Das, was sich in Kiew, in Odessa, in Charkow ereignet hatte, erwartete der Führer auch in Leningrad. Das war der ausschlaggebende Grund, warum er diesen Befehl schriftlich fixierte."

Vom Ankläger befragt, warum man Lücken für das Ausströmen der Bevölkerung lassen wollte, sagte Jodl aus:

„Wir hatten unsere Erfahrungen in Paris gemacht. Dort war es notwendig geworden, den Transportraum von vier Divisionen und den ganzen Hilfszug Bayern, der Zehntausende verpflegen konnte, dafür einzusetzen, die Bevölkerung vor Hunger zu bewahren. In Leningrad war das unmöglich, die Bahnen waren zerstört, die Schienen noch nicht umgenagelt auf andere Spurweite, es war unmöglich, dieser Millionenstadt zu helfen. Es hätte eine Katastrophe gegeben, und deswegen der Gedanke, sie nach Osten herauszudrücken in den russischen Raum hinein, ein Gedanke, der im übrigen der These widerspricht, die hier schon aufgetreten ist, wir hätten die Slawen ausrotten wollen."

Das Gericht befand zu diesem Anklagepunkt in seinem Urteil:

> „Am 7. Oktober unterschrieb Jodl einen Befehl, in dem es hieß, daß Hitler kein Übergabeangebot Leningrads oder Moskaus annehmen werde, sondern im Gegenteil darauf bestand, daß diese Städte vollständig zerstört werden.[60] Er erklärte, daß dies geschehen sei, weil die Deutschen fürchteten, diese Städte würden von den Russen genauso unterminiert werden wie Kiew. Eine Übergabe ist niemals angeboten worden!"

Zu der von ihm am 11. November 1944 unterschriebenen „Vorschrift über Bandenbekämpfung" konnte Jodl nachweisen, daß er für Milderung eingetreten war: „Das Niederbrennen von Dörfern als Repressalie ist verboten, da es zwangsläufig nur neue Partisanen schafft."[61]

Abschließend fragte Oberst Prokrowski den Zeugen: „Womit kann man es erklären, daß Sie einen führenden Posten in der Militärmaschinerie des deutschen Reiches annahmen, nachdem ein Mann, den Sie selbst als einen Scharlatan bezeichneten, zur Macht gekommen war?"

Jodl: „Weil ich mich im Laufe der Jahre überzeugt hatte – wenigstens in den Jahren 1933 bis 1938 –, daß er kein Scharlatan war, sondern eine gigantische Persönlichkeit, die letzten Endes dann allerdings zu einer infernalischen Größe geworden ist."

Am 7. Juni begann Professor Jahrreiss mit der Vernehmung der für Jodl genehmigten vier Zeugen. Jodl hatte diesen vier – Prof. Dr. Percy Schramm, General Horst Frhr. von Buttlar, General August Winter und Major i. G. Herbert Büchs – einen Rundbrief geschrieben:

„Es tut mir leid, daß Sie dieser Zeugenaussage wegen in schlechtere Verhältnisse kamen als bisher. Bringen Sie das Opfer nicht für mich, sondern für das deutsche Offizierskorps. Ich werde einen erbitterten Kampf für die historische Wahrheit kämpfen. Ich werde vor dieses Gericht treten wie vor Adolf Hitler, offen, mannhaft und furchtlos. Ich habe nur die einzige Bitte: daß auch Sie sich in diesem ungewohnten Kampffelde als die aufrechten Männer bewähren, als die ich Sie immer geschätzt habe, und sich nicht durch raffinierte Fragen und versteckte Drohungen in Ihrer geraden und soldatischen Haltung erschüttern lassen. Denn Sie sollen den Eindruck ergänzen und unterstreichen, den ich selbst zu geben gewillt bin.

Das Gericht soll erkennen, daß der Wehrmachtführungsstab nicht eine Verschwörung von Gangstern war, sondern ein Stab Offiziere, die ihre eigene Tradition und ihre eigene Ideenwelt hatten, die aber ihrem Eid und ihrer Pflicht getreu dem Mann gehorcht haben, den sich das deutsche Volk nach demokratischem Recht zum Führer erkoren hatte. Daß dieser Gehorsam kein sklavischer war, sondern sehr oft mannhafter Widerstand bis an die Grenze des Möglichen, das weiß jeder Offizier im Wehrmachtführungsstab."

Der erste Zeuge für Jodl war der ehemalige Chef der Operationsabteilung Heer im Wehrmachtführungsstab, General Horst Frhr. von Buttlar. Vielfach qualifizierter Generalstabsoffizier, genoß Buttlar, gleich seinem ebenfalls hochbegabten Vorgänger, von Lossberg, großes Ansehen bei Jodl. Die bemessene Zeit war zu kurz, um auf generalstabsmäßige Details einzugehen. So wurde Buttlar zu dem befragt, was zum Gebiet „Kriegsverbrechen" wichtig war: die Arbeitsteilung im Wehrmachtführungsstab und die Unzuständigkeit Jodls in bezug auf die Kriegsgefangenen.

Der zweite Zeuge, Major i. G. Büchs, wurde zu einem ähnlichen Thema verhört: Er schilderte die Verzögerungstaktik Jodls zu

Hitlers Absicht, abgeschossene Terrorflieger durch die Bevölkerung lynchen zu lassen bzw. zu erschießen. Die Frage, ob Jodl zur „Parteiclique" im Führerhauptquartier gehört habe, verneinte Büchs: „Ich habe erlebt, daß Herr Generaloberst Jodl entsprechende Briefe oder Beschwerden Bormanns einfach mit sehr groben Randbemerkungen zurückschickte."

Der nächste Zeuge, Major d. R. Professor Dr. Percy Schramm, im Zivilleben Ordinarius für Geschichte an der Universität Göttingen, hatte von 1943 bis Kriegsende das Kriegstagebuch des Wehrmachtführungsstabes geführt. Als geschulter Historiker konnte er somit als Kronzeuge für die letzten Kriegsjahre gelten. Groß, schlank, mit seltsam gespitzten Ohren und in die Ferne gerichtetem Blick konnte er wie abwesend wirken, ohne den Partner merken zu lassen, wie ungemein scharf er beobachtete, das Menschliche erfassend. Dem Verteidiger kam es darauf an, von diesem Wissenschaftler etwas über die Tätigkeit Jodls zu erfahren.

Prof. Schramm: „Den Umfang der Tätigkeit des Generalobersten kann man gar nicht groß genug annehmen. Ich habe einen Beleg dafür, daß allein im Jahre 1944 über die Fernschreibstelle des Wehrmachtführungsstabes – nach einer Mitteilung des zuständigen Offiziers an mich – 60.000 Fernschreiben durchgegangen sind. Dazu kommt weiter der Kurierschriftverkehr, der natürlich sehr viel umfangreicher war, und dann der innere Verkehr zwischen den einzelnen Abteilungen. Der größte Teil dieses Schriftverkehrs ist auch einmal über den Schreibtisch des Generalobersten gelaufen."

Jahrreiss fragte nun den Zeugen, ob er etwas über das Verbot Hitlers wisse, daß Generale nicht zurücktreten durften?

Schramm: „Ja. Ich entsinne mich sehr genau eines Befehls aus der Mitte des Jahres 1944, der noch einmal in sehr schroffer Weise wiederholte, was schon vor meiner Zeit – das muß 1940/41 gewesen sein – befohlen worden ist. Dieser Befehl, er umfaßte etwa anderthalb Schreibmaschinenseiten, war in einer sehr wuchtigen Form verfaßt und lief inhaltlich darauf hinaus, daß jeder Oberbefehlshaber – und entsprechend auch die nachgeordneten Kommandobehörden – das Recht habe, Bedenken gegen die Maßnahmen der Obersten Führung vorzubringen, daß er dann aber bedingungslos diesen Befehl auszuführen habe, also etwas zu tun, was gegen seine Absichten ging. Weiter war dazu gesagt, daß es unmöglich sei, daß daraufhin ein Oberbefehlshaber seinen Rücktritt erkläre. Dies war damit begründet, daß es ja auch nicht dem Unteroffizier im Graben möglich sei, seinem Kompanieführer den Rücktritt zu erklären, wenn er mit dessen Befehlen nicht einverstanden sei."

Die Frage, ob Jodl ein „Parteigeneral" gewesen sei, verneinte Prof. Schramm, über seinen „Ehrgeiz" äußerte er: „Diese Frage kann ich mit einem strikten ‚Nein' beantworten. Ich weiß aus meiner Umgebung und aus Unterhaltungen mit ihm selbst, daß ihm das ganze diplomatische Getriebe unangenehm gewesen ist, da er es ablehnte, weil das eben mit Soldaten nie zu tun haben sollte. Wenn der Generaloberst ehrgeizig gewesen wäre, dann hätte er sich jedenfalls nicht die Stelle ausgesucht, die dafür am ungeeignetsten gewesen wäre. Denn dabei hat er sich der Kritik von unten ausgesetzt, wo man die Zusammenhänge nicht kannte, so daß er von dort viel kritisiert worden ist. Und von oben ist er auch nicht entsprechend gewürdigt worden. Mir persönlich ist es immer sehr merkwürdig vorgekommen, ja grotesk, daß der Generaloberst im Augenblick als Hitler den Tod findet, nicht viel mehr Kriegsauszeichnungen besessen hat, deutsche Kriegsauszeichnungen, als ich als Major der Reserve. Ob er ausländische besessen hat, das habe ich nie gesehen. Ich habe ihn nie mit einem fremden Orden gesehen."

„Wir hatten einen ganzen Karton mit ausländischen Orden", erzählte ich abends Jahrreiss, „darunter auch den italienischen Orden der Krone von Savoyen. Von Hitler hat Jodl lediglich die damals übliche Spange zum EK I und nach dem Attentat das Verwundetenabzeichen erhalten. Das Ritterkreuz mit Eichenlaub hat er dann ganz am Kriegsende von Großadmiral Dönitz erhalten. Das habe ich bisher aber nur gerüchteweise gehört; es ist ihm bei der Gefangennahme abgenommen worden."

Den letzten Zeugen, General der Gebirgstruppe August Winter, Typ des drahtigen Gebirgsjägers, mit dem Kopf eines Gelehrten, hatte ich kurz in Berchtesgaden kennen und als einen sehr klugen und sensitiven Menschen achten gelernt. Er wurde zum Rußlandfeldzug befragt:

„Wir hatten damals den subjektiven Eindruck, in einen im Gang befindlichen Offensivaufmarsch hineinzustoßen . . . Wir hatten eine Reihe von Tatsachen, die diesen Eindruck bestätigten. Einmal die Stärke der uns gegenüberstehenden Truppen an sich; dann der sehr frontnahe und forcierte Truppenaufmarsch; die außergewöhnlich starke Ausstattung mit Panzerverbänden, die weit über das von uns erwartete Maß hinausging; der Aufmarsch einer relativ starken Gruppe an der ungarischen Grenze, den wir uns mit Defensivgedanken nicht erklären konnten. Und ein Punkt, an den ich mich als besonders markant erinnere: wir fanden damals bei den gefangenen Stäben in den ersten acht Tagen eine Kartenausstattung, die weit in deutsches bzw. ursprünglich österreichisches Gebiet hineinlangte, die wir auch mit reinen Defensivgedanken nicht in Übereinstimmung bringen konnten."[62]

Professor Exner verlas noch einige Fragebogen mit ihren Antworten, dann war unsere Beweisaufnahme vorüber. Wir waren zufrieden und sehr stolz auf unseren Mandanten, denn von allen Seiten wurde ich in der Messe darauf angesprochen, wie würdig, klar und beherzt sich Jodl verteidigt habe.

„Im Zeugenbau ist man mehr als einverstanden", sagte mir Dr. Laternser, und Keitel schrieb mir, Jodl habe vieles gesagt, was er versäumt habe.

Jodl selbst hatten diese Tage aber doch sehr mitgenommen. Er lag mit Fieber auf der Pritsche. In seinem Brief klang die Spannung noch nach:

„Verzeih, wenn ich nicht geschrieben habe, vorgestern zu müde, gestern abend zu aufgewühlt ... Es war vielleicht die größte psychische Belastung meines Lebens und hat mich über fünf Pfund meines Gewichtes gekostet. Ich habe wie ein Pferd bis zum Abend noch nachgeschwitzt. Manchmal ging der Gaul mit mir durch, wenn ich zuviel Unverständnis in einer Frage empfand. Immer hat mich der Gedanke beherrscht, für unsere Wehrmacht, für Deutschland, für Dich und die Ehre meines Namens zu sprechen. Über das Kreuzverhör war ich enttäuscht. Ich erwartete wenigstens den Versuch, mir zu beweisen, daß England nicht in Norwegen landen wollte, daß Holland und Belgien wirklich neutral waren und daß uns Rußland nicht angreifen wollte. Nicht ein Wort darüber. Der englische Ankläger brachte wenigstens einige mir völlig neue Dokumente, der russische Oberst Rudenko fast nur Dinge, mit denen ich gar nichts zu tun hatte. Deshalb war ich oft verärgert, wirklich Sachliches hätte mich zu viel besseren Antworten gebracht. ... Alles in allem war ich befriedigt und ich glaube, es war gut für alle Soldaten, daß ich persönlich angeklagt war und damit die Möglichkeit zu einer umfassenden Darstellung der Wahrheit hatte. Nur als Mitglied der Gruppe wäre das doch nicht möglich gewesen ... Gern und viel lieber als wie mit den Russen hätte ich mich mit den Franzosen auseinandergesetzt, für die ich ja immer eine unglückliche Liebe hatte ..."

Jodls Aussagen hatten sichtlich das Interesse der ausländischen Journalisten erweckt, zwei namhafte Reporter baten ihn um Beantwortung von Fragen: Louis Lochner, USA, um eine Aufzeichnung über den 20. Juli, Helga Knudsen, Dänemark, über Admiral Canaris, dessen Verhalten gegenüber General Franco, und die Arbeit der Abwehr. Bei aller Sympathie, die Jodl Canaris gegenüber hegte, fiel seine Antwort doch teils sehr kritisch aus:

„Ich war den ganzen Krieg über mit der Arbeit des Nachrichtendienstes durch Canaris unzufrieden. Er brachte zwar Tausende von Meldungen, aber über die entscheidenden feindlichen Absichten erfuhr ich nichts. Zur Rede gestellt wies er dann nach, daß er die Landung der Amerikaner in Französisch-Nordafrika gemeldet habe. Das stimmte, aber er hatte jede andere Möglichkeit auch mit irgendeiner Agentenmeldung belegt ... Ich habe von Canaris keine einzige Meldung über den bevorstehenden Abfall Italiens bekommen, sondern ihn aus anderen Wahrnehmungen erwartet. Er war immer zerfahren, unlogisch, gehetzt, nervös, gab nie eine klare Antwort und hielt es an keinem Ort länger aus. Ich hielt ihn für einen übernervösen Schwarzseher, aber nicht für einen Verräter. Bei mir und beim Vortrag bei Hitler machte er immer einen loyalen und herzlichen Eindruck, er hatte nie widersprochen. Daß er auf Grund seines Arbeitsgebietes frühzeitig die moralische Minderwertigkeit und verbrecherische Tätigkeit Himmlers und Heydrichs erkannte, ist sicher und geeignet, sein Verhalten in vielen Punkten zu verstehen und sittlich zu rechtfertigen. Aber es kann manches nicht erklären, wie zum Beispiel, daß er mir und Keitel gegenüber den späteren Staatssekretär im Auswärtigen Amt von Steengracht beschuldigte, den Angriff im Westen am 10. Mai 1940 verraten zu haben, als ich Canaris aus erbeuteten holländischen Befehlen nachwies, daß der Zeitpunkt unseres Angriffes dem Gegner bekannt gewesen sein muß."

Inzwischen war Pfingsten herangekommen. Ich hatte meinem Mann die gotische Kirche St. Lorenz geschildert, wie das lichte Grün der Birkenbäume die Zerstörungen im Inneren ganz vergessen ließ. Aus seiner „romanischen Zelle", wie Alfred sie daraufhin bezeichnete, antwortete er:

„Du beginnst Deinen letzten Brief mit Betrachtungen über Traumwelt und Wirklichkeit. Beides fließt in unserem jetzigen Dasein so ineinander, daß man sie nicht mehr trennen kann. Wenn die Philosophie richtig wäre, daß Sehnsucht alles ist und Erfüllung nichts, dann müßten wir jetzt die glücklichsten Menschen sein.

Aber ich halte den Satz für einen philosophischen Satz der Enttäuschten. Ich glaube, Erfüllung ist alles. Die Erfüllung einer Aufgabe, einer Liebe, eines Lebens – und die Sehnsucht ist die Triebfeder für die ersehnte Erfüllung ... Übrigens hat mir vor ein paar Tagen Feldmarschall von Manstein ein paar besonders anerkennende Worte zugerufen im Vorbeigehen, das hat mich gefreut."

Zwei Tage später war sein Brief ernst gestimmt:

„Nun wollen wir dem Schicksal ganz offen und trotzig in die Augen sehen. Das Gericht der Sieger ist und bleibt ein politisches Instrument. Er wird immer den Schein des Rechts wahren. Aber es hat die Aufgabe, die „Hauptkriegsverbrecher" zu bestrafen. Das Statut hat zudem die Marschroute schon gegeben, die es nicht verlassen kann. Ich halte daher auch in meinem nicht ungünstigen Fall jedes Urteil für möglich, vom Todesurteil bis zum Freispruch. Denn für meine Taten gibt es kein Strafgesetzbuch. Kein Urteil wird mich überraschen, ich habe jedes durchlebt und überwunden.

1. Todesurteil

Für mich ist es nicht das Schlimmste, wenn auch der Schmerz, Dich einsam zurückzulassen, ein unsagbarer ist. Ein Gnadengesuch werde ich in diesem Fall nicht einreichen. Aber ich halte diesen Fall nur für möglich, nicht wahrscheinlich. Es wird und muß Todesurteile geben. Aber schon um den Schein der Gerechtigkeit zu wahren, wird man aber auch abstufen, und ich glaube, daß mein Fall ein solcher ist, der sich für ein milderndes Urteil anbietet.

2. Freiheitsstrafe

Das Urteil kann lauten:

a) Zuchthaus
b) Gefängnis
c) Festung

Zeitlich kann es lauten auf kurze Freiheitsstrafe (bis zu 2 Jahren), mildernd (3 bis 4 Jahre), lange (das sind 5 Jahre und mehr), das ist schlimmer, viel schlimmer als der Tod.

Den völligen Freispruch halte ich nicht für unmöglich, aber für sehr unwahrscheinlich, mein Verstand warnt mich und lehnt es ab, sich gedanklich damit zu befassen. Aber meine Sinne lassen sich nicht immer vom Verstand kommandieren, und so habe ich auch diesen Fall in meinen Träumen in allen Einzelheiten schon durchlebt. Ich will mit meinen Worten keine Hoffnungen in Dir erwecken, aber auch keine Verzweiflung. Ich glaubte heute, den

Blick in die rätselhafte Zukunft mit Dir wagen zu können, den Du allein schon hundertmal gerichtet hast."

Dieser Brief von Alfred stellte mich vor eine schwere Entscheidung, nämlich auf die Möglichkeit eines Todesurteils überhaupt einzugehen. Ich mußte ja irgendwie zu seinen Ausführungen Stellung nehmen und so glaubte ich, es behutsam zu tun, indem ich ihm schrieb, daß er mit den Lebenschancen günstiger dastehe als die beiden Admirale. Ich stützte mich hierbei auf die von der Presse täglich bekanntgegebenen Wetten, die laufend auf einer großen Tafel notiert wurden. Zu dieser Zeit standen die Wetten so:

Name	schuldig	nicht schuldig	Todesstrafe	Gefängnis*
Göring	32	–	32	–
Heß	32	–	17	8 zbG
Ribbentrop	32	–	32	–
Keitel	32	–	29	1 zbG
Kaltenbrunner	32	–	32	–
Rosenberg	32	–	24	5 lG
Frank	32	–	27	4 lG, 1 zbG
Frick	32	1	12	10 lG, 10 zbG
Streicher	30	2	13	9 lG, 11 zbG
Funk	30	2	5	6 lG, Rest zbG
Schacht	32	7	4	4 lG, Rest zbG
Dönitz	32	–	14	5 lG, Rest zbG
Raeder	32	–	13	2 lG, Rest zbG
Schirach	31	1	9	4 lG, Rest zbG
Sauckel	32	–	29	11 lG, Rest zbG
Jodl	31	1	13	1 lG, Rest zbG
v. Papen	29	3	6	7 lG, Rest zbG
Seyß-Inquart	28	4	3	7 lG, Rest zbG
Speer	28	4	3	7 lG, Rest zbG
Frhr. v. Neurath	28	4	3	7 lG, Rest zbG
Fritzsche	25	7	1	1 lG, Rest zbG

* lG = lebenslängliches Gefängnis
zbG = zeitlich begrenztes Gefängnis

Ich sollte es bitterlich bereuen, daß ich meinem Mann von dieser mir nicht ungünstig erscheinenden Tabelle geschrieben habe, denn damit rückte ich erstmals von mir aus die Möglichkeit der Todesstrafe in den Bereich des Möglichen. Seine Antwort ließ mich erkennen, wie es wirklich in ihm aussah:

„Ich lese gerade ein Buch, das ich vielleicht nicht hätte lesen sollen: ‚Die Geschichte von zwei Städten' von Charles Dickens. London und Paris, die Geschichte einer Liebe. Der Prozeß 1775 in London, der in seiner Art genau wie der heute geführt wird, hat mich erheitert. Aber als die Stelle kam, wo die junge Frau über ein Jahr täglich an einer Stelle stand, von wo ihr Mann im Kerker sie sehen konnte, da hat es mich doch gepackt. Die Seele und das Gemüt sind eben wund, man muß behutsam mit ihnen umgehen. Und deswegen ist es auch, daß ich Dich nun bitten will. Einmal mußte ja alles klar und nüchtern gesagt werden, nun ist es geschehen, und es war gut und richtig. In der Lage aber, in der ich bin und in die ich kommen kann, ist vielleicht das einzige Glück, von dem man lebt, die Illusion. Das Träumen im Wachen und Schlafen sind Illusionen und sind doch ein köstliches Geschenk. Die Nüchternheit ist die Welt des Mannes, ich habe sie ausreichend. Schenke Du mir auch in Zukunft die Illusion, sie gehört zur Welt der Frau, und wenn der Glaube Berge versetzt, so wird der Mann in meiner Lage die Dornen der nüchternen Wirklichkeit übersehen und gierig wie ein Verschmachtender nur den Duft der Rosen einatmen, die auch die größte Illusion ihm schenkt. Vielleicht ist es eine Schwäche von mir nach einem solchen Betäubungsmittel. Aber meine Seele ist doch krank, ich will nicht resignieren, ich will hoffen und glauben an ein gemeinsames Glück . . ."

Am 4. Juli 1946 begann die Verteidigung mit der Verlesung ihrer Plädoyers. Professor Jahrreiss hielt zunächst für die Gesamtverteidigung ein Plädoyer über den „Bruch des zwischenstaatlichen Friedens und seine Strafbarkeit".[63]

Weder der amerikanische noch der britische und französische Hauptankläger wohnten dem Plädoyer von Jahrreiss bei. Um so mehr freute uns die ungemein positive Reaktion in der Presse. Auch Professor Exner hatte einen wichtigen Beitrag für die Gesamtverteidigung geleistet: eine Studie über den angelsächsischen Begriff der „conspiracy", der „Verschwörung". „Eine Verschwörung mit einem Diktator ist ein Widerspruch in sich; Hitler hätte gelächelt, wenn man gesagt hätte, er habe eine Vereinbarung mit seinen Ministern und Generälen getroffen, ein ‚agreement' mit ihnen geschlossen, diesen oder jenen Krieg zu führen. In Wahrheit beklagte sich Hitler gerade, daß die Generäle gegen ihn konspirierten, und gebrauchte diese Worte auch gerade jenen gegenüber, die heute angeklagt sind, mit ihm konspiriert zu haben."

Spezialgutachten dieser Art waren in fast allen Plädoyers eingearbeitet, so enthielt das Plädoyer des Hamburger Rechtsanwalts Dr. Siemers für Großadmiral Raeder ein Gutachten des Völkerrechtlers Professor Mosler zum Norwegenfeldzug, und Dr. Horn nahm im Plädoyer für Ribbentrop zum Begriff des „Angriffskrieges“ Stellung. Nur ein Anwalt, Dr. Alfred Seidl, durfte sein Spezialgutachten über den Versailler Vertrag nicht verlesen, das Gericht verbot ausdrücklich jegliche Ausführungen zu diesem Thema.

Die Angeklagten verfolgten die Plädoyers mit größter Aufmerksamkeit. Dr. Dix erzählte mir lächelnd beim Frühstück: „Ihr Mann hat mir schriftlich die Note ‚sehr gut‘ gegeben. Ich habe ihm das sehr hoch angerechnet, nachdem mein Zeuge Gisevius ihn angegriffen hatte.“ Alfred war am stärksten beeindruckt durch das Plädoyer von Kranzbühler für Dönitz: „Eine historische Tat, mutig, objektiv, von bester deutscher Tradition.“

Am Nachmittag des 19. Juli begann nun Professor Exner sein Plädoyer vorzutragen. Exner nahm unter anderem zur Verantwortung Jodls für die verschiedenen Feldzüge Stellung:

„Wer diese Entscheidung zu verantworten hat – politisch, strafrechtlich, moralisch –, das hängt von dem staatsrechtlichen Aufbau des konkreten Staates ab, von der Art, wie verfassungsgemäß die außenpolitische Willensbildung in diesem Staat vor sich geht . . . Ich könnte mir allerdings vorstellen, daß der Chef des Wehrmachtführungsstabes – wenigstens moralisch – mitschuldig würde an einem Angriffskrieg, wenn er an der entscheidenden Stelle zum Krieg hetzt oder unter Hinweis auf eigene militärische Überlegenheit der politischen Führung den Rat gibt, den Augenblick zu nutzen, um weitgespannte Eroberungspläne auszuführen. Aber wenn er in eventu, d. h. für den Fall, daß die politische Führung sich für den Krieg entscheidet, den Kriegsplan selbst entwirft und dann ausführt, tut er nichts anderes als seine selbstverständliche Pflicht . . .

Man bedenke die außerordentlichen Konsequenzen, die sich bei einer gegenteiligen Auffassung ergeben: Die zuständige Stelle erklärt den Krieg, und der Generalstabschef, der ihn für völkerrechtswidrig ansieht, macht nicht mit. Oder der Generalstabschef ist glücklicherweise derselben Ansicht wie das Oberhaupt, aber ein Armeeführer hat Bedenken und weigert sich, zu marschieren . . .

In Wahrheit liegen die Dinge so: Solange es nicht eine überstaatliche Autorität gibt, die unparteilich feststellt, ob im konkreten

Fall eine derartige Verpflichtung für den einzelnen besteht, solange es nicht eine überstaatliche Macht gibt, die den, der diese Pflicht befolgt, von Bestrafung gegen Hochverrat und Fahnenflucht schützt, kann ein Offizier für Friedensbruch nicht strafrechtlich verantwortlich sein. Unter allen Umständen muß hier auf einen Widerspruch verwiesen werden: Auf der einen Seite wirft die Anklage den Generalen vor, daß sie nicht reine Soldaten, sondern auch Politiker gewesen sind, auf der anderen Seite verlangt sie von ihnen, daß sie gegen die politische Führung demonstrieren, kurz, daß sie nicht reine Soldaten, sondern Politiker sein sollten . . ."

Zur Zuständigkeit Jodls führte Exner aus:

„Er war Berater des Führers in allen operativen Fragen, im gewissen Sinne Generalstabschef der Wehrmacht. Die Aufgabe des Generalstabschefs ist in allen Ländern nicht eine befehlende, sondern eine beratende, helfende und ausführende. Er war nicht Stabschef Keitels, sondern Chef des operativ wichtigsten Amtes im OKW."

In seinen strafrechtlichen Ausführungen zur „mens rea", zur subjektiven Schuld, legte der Verteidiger dar:

„Die Anklage betont immer wieder, Jodl sei bei dieser oder jener Rede ‚anwesend gewesen'. Auf einer einzigen Seite des britischen ‚Trial Briefs' lese ich sechsmal: ‚Jodl was present at . . .' Was bedeutet das rechtlich? Anwesenheit kann für die Bewertung einer späteren Tat von großer Wichtigkeit sein . . . aber die Anwesenheit macht doch nicht schuldig. Wenn man Jodl, den Generalstäbler, überhaupt für die Führung dieses Krieges verantwortlich machen will, so ist doch jedenfalls von entscheidender Wichtigkeit, wie er die gesamte Sachlage ansah . . . Glaubte er auf Grund der Meldungen, die ihm vorlagen, daß Tatsachen gegeben waren, die eine Kriegführung rechtfertigten, dann kann Jodl nicht vorgeworfen werden, er habe wissentlich einen rechtswidrigen Krieg geführt . . .

Man wird nicht zu einem Verständnis von Jodls Situation durchdringen und nicht zu einer richtigen Beurteilung seiner Handlungsweise, wenn man nicht die beiden Männer ins Auge faßt, die sich hier gegenübergestanden haben.

Die Ankläger haben es sich leicht gemacht. Wäre Hitler noch am Leben, würde an erster Stelle er auf der Anklagebank sitzen. Nun, da er tot ist, wird bei der Beurteilung der übrigen Angeklagten seine Person bagatellisiert und ihr Verhalten behandelt, als ob er überhaupt nicht dagewesen wäre. Dieser Gewaltmensch, diese

‚infernalische Größe', wie Jodl ihn nannte, kann nicht als ‚quantité négligeable' übergangen werden, wenn es gilt, dem Tun und Lassen seiner nächsten Umgebung gerechtzuwerden.

Diesem Mann stand nun Jodl gegenüber: Jodl, ein gerader Soldat, hervorragend begabt, aber nie etwas anderes anstrebend, als ein gewissenhafter Soldat zu sein, nüchtern, aller Diplomatie abhold, aufgewachsen in den Idealen des deutschen Offizierskorps: Tapferkeit, Treue, Gehorsam, ausgebildet in der hundertjährigen Tradition des deutschen Generalstabes, der nur Pflichterfüllung, selbstlose Arbeit und wieder Arbeit kannte.

Daß dieser Mann, an Adolf Hitlers Seite arbeitend, in seinen Bann geraten mußte, ist selbstverständlich. Man muß eben die Zeit berücksichtigen, in der dies geschah ... Dennoch galt Jodl als derjenige, der am meisten von allen dem Führer Opposition zu machen wagte ... Man glaube darum nicht, daß Befehl und Gehorsam dasjenige ist, was uns Jodls Verhalten in diesen Jahren restlos verständlich zu machen vermag. Es war vielmehr der viel umfassendere Gedanke der Pflichterfüllung ... Restloser Einsatz für das, was ihm in kritischer Zeit als Aufgabenbereich zugewiesen war. Man vergegenwärtige sich die Lage, in der sich Jodl befand: der Existenzkampf seines Vaterlandes, die Anforderungen des immer grausamer werdenden Krieges und zugleich die von allem Herkommenden abweichenden Anschauungen seines obersten Befehlshabers über das, was in einem Krieg zulässig oder unzulässig ist. Da wird ganz klar, daß Jodl in Konflikte geraten mußte, in Konflikte mit Hitler, in Konflikte mit sich selbst ...

Erlauben Sie mir einen Vergleich: Sie, meine Herren Richter, fühlen sich, wie Sie uns bereits verkündet haben, an die Charta des Gerichtes gebunden. Nun werden manchen von Ihnen vielleicht Zweifel aufgetaucht sein, ob alle diese Bestimmungen dieser Charta dem geltenden Völkerrecht und dem allgemein anerkannten Rechtsgrundsatz entsprechen. Aber Sie haben solche Zweifel zurückgeschoben, weil Sie sich als Richter gebunden haben durch die Order, die Ihre vier Regierungen vereinbart haben ..."

Exner schilderte nun die Versuche Jodls, vom OKW loszukommen:

„Rücktrittsgesuche waren erfolglos, es sei denn, daß sie dem Führer erwünscht waren. Im Kriege verbat er sich jegliches Rücktrittsgesuch auf das strengste. Also zurücktreten konnte Jodl nicht. Hätte er eine Krankheit simulieren sollen? Auch das ist Fahnenflucht und im Krieg ein todeswürdiges Verbrechen. Kann man einem Soldaten, der in der guten alten Tradition aufgewachsen ist, ernstlich zumuten, daß er wie ein Feigling sein Vaterland, dem er sein ganzes Leben gewidmet hat, in Notzeiten verrät, mit der Wirkung, daß er keinem einrückenden Rekruten mehr offen ins Gesicht sehen kann? Ich glaube nicht.

Es gab also nur den dritten Ausweg: Mord und Revolution. Im Frieden hätte dies zugleich Bürgerkrieg bedeutet, im Krieg Zusammenbruch der Front und Untergang des Reiches. Er hätte also ausrufen sollen: ‚Fiat justitia, pereat patria!'?

Die Anklage scheint auf dem Standpunkt zu stehen, es wäre von dem Angeklagten ein derartiges Verhalten zu fordern gewesen. Ein erstaunlicher Gedanke! Ob Mord und Verrat je sittlich zu rechtfertigen sind, darüber mögen Ethiker und Theologen streiten. Für den Juristen jedenfalls ist so etwas indiskutabel. Bei Strafe verpflichtet sein, das Staatsoberhaupt zu ermorden? Noch dazu als Soldat? Noch dazu im Krieg? Man bestraft seit jeher Leute, die ein solches Verbrechen begehen, aber sie zu bestrafen, weil sie es nicht tun, wäre mir neu.

Jodl war kein Rebell. Sein Gewissen sagte ihm, daß das Vaterland in Not sei, folglich jeder Mann auf seinem Posten zu stehen hat. Jodls Posten war an der Spitze des Wehrmachtführungsstabes. Er hat ihn nicht freiwillig bekommen, er hat ihn nicht freiwillig behalten. Er war eine harte Nuß. Er erfüllte die Aufgabe, die ihm diese Stelle auferlegte, nach bestem Können und Gewissen, bis zum bitteren Ende ...

Ich bitte, den Generaloberst Jodl freizusprechen."

8.
Ausklang

„Möge diese Pflicht in einer glücklicheren Zukunft ersetzt werden durch eine noch höhere: durch die Pflicht gegenüber der Menschheit.“

Alfred Jodl,
Schlußworte vor dem Internationalen Militärgerichtshof

Mit Spannung erwarteten wir die Reaktion in der Presse auf Exners Plädoyer. Verhielt sich schon der fragwürdige Gaston Oulman unerwartet zurückhaltend, so war die Kritik in der „Süddeutschen Zeitung“ erfreulich positiv: „Den stärksten Eindruck unter den Plädoyers der dritten und letzten Woche hat wohl Professor Exners Verteidigungsrede für den Angeklagten Jodl hinterlassen“, schrieb W. E. Süßkind. „Die angestellten Untersuchungen waren von imponierender Schärfe.“ Und die „Times“ stellte fest: „Certainly the most dignified argument heard from counsel for the defense was made by professor Exner today concluding his plea before the Nuremberg Tribunal for the acquittal of General Jodl . . .“

„Nun ist auch dieser Tag vorbei“, schrieb Alfred. „Wirkung auf Gericht und Angeklagte ausgezeichnet . . . Nun kommen die ruhigen Wochen für uns alle . . . Viel länger als man zum Lesen gebraucht, bin ich vorhin über Deinen beiden Briefen gesessen, hab' mich an ihnen gefreut und über sie geträumt. Das war ein Erbstück meiner Jugend, und was ich in den letzten Jahren völlig verlernt habe, das kehrt jetzt wieder. Ich kann oft eine Stunde und mehr ruhig dasitzen und träumen, wenn ich einen Brief gelesen oder eine Photographie betrachtet habe. Da aber der Grundzug meines Wesens ein froher und optimistischer ist, so ist auch der Inhalt meiner träumenden Gedanken meist ein heiterer und beglückender, und nur selten bleiben sie an düsteren Stunden des Lebens haften, die auch mir nicht erspart geblieben. Es ist schon sehr oft so: ‚Beklage nicht dein Leid, du selbst bist dein Leid.‘“

Auf meine Bitte, mir seinen Tagesablauf zu schildern, schrieb er:

„6.30 wechseln die Posten, Stühle werden gebracht und vor den Zellen abgestellt. Durch den Lärm wache ich auf, dreh' mich um und schlafe weiter. Auf die Stühle wird Brille, Bleistift, Füllhalter und Hosenträger gelegt.

Der Wiener Meier legt das Brot auf das Türbrett. Wenn der Posten erkältet ist, hustet er es an. Kurz darauf schreckt der Mandant durch den Ruf ‚Trinkbecher' auf, er saust aus dem Bett und bekommt Kaffee, den er zugedeckt abstellt, dann übernimmt er Brille, Stuhl und Inhalt, schüttelt Decken aus, macht das Bett und wäscht sich die Hände und frühstückt, lesend und rauchend bis 7.30. Da kommt der Friseur zum Rasieren. Dann wird weitergefrühstückt, um 8 Uhr wird Wasser in Gießkanne gebracht, dann der Besen. Mandant macht sauber, putzt Stiefel, bürstet Uniform, die inzwischen am Kleiderbügel aus einem Kleiderraum gebracht wird. Wenn alles in Ordnung ist, massiert er sich das Gesicht, macht Freiübungen, und dann erst Waschen und Anziehen. Inzwischen ist es 9.15, und bis 9.45 liest er und raucht noch immer eine Zigarette. Dazwischen pfeift er Lieder. So ist ein Normalvormittag, und ich bin immer sehr vergnügt."

Zwei Tage später war sein Brief anders, ohne Konzentration:

„Verpflegung z. Zt. ganz ungenügend, wenig Brot. In der Presse wird geschrieben ‚amerikanische Verpflegung', um die Vorstellung zu erwecken, wir bekämen dasselbe wie amerikanische Soldaten. Das ist eine Gemeinheit. Ich wiege jetzt 15 Pfund weniger als früher als Leutnant, und eine andere Bewegungsmöglichkeit als im langsamen Promenadenschritt ist kräftemäßig gar nicht mehr möglich. So ist die Wirklichkeit, die keine Klage sein soll, sondern nur ein Sichwehren gegen die Heuchelei."

Am 26. Juli 1946 trugen die Ankläger ihre Repliken vor. Zur allgemeinen Betroffenheit gingen sie so gut wie gar nicht auf Beweisführung und Plädoyer der Verteidiger ein, sondern wiederholten die vorherigen Anklagen in kondensierter Form, im Niveau weit unter dem der Verteidigung. So erklärte Jackson:

„Die Rolle Görings war halb die eines Militaristen, halb die eines Gangsters. Er hatte seine fetten Finger in jedem Kuchen. Er benutzte seine SA-Muskelmänner, um die Bande an die Macht zu bringen ... Dönitz förderte den Erfolg der Naziangriffe, indem er das Rudel seiner U-Boote anwies, den Krieg zur See mit der gesetzlosen Wildheit des Dschungels zu führen ... Jodl, der Verräter an der Tradition seines Berufsstandes ..."

Und dann stellte Jackson mit erstaunlicher Offenheit fest: „Die Alliierten befinden sich technisch immer noch in einem Kriegszustand mit Deutschland, obwohl die politischen und militärischen Einrichtungen des Feindes zusammengebrochen sind. Als ein Militärgerichtshof stellt dieser Gerichtshof die Fortsetzung der Kriegsanstrengungen der Alliierten dar." Naturgemäß hinterließ dieses klare politische Ziel, das sich in den Repliken enthüllte, bei den Angeklagten einen deprimierenden Eindruck. Alfred schrieb noch im Gerichtssaal auf einen Zettel:

„Unsere ganze Beweisführung blieb unbeachtet. Keine Sorge, ich habe schon Vertrauen, Geduld und Humor. Die Rede von heute vormittag hat mich nur amüsiert, nicht einmal der ‚Verräter-General' hat mich geärgert, weil ich die ganze Ansprache nur als Propaganda empfand und als Feuerwerk. Sie war ohne Ernst, ohne Rechtsgefühl, ohne Wahrheitsliebe, eine Mischung von Haß und Zynismus. Auch die englische Rede, die ich eben höre, scheint nicht viel besser zu sein. Bis jetzt wird alles verallgemeinert, jeder ist für alles verantwortlich. Ich für die Judenverfolgung, Streicher für die Kriegführung . . ."

Und am Tag danach:

„Ich habe mit Rührung alles empfunden, was mir hinweghelfen sollte über die Tage, in denen noch einmal die Kübel ausgeleert werden, voll von Unmenschlichkeit und Barbarei. Niemand kann an diesem schmutzigen Inhalt vorbeigehen, aber daß man keinen Unterschied anerkennen will zwischen denen, die das gewollt und in Kenntnis des Inhalts mitgeholfen, und denen, die erst heute voll Erschütterung davon erfuhren, das erstaunt mich, aber es erschüttert mich nicht. Denn mein seelisches Barometer steht immer gleich, es ist nicht sprunghaft mitgegangen, ob die Anklage alles schwarz oder die Verteidigung alles weiß malte. Mein Schicksal habe ich vor einem Jahr in die Hände einer höheren Macht gelegt, jeden Tag bereit, zu sterben . . . Vielleicht kann ich Deutschland unter der Erde mehr nutzen als über der Erde."

Alle Ankläger hatten hohe Strafen, die französischen und russischen die Todesstrafe für alle Angeklagten gefordert. Wir mühten uns, weiterhin unbefangen zu schreiben, aber Alfreds Brief verriet, daß es ihm nicht viel anders erging als mir:

„Weißt Du, diese Situation bis zum Urteil ist schon eine verteufelte. Allseits merkt man eine gewisse gedrückte Stimmung, die scheue Verlegenheit, eine Scheu, von dem zu reden, was doch alle beschäftigt. Nur das Lachen von Professor Exner bricht manchmal wie ein Sonnenschein durch das düstere Gewölk. Ich habe noch nie so viel gepfiffen wie jetzt. Gleich beim Aufstehen geht es mit Schnaderhüpfel an. Die zu größter Aufmerksamkeit gehaltenen Posten schauen erstaunt, denn sie sind offenbar gehalten, einen seelischen Zusammenbruch zu melden. Da kennen sie mich aber schlecht. Es ist doch nicht viel anders wie auch bei vielen Hochtouren ... Es ist mir ganz klargeworden, daß die ethischen Grundsätze meines Lebens sich in der Bergkameradschaft geformt haben, daß mir nichts so verächtlich schien als der Satz: ‚Was fällt, das soll man stoßen', sondern daß mein Leitsatz immer nur sein konnte: ‚Was fällt, das mußt du halten' ..."

„5. 8. 46. Hab' Dir gestern einen Brief geschrieben, verzeih, wenn sie jetzt öfter ernster sind, aber ich bringe es nicht über das Herz, Dir anders zu schreiben, als wie mir zumute ist. Es käme mir vor, als wenn ich Dich anlügen würde ... Ich wüßte so gern, nachdem Du jetzt weißt, was die Ankläger mir vorwerfen, ob Du in irgendeinem Punkt mich nicht verstehst, ob bei Dir noch irgendein ungeklärtes Fragezeichen zurückgeblieben ist, wo der Zweifel an Dir nagt, warum ich dieses oder jenes getan habe oder tun konnte.

Gestern beim Spaziergang piepste ein ganz kleiner Vogel, der auf einem Busch herumzappelte. Ich gehe nicht wie die anderen auf den glatten Wegen, sondern immer rundum auf einem Rasenstück, das von Sträuchern umgeben ist. In der Mitte war einmal ein Blumenrondell, aber das ist jetzt alles zerstört. Die Bewachungshorde ruinierte alles, sie schälen mit dem Messer die Rinde von den Fliederbüschen, ich habe noch nie so naturzerstörerische Menschen gesehen. Das Vögelchen aber blieb sitzen und ließ sich von mir streicheln. Die Augen wurden mir feucht, als ich zum ersten Mal wieder ein Lebewesen streicheln konnte, das mich nicht haßte. Bald kam die Mutter und fütterte es, damit es kräftig würde, und ich mußte an Dich denken ...

Körperlicher Zustand wieder gut, Lebenswille und Sehnsucht viel zu stark. Du siehst, wieviel ich noch jeden Tag zu sagen habe ... die tägliche Mittagsaussicht wird inniger und schmerzlicher ... ein leiser Hauch des Abschieds durchzieht sie."

In diesem Monat hatten beide Verteidiger Geburtstag, auf besonderen Wunsch Alfreds wurden die Tage festlich begangen. Wir hielten die Feier, zu der auch Exners Tochter Nora Rohde und der Sohn von Jahrreiss gekommen waren, im Keller des zerstörten Rathauses ab und schickten Alfred ein Gedicht.

Professor Exner trank mir zu, ein heller Schein lag über dem von Krankheit und ungeheurer Anspannung gezeichneten Gesicht: „Sie werden es vermutlich selbst wissen, ohne daß ich Ihnen das zu sagen brauche: Sie haben einen großartigen Mann, lesen Sie, was er mir heute schrieb." Er las der Tafelrunde Alfreds Zeilen vor:

„Lieber Professor Exner! Daß Sie gekommen sind, daß Sie geblieben sind, daß Sie all Ihre körperlichen und geistigen Kräfte für mich eingesetzt haben, der ich Ihnen nur einmal im Leben begegnet bin, wie soll ich es Ihnen danken? Worte sind zu arm dafür! Wie hat mir und meiner Frau Ihre nicht zu erschütternde gute Laune, Ihre Hoffnungsfreudigkeit und Ihr großes Wissen um die Menschen und das Recht geholfen! Nie dürfen Sie dem Gedanken Raum geben, daß es vielleicht doch nichts oder nicht genügend genutzt hat. Mag das Urteil lauten wie auch immer, auf jeden Fall – und das ist schon heute eine Tatsache – haben Sie mein Andenken in Deutschland aus den Giftschwaden der Verleumdung in eine reine saubere Atmosphäre gehoben, eine Gasse gebrochen der geschichtlichen Wahrheit, der Wehrmacht und großen Teilen des Volkes wieder zur Selbstachtung verholfen und sind meiner Frau und mir ein rührender Mittler in unserer Not geworden ...

Ich glaube, daß alles Schicksal war und Schicksal ist. Das Zeitalter des Individualismus ist vorbei. Die Menschheit wird sich zu einer mechanisierten Kollektivmasse mischen, dann zurückentwickeln, eine vieltausendjährige Kultur zerstören und dann in Jahrhunderten wieder eine neue entwickeln. Vielleicht ist das ein gewaltiger, unvermeidbarer Säuberungsprozeß der Natur, um zu verhindern, daß der Mensch sich geistig immer weiter und weiter entwickelt und die natürlichen Kräfte der Lebenshaltung aber verkümmern und der Mensch entartet wie eine überzüchtete Blume. Denn die unaufhörliche Steigerung und Übersteigerung des Bedürfnisses muß ja letzten Endes zu einer Entartung führen. So fühle ich auch heute keine andere Schuld in mir, als daß mich das Schicksal auf diesen Platz und in diese Zeit gestellt hat. Was ich auch immer getan hätte, am Ablauf der Geschehnisse hätte es nicht das geringste geändert. Möge der Tag kommen, an dem das alle Deutschen begreifen ..."

Wir schwiegen. Dann bat ich die Tafelrunde, noch einen Brief vorlesen zu dürfen, den ich am Nachmittag erhalten hatte:

„11. 8. Aber ich wollte, mein Liebes, von dem Jahrestag im Gefängnis sprechen, Du kennst es ja und lebst in ihm, und so will ich Dir auch nur von einem erzählen, von dem Kampf der Gedanken, den es in dieser Form nur bei langer Einzelhaft geben kann. Nie vorher habe ich gewußt, daß es so viele ‚Ichs' in einem Menschen gibt, die sich gegenseitig bekämpfen. Es ist wie in einem Parlament, das 15 oder mehr Parteien hat, und man selbst ist mit seinem Willen der Vorsitzende. Aber man ist nicht ganz souverän, die Gedanken kommen von selbst und fangen zu sprechen an, man kann sie zur Ordnung rufen und ausweisen, aber sie kommen wieder. Sie können einen quälen, daß einem die Tränen in die Augen treten oder auch über die Wangen rollen, man kann die Sitzung schließen und durch Lesen und durch Schachspielen sich absetzen, und man kann die Guten loben und sich zu ihnen bekennen. Wenn man gar keine Herrschaft mehr hat, dann wird man haltlos und treibt dahin wie ein Schiff im Sturm ohne Steuer oder man geht unter. Das aber wird mir nicht passieren. Da kommt z. B. so ein Quälgeist und schildert in allen Einzelheiten die letzte Stunde vor der Hinrichtung und diese selbst. ‚Scher dich weg', sage ich, ‚das interessiert mich nicht', da kommt ein anderer und lacht höhnisch: ‚Hast du vielleicht Angst, dich damit zu beschäftigen, muß man nicht allem und jedem ins Auge sehen?' – ‚Richtig', sage ich, ‚aber da ist noch Zeit dafür, wenn es soweit ist.' Schon ist ein anderer da und sagt: ‚Warum denkst du überhaupt über dich nach? Warum nicht nur über deine arme Frau, die hat es doch viel schwerer? Du verlierst doch nur das bißchen Leben, aber sie läßt du allein in dieser furchtbaren Lage zurück.' – ‚Das ist wahr', muß ich ihm sagen, ‚aber ihr Schicksal hängt ja eben von meinem ab und deswegen ist meines das wichtigste vorerst.' Dann kommt einer von der äußersten Rechten und schimpft: ‚So ein dummes Zeug, das wird doch alles ganz anders. Das ist doch nur moralische Zersetzungspropaganda, um dem Vorsitzenden das Leben schwerzumachen. Das Gericht wird doch über einen Soldaten nicht das Urteil sprechen, wie über einen, der als führender politischer Nazi das alles aus freiem Willen getan hat, was der Soldat tun mußte.' – ‚Nur keine militärischen Reden', sagt der Pazifist, ‚einer ist nicht besser als der andere in den Augen des Gerichts, und wenn auch Biddle solche Gedanken haben könnte, die anderen drei Richter haben sie nicht.' Nun werde ich wild und verbitte mir, überhaupt noch in diesen künftigen Entscheidungen herumzuwühlen. Ich möchte ruhig und froh sein bis zur letzten Stunde, und wie es kommt, so wird es mit eiskalter Gelassenheit hingenommen, und jede Debatte darüber schadet nur der eigenen

Haltung. Am nächsten Tag hole ich mir die Burschen zusammen und halte ihnen eine Rede. Ich wiederhole den Satz, den ich auf jener denkwürdigen Hochzeit gesprochen habe, und sage ihnen: ‚So soll es sein, so wird es sein und so will ich es. Und wenn noch einmal einer anfängt mit diesen demagogischen Gedanken, dann werde ich ihn sofort mit der Präsidentenglocke unterbrechen ... So froh und stolz werde ich sterben wie ich gelebt habe. Aber jetzt will ich nichts mehr davon hören!‘ Und sie haben gehorcht, seitdem ist Ruhe um mich und in mir.

Nur ein einziger kommt dann und wann und meldet sich zu Wort und sagt: ‚Du möchtest doch deine Frau noch mal sehen, wann wird das sein und wie wird das sein, und was willst du ihr dann sagen und wie willst du es dann anfangen, daß dich nicht all deine Sehnsucht und deine Liebe übermannt?‘ – ‚Ja‘, sage ich ihm, ‚das geht mir selber noch im Kopf herum. Aber sie wird mir schon helfen, sie wird es mir nicht schwerer machen, als es ist. Sie wird sich freuen, daß es wahr geworden, was ich ihr zum Abschied sagte: ‚Wir sehen uns wieder.‘“

Auf die Plädoyers für die Angeklagten folgten diejenigen für die angeklagten Organisationen. Für die Gruppe „Generalstab-OKW“ wurden die Feldmarschälle von Manstein, von Rundstedt und von Brauchitsch in den Zeugenstand gerufen. Brauchitsch bestätigte, daß ein Rücktritt nur dann möglich war, wenn Hitler selbst ihn wünschte: „In meinem Fall war er froh, einen Sündenbock für das Versagen des russischen Feldzuges gefunden zu haben.“ Feldmarschall von Manstein vermittelte dem Gericht eine wichtige Erkenntnis: „Ein Diktator kann sich nicht zwingen lassen. Mit dem Moment, wo er einem solchen Zwang auch nur einmal nachgibt, ist seine Diktatur ja erledigt.“ Als während der Aussage des Feldmarschalls das ganze unselige Drama der Vergangenheit noch einmal aufgerollt wurde – Deutschlands Aufstieg wie der eines Phönix aus der Asche, die schleichende Machtübernahme durch den Polizeistaat, das Ringen der Wehrmacht in dieser Konfliktsituation –, beobachtete Jahrreiss seinen Mandanten. Bewegt schilderte er mir nachher die Szene: „Sonst ist Ihr Mann immer der erste im Aufstehen, wenn eine Sitzung zu Ende ist. Diesmal sah ich ihn regungslos sitzen, die Hand über den Augen. Erst auf Anrühren des Postens stand er auf und ging hinaus, ohne sich umzusehen.“

Bald darauf hörten wir, eine Kommission des Kontrollrates sei eingetroffen. Nach dem Statut durfte der Kontrollrat das Urteil abmildern, aber nicht verschärfen. Welche Rolle dabei die britische Delegation spielte, sollte ich erst viel später erfahren. Es waren nur noch wenige Tage bis zum Prozeßende, und uns beide quälte die Sorge, ob der bisherige tägliche Kontakt über die Verteidiger erhalten bleiben könnte. Alfred schrieb: „Wir dürfen uns nur im Gerichtssaal unterhalten, sonst nirgends. Deshalb ist so ein Abendplausch mit den Verteidigern so eine Freude und Entspannung. Es wird nicht so oft möglich sein können. Nur Briefe wird es vielleicht noch geben. Im Saal herrscht Torschlußstimmung. Ich bin froh, die degoutante Weiberwirtschaft nicht mehr zu sehen. Die Stenographinnen arbeiten brav und fleißig, aber die sensationslüsternen Frauen der Staatsanwälte, die ihre Männer beglückwünschen, bin ich froh, nicht mehr zu sehen, ich habe es satt, von dieser gaffenden Gesellschaft wie im Zoo angestarrt und mit Operngläsern beguckt zu werden ... Öfter wird mir eine Unterschrift abgebettelt neben dem Abschnitt über mich in einer Propagandaschrift, die eine Art verkürzte Anklage darstellt. Ich schreibe dann immer meinen Namen hin und darüber ‚Alles gelogen'. Die Amis sind dann sehr stolz, daß ich noch etwas dazuschreibe. Das macht mir Spaß. Als ich das beim Frühstück erzählte, sagte Dr. Dix lachend: ‚Schacht macht das noch besser. Der läßt sich jedes Autogramm teuer in bar bezahlen.'"

In seiner Replik gegen die „Gruppe Generalstab" griff Oberst Telford Taylor sogar ein führendes Mitglied des Widerstandes, Generaloberst Ludwig Beck, an: „Ihre Einstellung kommt nirgends besser zum Ausdruck als in einer Rede, die General Beck 1935 vor der Kriegsakademie gehalten hat ... Wir ringen hier mit etwas Großem, Bösem. Die Bloßstellung und Entehrung dieser Gruppe durch die Erklärung zur verbrecherischen Organisation ist weit wichtiger als das Schicksal der Einzelperson in Uniform."[64] Dieser Satz ließ mich wieder hoffen für die „Einzelperson", so unsinnig sein Inhalt als solcher war. Als ich am letzten Sitzungstag noch einmal über den Garten hinweg Alfreds Gestalt am Dachfenster stehen sah, zog ich trotz der Posten unbekümmert mein Taschentuch und winkte, winkte und winkte.

Eine halbe Stunde danach, am 31. August 1946 um 14.30 Uhr, gab der einstige Chef des Wehrmachtführungsstabes, Generaloberst Alfred Jodl, dem Gericht folgende Erklärung ab:

„Herr Präsident! Meine Herren Richter! Es ist mein unerschütterlicher Glaube, daß eine spätere Geschichtsschreibung zu einem objektiven und gerechten Urteil über die hohen militärischen

Führer und ihre Gehilfen kommen wird. Denn sie, und mit ihnen die ganze deutsche Wehrmacht, standen vor einer unlösbaren Aufgabe, nämlich: einen Krieg zu führen, den sie nicht gewollt, unter einem Oberbefehlshaber, dessen Vertrauen sie nicht besaßen und dem sie selbst nur bedingt vertrauten, mit Methoden, die oft ihren Führungsgrundsätzen und ihren überkommenen erprobten Anschauungen widersprachen, mit Truppen und Polizeikräften, die nicht ihrer vollen Befehlsgewalt unterstanden, und mit einem Nachrichtendienst, der teilweise für den Gegner arbeitete. Und dies alles in der klaren Erkenntnis, daß der Krieg entschied über das Sein oder Nichtsein des geliebten Vaterlandes. Sie haben nicht der Hölle gedient und nicht einem Verbrecher, sondern ihrem Volk und ihrem Vaterlande.

Was mich betrifft, so glaube ich: Kein Mensch kann besser handeln, als wenn er von den in seiner Lage erreichbaren Zielen das höchste erstrebt. Das, und nichts anderes, war die Richtschnur meines Handelns seit je. Und deshalb werde ich, welches Urteil Sie, meine Herren Richter, auch über mich fällen werden, den Gerichtssaal ebenso erhobenen Hauptes verlassen, wie ich ihn vor vielen Monaten betreten habe. Wer mich einen Verräter nennt an der ehrenhaften Tradition der deutschen Armee, oder wer behauptet, daß ich aus persönlichen egoistischen Gründen auf meinem Posten geblieben bin, den nenne ich einen Verräter an der Wahrheit.

In einem Krieg wie diesem, in dem durch Bombenteppiche Hunderttausende von Frauen und Kindern vernichtet wurden und in dem Partisanen jedes, auch jedes Mittel anwandten, das ihnen zweckmäßig erschien, sind harte Maßnahmen, auch wenn sie völkerrechtlich bedenklich erscheinen sollten, kein Verbrechen vor Moral und Gewissen. Denn ich glaube und bekenne: Die Pflicht gegen Volk und Vaterland steht über jeder anderen. Sie zu erfüllen war mir Ehre und höchstes Gesetz. Darauf bin ich stolz. Möge diese Pflicht in einer glücklicheren Zukunft ersetzt werden durch eine noch höhere: Die Pflicht gegen die Menschheit.“

9.
Wir sehen uns wieder

„Es fiel eine Tür ins Schloß
Ich höre Deine Schritte langsam sich entfernen.“
Dietrich Bonhoeffer, „Vergangenheit“

Im Rundfunk wurden die Schlußworte der Angeklagten in Auszügen wiedergegeben, so hörte ich zum ersten Mal nach Monaten Alfreds Stimme und freute mich an ihrer klaren Bestimmtheit. Korvettenkapitän Meckel, Mitverteidiger von Dönitz, zeigte mir in der Messe, was er einem Freund schrieb: „Den stärksten Eindruck hatte ich von Jodl, er stand aufrecht, in straffer Haltung, die aber durch ihre Selbstverständlichkeit völlig ungezwungen wirkte. Seine Sprache ruhig und verhalten, nichts Klirrendes oder Metallisches, doch ruhig und bestimmt. Nur wenig hob sich Ton und Stärke an einzelnen Stellen, z. B. als er sich mit einer knappen Kopfdrehung an die Anklagevertreter wandte und deren Angriffe gegen seine Ehre mit kurzem Hieb parierte. In Haltung und Sprache der General im besten Sinne und wohl der hervorragendste und untadeligste Vertreter des deutschen Offiziers, der in diesem Saal gehört und gesehen wurde. Ich habe noch nie eine so glückliche Vereinigung von Idealismus und Frische, Aufgeschlossenheit mit klar denkendem Geist und kühl wägendem Verstand erlebt.“

In Alfred klang dieser letzte Tag im Gerichtssaal vor dem Urteil auch noch nach:

„Nun hat die Wartezeit begonnen . . . die Strecke ist zurückgelegt, und den ganzen gestrichenen Nachmittag hat die innere Erregung noch nachgezittert, so daß ich noch öfter Worte und Sätze aus der Schlußansprache vor mich hinsagte. Ich hatte kein Papier bei mir und war vielleicht nicht ganz ruhig und habe, glaube ich, den Satz mit dem ‚Stolz‘ vergessen. Schreibe mir, was Du über die letzten Worte gehört hast – sie waren ja ganz verschieden und gaben doch ein ziemlich treffendes Bild der Personen, die sie sprachen. Sehr gut fand ich Raeder, Schirach, Neurath, Fritzsche. Bei Heß habe ich mir die Ohren zugehalten, auch die Reue Franks vertrage ich schlecht, das Wechselspiel von Sünde und Reue ist mir zu primitiv. Speers Worte waren interessant und hochaktuell."

In mir hatten – neben Alfreds Worten – eigentlich die von Großadmiral Dönitz den stärksten Eindruck hinterlassen, weil mir hierin ein Schlüssel für die Vergangenheit zu liegen schien:

„Wenn trotz allem Idealismus, trotz aller Anständigkeit und aller Hingabe der großen Masse des deutschen Volkes letzten Endes mit dem Führerprinzip kein anderes Ergebnis erzielt worden ist als das Unglück dieses Volkes, dann muß dieses Prinzip als solches eben falsch sein. Falsch, weil die menschliche Natur offenbar nicht in der Lage ist, die Macht dieses Prinzips zum Guten zu nutzen, ohne den Versuchungen dieser Macht zu unterliegen."

Es kamen nun Tage völliger Ruhe bis zur Urteilsfindung, und mein Mann bat mich, wegen meines Gesundheitszustandes ein paar Tage am Chiemsee zu verbringen:

„Es wird behauptet, die Pause würde bis zum 23. dauern. Wenn das wirklich sein sollte, könntest Du gleich Deine Koffer packen und zu Keudells fahren, für wenigstens 14 Tage. Würde Dich das nicht locken, ablenken, Kraft geben für die allerletzte Zeit? Und die Briefe, die ich bekäme, würden den ganzen Zauber des Chiemsees enthalten und die frischen Grüße von der Insel. Ein Verteidiger ist sicher hier und wird die Briefe abholen und abgeben. Du schenkst mir die große Freude, Dich dort zu wissen, wo immer ein Teil meines Herzens ist. Tue es mir zuliebe ... Glaub' mir, es ist alles gut, Du darfst wirklich nicht glauben, daß ich z. Zt. unter der Gefangenschaft leide. Ich fühle mich ganz behaglich wie in einem Unterstand oder Graben, wenn man oben auch nicht frei herumlaufen kann ... Die Ankläger sagen im Kreuzverhör, wenn sie eine treffende Antwort bekommen: ‚Ich will mich mit Ihnen nicht streiten.' Das will ich auch nicht mit Dir über die Frage, wer es schwerer hat. Ich weiß, daß Du es bist, und daß die ‚Kobolde über die Fürther Straße laufen' war ein gutes, liebes Wort. Sie laufen herüber und hinüber, sowie sie eine Aufnahmebereitschaft finden. Aber bei mir sind sie wirklich weg, und ich fange an zu glauben, daß es bei Dir ebenso ist."

So fuhr ich denn am 3. September zusammen mit Professor

Exner in den Süden, beruhigt durch den Gedanken, daß mein Mann bei Jahrreiss in treuesten und besten Händen war. Der Wandel in mir beim Anblick der geliebten Chiemseelandschaft war erstaunlich, mir schien, als träte ich selbst aus einem Gefängnis in die Freiheit. Als ich den frischen Seewind spürte und mich die Freunde liebevoll in Gstadt abholten, atmete ich tief durch, und neue Hoffnung zog in mir ein. Aber es war nur ein Teil meiner selbst, der in der lichtdurchfluteten Landschaft badete, dem Klang der Klosterglocken nachhorchte und dem Schlag der Wellen gegen den Kiel des Bootes. Jedesmal, wenn ich zur Kampenwand, Alfreds Lieblingsberg, hinsah, gingen die Gedanken nach Nürnberg – das Ich, das wirkliche Ich, war dort in der Zelle. Dennoch ließ ich mich tief, tief in diesen Traum der Freiheit hineinfallen, und jeder Tag in dem sanften Frieden dieser Landschaft brachte Heilung gegen Angst und Unruhe.

Unsere Briefe flogen wie Schwalben, ein Brief vom 4. September war trotz Zensur schon am 5. nachmittags in Alfreds Händen. Als ich, am Strand sitzend, seine Antwort las, spürte meine Hand im heißen Sand plötzlich etwas Hartes – ich grub einen kleinen Zinnsoldaten aus. In Gedanken an Andersens Märchen vom standhaften Zinnsoldaten steckte ich ihn in die Tasche und las weiter:

„Wenn ich Dir nun sagen soll, mit welchem Urteil ich eigentlich rechne, so muß ich offen sagen, mit allem und jedem. Mein Denken sträubt sich einfach dagegen, sich irgendwie festzulegen. Vielleicht wird es günstiger, als wir in trüben Stunden fürchten, vielleicht wird es schlimmer, wie wir in hellen Stunden hoffen. Mein Päckchen liegt für alle Fälle bereit, ich brauche nur zuzugreifen. Und sollte der Tod vor meiner Zelle stehen, so wird auch er mich nicht überraschen. Er wird keine willige Ergebenheit und erst recht keine reumütige Zerknirschung finden, denn das Bewußtsein wird mich nicht verlassen, daß ich dieses Schicksal nicht verdient habe. Aber ich will Dir jetzt keinen Abschiedsbrief schreiben, denn einmal ist dazu immer noch Zeit, und dann – und das ist eine Wandlung der letzten Woche – will ich nicht daran glauben um Deinetwillen . . . Da aber niemand wissen kann, wie grausam das Schicksal mit uns spielt, auch bei einer längeren oder auch nur kürzeren Trennung, so möchte ich Dir die einfachen Verse von Kayssler aus ‚Dein Weg' schicken, die ich so liebgewonnen habe:

‚Es geht eine Tür zu Gott hinein
die Tür ist klein

hat sie Raum für Dich und mich?
Kaum.
Jedes geh' getrost für sich.
Drüben dann, wie hier zu Land
gehen wir wieder Hand in Hand.'

Aber wir wollen, mein Liebstes, inbrünstig hoffen, daß wir es noch hierzulande tun werden, wie wir durch dieses Jahr gegangen sind. Immer wieder möchte ich Dir noch etwas schreiben, wo Du hingehen und was Du zeichnen sollst ... Inzwischen wurde uns die Möglichkeit eines Besuches unter ‚gefängnismäßigen Umständen' angekündigt."

Der kleine Zinnsoldat stand auf der Bank neben mir, als ich von der Insel heimruderte. Ich zurrte das Boot fest, stellte die Riemen im trockenheißen Bootsraum ab und ging langsam an duftenden Kleefeldern vorbei zu Keudells. Vom Balkon aus sah ich die alte Dame winken und begann zu laufen. „Eben ist im Radio durchgegeben worden, daß die Frauen ihre Männer in Nürnberg sehen dürfen." Hoch und dünn klang die Stimme von oben herunter. Wir verglichen Uhr und Fahrplan. Mit Glück konnte ich den Nachtzug noch erreichen. Bei der Bahnfahrt dachte ich mit Dankbarkeit, wieviel einfacher doch dieses Reisen jetzt war als noch vor einem Jahr.

Die Verteidiger hatten schon telegraphiert und waren froh, mich schon am frühen Morgen vorzufinden. Als ich beim Frühstück Putzi, den kleinen Terrier, am Stuhlbein festband, hockte sich ein kleines Mädchen neben mich. „Darf ich ihn streicheln?" Die weitgesetzten Augen unter der hohen Stirn, die schön geschwungenen Lippen in diesem kleinen Gesicht, konnte das Edda Göring sein? Ich machte mich mit der Mutter bekannt, die am Nebentisch saß. Sie hatte ihren Mann schon zweimal gesehen! Warum war ich bloß fortgefahren? Ihre einfache, warmherzige Art war mir sympathisch. „Wir, das heißt Frau von Neurath, Sie und ich, haben die gleiche Treffstunde", erklärte sie mir. „Man sitzt sich gegenüber, durch ein Gitter getrennt, der Posten stört ja weiter nicht. Man hat eine Stunde Zeit."

„Wir sehen uns wieder." Am 12. September um 14 Uhr wurde wahr, was mir Alfred am 22. April des vorigen Jahres in Berlin versichert hatte – ohne allerdings die Umstände zu ahnen. Professor Jahrreiss begleitete mich bis zum Zimmer des Geistlichen, Father Gerecke bot mir Cognac an, ich nahm ihn dankbar an. Dann brachte mich Pater Sixtus zum Zimmer 55, wo mich

Mrs. Swabenland freundlich begrüßte; wir kannten uns aus den ersten Prozeßtagen. Auf dem Gang zur Kabine Alfreds kam ich bei Görings vorbei. Göring stand auf und verbeugte sich. Ich sah, wie sein mageres und eingesunkenes Gesicht vor Freude über Frau und Kind leuchtete. Wir winkten uns zu, als kennten wir uns seit langem – welch ein Tag!

Und dann? Schweigen. Ein Gitter vor mir, und dahinter, in Karos eingeteilt, ein Gesicht. Wortlos blickten wir einander an, mit Scheu sah wohl ein jeder beim anderen die Spuren dessen, was diese Zeit darin wie mit einem Griffel eingezeichnet hatte. Und dann, alles vergessend, doch nur, und nur das geliebte, vertraute Antlitz. Die Züge vor mir waren magerer, das Kinn trat stärker hervor, aber die Augen waren unverändert. Sehr hell, sehr klar, ohne Bitternis darin, voller Güte, Ruhe und Vertrauen. Und die Stimme – denn nun sprach sie, ganz die alte, wie der Ton einer Glocke, tief und warm:

„Was ist aus den Sachen in unserer Wohnung geworden?" Jetzt merkte ich, daß neben Alfred hinter dem Gitter ein Posten stand, der uns neugierig betrachtete. „Ich hörte, die Russen haben alles verheizt", sagte ich absichtlich etwas salopp, weil ich wußte, wie ihn das schmerzen würde. „Unsere einzigen Habseligkeiten sind die im Koffer, den ich nach Berchtesgaden mitnahm. Er steht jetzt am Chiemsee." Ich sagte ihm nicht, daß die Silberkiste gestohlen worden war, und wie die Besatzungssoldaten mit den Sachen im Koffer umgegangen waren. Nach einer kleinen Pause meinte er: „Hast du einmal darüber nachgedacht, über dieses Wort: ‚Hab-Seligkeiten'? Mir scheint, man kommt im Gefängnis auf viele Gedanken, zu denen man früher keine Zeit hatte." Ich wollte wissen, ob er das Maskottchen noch habe, das ich ihm am 21. April in den Koffer gesteckt hatte. „Das ist auf der Kammer abgegeben", erwiderte er, und nun lachte er, wir beide lachten. Das Maskottchen, das „Jodlchen", hatten mir die Jodls bei meiner langen Krankheit 1934 geschenkt, immer hat es der bekommen, der in irgendeiner Notlage war. „Na siehst du", sagte ich, „das hilft dir auch hier heraus." – „Da sind auch Ritterkreuz und Uhr", ergänzte er. – „Ritterkreuz?" fragte ich erstaunt. – „Ja, das hat mir Dönitz noch in Flensburg verliehen. Alles andere ist mir bei der Gefangennahme gestohlen worden, das goldene Zigarettenetui von Mussolini, das schöne Finnenmesser von Mannerheim und auch die Lammfellweste." Wie befreiend, von solchen Belanglosigkeiten zu sprechen, vor allem lachen zu können. Verstohlen warf ich einen Blick auf die Uhr, der Zeiger rannte, noch 20 Minuten. Besser, nicht hinsehen. Wir sprachen von der Fraueninsel. „Ist die Spitze auf dem alten Turm noch schief?" Ich nickte, noch zehn Minuten, besser, nicht hinsehen. „Die Dampfer gehen natürlich nicht, man muß alle Strecken rudern, einmal hat mich eine Schwanenmutter beinahe nicht landen lassen." Von nebenan hörten wir Edda mit heller Stimme eine Rechenaufgabe aufsagen. „Ich hoffe, du erwartest keine Rechenaufgabe von mir", sagte ich zu Alfred. Eine Hand auf meiner Schulter. „Die Zeit ist um", mahnte leise Pater Sixtus. Wir standen auf, gleichzeitig sagten wir: „Auf morgen!" – Welch ein Wort: Auf morgen!

Noch am selben Abend schrieb Alfred:

„Dies ist der erste Brief, seit wir uns so hinter der Glasscheibe gegenübersitzen, so ist es, wie wenn wir Harfe spielten, ängstlich bemüht, nicht an die tiefen Molltöne zu rühren, die uns das Herz schwermachen könnten. Wir wollen uns ja freuen und neue Kraft aus froher Zweisamkeit schöpfen . . . Da bleibt dann noch viel für den Brief, der aber unserem Zusammensein auch keinen Schalldämpfer aufsetzen soll . . . Wir wollen uns nicht um das Problem bemühen, wer dem anderen mehr geben konnte. Wir haben – jeder für sich – an einem anderen Teil eines Teppichs gewoben und alles hineingeflochten, was wir an Liebe, Zärtlichkeit, Glauben und Hoffnung in uns hatten, und wir waren einander so ähnlich, so gleich in allen Auffassungen, daß wir mit Staunen sahen, wie er sich immer mehr zusammenfügte, wie ein Gebetsteppich aus einer Hand und aus einem Geist gefertigt. So Gott will, werden wir auf ihm einmal niederknien und das tägliche Opfer unserer Liebe erneuern, daß einer des anderen würdig bleibe wie in jener schwersten Bewährung der Nürnberger Jahre. Wenn nicht, dann wirst Du ihn allein verwahren, er wird Dich wärmen, und von ihm wird Dein Gebet zum Himmel steigen um Kraft und Stärke, um in Liebe weiterzudienen in meinem Sinne, dem deutschen Volk und den Menschen in der Not.

Was mich tief beglückt, ist, daß Du Wurzel geschlagen hast in meiner Heimat und bei den mir vertrauten Menschen, so daß Du Dir vielleicht doch noch nicht so verloren und entwurzelt vorkommen wirst . . ."

In der Messe waren inzwischen die meisten Angehörigen der Angeklagten versammelt. Keitel und Papen hatten es abgelehnt, ihre Frauen unter diesen Umständen zu sehen, Frau Raeder wurde von den russischen Behörden die Ausreise verweigert.

Die bisher so sachliche und ernste Atmosphäre der Messe hatte sich sehr verändert, die Kinder von Schacht und Ribbentrop spielten herum, die meisten der Frauen kannten einander. Besonders fühlte ich mich zu Frau Dönitz und Frau Speer hingezogen.

Große Freude bereitete das Wiedersehen mit Winni von Mackensen, der Tochter Neuraths, die ich in Rom kennengelernt hatte. Als wir ihr Gepäck in einem kleinen Handwagen gemeinsam zu ihrer Unterkunft jenseits der Pegnitz zogen, erinnerten wir uns lachend an ihren roten Mercedes in Rom. Tempi passati! Mit großer Betroffenheit hörte ich, daß ihr Mann im Internierungslager gestorben war.

Auch die deutsche Presse durfte jetzt unsere Messe betreten. Das fiel uns lästig, man fühlte sich ständig beobachtet. Zugleich erfüllte mich ihre Berichterstattung mit wachsendem Ärger, häufig waren die Schilderungen leichtfertig und bar jeder Sachkenntnis. Von einem Journalisten aus der Ostzone erzählte man sich, er habe einen Verteidiger auf den Briefwechsel zwischen Goethe und Marx angesprochen. Gegen viele dieser „storyteller" hoben sich einige Ausnahmen wohltuend ab: Ursula v. Kardorff, W. E. Süßkind, H. G. von Studnitz und andere.

Die ganze folgende Woche konnte ich Alfred täglich sehen, immer um die gleiche Stunde. Jedesmal gab es vorher die gleiche Aufregung, das Bemühen, gelassen zu sein, heiter und nichts von der jagenden Angst im Inneren merken zu lassen. Ich trug meist ein Dirndl, die Tracht seiner Heimat, und immer wieder mußte ich vom Chiemsee, von der Insel, von der Kampenwand und von den dortigen Freunden berichten: von den Keudells, dem Bauern Jell und seiner Familie. Die Gefangenen durften sich jetzt auch gegenseitig besuchen. Alfred berichtete mir, wen er sehen möchte: Dönitz, Neurath, Raeder und auch Göring. Dann kam wie ein Blitz die Nachricht, die Urteilsverkündung sei um eine Woche verschoben worden. Die unsinnigsten Hoffnungen stiegen in mir auf – ein Leutnant im Wartezimmer hatte behutsam angedeutet, es könnte wegen Jodl geschehen sein. „Vielleicht wird doch noch alles gut", sagte ich am Abend zu Exner, als wir heimgingen. Er nickte, schwieg aber.

Alfred schrieb: „Der Sonntag war immer ein stiller Tag. Diesmal spürte ich es mehr, war es doch der erste Tag, an dem ich Dich nicht gesehen habe. Aber als dann die Sonne auf das herbstliche Laub schien, da übermannte mich die Sehnsucht nach den Bergen. Da bin ich dann über den Königssee gefahren, bis zum stillen

Winkel des Obersees, und die Wand hinaufgestiegen bis zur Funtenseehütte. Ich weiß nicht, warum ich sie so liebe, obwohl sie gar nichts Großartiges in ihrer Lage hat. Wie in einem tiefen Wellental liegt sie im Steinernen Meer, und niemand kann in die Hütte kommen, ohne nicht durch gellende Pfiffe angekündigt zu werden. Das sind die Murmeltiere, die ‚Mankai' auf bayrisch, die jeden aufmerksam beobachten, der in diese geheiligten Berge einbricht. Schon der Aufstieg ist so schön, immer den See zu Füßen, der um so schwärzer wird, je höher man kommt, und bald wie eine schwarze Eisplatte wirkt. Wenn dann der Steg die Wand verläßt und sich auf einem Sattel hinzieht, liegt etwas abseits unter mächtigen Buchen und Tannen versteckt ein kleiner Bergsee. Nie bin ich an ihm vorbeigegangen, ohne in ihm zu schwimmen. Er ist kalt und unheimlich, und in seinem klaren Wasser sieht man bis auf den Grund, wie in eine untergegangene Welt. Riesige Baumstämme und Felstrümmer drohen aus der Tiefe, zwischen denen dann und wann ein Fisch steht, halb verborgen in blassen Gewächsen, die an den Urwald erinnern. Aber diesmal war's mir zu kalt, und ich begnügte mich mit den Erinnerungen, an die Sommertage, an denen ich hier war, an das junge Herz, das damals in mir schlug, und fand, daß ich nie die Erde so schön gefunden hatte als an diesem Herbsttag, und daß ich nie gewußt habe, wie leid es einem ums Fortgehen sein könne . . . In der Hütte war es warm und behaglich, es gab nicht viel, aber mit Brot und einem Stück Käse war ich ganz zufrieden. Ich kann mit dem Einfachsten glücklich sein, nur nicht in einem Hinterhaus einer Großstadt, lieber in einer Bretterhütte im Wald . . ."

28. September. „Das Urteil ist verschoben worden", berichtete ich Alfred strahlend bei meinem nächsten Besuch. Zu meiner größten Betroffenheit war aber sein Gesicht von tiefer Trauer durchzogen, es veränderte sich bei meinen Worten kaum. „Wir können uns nun doch eine ganze Woche länger sehen", versuchte ich ihn zu trösten. Er zuckte nur mit den Schultern und meinte, ich möge mich zeitig um das überflüssige Gepäck kümmern. „Wieso überflüssig?" fragte ich und mußte hart kämpfen, um der Tränen Herr zu werden. Ich wußte mir keinen Rat um diese Veränderung und fand wenig Schlaf.

Am nächsten Tag war er wieder heiter und gelassen. „Verzeih meine Stimmung", sagte er, „die vorige Nacht war zu furchtbar. Dreimal weckte mich der Posten, und dann hat Streicher so schrecklich geschrien." Wir sprachen dann lange von seiner

Mutter, von Irma, der Familie Bullion, und die Zeit verrann, als sei es eine Minute und nicht eine Stunde. Aber es war eine glückliche Stunde. Ich fühlte mich dankbar, daß er heute so gelassen war, denn ich stand noch unter dem Eindruck einer Szene, die ich zuvor auf dem Korridor erlebt hatte. Frau Göring sprach gerade mit Professor Jahrreiss über eine Zeichnung, die er von ihrem Mann angefertigt hatte. Plötzlich trat von hinten eine Frau heran, zeigte auf die Skizze und legte wortlos mit haßerfüllter Gebärde die Hand quer über die Kehle. Edda wurde blaß, und ihre Augen weiteten sich vor Schreck. Frau Göring meisterte die Situation. „Arme Person", sagte sie ruhig, „die ist sicher krank." Edda, immer noch erschreckt, rieb sich die Augen. „Dein Vater wartet auf sein tapferes Kind", sagte ich zu ihr. Anmutig und voller Haltung ging sie am Posten vorbei in die Kabine zu ihrem Vater.

Noch drei Tage, noch zwei, noch einer. Wir versuchten, unsere Spannung mit Ironie und ein bißchen Spott über die allgemeine Aufregung zu überspielen, ganz gelang es nicht.

„Wir sehen uns wieder", sagte, wie schon einmal, Alfred beim letzten Abschied.

Daheim fand ich einen Brief von Generaloberst Adam vor, dem einstigen Chef des Truppenamtes und Gönner Alfreds. „Ich hoffe auf den Freispruch für Jodl", schrieb er. „Er ist kein Kriegsverbrecher, sondern ein Märtyrer, von dem man nur bewundern muß, daß er sein Martyrium so lange ertragen hat. Möge Ihr Vertrauen in Gottes Gerechtigkeit Ihnen helfen."

10.
Das Urteil

„Wenn irgendeine Zeit mit ihren Gestalten und Erscheinungen und Formen begriffen werden soll, so muß man sich weit über diese Zeit hinaus in die Vergangenheit zurückziehen und die betreffende Periode von vorne anvisieren, nicht von rückwärts her sie betrachten."

Heimito von Doderer,
„Tangenten, Tagebuch eines Schriftstellers 1940–1950"

Montag, der 30. September 1946 – Tag des Urteils. Schon vor acht Uhr hörte ich die Hausglocke, Professor Exner wollte mich abholen. Als ich hastig die Treppe hinablief, blieb ich mit dem Ring der linken Hand an einem Nagel des Geländers hängen. Der Ring riß mitten durch, ich hörte ihn mit hellem Klang unten auf dem steinernen Hausflur aufschlagen. Die scharfen Enden des Metalls hatten einen blutigen Kreis um den Finger gerissen. „Gehen Sie bitte voraus", bat ich Exner. Ich suchte den Ring und steckte ihn in die Tasche. Er stammte von Alfreds Mutter, ich hatte ihn zur Hochzeit bekommen. Als ich auf dem Weg zum Justizpalast noch kurz die Antoniuskirche betrat, prallte ich zurück. Vor dem Altar stand ein Sarg.

Das Bild vor dem Justizpalast erinnerte an die Tage der Prozeßeröffnung. Das Gebäude war umstellt, in pausenloser Folge rollte der Strom der Fahrzeuge und staute sich vor dem Gebäude. Verschärfte Kontrollen, allein beim Übergang über die Fürther Straße wurde mir dreimal der Ausweis abverlangt. Mir fiel die Gleichgültigkeit der Bevölkerung auf, sie nahm so gut wie keine Notiz. War das Ausdruck der Stimmung oder erneutes widerspruchsloses Hinnehmen von Macht.

Die Verteidiger saßen heute im Gerichtsgebäude, so blieb ich zunächst in der Messe. Nach einem Rundgang um den Justizpalast ging ich über die Pegnitzbrücke zu Neuraths, die mich gebeten hatten, die kommenden Stunden mit ihnen zu teilen. Die Hausbesitzer borgten uns ihr Radio, wir saßen und warteten.

„Am 8. August 1945 haben die Regierungen des Vereinigten

Königreiches von Großbritannien und Nordirland, die Regierung der Vereinigten Staaten von Amerika, die provisorische Regierung der Französischen Republik und die Regierung der Union der Sozialistischen Sowjetrepubliken ein Abkommen getroffen, wonach dieser Gerichtshof zwecks Aburteilung von solchen Kriegsverbrechern gebildet wurde, für deren Verbrechen ein geographisch bestimmbarer Tatort nicht vorhanden ist."

Es folgte eine Liste der dem Abkommen beigetretenen Länder, Einzelheiten zum Statut und statistische Angaben. Ich notierte mir: 403 öffentliche Sitzungen, 33 Zeugen der Anklage, 61 Zeugen und 143 Fragebogen für die Verteidigung. Der Gerichtshof, so wurde erklärt, habe allen Gesuchen stattgegeben, von denen er der Ansicht war, daß sie für die Verteidigung Bedeutung besaßen.

Abwechselnd, beginnend mit Lord Justice Lawrence, verlasen die Richter das Urteil, ausgehend von den Geschehnissen seit 1919. Der Versailler Vertrag wurde zwar erwähnt, aber nur insofern, als Hitler ihn gebrochen hatte. Aus der dann folgenden Darstellung ging hervor, daß die Richter sich weitgehend dem Standpunkt der Ankläger angeschlossen hatten: Bei der Zitierung der „Schlüsseldokumente" wurde von den drei Fassungen der Rede Hitlers vom 22. August 1939 diejenige erwähnt, die Generaladmiral Boehm durch ein Affidavit widerlegt hatte; die Geheimklausel des deutsch-russischen Freundschafts- und Grenzvertrages wurde stillschweigend übergangen, damit die Teilung Polens gutgeheißen; zur deutschen Landung in Norwegen wurde zwar ein „Präventivkrieg in fremdem Land bei überwältigender Notwendigkeit der Selbstverteidigung" anerkannt, die britischen Landungspläne in Norwegen jedoch nicht als eine solche Notwendigkeit angesehen; zum Balkanfeldzug – ad hoc durch den Putsch in Jugoslawien ausgelöst und alle Berechnungen des Rußlandfeldzuges über den Haufen werfend – hieß es sogar, es sei ein „schon lange ins Auge gefaßter Angriffskrieg, sicherlich seit August 1939" gewesen.

Mechanisch hatte ich mitgeschrieben. Die Gedanken jagten jedoch noch zu dem mir wie ein böses Omen erscheinenden zerrissenen Ring, dem Sarg in der Kirche und weiter – bis sie vor der Wand zurückwichen, die das Grauen gnädig errichtet hatte. Während der Mittagspause suchte ich den Platz auf, von dem aus ich Alfred täglich gesehen hatte. Die Fenster waren weit geöffnet, ein schwarzes Rechteck gähnte dort, wo er sonst gestanden. Später entnahm ich Alfreds Aufzeichnungen, daß die Angeklagten heute im Keller gegessen hatten:

„Das Mittagessen im Keller war wie das Zusammensein von Soldaten in einem Bunker. Irgendwie fühlte ich mich mit den Männern verbunden, die ich in der Freiheit abgelehnt und von denen nur wenige meine Freunde hätten sein können. Jetzt waren wir alle nur Deutsche. Seyß-Inquart mit seinem feinen, auch in dieser Stunde nicht versagenden Lächeln saß neben mir. Und gesprochen haben wir vom Krieg, der uns mit großer Wahrscheinlichkeit verschlungen hätte, wenn wir nicht auf führenden Posten gestanden wären. Der Führer aber hat mehr zu leisten und mehr zu dulden als seine Soldaten . . ."

Um 14.15 Uhr wurde die Urteilsverlesung wieder aufgenommen, diesmal von Richter Francis Biddle. Jetzt war jedes Wort wichtig, jetzt kamen die rechtlichen Begründungen. „Das Statut ist keine willkürliche Ausübung der Macht durch die Siegernationen, sondern ist, wie noch gezeigt werden wird, nach Ansicht des Gerichts der Ausdruck des zur Zeit der Errichtung des Statuts bestehenden Völkerrechts." Zum Rechtsgrundsatz „nullum crimen sine lege, nulla poena sine lege" wurde erklärt: „Die Angeklagten mußten gewußt haben, daß sie allem Völkerrecht entgegen handelten, als sie mit vollem Vorbedacht ihre auf Invasion und Angriff gerichteten Absichten durchführten."

Zur Frage der völkerrechtlichen Verantwortlichkeit des Individuums erklärte der Richter: „Es ist ja gerade der Wesenskern des Statuts, daß Einzelpersonen internationale Pflichten haben, die über nationale Gehorsamspflichten hinausgehen, die ihnen ein Einzelstaat auferlegt hat . . . Daß ihnen ihre Aufgabe durch einen Diktator zugewiesen wurde, spricht sie von der Verantwortlichkeit für ihre Handlungen nicht frei." Die ursprüngliche Anklage auf „Verschwörung" war fallengelassen worden. Mir schoß durch den Kopf, daß das doch eigentlich falsch war. Mußte man nicht gerade das Morden der Juden, das Verbrechen des Genozides, als eine Art der „Verschwörung" eines bestimmten Kreises ansehen?

Das Gericht verkündete nunmehr das Urteil gegen die angeklagten „Organisationen": Freigesprochen wurde SA, Reichsregierung, Generalstab, letzterer bis auf einzelne seiner Mitglieder. Als verbrecherisch wurden verurteilt: das Korps der politischen Leiter, die Gestapo, der SD und die SS.

Mir fiel auf, wie wiederum die Offiziere in schärferem Maß beschuldigt wurden als sogar SS und SD, geschweige denn die Reichsregierung und das Auswärtige Amt:

„Sie sind ein Schandfleck für das ehrenhafte Waffenhandwerk.

Die Wahrheit ist, daß sie an diesen Verbrechen rege teilgenommen haben oder in schweigender Zustimmung verharrten, wenn vor ihren Augen Verbrechen begangen wurden, größer und empörender, als je die Welt zu sehen das Unglück gehabt hatte. Dies mußte gesagt werden."

„Und die Verbrechen auf eurer Seite?" dachte ich. Die Liquidation von 15.000 polnischen Offizieren in Katyn, die Ausweisung von rund 13 Millionen aus dem Osten, die „splendid decision" vom 11. Mai 1940 zum „strategic bombing" – Hamburg, Dresden? Und schließlich Hiroschima? Tu quoque – verboten!

Die monotone Stimme im Radio gab bekannt, daß der zweite Teil des Urteils – der Spruch über die einzelnen Angeklagten – morgen verlesen würde. Wir waren uns klar darüber, daß der Freispruch der Reichsregierung und des Generalstabs – so erfreulich als solcher – zur Verurteilung von Neurath und Jodl führen mußte. Nur das Strafausmaß war noch ungewiß.

„Ich will versuchen", schrieb Alfred, „diesen Brief in Abschnitten zu schreiben. Was Du gestern schriebst, war Labsal nach dem harten Tag. Vor der Geschichte kann er nicht bestehen, aber konnte man in dieser Hinsicht anderes erwarten? Ich bin nicht enttäuscht, in mancher Hinsicht sogar befriedigt. Was heute gesagt wurde, überzeugt die Wissenden nicht, denn die wissen es besser. Der Prozeß konnte nie anderes sein als ein politischer. Was die allgemeine Darstellung der Ereignisse betrifft, inwieweit er juristisch und menschlich den einzelnen gerecht wird, das werden wir morgen hören.

Eine Freude war die Entscheidung über die Gruppe der oberen Führer. Vielleicht habe ich auch etwas dazu beitragen können, und das ist ein beglückendes Gefühl, daß ich, wenn ich vielleicht auch umsonst für mich gekämpft habe, doch meinen Kameraden helfen konnte. Was der morgige Tag auch bringen möge, laß es Dich nicht umwerfen. Je härter der Schlag, desto stolzer sollst Du sein. Der Tag wird kommen, an dem die Welt draußen anders denkt, und für diesen Tag wirst Du leben mit unzerstörbarer Liebe zu Deutschland und zu einem seiner Offiziere, den Du besser kanntest als irgendwer."

Eine schlaflose Nacht. Als ich in der strahlenden Herbstsonne am Justizpalast vorbeiging, fiel mir ein, wie ich hier vor einem Jahr im strömenden Regen gestanden war, in dunkler Vorahnung, welches Ende dies nehmen werde. Sollte ich mir noch anhören, was ich doch schon wußte? Dies zu wissen, und dann zu ertragen, wie die Sonne die betauten Wiesen mit ihrem Glanz übergoß, als wollte sie uns noch einmal die Schönheit dieser Welt offenbaren! Ich mußte an Alfreds Brief denken . . . daß er noch nie die Welt, das Leben so geliebt habe, wie eben jetzt . . .

Drachen standen am Himmel, bunte Farbflecken in seidigem Blau. Ich hörte Kinder jubeln, als ein Drache stieg, stetig, höher und höher, dann packte ihn ein Windstoß, er torkelte hin und her und fiel zu Boden. Ich fühlte, wie mir die Tränen herabrannen.

Frau v. Mackensen machte mir die Tür auf, ich sah, daß sie und ihre Mutter so wenig Schlaf gefunden hatten wie ich. Wir stellten das Radio an:

„Der Gerichtshof wird nun die Gründe darlegen, die zu den Urteilssprüchen in bezug auf Schuld oder Unschuld geführt haben . . ."

Zunächst die erste Bank: Göring und Keitel – schuldig nach allen vier Punkten . . . Dann die zweite Reihe: Dönitz – schuldig nach Punkt 2 und 3; Raeder – schuldig nach Punkt 1, 2 und 3.

Und jetzt Jodl: „Obwohl der Angeklagte Keitel sein unmittelbarer Vorgesetzter war, berichtete er über Operationsangelegenheiten unmittelbar Hitler. In streng militärischem Sinne fiel Jodl die eigentliche Planung des Krieges zu, und er war in hohem Maße für die Strategie und Leitung der Operationen verantwortlich. Jodl verteidigte sich, daß er ein zum Gehorsam vereidigter Soldat gewesen sei und kein Politiker, und daß ihm seine Stabs- und Planungsarbeit keine Zeit für andere Angelegenheiten übrig ließ. Er sagte aus, daß er bei dem Unterzeichnen und Paraphieren von Verordnungen, Denkschriften und Briefen für Hitler handelte, oftmals in Abwesenheit von Keitel.

Obwohl er behauptete, daß er als Soldat Hitler zu gehorchen hatte, sagte er aus, daß er häufig versucht habe, bestimmte Maßnahmen durch Aufschub zu verhindern, was gelegentlich auch gelang, wie zum Beispiel, als er sich Hitlers Forderung widersetzte, Weisungen zu erlassen, daß alliierte Terrorflieger gelyncht würden . . ."

Es folgte nun die Aufzählung der einzelnen „Verbrechen": Verbrechen gegen den Frieden, Kriegsverbrechen und Verbrechen gegen die Menschlichkeit. Und dann das Urteil:

„Der Gerichtshof hat Jodl nach allen vier Punkten für schuldig befunden."

Freispruch für Papen, und dann von Neurath: schuldig nach allen vier Punkten.

Mittagspause, das Strafausmaß sollte gleich nachher verkündet werden. Ich ging hinter dem Gefängnis auf und ab, die Drachen standen immer noch am Himmel, die Herbstsonne neigte sich. 14.50 Uhr: Lord Justice Lawrence verlas das Strafmaß. Jeder Angeklagte wurde einzeln aufgerufen: Göring – Tod durch den Strang . . . Heß – lebenslängliches Gefängnis . . . Von Ribbentrop – Tod durch den Strang . . . Keitel – Tod durch den Strang. Der Strang einem Offizier? Einem Soldaten? Die anderen Namen glitten an mir vorbei, jetzt kam die zweite Reihe:

Dönitz – 10 Jahre Gefängnis, waren die Admirale nicht auf der Wettliste vor meinem Mann genannt? . . . Raeder – lebenslängliches Gefängnis . . .

Also die beiden Admirale blieben am Leben – nur darauf kam es also an!

Jodl – gemäß den Punkten der Anklageschrift, unter denen Sie schuldig befunden wurden, verurteilt Sie der Internationale Gerichtshof zum Tod durch den Strang.

Wie aus weiter Ferne hörte ich noch die Namen Speer, von Neurath – 15 Jahre Gefängnis.

„Nun werden wir niemals mehr zusammenleben“, schluchzte die alte Dame. „Aber er lebt und wird auch noch freikommen“, tröstete sie Winni Mackensen.

Die Tür ging auf, Jahrreiss stand auf der Schwelle. Die Erschütterung in seinem Gesicht machte das Unfaßbare zur Gewißheit. Erst nach einer Weile nahm mein Verstand auf, was er als Trost sagte: Nach Artikel 26 des Statuts könne der Kontrollrat den Spruch mildern. „Aber mein Mann hat doch ein Gnadengesuch abgelehnt!“ – „Von seiner Seite aus, ja::, sagte Jahrreiss, „aber er gibt Ihnen freie Hand!“

Am nächsten Morgen kamen die Professoren sehr still von ihrer Besprechung mit Alfred zurück. Jahrreiss übergab mir einen Brief:

„Ich wollte Dir zuerst heute nicht schreiben, sondern erst morgen, aber nun fühle ich doch das Bedürfnis, Dich in den Arm zu nehmen und zu trösten, denn nun gibt es nur noch eine einzige Sorge für mich, und das bist Du. Von mir wollen wir nicht mehr reden. Fülle mein dummes Herz nicht mehr mit Hoffnung, laß es ruhig auspendeln. Ich habe das Herz etwas gespürt, auf dem Heimweg vom Gerichtssaal und dann in der Zelle, als ich mich auf das Bett legte und das ‚Buch vom Morgenlande‘ von Banse las. Aber nun ist es schon wieder fast ganz ruhig, nur der Appetit ist nicht sehr groß. Unser Dr. Pflücker kam gleich, um zu helfen, aber ich hatte die eine Sehnsucht, allein zu sein. Ich sei ein Römer, meinte er. Aber ich mußte ihm sagen, so gut wie diese könne ich die Selbstbeherrschung nicht. Dazu habe ich doch zuviel Gemüt und zuviel Herz, und das ist leider geneigt, auszubrechen und eine Wanderung anzutreten durch die Denisstraße und dann durch alle Orte in Deutschland, wo heute Menschen meiner und Deiner gedenken.

Ich habe Frank Thieß aufgeschlagen, das Buch, das mir in diesem Jahr mehr gegeben hat als irgendein Buch in meinem Leben, und lese wieder die Stelle der Einleitung, die mir wie ein Evangelium ist: ‚Die Gewalten der Geschichte sind grausam wie die eines Urwaldes, doch sie dienen dem letzten Sinn allen Daseins – der Fruchtbarkeit. Immer wieder wird die Erde aufgerissen, damit die Saat neuen Geistes in die blutige Furche falle. Der Pflug geht über Hunderttausende hinweg, die unschuldig verenden, ihr Sterben aber lockert das Festgewordene, die Scholle bricht auf, und der Tod ist nicht mehr vom neuen Leben zu unterscheiden, das schon aus dem Grabe sein zuckendes Flämmchen reckt.‘

Dir aber hätte ich viel Herzeleid ersparen können, wenn mich damals am 20. 7. das Schicksal ereilt hätte. Jetzt kann ich nur hoffen, daß die Welt wenigstens Deinem Schmerz die Ehrfurcht entgegenbringt und daß man Dich nicht entgelten läßt, wofür zu opfern allein meine Aufgabe ist.

Nun willst Du noch von meinen Bergfahrten wissen, das Datum wird mir schwerfallen, aber was Dir Freude macht, das ist auch für mich noch eine Freude und lenkt ab, bevor es gilt, ‚das letzte Opfer für die große Liebe Heimat zu bringen‘, was ein wirklich schöner Inhalt ist, den Du diesem Urteil gegeben hast. Ich muß an Irmas letzten Brief denken, in dem sie zum Schluß schrieb: ‚Ich schreibe immer weiter, solange mir etwas einfällt, und so wird dieser Brief niemals aufhören . . .‘ Auch ich möchte immer weiter und weiter schreiben . . .

Ich wäre froh, wenn Du einen Menschen hättest, der immer bei Dir ist, der in der Nacht zu Dir spricht, wenn Du keinen Schlaf findest, und der Dir all das Liebe antut, woran ich jetzt denke, wo die Glocken unserer Kirche in meine Zelle tönen. Ach, mein Liebes, warum ist das Schicksal so hart mit Dir!“

Die Verteidiger saßen nun wieder in der Messe, ich mußte mich überwinden, mitzugehen. Aber die Gegenwart dieser Freunde, die mir von allen Seiten entgegengebrachte Anteilnahme und die einstimmige Ablehnung des Urteils taten mir gut. Gerüchte liefen um, die Verurteilten würden nach Berlin gebracht. Es galt so rasch zu handeln als möglich, um Gnadengesuche, die mir Alfred ja freigestellt hatte, an die zuständigen Stellen zu bringen. Als ich hörte, daß vor Verlesung des Urteilsspruches hohe britische und amerikanische Offiziere den Gerichtssaal aus Protest verlassen hatten, gab es für mich keinen Zweifel: Nur die Soldaten der Siegermächte konnten für Jodl etwas tun. Hatte nicht der Oberste Befehlshaber der amerikanischen Marine, Admiral Nimitz, mit seiner Aussage über den uneingeschränkten U-Boot-Krieg Dönitz das Leben gerettet? Es ging mir aber nicht nur um das Leben Alfreds. Es ging mir auch darum, daß spätere Generationen ihn und die Soldaten in einem anderen Lichte sehen sollten als manchen der anderen Angeklagten und politischen Vertreter des Dritten Reiches.

Dr. Dix erzählte mir, die britische Delegation werde am 3. Oktober Nürnberg verlassen. Also höchste Zeit. Im Einvernehmen mit den Verteidigern setzte ich folgendes Schreiben auf:

„An den Chef des Generalstabs der Königlich-Britischen Armee Herrn Feldmarschall Viscount Montgomery.

Sir! Bis heute hatte ich gehofft, daß das Internationale Militärgericht dem Umstand gerecht würde, daß mein Mann, Generaloberst Alfred Jodl, als Chef des Wehrmachtführungsstabs, also einer rein militärischen Behörde, die keine eigene Befehlsgewalt hatte, seine soldatische Pflicht zu erfüllen hatte. Diese Hoffnung hat sich nicht erfüllt, und die Todesstrafe durch den Strang ist ausgesprochen. Es ist das erste Mal in der Geschichte, daß der Chef eines Generalstabs wegen Planung von Operationen als gewöhnlicher Verbrecher behandelt wird.

Bei der Unterzeichnung der bedingungslosen Kapitulation in Reims wurde mein Mann seinem Rang entsprechend von den alliierten Delegationen behandelt. Das Tribunal hat entschieden, daß das Kapitulationsinstrument in Reims die rechtliche Basis für die Beziehungen zwischen den Alliierten und Deutschland darstellt. Ich kann mir nicht vorstellen, daß ein Dokument von solch grundsätzlicher Bedeutung von einem ‚Verbrecher' hätte unterzeichnet werden können.

Darf ich Sie als Chef des Generalstabs der Königlich-Britischen Armee bitten, sich beim Kontrollrat, der nach Artikel 26 der Charta zu einer Strafmilderung ermächtigt ist, für eine solche Milderung des Spruches einzusetzen. Ich erbitte dies von Ihnen als die Frau eines Soldaten . . ."

Ich eilte mit diesem Schreiben zum Grand-Hotel, wo alle Mitglieder des Gerichts einquartiert waren. Es war strahlend erleuchtet, für die Delegationen fand ein Abschiedsessen statt. Der alte Portier, der mir schon früher bei Beschaffung von ausländischen Zeitungen häufig geholfen hatte, ließ mich ein. Ich bat einen Herrn in Zivil, ein Mitglied der britischen Delegation sprechen zu dürfen. Durch die Glastür sah ich befrackte Kellner Champagner auf silbernen Tabletts reichen, ich hörte Gläserklingen, Frauenlachen. Man feierte das Prozeßende, das Urteil. Noch weitere Kellner hasteten vorbei, die Treppe herunter kam eine schöne junge Frau in großer Abendtoilette. Sie wußte nicht, ich wußte es selber wohl kaum, daß ich in diesem Augenblick einen Strick um ihren Hals sah. Es war wohl besser, ich wartete draußen. Plötzlich stand ein britischer Captain vor mir, jung, dunkel, ein schmales kluges Gesicht. „What can I do for you, Ma'am?" Ich bat ihn, meinen Brief nach England mitzunehmen und an Montgomery weiterzuleiten. „I shall fight this verdict to the last", ergänzte ich. „We are all of your opinion, Ma'am", sagte der junge Offizier ernst, „I am glad to be of help to you." Er erbat eine kurze Rücksprache mit seinem Vorgesetzten und kehrte zurück mit dem Bescheid, der britische Hauptankläger, Sir David Maxwell-Fyfe, selbst werde den Brief mitnehmen. „Sagen Sie Ihrer Mutter, daß Ihr Verhalten mir den Glauben an britische Fairneß wiedergegeben hat", dankte ich ihm. Sein Händedruck war fest und warm. Als ich mich umdrehte, stand Jahrreiss neben mir.

Der Gefangene schrieb: „Der erste Tag nach der Urteilsverkündung war ein unmißverständlicher Fingerzeig, welchen Weg ich werde zu gehen haben . . . Ich glaube, ich war ganz ruhig, als ich den Kopfhörer absetzte. Nur etwas habe ich wahrgenommen im großen Saal: die beiden violetten Talare und die Augen der beiden Männer, die mit einer tiefen liebenden Traurigkeit auf mich gerichtet waren.

Um mein Herz liegt noch immer eine Klammer, wie immer, wenn etwas bitter weh tut – so war es, als Irma uns verließ, so war es zuletzt in Reims, als ich das Todesurteil über Deutschland unterschreiben mußte. Ich will nicht leugnen, daß der Schmerz und die Empörung in mir noch wühlen, über das Unrecht dieser Welt. Vielleicht muß ein Gerechter fallen, damit sein Grab die Wiege eines neuen Menschenrechtes wird. Vielleicht rettet er mit seinem Opfer vielen anderen das Leben. Vielleicht verhilft er sogar anderen Geschlechtern zu einer langen Periode des Friedens, während unser Leben fast nichts gekannt hat als Krieg und Revolution. Ein solches Opfer kann nur ein Mensch bringen, der in seinem nationalen Idealismus eine Weltordnung verkörperte, die jetzt durch eine andere abgelöst werden soll. Wenn dem so ist, dann hat mein Tod einen Sinn. Mögen die vielen jungen Witwen und die Kinder, die sie großziehen, in eine glückliche Zukunft hineinwachsen, die auch Dein Alter verklärt in dem Bewußtsein, daß sie aus unserem Opfer entsprossen sind. Das ist das eine, um das meine Gedanken kreisen, aber mehr und mehr zur Ruhe kommen. Das andere ist viel schwerer, das ist mein Schmerz um Dich, und der ist grenzenlos, so grenzenlos wie meine Liebe. Nicht der egoistische, Dich zu verlieren, sondern der aus der Hilflosigkeit entspringende, Dir nicht mehr helfen zu können.

Du hast mich verstanden, mein Liebes, als wir bei unserem letzten Sehen nur von frohen Dingen sprachen. Ganz geht das jetzt nicht mehr, und doch wollen wir es versuchen. Wenn ich mit den Professoren wenig über Dich sprechen kann, Du wirst das verstehen, und sie wissen auch, es geht mir zu nahe und über meine Selbstbeherrschung . . .“

Seit dem Urteil hatten wiederholt Vertreter der Presse mich zu sprechen versucht, Frau Pöhlmann hatte sie jedoch auf meine Bitte hin abgewiesen. Ein Mann ließ sich jedoch nicht abweisen. „Ich habe in der tschechischen Legion gegen die Deutschen gekämpft, aber dieses Urteil gegen einen Soldaten hat mich empört. Bitte verfügen Sie über mich, ich werde Ihre Kabel ins Ausland bezahlen.“ Ich erkannte die Chance und nahm seine Hilfe dankbar an. Seinen Namen weiß ich nicht mehr, es sei ihm gedankt! Ich setzte nun eine Reihe von Kabeln an führende Männer der Siegermächte auf: Churchill, Eisenhower, Stalin, Bedell Smith, Juin, Wedemeyer. Das Kabel an Churchill lautete:

„Sir! Sie sind immer stolz darauf gewesen, Soldat zu sein. Sie waren der Mast, an dem England in tödlicher Gefahr seine Flagge wehen ließ. Als Tochter einer aus England stammenden Mutter möchte ich Sie bitten, sich als Soldat für das Leben meines Mannes, Generaloberst Jodl, zu verwenden, der nur – wie Sie selbst – bis zuletzt für sein Vaterland gekämpft hat.“

Zwei Tage später fand ich im Briefkasten in der Denisstraße einen kleinen Umschlag mit der Aufschrift: On His Majesty’s Service. Ich riß ihn auf und las:

„Ich habe Ihren Brief erhalten und an den Premierminister weitergeleitet. Winston Churchill.“

Gab es doch noch Hoffnung? Auch die Professoren hatten an den Kontrollrat ein Gnadengesuch eingereicht. Neben dem Hinweis auf neun sachliche Irrtümer im Urteil hieß es darin: „Jodl hat niemals eine von ihm als völkerrechtswidrig erkannte Handlung angeregt, er hat sich allen Befehlen widersetzt, die er völkerrechtlich für bedenklich hielt, und sich letzten Endes nur dem bitteren Zwang gebeugt, der ihm durch die unerläßliche militärische Disziplin auferlegt war." Als Anlage war die Studie des Londoner Völkerrechtlers Professor Smith über den sogenannten „Schutz des Höheren Befehls" beigefügt.

Erst Jahre später sollte ich erfahren, was sich innerhalb des Kontrollrats abgespielt hatte: Im Vorabdruck der Erinnerungen des britischen Luftmarschalls Sholto Douglas, Vertreter Englands im Kontrollrat, stand mit erstaunlicher Offenheit geschrieben, daß der damalige Premierminister Bevin jede Einmischung in dieses „politische Urteil" untersagt hatte. Zum anderen schrieb der Luftmarschall, er habe eine Milderung des Urteils, wie sie der amerikanische General McNarney und der französische General Koenig befürworteten, zusammen mit dem russischen Delegierten verhindert. Als Grund gab Douglas an, Jodl sei mitverantwortlich gewesen für die Erschießung der englischen Flieger nach der Flucht aus dem englischen Kriegsgefangenenlager Sagan. Das war eine unzutreffende Behauptung, aber meine mehrfachen Versuche, sie in der englischen Presse zu entkräften, wurden abgelehnt. Erst dem britischen Historiker David Irving gelang es, Douglas zu antworten. In den später als Buch erschienenen Erinnerungen ist dieser im Vorabdruck gebrachte Passus dann nicht mehr enthalten.

Der Gefangene schrieb:

„Es scheint, daß wir nicht an einen anderen Ort gebracht werden, sondern daß sich mein Lebenslauf hier vollendet. Das ist ein schönes letztes Geschenk. Die Zelle ist mir in den verflossenen Jahren doch zu einem Stück Heimat geworden, ich habe sie so sauber und ordentlich gehalten, daß mich sogar meine Mutter loben würde. Wenn die Wände dieser Zelle Gedanken lesen könnten, dann wüßten sie mehr von mir selbst als irgendein Mensch, denn es gibt von meiner frühesten Jugend an bis zum heutigen Tag kaum irgendein Erlebnis, das in den langen Monaten nicht in meiner Erinnerung wiedererstanden wäre. Sicherlich haben die Wände die Ohren gespitzt, denn bisher haben sie doch nur Jugendliche belauscht, die nicht viel zu erzählen wußten und nur ihre Dummheit bereuten. Aber nicht das Leben eines Mannes von 56 Jahren, dessen Leben beherrscht war durch die nie abreißende Not des Landes durch zwei Kriege und von zwei Frauen . . ."

Von Dr. Laternser hörte ich, daß von in verschiedenen Lagern internierten Offizieren Gnadengesuche – nur für Jodl – verfaßt worden waren. Er gab Professor Exner eines davon: „Im Camp Munsterlager kriegsgefangene deutsche Generäle, Admiräle und ehemalige Gehilfen der obersten Truppenführung appellieren an Ihr soldatisches Verständnis mit der Bitte, beim Alliierten Kontrollrat für eine Milderung der Bestrafung des Generaloberst Jodl einzutreten.

In seinem Glauben, als Soldat seinem Obersten Befehlshaber zu unbedingtem Gehorsam verpflichtet, als Generalstabsoffizier darüber hinaus durch besondere Dienstanweisung an die Durchführung gegebener Befehle gebunden zu sein, hat Generaloberst Jodl unserer Auffassung nach stets versucht, die Kriegführung, soweit er darauf Einfluß hatte, in den der deutschen soldatischen Tradition entsprechenden ritterlichen Bahnen zu halten. Er hat unseres Wissens nach nie aus unehrenhaften Motiven heraus gehandelt. Wir glauben daher, daß Generaloberst Jodl eine Milderung der ihm zugedachten entehrenden Bestrafung verdient.

Im Namen von 150 Offizieren gez. Vierow, General der Infanterie."

Father Zwack, der Leiter der Catholic Mission in der Königstraße, der mir bei der Weiterleitung des Kabels an General Eisenhower behilflich gewesen war, schickte einen Boten, ich möge zu ihm kommen. Als ich atemlos sein Zimmer betrat, steckte er mir erst eine Tüte mit Kaffee in die Hand: „To keep you going." Dann hielt er ein Fernschreiben hoch: „Here is the answer from Eisenhower."

Ich las: „Alle vor dem Gerichtshof abgegebenen Zeugenaussagen werden sicherlich vom Kontrollrat berücksichtigt werden, wenn er sich mit dem Fall Ihres Gatten befaßt. Ich kenne den Fall viel zuwenig, um entsprechend Ihrem Wunsche einschreiten zu können. Ich werde gleichwohl Ihr Anliegen an den Kontrollrat weiterleiten. Dwight Eisenhower."

Das war – wie bei Churchill – kein Hilfsangebot, aber ich klammerte mich daran, daß die Stimmen dieser Persönlichkeiten vielleicht eine Wirkung ausüben könnten.

Der Gefangene schrieb:

„3. 10. 46. Das Gnadengesuch war mir erst nicht sympathisch, aber als mir Exner heute nochmals die Begründung vorlas, da wurde mir klar, daß ich Dir und meinem Namen schuldig bin, dokumentarisch festzulegen, was falsch und unrichtig ist an der Begründung. Denn sie mögen mit mir tun, was sie wollen, aber ich möchte noch, daß Du erlebst, daß mein Name mit Ehrfurcht genannt wird in Deutschland, für das allein ich gestorben bin, nicht für Ruhm oder Reichtum, Partei oder Macht. Gestern abend habe ich zum ersten Mal im Gefängnis ein Schlafmittel eingenommen, es hat gewirkt wie eine Narkose. Nicht immer, nur ausnahmsweise will ich das tun, denn es kommt mir vor wie eine unmännliche Flucht in eine Traumwelt, wie sie Opium erzeugt. Ich fühle, wie ich die Kontrolle über meine Gedanken wiedergewonnen habe. So war auch das lange Vormittagsgespräch mit meinen Freunden viel leichter als gestern, wo Exner so rührend sagte: ‚Wir müssen uns schämen, zu Ihnen zu kommen.' Und doch muß ich mich eher schämen, diese beiden Männer in eine solche Situation gebracht zu haben. Den ganzen Vormittag habe ich mit ihnen verplaudert, erst mit Exner über mein vergangenes Leben. Er ist ein Philosoph, und seine Gedanken sind nicht mehr ganz auf dieser Welt. Auf das tiefste gerührt hat mich die liebevolle Fürsorge von Jahrreiss um Dich. Wir sprachen auch über den Tod als Erlöser, und über den Kampf, den Ihr da draußen um mich führt, bei dem ich aber nur ein innerlich unbeteiligtes Objekt sein will. Aber ich verstehe ihn und ich segne ihn für Dich, denn die Liebe ist doch nur ein fortgesetztes Ringen, um das Liebste auf der Welt nicht zu verlieren oder verlassen zu müssen . . . Aber was auch werde, Du selbst hast es zuerst ausgesprochen, daß wir niemals imstande sind, den Sinn eines unverdient, ungerecht oder unbegreiflich erscheinenden Geschehens zu erforschen, bis dann viele Jahre später die Erleuchtung kommt. Auch Dein Schmerz wird abklingen, Du wirst wieder lächeln und Dich an der Jugend freuen können. Du wirst Dich vermehrt an das Stolze und Glückliche in unserem Leben erinnern, und wenn doch einmal wieder die Morgenröte einer glücklicheren und friedlichen Zeit am Firmament leuchten wird, dann wird der Haß verschwunden sein. Du hast ganz recht, dieses Jahr hat ein Leben ersetzt und hat uns inniger zusammengeschmolzen als es hundert Jahre vermocht hätten . . .

Etwas traurig war ich, daß man Dir doch von den Handschellen erzählt hat, aber glaube mir, diese Dinge tun nicht mehr weh, ich fühle mich gar nicht als der Gefesselte, sondern immer als der

Führende, dem Begleitmann körperlich und geistig gegenüber. Heute nachmittag mußte ich vor mich hinlachen, als ich mich nach dem Rasieren sorgfältig massierte. Aber ich möchte ja nicht nur vor unseren Freunden, sondern überhaupt bis zur letzten Minute frisch und straff aussehen. Hier gibt es keinen verfallenen armen Sünder, sondern einen Soldaten, der ruhiger und gelassener ist als seine Häscher.

Der morgige letzte Tag mit den Freunden wird mir nicht leicht werden. Was ich ihnen vielleicht nicht sagen kann, Du mußt es ergänzen: daß ich mir niemand Lieberen und Besseren hätte wünschen können als diese beiden Männer. Mögen sie mir verzeihen, daß ich ihnen ein Jahr ihres Lebens geraubt habe. Auch aus dem, was sie gesät haben, wird dereinst die Ernte gelesen werden, und Du und das deutsche Volk werden davon zehren . . ."

Tags darauf brachte mir Professor Kraus einen Brief, den ihm eine Französin übergeben hatte. Mit bewegtem Herzen las ich:

„Madame: Je ne sais pas quand vous lisez cette lettre dans le chagrin qui vous accable, venant d'une étrangère. Elle vous semblera peut-être une insulte mais je dois à ma conscience de Française de venir vous dire que pour moi le général Jodl était un vrai soldat qui a combattu pour son pays comme tous les soldats de tous les temps . . . Une partie de ma famille a péri dans les camps de concentratíons . . . c'est pour dire, que je n'ignore rien les horreurs de la guerre mais la souffrance ne vaut rien, elle enfante la haine . . . Je vous demande de croire à ma profonde et doulourante sympathie . . . Anne Marie De P., d'une famille d'offizier français."

Noch ganz unter dem Eindruck dieses Briefes einer mir Fremden der Gegenseite fand ich mich bereit, einem britischen Korrespondenten ein Interview zu geben. Ich bat ihn, folgende Erklärung zu veröffentlichen:

„Ich habe an die Soldaten aller vier Großmächte appelliert, daß sie sich für das Leben meines Mannes, des Generaloberst Jodl, einsetzen. Ich kämpfe darum, daß die Welt noch jetzt, ehe es zu spät ist, einsieht, daß dieses Urteil eine Demütigung ist für jedes echte Soldatentum, daß es ein furchtbares Unrecht ist, einen ehrenhaften Soldaten mit dem Tode durch Erhängen zu bestrafen, weil er die soldatische Pflichterfüllung und die Liebe zu seinem Land über alles stellte. Es ist so bitter, zu wissen, daß diese Erkenntnis vermutlich zu spät kommen wird. Wer ein gerechtes Urteil über meinen Mann hören will, möge das deutsche Volk befragen. Ich zweifle nicht einen Augenblick, wie die Antwort lauten würde . . ."

Der Pressevertreter, in Uniform mit Barett und mit dem Presseabzeichen auf dem Oberarm, sah mich mitleidig an. „Well, I can understand you, but I fear, you can't stop the machine."

„Das ist es ja!" rief ich. „Uns werft ihr vor, keinen Widerstand geleistet zu haben, und ihr, nun seht ihr, wie das ist: Befehl der Regierung, und keine Möglichkeit, es zu ändern, obwohl ihr doch um das Unrecht wißt." Er zuckte die Achseln und ging. „You can't stop the machine."

11.
Das Kreuz

„Du sollst glauben und bekennen, daß ich für Deutschland gekämpft habe und nicht für seine Politiker."
Alfred Jodl, Nürnberg, 15. Oktober 1946

Der Gefangene schrieb:

„Heute war ein besonders schwerer Tag, mußte ich doch Abschied nehmen von den zwei Männern, die als Freunde und Kameraden mit mir dieses ganze Jahr um mein Recht, um die Ehre des deutschen Soldaten und letzten Endes um die aller anständigen Deutschen gekämpft haben, geistvoll, furchtlos und mit ganzem Herzen. Keine besseren Juristen und keine edleren Männer hätten wir finden können . . . In zehn Jahren wirst Du sehen, was wir der Arbeit dieser Männer und ihrem Ansehen zu verdanken haben, die mich so durch und durch kennen. Du mußt ihnen danken, denn gerade diese Hauptpflicht dieses letzten Tages kam viel zu kurz, weil mir immer ein heißer Strom vom Herzen in die Augen schoß und die Sprache lähmte. Sage das bitte beiden noch, aber es ging ihnen ja ähnlich. Wir hatten uns einfach liebgewonnen, und ein ‚leichtbewegtes Herz ist ein elend Gut auf dieser wankend Erde'. Beide werden keine unwahre Legendenbildung über mich aufkommen lassen, beide werden immer da sein, wenn Du eine Hilfe brauchst. Du hast zwei wahre Freunde mehr im Leben, und vielleicht wird der eine oder andere besinnliche Mensch der Siegermächte darüber nachdenken, daß dies doch ein recht merkwürdiges Ergebnis eines einjährigen intensiven Verkehrs mit einem ‚Verbrecher' ist. Streicher und Jodl, das ist heute dasselbe. Ob man das legale Staatsoberhaupt umbringt oder ihm gehorcht, ist ganz gleich, in beiden Fällen wird man gehängt, und wenn ein Verteidiger die Frage stellt, was ich denn eigentlich hätte tun sollen, herrscht Schweigen im ganzen Gericht. Verzeih mein Liebes, es hat keinen Sinn, zynisch zu werden, ich tue Dir nur weh. Aber wenn nun keiner mehr kommt, dem ich es sagen kann, so erleichtert es mich, wenn ich es schreibe. Du siehst, ich schreibe mir alles von der Seele herunter, und Du sollst es auch tun, ich tröste Dich dann schon, es wird von Tag zu Tag besser.

Meckel, der junge U-Boot-Mann, stand heute aufrecht vor mir wie bei einer dienstlichen Meldung und sagte: ‚Ich nehme Sie mit hinaus zu allen Kameraden.' Nun habe ich heute das Gesuch gemacht, Dich noch einmal zu sehen, und zwar so spät als möglich. Dann haben wir noch eine lange Vorfreude, und vielleicht gelingt es uns, die Situation zu beherrschen. Es ist ja ebenso wie bei jedem Brief von Dir – ich erlebe Freude und Schmerz in einer Tiefe – da hilft kein Gott und keine Willenssammlung vorher . . ."

Und schrieb:

„6. 10. 46, Sonntag abend. Heute früh kam Dein Brief, an dem mir weh tat, daß er schon um sechs Uhr früh geschrieben war, ein Beweis, daß Dich die schweren Gedanken schon frühmorgens überfallen und Dich nicht mehr ruhen lassen, während ich heute früh um halb acht noch wie in einem süßen Traumland wohlig dahindämmerte. Ich sparte Deinen Brief noch auf, bis alles gesäubert war und schön in Ordnung, unser Doktor seine Visite gemacht hatte und in der Kirche nebenan die Orgel anhub, ihre warmen, weichen Töne zu mir zu schicken; als ich dann ganz langsam und jedes Wort in mich einsaugend zu lesen begann, da drang auch der erste Sonnenstrahl durch den großen Wolkenvorhang. Jetzt in der Abenddämmerung habe ich den Brief wieder und wieder gelesen und nun will ich antworten. Ob ich noch die Zeit und Kraft finde, über meine Bergfahrten zu schreiben, weiß ich nicht, sie waren wohl der Ausdruck meiner größten Lebensfreude und Lebenskraft. Du darfst nicht glauben, daß ich auch nur eine Minute dumpf vor mich hinstarre, ich bin von früh bis nachts beschäftigt, und wenn ich nicht lese oder Schach spiele oder schlafe, dann schreibe ich.

Du weißt ja, daß ich das Gesuch für unser Sehen schon geschrieben habe. Wenn wir alles, was sich auf die harte Gegenwart bezieht, an den Schluß oder Anfang stellen, dann werden wir uns noch 45 heilige Minuten schenken, die mich noch einige Tage, Dich aber noch ein langes Leben wie ein Geschenk begleiten werden. Gute Nacht, ich fühle Deine Nachtwache . . ."

Und schrieb:

„Montag abend. Pater Sixtus kam, brachte mir Deine Grüße und sagte, daß wir uns am Samstag um zehn Uhr sehen werden, als die Post gebracht wurde. Der ganze Tisch liegt voll, wie wenn ich Geburtstag hätte. Aus dem Glücksgefühl dieser Liebe heraus will ich Dir antworten. Wenn das mit der Post, die mich unendlich freut, so weitergeht, muß ich Dir einen Abschiedsgruß und Dank für alle schreiben, damit Du ihn dann weiterschicken kannst. In mir ist dreierlei: eine tiefe zornige Empörung über das Unrecht, das man einem Soldaten zufügt, ein herzzerreißender Schmerz um meine Frau und ein unbändiger Stolz, daß man mich ausersehen hat, um das deutsche Soldatentum zu treffen. Daneben eine völlige Gleichgültigkeit gegenüber dem Tod, ja vielleicht sogar etwas Sehnsucht nach dem Irmelein. Letzteres, mein Liebes, ist kein Los-von-Dir, sondern ein Hin zum ewigen Frieden. Aber noch hältst Du mich mit Deinen Briefen so stark im Leben, daß ich mich wirklich und wahrhaftig von einem Tag auf den anderen freue, weil er Deine Briefe bringt.

Mit der Hilfe, die Du von Angehörigen der Siegermächte erfahren hast, geht es mir ähnlich: Es lockert die Härte meiner Gefühle und freute mich besonders. Eisenhower hat schon recht: ‚Man hat es sich einfach gemacht mit den Soldaten. Zuerst wird ihnen der Krieg präsentiert und dann die Rechnung.' Nur gut, daß ich nicht noch einmal Soldat zu sein brauche, an mir würde kein Politiker mehr seine Freude haben. Ich würde das Zeitalter der Condottieri neu erstehen lassen. – Von den Gesuchen aus den Offizierslagern wußte ich noch nichts, diese Nachricht hat mich ganz besonders stolz und glücklich gemacht. Berichte Dr. Laternser, wie sehr ich mich über diese Schritte meiner Kameraden gefreut habe.

Daß in Berlin dieselben Menschen streiken, die noch vor zwei Jahren freiwillig Überstunden machten, das zeigt so recht, was Politik und Massenführung, öffentliche Meinung und politische Freiheit für goldene Sprossen auf der Himmelsleiter wahrer menschlicher Ethik sind. Was ist doch jedes Raubtier für ein königlicher Charakter gegen den Menschen, es bleibt sich immer gleich, es tut, was es muß, wie Gott es erschaffen hat. Doch solche Gedanken führen zu weit. Auch Du mußt jetzt die gleiche bleiben und darfst Dich nicht in Deinem Schmerz innerlich und äußerlich zugrunde richten. Mir geht es wirklich jeden Tag besser, und in jedem Brief soll etwas davon auf Dich überströmen . . ."

Und schrieb:

„Ist es nicht eine Schande? Ich habe die letzten Nächte ohne jedes Mittel tief und erquickend geschlafen. Das ist die gefühllose verstockte Verbrecherseele, werden die Psychologen sagen, die glauben, mit ihrer Wissenschaft die menschliche Seele zerlegen zu können. Was wissen diese Chirurgen und Diagnostiker der Psyche von meinem Innenleben? Nicht mehr als jede Fliege an der Wand. Ich habe gut geschlafen, weil ich seelisch müde bin, weil ich gute Nerven habe und weil ich mich abgefunden habe mit einem Schicksal, dessen Schlußakt im Leben mir nie Schrecken eingeflößt hat. Mein Leben ist kurz, Deines aber ist lang. Den Schmerz um Dich, den kann mir allerdings niemand nehmen.

Die Demut, die ich jetzt brauche, habe ich immer besessen. Nicht eine, die immer gebeugt und untätig auf das Wirken und Walten eines göttlichen Schicksals wartet, das war nicht meine Art. Aber wenn derjenige demütig ist, der duldsam ist, weil er selbst der Duldsamkeit bedarf, der keine Scheidewände zog zwischen den Menschen, der immer geneigt war, auch den Mitmenschen im Menschen zu sehen, dann bin ich demütig gewesen, wie es auch der Grundzug meiner Eltern war. Von ihnen habe ich aber auch das Harte und Kämpferische geerbt gegen jedes Unrecht, und diese beiden Eigenschaften sind es, auf denen heute mein seelisches Gleichgewicht ruht. Ich bin nicht gebrochen und nicht verzweifelt. Ich liebe jeden Tag um der Liebe willen, die von Dir kommt, und ich werde auch das Leben lieben bis zur letzten Minute, weil ich noch mit beiden Füßen fest und stämmig in ihm stehe. Doch nun ist genug von mir geredet, das sieht ja aus, als wenn ich die Hauptperson sei in diesem Trauerspiel. Daß unsere Freunde zu Dir halten werden, dessen bin ich sicher, und das ist der größte Trost. Ich verstehe, daß Du bei dem letzten Gang allein sein willst, aber unterschätze nicht die Schwere des letzten Augenblicks, Du wohnst so nahe, daß Du vielleicht die Tore donnernd zuschlagen hörst, da wäre es mir schon lieb, wenn jemand seinen Arm um Dich legte.

Damals in Berlin am 21. 4. dachte ich ja, ich könnte Dich selbst mitnehmen. Daß es ein Kampf bis zum Letzten würde, war mir klar, aber ich glaubte, es werde sich um den Berghof handeln und das letzte sich am Kehlenstein abspielen, den François Poncet so sinnig die Gralsburg getauft hat. Ich dachte mir dann, daß Du mit in den Hohlgängen des Obersalzberges wärst und ich dann in diesem letzten Kampf in meiner Heimat und angesichts meiner Berge den Tod finden würde mit dem Kopf in Deinem Schoß. So schön und so leicht hatte ich mir das gedacht. Aber was Bestand und Wert haben soll in dieser Welt, das ist niemals leicht. Viel Schwereres war uns zugedacht, aber in einer anderen Form ist es doch dasselbe, ja sogar noch etwas Höheres.

Ich konnte den Satz sprechen: ‚Es dreht sich nicht um mich, meine Person spielt in diesem Prozeß keine Rolle.' Dieser Satz darf nicht zuschanden werden, denn er ist mir heiliger Ernst, und man hat ihn willig aufgegriffen und die ‚Gruppe' freigesprochen und mich als die Verkörperung des deutschen Militarismus geopfert. . . . Eben läuten die Glocken und grüßen Dich . . ."

Und schrieb:

„Komm, Liebes, laß Dich trösten und Dich beruhigen und Dir erzählen. Schau, ich schlafe jede Nacht selig wie ein Kind ohne jedes Mittel, der Doktor ist mir nur Gesellschafter, die Ruhe und die Gemütlichkeit des Frühstücks herrschen jeden Tag, nicht nur am Sonntag. Vor zehn Uhr bin ich nie fertig. Bis ich dann zehn Minuten in der Halle auf und ab marschiert bin, meine Aufzeichnungen gemacht, die Bilder angeschaut habe, fängt es schon wieder mit dem Mittagessen an. Das Essen ist gut und reichlich wie noch nie. Nach dem Essen liege ich auf dem Nest und lese, und nach einer halben Stunde bin ich fest eingeschlafen. Die Zeit fliegt nur so dahin, und selbst wenn ich grübeln wollte, so hätte ich gar keine Zeit dazu. Für die Kameraden schicke ich morgen einen gemeinsamen Dank, dazu reicht die Zeit nicht mehr, die nur Dir gehören soll. Das Buch von Professor Adam wird Dir vielleicht nicht viel sagen. Meine Vorstellungen von der Welt sehen die Erde und damit auch die Menschen nicht als den Mittelpunkt allen Seins an, hier bin ich demütiger als die Theologen. Bete, glaube und bleibe so, wie Du es bisher getan und gewesen bist. Ich würde mich zu Tode schämen, wenn ich jetzt in der Not in meinem religiösen Denken anders wäre als im Glück. Ich kenne das Gedicht von Flex, von dem Du schreibst. Habe keine Sorge, alle Stunden sind schwer, die schwerste am Samstag, alle sind gut, die letzte wird die beste sein."

Alfreds einziger und wirklicher Freund, der General der Gebirgstruppen Rudolf Konrad, hatte ihm in das Gefängnis ein Gedicht von Weinheber geschickt. Alfred schrieb es mir ab:

„Und wenn das Joch auch der Notwendigkeit
den nackten Menschen zu zermalmen droht
verdoppelt, Götter, mit der tiefen Not
die tiefe Würde dieser Heldenheit . . .

Der tote Gott schlug jäh die Augen auf
sein Blick griff furchtbar in des Menschen Herz
‚Ich schuf Dich zum Gefäß für jede Qual.'
Der Mensch, in seinem Weg durch Grauen und Schmerz
einhaltend stand, erschrak, stand starr und schmal
und nahm von neuem auf den Marterlauf.

Auf Wiedersehen am Samstag, niemand sieht uns, niemand hört uns, niemand kann uns trennen."

An seine Kameraden schrieb der Gefangene am 10. Oktober 1946:

„Meine lieben Freunde und Kameraden! In den Monaten des Nürnberger Prozesses habe ich für Deutschland, für seine Soldaten und für die Geschichte Zeugnis abgelegt. Die Toten und die Lebenden haben sich um mich geschart, ihre Hilfe gab mir Kraft und Stärke. Das Urteil dieses Gerichts hat gegen mich entschieden. Das wundert mich nicht. Die Worte aber, die ich von Euch bekam, die waren das wahre Urteil für mich. Niemals in meinem Leben war ich stolz, heute kann und darf ich und will ich es sein. Das danke ich Euch, und Euch wiederum wird es einmal Deutschland danken, daß Ihr einen seiner treuesten Söhne in Not und Tod nicht feige im Stich ließet. Weder Kleinmut noch Haß soll Euer weiteres Leben bestimmen, nur in Ehrfurcht und Stolz sollt Ihr an mich denken, genauso wie an alle Soldaten, die auf den Schlachtfeldern dieses grausamen Krieges gefallen sind, wie das Gesetz es befahl. Für ein mächtigeres Deutschland hat man sie geopfert, Ihr aber sollt glauben, daß sie für ein besseres gefallen sind. Daran sollt Ihr festhalten und dafür sollt Ihr arbeiten."

Und schrieb mir am gleichen Tag:

„Donnerstag. Es ist Mittag, und die Herbstsonne leuchtet hell und freundlich in die Zelle, das scheint mir eine günstige Voraussetzung, um jetzt schon den Brief an Dich zu beginnen, weil er dann mehr Licht und Sonne enthält, als wenn er im Schatten des Abends geschrieben wird. Morgen ist der Geburtstag Deiner Mutter, ich denke an sie, ich freute mich darauf, in ihr noch einmal eine Mutter zu bekommen. Heute weißt Du, daß ihr Tod eine Gnade war. So ist sie gestorben in der Hoffnung, daß wir beide noch ein glückliches Leben gemeinsam fänden. Dieses Urteil hätte ihr das Herz gebrochen. Alles hat einen Sinn, wir erkennen ihn nicht sofort, aber wenn wir guten Willens sind, dann erfassen wir ihn später.

Inzwischen hat die Post ihren Segen, ihr Füllhorn ausgeschüttet, und es gibt noch viel zu erzählen. Rudi schreibt von der Inschrift in einem Schloß des Fürsten Woronzeff auf der Krim: ‚Es gibt keinen Sieger außer Gott.' Das könnte man wirklich an den Anfang aller Geschichtsbücher der Jugend schreiben. Du schreibst auch von der Wiener Zeit. Kann sich jemand vorstellen, wie es heute wäre, wenn der Krieg nicht gekommen wäre? Wären wir glücklicher gewesen? Bestimmt, aber wüßten wir es so? So hätten wir nie zusammenwachsen können wie jetzt . . .

Eben fällt mir ein, daß Du diesen Brief erst nach unserem letzten Sehen bekommst, und daß er darauf gar nicht eingestellt ist. Aber vielleicht wird dieses anspruchslose Geplauder Dir ganz guttun. Man kann nicht dauernd seinen Schmerz und sein Schicksal auf dem Altar des Heroismus anbeten. Wir wollen inzwischen auch mal plaudern, lachen und schimpfen, auch das gehört zu unserem Leben, und so soll es sein bis zum Schluß . . ."

Am Mittag des 11. Oktober betrat Professor Exner zu ungewohnter Zeit mein Zimmer in der Denisstraße. Er ging noch gebeugter als sonst, und sein Gesicht zeigte tiefe Erschöpfung. Ich vermutete zunächst eine Verschlimmerung seines Leidens und fragte, ob er arge Schmerzen habe. Er schüttelte den Kopf. Er zündete sich die Pfeife an, seine Hand zitterte. Mit einem Schlag begriff ich alles. „Hat der Kontrollrat abgelehnt?" Er nickte wortlos. „Weiß es Alfred?" Er hob die Schultern. Nach einer Weile ging er, er müsse sich hinlegen. „Jahrreiss wird gleich zu Ihnen kommen."

So wird es nun also werden: der Mensch, den ich liebe, den ich so inniglich liebe, wird getötet werden, von anderen Menschen getötet, mit Vorbedacht, wird gehängt werden. Gehängt im Namen eines Rechtes, das für diesen Prozeß, und nur für diesen geschaffen wurde. Gewiß: an führender Stelle gedient zu haben in einem Regime, das selbst auf grausamste und zynische Art und Weise tötete, systematisch eine Rasse vernichten wollte, war schwerste Belastung. Aber Jodl hatte als Soldat gedient, nicht dem System, das Morden geschah ohne sein Wissen. Hätte er es verhindern können? Nein!

Doch war ein irdisches Gericht jetzt noch wichtig? Ich spürte, wie sich alle Maßstäbe zu verschieben begannen. Mir war, als führe man uns beide in eine Halle ungeheuren Ausmaßes, in der wir zitternd und ratlos stehenblieben. Durch den Spalt einer noch geschlossenen Tür drang ein Lichtschein. Seine Helligkeit war furchterregend und überwältigend zugleich in seinem Glanz. Bald würde Alfred vor einem Richter stehen, der mehr von ihm wußte als er selbst.

Der Gefangene schrieb:

„11. 10. 46. Wenn Du diesen Brief bekommst, haben wir uns für immer voneinander verabschiedet. Ob Du es mir sagen wirst, weiß ich nicht, aber Du weißt es so genau wie ich, denn heute nachmittag berichtete mir Dr. Gilbert, daß der Kontrollrat alle Gesuche abgelehnt habe. Vielleicht wollte er mir etwas Gutes damit antun, vielleicht erwartete er einen besonderen psychologischen Leckerbissen. Wie dem auch sei, ich bin froh, wenn ich Dir morgen noch einmal in die lieben Augen sehe, auch den leisesten Schimmer einer feigen Hoffnung los zu sein. Und ich glaube auch, daß mir dieses Wissen meine Haltung erleichtern wird. Es ist Zeit, zu Ende zu kommen. Seit eineinhalb Jahren werde ich hin- und hergerissen zwischen trügerischen Hoffnungen und Ergebungen in mein Geschick. Auf die Dauer würde diese Ungewißheit vielleicht doch meine Nerven zerstören. Nun hat das Schicksal endgültig gesprochen, nun wird marschiert.

‚Noch immer das Lied meines Lebens klingt, und ein Tönen geht um wie vom Schlegel, der über das Kalbfell springt, terum tum tum terum.'

Wie gern hat Irmelein das vorgelesen, wenn wir damals der vielen Freunde gedachten, die der erste Krieg verschlang, der mich und Dich aufsparte, um diesen kräftigen Schultern etwas ganz anderes aufzuladen als einen schnellen schönen Soldatentod. Sei nicht verzweifelt, daß auch Dein letzter Kampf nichts nutzte, auch er wird seine Früchte tragen, daß Du als meine Frau und mein furchtloser Kamerad Dich bis zum letzten und äußersten gestemmt hast gegen politisches Unrecht an Deinem Mann. Mehr zu tun, als Du getan hast und meine Freunde, lag in keines Menschen Macht.

Inzwischen war Bad, und es kam mir fast komisch vor, und doch habe ich es so ernst genommen, wie wenn morgen meine Hochzeit wäre. Es war ein Genuß, das heiße Wasser auf der Haut zu spüren, und ich mußte mir manchmal innerlich einen Ruck geben, um diesmal nicht mit der Seife zu sparen, wie ich es doch sonst mußte. Auch die Wäsche soll geholt werden, und ich hoffe, sie findet noch den Weg zu Dir. All das wäre so gleichgültig, wenn Du damit in der allgemeinen Not nicht noch anderen helfen könntest. Und daran werde ich denken beim letzten Gang und alles zurücklassen, was ich nicht zum Sterben brauche. Vielleicht ist morgen schon der letzte Tag, um Dir zu schreiben, und deshalb müssen alle anderen zurückstehen, denen ich so gern auf ihre letzten Grüße antworten würde. Das mußt Du ihnen nachher alles mit der Zeit sagen, damit sie wissen, welch große Freude sie mir gemacht haben. Meine Aufzeichnungen führe ich täglich weiter.

Was Du über die Freigesprochenen schreibst, ist so, daß ich nicht mehr mit ihnen tauschen möchte. Vielleicht ist es doch das größte Glück für mich und Dich, von Deiner lieben zärtlichen Hand geleitet, jetzt sterben zu dürfen, nachdem ich alles getan, was mir noch zu tun übrig blieb. Der tröstende Gedanke wird um Dich sein, daß ich jetzt frei bin, so wie ein Mensch frei sein kann, keine Zelle mehr und kein Posten, und immer kann ich um Dich sein, und jeden Abend, wenn die Glocken läuten, wirst Du es spüren, aber umdrehen darfst Du Dich nicht. An all das werde ich denken, wenn ich morgen vor Dir sitzen werde, aber sagen kann ich es nicht . . ."

12. Oktober 1946, 9.45 Uhr – Tag und Stunde unserer letzten Begegnung. Der Haupteingang zum Justizpalast war versperrt, ich wurde angewiesen, eine Pforte am Hintereingang zu benutzen. Pater Sixtus erwartete mich, Zimmer 57, – 60 Minuten.

Ich setze mich vor das Gitterfenster, dann erst wage ich den Kopf zu heben. Was war ich doch für ein Schwächling, ich hätte es wissen müssen. In diesem Gesicht ist schon alles überwunden.

„Ich beneide Dich", höre ich mich sagen, und es kommt mir von innen heraus.

Jetzt lehnt er sich nach vorn, so daß der Arm des Postens, an den er gefesselt ist, mit nach vorn gezogen wird. Ganz dicht hinter der Glasscheibe in der Mitte des Gitterfensters sind jetzt die hellen klaren Augen.

„Ich fürchte, daß eines Tages Deutschland vom Osten überrannt wird", höre ich ihn sagen und sehe Tränen, „wenn Deutschlands Geist so stark und rein bleibt wie der von Hellas, dann wird es bestehen bleiben." Nun sind die Augen wieder klar und fast heiter. „Ich möchte Dir noch ein paar Worte diktieren im Anschluß an das, was ich Frau Jahrreiss zu schreiben bat."

Eilig krame ich einen Zettel aus meiner Tasche und nehme im Stenogramm die Worte auf, die ihm offenbar wichtig erscheinen zu seiner Studie: „Der Einfluß Hitlers auf die Kriegführung.":[64]

„Er hätte im Kampf fallen sollen, statt die Flucht in den Tod zu wählen, sagt man. Er wollte es und hätte es getan, wenn er körperlich noch dazu in der Lage gewesen wäre. So wählte er nicht den leichteren Tod, sondern den sicheren. Gehandelt hat er, wie alle Heroen in der Geschichte gehandelt haben und immer handeln werden. Er hat sich auf den Trümmern seines Reiches und seiner Hoffnungen begraben lassen. Möge ihn deswegen verurteilen, wer mag. Ich kann es nicht."

Ich sehe ihn an und verstehe die Trotzstimmung, die ihn – wie mir Professor Percy Schramm später bestätigte – heißt, diese Worte zu sprechen.

Noch 30 Minuten. Zu lang und zu kurz, um zu danken, jedes gesagte und ungesagte Wort wird verstanden, und die Kraft seines Blickes trägt mich fort von Angst und Grauen.

Wie einen leisen Segen spüre ich die Hand von Pater Sixtus auf meinem Haar. „Es ist Zeit", flüstert er. Ich stehe auf und trete zurück. Mit nicht mehr faßbarer Würde verbeugt sich der Todgeweihte. Eine rasche Kehrtwendung, die Schritte verhallen.

Der Gefangene schrieb:

„Diese Stunden am 12. Oktober von zehn bis zwölf Uhr sollen immer die heiligsten Stunden Deines Lebens bleiben . . . So hat mich diese Stunde von allen Freuden irdischen Daseins endgültig gelöst und ewig mit Dir verbunden. Du wirst nicht ängstlich durch die Gassen schleichen wie die Frau eines Verbrechers, sondern Dich aufrecht und mutig überall bekennen als die Frau eines deutschen Offiziers, der sein Leben gab für sein Land und seine Kameraden. Wenn aber, was ich aber mit allen Fasern hoffe, Du einmal das Werden eines echten deutschen Frühlings erlebst, dann sollst Du dieses Deutschland von mir grüßen, denn für das habe ich allein gelebt und bin ich gestorben . . .

Und noch ein Abendgruß wie immer. Es ist spät, und ich bin sterbensmüde. Die helle Oktobersonne hat noch einmal in meine Zelle geleuchtet heute mittag, und ich habe mich, auf dem Bette liegend, gefreut an dem Rot des Lebens, das sie zwischen den geschlossenen Fingern meiner Hand hervorzauberte. Es ist doch gut und schön, nur ein Kind, Jüngling und Mann gewesen zu sein. Das greisenhafte Absterben bleibt mir erspart. Und meine letzte Erinnerung an die Freiheit und Schönheit des Lebens ist verklärt durch die selige Freude an unserem Glück. Gute Nacht, möge Dein wundes Herz etwas Ruhe finden . . ."

Und schrieb: „Sonntag früh, 13. 10. 46. Vor einer halben Stunde bin ich erst auf wiederholten Ruf nach dem Trinkbecher aus tiefem Schlaf aufgewacht. Denn zu meiner Schande muß ich sagen, gestern habe ich doch ein Schlafmittel genommen, und mit ihm bin ich beim Lesen von Hamsuns ‚Wanderer' hinübergeschlummert in das Traumland der Unwirklichkeit. Jetzt sitze ich auf dem unteren Bettrand und trinke meinen Kaffee und träume von Dir und lausche den Glocken.

Dabei fällt mir ein, daß Du diesen Brief erst am Dienstag bekommen wirst und daß es dann noch weitere Briefe geben wird, wenn ich nicht mehr auf dieser Erde bin. Aber von Dir möchte ich dann keine Briefe mehr haben, denn ich kann sie nicht mehr lesen, und das tut mir weh. Von diesem Augenblick lese ich alles in Deiner Seele, Dein Leid und Deine Freude über meine Freiheit und meinen Frieden. Wie manches habe ich schon gelesen über die letzten Tage und Stunden von Menschen, die dem sicheren Tode entgegensehen. Aber wie alles im Leben, ganz begreifen kann man erst, was zum ureigensten Erleben geworden ist, und um es dann in Worte zu fassen, die auch den Lebenden erschauern läßt vor dem überirdischen Glanz dieser heiligen Stunde, dazu müßte man ein Dichter sein. Das bin ich aber nicht, sondern nur ein Soldat. Deine Liebe aber wird alles erkennen und erfühlen, was ich nicht in Worten zu fassen vermag, und mit mir das Widersinnige begreifen, daß ich von Dir Abschied nehmen kann mit dem Gefühl der Befreiung und Erlösung trotz aller Rückfälle, wie sie jeder Frühling bringt, über den noch einmal der scheidende Winter seine blitzenden Eiskristalle schleudert. Ich höre die Orgel, und meine Sehnsucht spannt noch einmal ihre Flügel aus zu Dir."

Und schrieb noch am selben Abend:

„Es mag Dich trösten, daß noch viele liebe Worte, die ich niedergeschrieben habe für Dich, in der Zelle auf Dich warten. Heute mittag kam um 1 Uhr der Oberst mit Gefolge in die Zelle. Ich schloß meinen Kragen und stellte mich, Hände auf dem Rücken, an die Wand unter das Fenster. Er gab mir kurz bekannt, daß der Kontrollrat die gestellten Anträge abgelehnt hätte. Ich nickte mit dem Kopf. Er auch, dann sagte ich noch: ‚Auch diese Entscheidung ist mir eine Ehre.'

Nachmittags war Pater Sixtus da, erzählte, daß er Dich gesehen, und wir rauchten in Ruhe eine Zigarette. Über den Sonntag habe ich noch zu berichten, daß er ruhig und beschaulich war, daß ich nach dem Essen beim offenen Fenster schlief, dann betrachtete ich lange die Bilder aus einer vergangenen Zeit des Glücks.

Ich habe Deine Briefe erst nach dem Essen gelesen, so ich sicher war, daß niemand kommt, der mir die heilige Andacht stört. Ich habe alles gehört, was wir nicht gesagt haben. Es tat mir so leid, daß wir nicht fertig waren mit den Handschellen, als Du kamst. Der Posten war noch auf der falschen Seite und mußte erst auf die Rechte gehängt werden. Ich hatte mit Absicht Handschuhe angezogen, das tue ich beim Gang in der Halle auch immer. Dieser Stunde am Samstag verdanke ich, daß ich mich heute schon ganz frei fühle.

Es gab mir immer einen Stich, wenn Du von jahrelanger Trennung sprachst. Du weißt, ich wollte frei sein oder tot, und es war vielleicht der allerschwerste Entschluß, als ich den Professoren freie Hand gab, alles für Dich zu tun, was Du für richtig hieltest nach dem Urteil. Ich glaubte, Dir dieses Opfer der Liebe bringen zu müssen und Dir nicht gewaltsam die letzten Hoffnungen rauben zu dürfen.

Ich weiß aber ganz sicher, daß noch nicht ein Jahr vergehen wird, und Du wirst Dich nur mehr frohen Gedenkens an meine wiedergewonnene Freiheit erinnern."

Und schrieb:

„Montag abend, 14. 10. 46. Die Liebe höret nimmer auf. Ich bin heute abend in allen meinen Grundfesten meines Herzens erschüttert. Es war ein solcher Reichtum an Liebe in den vielen Briefen, die ich bekam, daß mein übervolles Herz kaum noch Raum hat, ihn unterzubringen. Meine Zelle kam mir vor wie ein Frühlingsgarten, der leuchtete und flutete, sprießte und grünte wie im Paradies. Und das ist alles für mich, der ich doch geächtet und verlassen sein soll von allem, was schön und gut ist im Leben. Wie soll ich Dir und allen lieben Menschen noch danken? Eines soll vorangehen:

Ich will denen danken, durch deren Hilfe allein diese Worte der Liebe so schnell zu mir kamen. Ich war immer gerecht und habe das Gute anerkannt, wo es kam. So danke ich für die würdige Ruhe im Gefängnis, für den Ernst und die Freundlichkeit der Posten, für die Wärme und gute Verpflegung, für die treue Hilfsbereitschaft des deutschen Personals, dem lieben alten Doktor für die Zartheit und Hilfsbereitschaft der Zensur. Wie wäre es sonst möglich, daß ich soviel Post bekam, die erst heute früh abgegeben wurde. Es ist nicht so, wie Hagen singt: ‚Erlogen ist die Liebe, und nur der Haß ist echt.' Nein, ich sehe es jetzt jeden Tag. Der Haß hat mich gefällt, aber die Liebe trägt mich zu den Sternen. Ich habe die Verse bekommen von Lenau – dort schreibst Du auch von den Stillen im Lande. Das sind die, auf die es ankommt. Die Verse von Raabe schrieb ich wohl schon:

‚Das Ewige ist stille
laut die Vergangenheit
schweigend geht Gottes Wille
über den Erdenstreit.'

Und der Schluß eines Buches fällt mir ein, dessen Titel mir entfallen ist: ‚Die Mächtigen aber schreiten durch die Zeit und tragen schwere Bürde. Die Erde bebt unter ihrem Schritt, wenn sie vorübergehen, und vor ihrem Willen verwandelt sich die Welt, versinken Mauern und spalten sich Felsgebirge. Die Demütigen aber hüten geduldig und still in Sturm und Wetter die heiligen Feuer der Menschheit, die aus dem Urgrund der ewigen Liebe blühen.' Das ist die Welt und die Aufgabe der Frau. Der Mann hat den Kampf, den Ruhm und den Tod, er hat die leichtere Aufgabe, die Aufgabe der Frauen aber ist das Leid. Und auch deswegen habe ich die Frauen immer so geliebt und verehrt, weil sie der Erde am nächsten sind. Und nun zu Deinem Brief von heute mittag. Oh, es tat mir gut und so wohl, daß sich in Dir noch einmal alles aufbäumte gegen die Ungerechtigkeit dieser Welt. Ich konnte das alles brauchen für die letzte Stunde, die von der Linse der Reporter und der Kameras festgehalten wird. Sie sollen ja nicht mit Ergebenheit in das Schicksal rechnen oder mit Gleichgültigkeit gegenüber dem Tod oder gar Freude über ihn, nein, sie sollen auch den Stolz und die Verachtung registrieren. Sosehr stolz war ich auf Dich nach diesem Brief. Ich weiß, Du wirst das Grab auf der Insel zu dem meinen machen. Du hast noch eine große und schwere Aufgabe für mich. Es ist schon spät, und bald geht das Licht aus. Wenn am Abend nach meinem Tod die Freunde um Dich sind, dann soll das sein wie eine Trauerparade."

Und schrieb den allerletzten Brief:

„Unser Abschied soll nicht einem Bergsturz gleichen, sondern soll ausklingen wie ein schönes Gespräch zu zweien oder die letzten Töne eines Orchesters. Pater Sixtus wird Dir von unserem letzten Gespräch erzählen, und es paßt gut, daß eben die Glocken dazu läuten. Ich will genauso sterben, wie ich gelebt habe. Daß ich Fehler hatte, weiß ich, aber wenn ein Gott im Himmel lebt, so wie ich ihn mir auffasse, dann wird er mir verzeihen, und ich kann freien Auges vor ihn treten. Mein Gebet morgen wird sein, daß Gott Dich schützen möge und segnen, Dich, meine Lieben, mein Volk und mein Vaterland. Und so sage ich Dir zum Schluß: Du sollst leben und sollst Dein Leid überwinden, Du sollst Liebe um Dich verbreiten und den Bedürftigen helfen. Du sollst nicht mehr aus mir machen, als ich gewesen bin und je sein wollte. Du sollst glauben und bekennen, daß ich für Deutschland gearbeitet und gekämpft habe und nicht für seine Politiker.

Ach, ich könnte immer so weiterschreiben, aber in meinen Ohren klingt schon der vertraute Infanteriezapfenstreich und das alte, wohlbekannte Lied, hörst Du es, mein Liebes? ‚Soldaten sollen nach Hause gehen.'"

Heute Nacht – kann ich nichts dagegen tun, das Furchtbare nicht aufhalten? Nein, ich bin ohnmächtig. Panzer, Posten, Mauern. You can't stop the machine! Soll ich meinem Leben ein Ende setzen aus Protest gegen Unrecht und Rache? Kann ich es ohne die Flamme der Kraft, die heute erlischt, oder heißt mich die Pflicht weiter leben, um für seinen Namen zu kämpfen?

Heute Nacht. Die Mauer an der Stirn ist naß und kalt, ich höre den Posten hin und her patrouillieren. Gott, wo bist Du? Bist Du ein ferner, zorniger Gott, der kein Erbarmen kennt, oder ein naher, liebevoller, der den Tod will, damit andere durch ein Opfer frei werden?

Heute Nacht. Über den Ruinen am Markt liegt Totenstille und Dunkelheit. Höre ich nicht Schritte hinter mir und sehe ich vor mir nicht ein Gerüst, einen Galgen? Es ist das Grauen, das mich jagt, und der Galgen eine ausgebrannte Fassade.

Heute Nacht . . . In St. Lorenz ist es kalt wie in einer Gruft. Dröhnend schlägt die Uhr jede Viertelstunde.

„Wäre Dein Gesetz nicht mein Trost gewesen, ich wäre vergangen in meinem Elend."

Am frühen Morgen des 16. Oktober 1946 gegen 2 Uhr wurde Generaloberst Alfred Jodl, Chef des Wehrmachtführungsstabes im Oberkommando der Wehrmacht, durch den Strang hingerichtet. Seine letzten Worte waren:

„Ich grüße Dich, oh Du mein Deutschland."

Anmerkungen

1 Der Chef des Generalstabes, General Ludwig Beck, hatte Mitteilungen erhalten, die besagten, einige Eliteregimenter seien zum Eingreifen bereit.
Vergleiche auch Jodl – Tagebuch, IMT, Bd. XXVIII, S. 362: „Führer will die Scheinwerfer von der Wehrmacht ablenken, Europa in Atem halten."

2 Aus dem Tagebuch von Generaloberst Halder ist zu ersehen, daß er vom Verbindungsoffizier zwischen OKH und Auswärtigem Amt, Legationsrat Hasso von Etzdorf, politische Informationen erhalten hat, die vermutlich dem OKW nicht zur Verfügung standen.
Das Tagebuch Jodls hört mit dem 25. 8. 1939 auf und wird erst im November fortgesetzt (IMT, PS 1780).

3 Vergleiche IMT – Dokument PS 795: „Ich (Canaris) melde Keitel meine Besprechung mit Jost. Er sagt, daß er sich um dieses Unternehmen nicht kümmern könne, da ihn der Führer nicht unterrichtet habe und ihm lediglich habe sagen lassen, daß er Heydrich polnische Uniformen zur Verfügung stellen solle. Er ist einverstanden, daß ich Generalstab unterrichte."

4 Vergleiche IMT, Bd. III, S. 263.

5 Vergleiche: Hubatsch, Walter: „Die deutsche Besetzung von Dänemark und Norwegen 1940", Göttingen 1952, S. 394.
Jodl – Tagebuch, 14. 4. 1940: „. . .Nacht 16./17. trifft Admiralstabsoffz. Narvik ein und bringt schriftl. Bericht Dietls mit. Hilferuf von Stavanger . . . Führer äußert sich wieder in temperamentvoller Art, daß Gr. Dietl nach Süden abmarschieren muß oder abgeholt wird. Ich vertrete nochmals in schärfster Form, daß a) ein Abmarsch nach Süden unmöglich ist; b) auch ein Abtransport nur ganz geringe Teile befördern kann, zum Verlust zahlreicher Flugzeuge führt und der Gruppe Dietl das moralische Rückgrat bricht . . . Man soll eine Sache erst verloren geben, wenn sie verloren ist . . ."
19. 4.: „Erneute Krise . . . Chef OKW verläßt Saal, es droht erneut ein Führungschaos, da in alle Einzelheiten hineindisponiert wird und jede geordnete Arbeit der zuständigen mil. Führung (ObdM und Gr. XXI) zunichte gemacht wird . . ."

6 Vergleiche Lord Hankey: Politics, trials and errors, Pen-in-hand, Oxford S. 79.

7 Vergleiche: Besimenski, Lew: „Barbarossa".

8 Hitler und Manstein haben den Gedanken zum sogenannten „Sichelschnitt" ungefähr gleichzeitig gehabt. In Jodls Tagebuch steht zum 30. 10. 1939: „Führer kommt mit neuem Gedanken, eine Pz.Div. und eine mot. Div. über Arlon auf Sedan anzusetzen . . ."

9 Vergleiche A. Heusinger, Befehl im Widerstreit, S. 92.

10 Darstellungen, wonach Jodl von Hitler als erster über den geplanten Rußlandfeldzug informiert wurde, sind unzutreffend. Jodl erhielt erst am 29. 7. 1940 davon Kenntnis, General Halder notierte dagegen schon am 22. 7. 1940 in sein Tagebuch: „. . . Russisches Problem in Angriff nehmen. Gedankliche Vorbereitungen treffen. Dem Führer ist gemeldet." (Halder – Tagebuch, Bd. 2, S. 32.)

11 In einer 1946 für Louis Lochner verfaßten Stellungnahme zu verschiedenen Fragen hat Jodl die Vermutung geäußert, Admiral Canaris habe Franco zu dieser Weigerung geraten.
Siehe hiezu auch: Irving, David: „Hitler und seine Feldherren", S. 648. Hitler habe vom spanischen General Munoz Grande erfahren, Canaris hätte den Caudillo vor einem Kriegseintritt Spaniens gewarnt. Vergleiche auch: Farago: „The game of the foxes", London 1973.

12 Vergleiche auch: Heusinger: „Befehl im Widerstreit"; Kordt, Erich: „Wahn und Wirklichkeit", S. 350: Hitler habe gegen Jodl ein Kriegsgerichtsverfahren einleiten lassen.
„Heeresadjutant bei Hitler 1938–1942. Aufzeichnungen des Majors Engel." Herausgegeben von Hildegard von Kotze. Stuttgart 1974, S. 124 f.

13 Daß sich Jodl für das Halten von Stalingrad eingesetzt habe, ist nicht nachweisbar. Siehe dazu: Heiber, Helmut: „Lagebesprechungen im Führerhauptquartier", TB, S. 73.

14 Irving, David: „Hitler als Feldherr", S. 508. Jodl meldete lakonisch an das OKW: „Bisherige Verdachtsmomente bleiben in vollem Umfang bestehen."

15 Generaloberst Halder war im August 1943 durch Generaloberst Zeitzler ersetzt worden. Jodl hatte sich für sein Verbleiben eingesetzt und gemeinsam mit General Scherff in einer Denkschrift nachgewiesen, daß Halder nur Hitlers Befehle ausgeführt hatte. Siehe: Irving, a. a. O., S. 418.

16 Vergleiche Irving, a. a. O., S. 424.
Zeitzler erhielt die aktive Kontrolle über die Ostfront, während Jodl und das OKW für die anderen Kriegsschauplätze zuständig waren.

17 Jodl hielt vier Tage nach dem Attentat eine Ansprache vor seinem Stab, in der er den 20. Juli als den „schwärzesten Tag“ bezeichnete. General Warlimont, sein Stellvertreter, hatte noch während des 20. Juli zum Stab gesprochen. Nach einem Brief General Wedels, des Leiters der Abteilung Propaganda, habe ihn Jodl in den ersten Tagen nach dem Attentat aufgesucht und sehr freimütig mit ihm diskutiert.
Siehe auch Sündermann, Hans, „Deutsche Notizen“, S. 77 f.; Eintragung zum 28. Juli 1944: „Hier steht noch alles im Zeichen der Vorgänge vor einer Woche. Generaloberst Jodl trägt noch einen weißen Verband um den Kopf . . . Am Abend nach dem Essen bleibt Generaloberst Jodl, wie er es auch früher oft getan hat, noch eine halbe Stunde sitzen, um vor Beginn der Abendarbeit einen kleinen ‚Steinhäger‘ zu sich zu nehmen, und ich leiste ihm Gesellschaft; seine meist trockenen Bemerkungen haben mir schon oft Stoff zu nützlichem Nachdenken gegeben. Diesmal erwähnt Jodl, daß er vor dem Krieg durch Generaloberst Beck sehr gefördert und durch ihn ins OKW gebracht worden sei. Dann aber hätten sich so starke Meinungsverschiedenheiten entwickelt, daß man fast von einem persönlichen Bruch habe sprechen können. Seit einiger Zeit habe er das Gefühl gehabt, daß von dort wieder menschliche Annäherung gesucht würde; ob das wohl mit den Putschplänen zusammenhing? Das fragt sich Jodl heute.“

18 Jodl – Tagebuch, IMT, PS 1780.

19 Schramm, Percy E., „Generaloberst Jodl“ in „Hitler als militärischer Führer“.

20 Vergleiche Irving, a. a. O., S. 644; Jodl hatte Hitler vor der Luftüberlegenheit der Alliierten und möglichen Fallschirmlandungen gewarnt.

21 Vergleiche Montgomery, Bernard: „Von der Normandie bis zur Ostsee“: „Der Gedanke, zwischen die britische und amerikanische Armee einen Keil zu treiben, war ein kühnes, wenn auch verzweifeltes Unternehmen. Wäre es geglückt, so hätte der Feind unsere strategischen Pläne über den Haufen geworfen und die Lage an der Westfront zu seinen Gunsten gewendet.“

22 Als Jodl diese Zeilen schrieb, war ihm nicht bekannt, daß eine erhebliche Anzahl deutscher Kriegsgefangener, darunter Generaloberst von Kleist, an die Russen ausgeliefert wurden.
Der britische Brigadegeneral Sir Kenneth Strong schrieb über seinen Eindruck, den er während der Verhandlungen in Reims von Jodl gewonnen hatte: „Es war etwas, das auf uns beide (Strong und Bedell Smith) großen Einfluß hatte und das ich nie vergessen werde. Aber während all der Verhandlungen in der Öffentlichkeit war seine Seelenstärke erstaunlich und sein Erfassen der Situation sicher und entschlußhaft.“

23 Vergleiche Calvocaressi, P., „Nuremberg“: „There was a general though ill-defined feeling that the root of all the trouble which Germany brought on

Europe was to be found in something which was usually called German militarism or Prussian militarism.“

24 Prof. Donnedieu de Vabres bezeichnete später das über Jodl gefällte Urteil als einen Justizirrtum.

25 Vergleiche US-State Department, Dok. 3080, Bericht von Robert Jackson über die Konferenz in London zur Vorbereitung des Prozesses, S. 259. Auf dem britischen Entwurf der Liste der Kriegsverbrecher fehlte der Name Jodl.

26 Es handelt sich um die IMT-Dokumente: PS 1180, 1799, 1807, 1809, 1811.

27 Jodl verfaßte damals unter anderem folgende Studien:
„Die rechtlichen, moralischen und psychologischen Voraussetzungen meines Gehorsams bis zum letzten Tag des Krieges“;
„Die Schuldfrage des OKW und seiner Offiziere“;
„Die Schuld am deutschen Zusammenbruch“;
„Über allgemeine Stimmung und Auffassung des Offizierskorps und Kriegsvorbereitungen des OKW“;
„Zum Problem Rußland“;
„Mein Verhältnis zu Hitler“;
„Streiflichter aus dem Führerhauptquartier“;
„Der 20. Juli im Führerhauptquartier“;
„Der Einfluß Hitlers auf die Kriegführung“.

28 Vergleiche IMT, Dok. NOKW 256, Befehl Keitels vom 13. März 1941, worin es heißt: „Die Sonderkommandos der Sicherheitspolizei (SD) führen ihre Aufgaben in eigener Verantwortlichkeit durch . . . Im Operationsgebiet des Heeres erhält der Reichsführer SS zur Vorbereitung der politischen Verwaltung Sonderaufgaben im Auftrage des Führers, die sich aus dem endgültig auszutragenden Kampf zweier entgegengesetzter politischer Systeme ergeben. Im Rahmen dieser Aufgaben handelt der Reichsführer selbständig und in eigener Verantwortung.“

29 Vergleiche Jodl – Tagebuch (PS 1780), Eintragung zum 13. Juni 1938, IMT, Bd. XXVIII, S. 362 f.: „Die Aufgaben des OKW als Arbeitsstab des Führers werden damit eindeutig festgelegt.“ Jodl bezieht sich auf einen Erlaß Hitlers vom 4. Februar 1938.

30 Erst 1949 sollte die Welt durch die Veröffentlichung des Protokolls der Londoner Vorbesprechung zur Festlegung der Charta des IMT erfahren, mit welchen Schwierigkeiten die Verfasser des Statuts damals zu ringen hatten (US-State Department 3080, 1945). Auszug aus dem Protokoll:
Sir David Maxwell-Fyfe: „Ist es richtig oder wünschenswert, die Auffassung zu vertreten, daß ein Angriffskrieg ein Verbrechen ist? Die grundsätzliche

Schwierigkeit ist die fehlende Sanktion. Genauer gesagt, man sieht darin ein Verbrechen, ohne daß man es strafbar gemacht oder unter Sanktion gestellt hat."

Prof. Gros (Frankreich): „Es mag ein Verbrechen von seiten des Staates sein, der einen Angriffskrieg beginnt, aber es bedeutet nicht die Begehung einer Straftat durch Individuen, die einen Krieg begannen. Wenn man sagt, daß der Staat, der den Krieg herbeiführt, ein Verbrechen begeht, so folgert das nicht, daß die Angehörigen dieses Staates Verbrecher sind ..."

Sir David Maxwell-Fyfe: „Wenn man sagt, daß der einen Krieg herbeiführende Staat ein Verbrechen beging, folgert das nicht, daß die Angehörigen dieses Staates Verbrecher waren?"

Prof. Gros: „Wir glauben, daß das moralisch und politisch wünschenswert wäre, daß es aber mit dem Völkerrecht nicht zu vereinbaren ist."

31 In den IMT-Protokollen, XLII, S. 112, steht im Report von Captain Neave: „The chart was insofar incorrect as it showed Keitel as having jurisdiction on the three branches of the Armed Forces. In reality these three branches were under the immediate commando of the Führer ... Halder admitted that the sketch he had made could be misunderstood. He (Halder) agreed with the defense counsel that this might be liable to misinterpretation because in reality Brauchitsch, Raeder and Göring were never under Keitel but Hitler ..."

32 In einer von Feldmarschall von Brauchitsch als „letztem Oberbefehlshaber des Heeres" mitunterzeichneten, von General Warlimont formulierten Erklärung (PS 3796) distanzierte sich das OKH ebenfalls vom OKW. General Westphal und Feldmarschall von Manstein verhinderten, daß Keitel und Jodl namentlich genannt wurden.

33 Jodl hat über sein Verhältnis zu Keitel offenbar nur mit General Scherff gesprochen. Sein Tagebuch verrät eine ausgesprochene Loyalität. Daß Jodl dabei durchaus kritisch war, geht aus einem Erlebnis hervor, das einer seiner Offiziere in Flensburg mit ihm hatte: Dieser hatte sich abfallend über Keitel geäußert, worauf ihn Jodl aus dem Zimmer schickte, weil er die Kritik eines Untergebenen am Vorgesetzten in seiner Gegenwart nicht dulden wollte. Nach einer Weile rief er ihn jedoch zurück und erklärte, er könne dessen Ansichten verstehen.

34 Feldmarschall Montgomery erklärte am 26. Juli 1946 in Portsmouth: „Als Schützer der Nation steht die Armee über der Politik, und das muß so bleiben. Es steht dem Soldaten nicht zu, seine Ergebenheit wegen seiner politischen Ansicht zu ändern. Die Armee würde die Nation im Stich lassen, wenn sie nicht gewöhnt wäre, augenblicklich zu gehorchen ... Pflicht des Soldaten ist es, ohne zu fragen allen Befehlen zu gehorchen, die die Armee, d. h. die Nation, ihm gibt." Und Präsident Truman erklärte nach der Abberufung des Generals Douglas MacArthur: „It is fundamental that military commanders must be

governed by the policies and directives issued to them in manner provided by our laws and constitution."

35 Auch der Artikel 347 des amerikanischen „Basic Field Manual on Rules of Land Warfare", 1944 ebenfalls im Hinblick auf den Prozeß abgeändert, besitzt heute wieder seine ursprüngliche Fassung.

36 Vergleiche das Plädoyer, das Professor Jahrreiss namens der Gesamtverteidigung hielt: „Hitlers Wille war eben die letzte Instanz für Erwägungen, was zu tun oder was zu lassen sei. Darum: Wer sich als Funktionär der Hierarchie auf den Befehl des Führers beruft, will nicht für rechtswidrige Handlungen einen Strafausschließungsgrund angeben, sondern er bestreitet die Behauptung, sein Verhalten sei rechtswidrig, denn der Befehl sei rechtlich unangreifbar, den er befolgt habe . . . Ein Befehl des Führers war für den Angesprochenen rechtsverbindlich, auch wenn er den Weisungen des Völkerrechts oder anderen überkommenen Wertungen zuwiderlief."

37 Wegen drei dieser Dokumente wurde Jodl schuldig gesprochen.

38 Diese geheime britische Dienstvorschrift wurde erst im Prozeß XII gegen General Warlimont zugelassen.

39 Nach Kordt, Erich: „Wahn und Wirklichkeit", wurde gegen Jodl ein Kriegsgerichtsverfahren eröffnet.

40 Der Vortrag gliedert sich folgend (Dok. L 70):
I. Einleitung
II. Der Verrat Italiens
III. Die heutige Lage
IV. Der Feind – Machtmittel und Absichten
V. Die Haltung der Verbündeten
VI. Die Probleme der deutschen Führung
VII. Die Grundlagen unserer Haltung und Siegeszuversicht
Der Vortrag wurde an Hand von Notizen frei gehalten.

41 Vergleiche Warlimont, Walter: „Im Hauptquartier der Deutschen Wehrmacht", S. 177.

42 IMT-Dokument XX NOKW 209/1471.

43 IMT-Dokument PS 884.

44 Vergleiche Frhr. v. d. Heydte, „Der verbrecherische Befehl" in: „Das Parlament", Heft XXVI, S. 437: „. . . Repressalien sind an und für sich berechtigte

Druckmittel, den Gegner, der völkerrechtswidrige Handlungen begangen hat, in Zukunft zur Einhaltung der völkerrechtlichen Normen zu zwingen ... Das Problem der sogenannten völkerrechtlichen Repressalie ist sehr umstritten. Ich möchte sie nur im engsten Rahmen für erlaubt halten. Niemals kann aber die Tötung von Kriegsgefangenen eine völkerrechtlich zulässige Repressalie darstellen."

45 Irrtum des Gerichts. Die „Weisung für den Fall Barbarossa" (Dok. PS 444) enthielt keinen Hinweis auf Kommissare.

46 Den sehr komplizierten Werdegang des Kommissarbefehls schildert ausführlich Uhlig, H.: „Der verbrecherische Befehl" in: „Vollmacht des Gewissens", S. 287 ff.; ferner Jacobsen, H. A.: „Der Kommissarbefehl" in „Anatomie des SS-Staates".

47 Warlimont, Walter: „Im Hauptquartier der Deutschen Wehrmacht", S. 183 ff. Letzte nachweisbare Fassung Mikrofilm T 77, Rolle 792, S. 5521/299.

48 Siehe die IMT-Dokumente: PS 891, NOKW 252, NOKW 200, PS 1807, NOKW 1076, NOKW 484, NOKW 3554.

49 Der Oberste Gerichtshof der USA verurteilte im Falle ex parte Quirin mit einem U-Boot gelandete deutsche Saboteure zum Tode. Die 101. amerikanische Luftlandedivision erließ am 18. Mai 1945 den Befehl, Nachrichtensaboteure ohne Aburteilung zu erschießen (Film T 77, Rolle 861, P. 5607856).

50 Die britische Nahkampfvorschrift „Handbuch für neuzeitliche irreguläre Kriegführung" wurde vom IMT nicht als Beweismittel zugelassen. Erst im Verfahren des amerikanischen Gerichtshofes Nr. XII gegen General Warlimont durfte sie von der Verteidigung vorgelegt werden.
Es heißt darin u. a.:
„Die Bedeutung des Begriffes ‚Irreguläre Kriegführung' scheint bisher nur von wenigen verstanden worden zu sein. Allgemein gesprochen besteht diese aus verschiedenen Arten ... die von einem einzelnen Sabotageakt bis zur Aufstellung einer großen und gut ausgebildeten Freischärlertruppe reichen.
Die Zeiten einer sportlichen Kriegführung sind vorüber. Heute muß jeder Soldat im Bedarfsfall ein Gangster sein ... Schneller Schlag unter das Kinn ... gleichzeitig stoße ihm die Finger in die Augen und zertritt ihm den Schädel ..."

51 Vergleiche die IMT-Dokumente PS 523, 1263.

52 „Heeresadjutant bei Hitler 1938–1943. Aufzeichnungen des Majors Engel." Herausgegeben und kommentiert von Hildegard von Kotze. Stuttgart 1974, S. 130 f.

53 Die Anklage zitierte unter anderem Jodls Kritik am Generalstab: „Zunächst fühlt er sich in früheren Reminiszenzen befangen, auch für politische Entschließungen verantwortlich, anstatt zu gehorchen u. seine milit. Aufgaben zu erfüllen. Letzteres tut er sicher mit althergebrachter Hingabe, aber die Kraft des Gemüts fehlt ihm, weil er letzten Endes an das Genie des Führers nicht glaubt. Man vergleicht ihn wohl mit Karl XII." (Eintragung zum 10. August 1938.) Nicht beachtet wurden jedoch Eintragungen wie etwa folgende: „Ich muß zugeben, daß auch ich nicht ohne Sorge bin, wenn man nun den Umschwung in der Auffassung über das politisch und militärisch Mögliche nach den Weisungen v. 24. 6. 1937, 5. 11. 1937, 7. 12. 1937, 30. 5. 1938 u. den letzten Äußerungen vergleicht."
„Diese Art, Politik zu treiben, ist für Europa neu; wenn es ein Mittel gab, einen europäischen Krieg zu verhindern, so war es diese Rede und diese Entschlossenheit." (Eintragung vom 12. September 1938, also nach dem Münchner Abkommen.)

54 Diese Unterlagen konnten bei den vorhandenen Dokumenten nicht gefunden werden.

55 IMT-Dokument PS 754.

56 Ein Jahr später sprach der amerikanische Militärgerichtshof Nr. XII den ehemaligen Armeeoberbefehlshaber in Nordnorwegen, Generaloberst Rendulic, der wegen des Niederbrennens von Wohnhäusern an der Eismeerstraße angeklagt war, frei. Das Gericht berief sich u. a. auf den britischen Völkerrechtler Charles Cheeny Hyde und führte aus: „Am 9. September 1944 schloß Finnland einen Separatfrieden mit Rußland und verlangte den Rückzug der deutschen Truppen in Finnland innerhalb von 14 Tagen, eine Forderung, der unmöglich entsprochen werden konnte. Die Folge war, daß die zwei Armeekorps im Süden gezwungen waren, sich ihren Weg aus Finnland zu erkämpfen. Dies erforderte drei Monate. Die Entfernung zur norwegischen Grenze stellte eine Marschroute von etwa 1000 km auf sehr schlechten Straßen und zu einer sehr ungünstigen Jahreszeit dar. Die Russen griffen fast sofort an und verursachten den Deutschen beim Absetzen dieser Truppen große Unannehmlichkeiten. Obwohl der russische Nachstoß im Rücken der sich zurückziehenden Truppen nicht in dem zu erwartenden Umfang erfolgte, so bestehen doch konkrete Beweise dafür, daß mit einem russischen Vorstoß zu rechnen war. Die Haager Landkriegsordnung verbietet die ‚Zerstörung oder Wegnahme feindlichen Eigentums', außer in den Fällen, wo diese Zerstörung oder Wegnahme durch Erfordernisse des Krieges dringend erheischt wird . . ."

57 Vergleiche General von Wedel, Chef der Abteilung Wehrmachtpropaganda: „Bei Bildung und Ausbau der Propagandatruppen als soldatisches Propagandainstrument war es ein Verdienst von Generaloberst Jodl, daß er seinen

Einfluß gegen Goebbels und die Partei dahin durchsetzte, daß die Propagandatruppe eine wirklich militärische Truppe wurde, die weitgehend Parteieinflüssen entzogen war und blieb."
Zum Verhältnis Goebbels – Jodl gibt das Tagebuch des Ministers Auskunft: „Sehr scharfe Urteile gibt Göring gegen FHQU ab. Insbesondere hat es ihm hier Jodl angetan, von dem er mir berichtet, daß er schon dazu übergegangen sei, Witze über den Führer zu machen."

58 IMT-Dokument C 123.

59 Generalfeldmarschall von Leeb wurde im selben Anklagepunkt vom amerikanischen Militärgerichtshof Nr. XII freigesprochen.

60 Das Gericht ist bei dieser Formulierung offenbar einem Irrtum erlegen, auf den dann auch das Gnadengesuch hinwies: In dem von Jodl unterzeichneten Befehl steht nichts von der Zerstörung Leningrads; von ihr ist lediglich in einem Dokument der Kriegsmarine die Rede (Protokoll einer Besprechung der Seekriegsleitung vom 16. Juli 1941, Dokument L 221).

61 Jodl wurde wegen dieser Vorschrift auch nicht verurteilt.

62 Die heutige Geschichtsschreibung scheint die damalige subjektive Auffassung des Zeugen und auch die Jodls zu widerlegen.

63 Im Plädoyer von Jahrreiss hieß es unter anderem:
„In einem Staat, in dem die gesamte Macht der letzten Entscheidung in der Hand eines einzelnen Menschen zusammengefaßt ist, sind die Befehle dieses einen für die Glieder der Hierarchie schlechthin bindend. Wer sich als Funktionär der Hierarchie auf den Befehl des Führers beruft, will nicht für rechtswidrige Handlungen einen Strafausschließungsgrund angeben, sondern er bestreitet die Behauptung, sein Verhalten sei rechtswidrig, denn der Befehl sei rechtlich unangreifbar, den er befolgt habe. Nur wer das begriffen hat, kann überhaupt die schweren inneren Kämpfe verstehen, die in diesen Jahren viele deutsche Amtsträger bald bei diesem, bald bei jenem Erlaß oder Beschluß Hitlers durchgefochten haben . . ."

64 Der damalige Oberst Telford Taylor, später Brigadegeneral und Professor des internationalen Rechts, hat im nachhinein seine Ansicht geändert. Schon 1952 schrieb er, man solle alle Kriegsverbrecher in Korea verfolgen: „Die Prozesse sollten nicht nach Nürnberger Muster geführt werden, wo nur besiegte Deutsche vor Gericht standen. Wenn internationales Recht irgendeine Bedeutung haben soll, müssen wir gegen beide Seiten Verfahren durchführen und mildernde Umstände zugeben, auf beiden Seiten zugeben, oder sie alle laufen lassen."

Register

Adam, Prof. 329
Adam, Wilhelm 86, 93, 109, 309
Adler, Familie 90
Ahrens, Friedrich 238
Aird, Großonkel von Luise Jodl 205
Albonetti, ital. Oberst 80 f.
Alexander, Sir Harold 261
Amort, Familie 140 f., 153, 171
Andrus, Burton C. 181, 198, 240, 243
Antonescu, Jon 124
Augustinus 245

Baade, Ernst Günther 55, 71
Badoglio, Pietro 72 ff.
Baldini, Dr. 80
Banse, Autor 315
Barsch, Präsident des Verwaltungsgerichtshofs in Wien 238
Bastico, Ettore 58, 67
Baumgärtl, Frau, siehe Jodl
Beck, Ludwig 25, 30, 32, 100 ff., 107 ff., 114, 190, 217, 220, 246, 267, 299, 339, 341
Benda, Agnes v. 27, 166
Benda, Doreliese v., siehe Godau
Benda, Franz v. 27, 34, 38, 47 f., 59 ff., 65, 69, 71, 123, 141, 166
Benda, Helene v. 27, 122, 166
Benda, Kate Bennet v. 14 ff., 24, 43 f., 57, 65, 76 f., 123 ff., 131, 139 f., 166, 168 f., 171, 196 f., 213, 248, 330
Benda, Kinder von Franz und Ruth: Brigitte, Helmuth, Rosi, Franz 60, 65, 121, 168
Benda, Luise v., siehe Jodl
Benda, Mary v. 27, 166
Benda, Robert v., sen. 14 ff., 24, 43, 57, 65, 76 f., 124 f., 131, 166, 168 f., 204, 248
Benda, Robert v., jun. 27, 77, 166
Benda, Ruth v. 34, 65, 108, 121, 168 f.
Benda, Vorfahren 247 f.
Bergen, Will-Werner v. 99
Besimenski, Leo 340
Bevin, Ernst 320
Biddle, Francis 187, 270, 297, 312
Bierentrümpel, Ordonnanz 71
Birkett, Sir Norman 187
Blaha, Dr. 212
Blaskowitz, Johannes 49
Blomberg, Werner v. 31, 111, 189, 216 f., 267
Blumentritt, Günther 98
Böhlau, Margaret 19, 83, 124
Boehm, Hermann 311
Bonhoeffer, Dietrich 301
Bonin, Bogislav v. 69 f., 122 f.
Bormann, Martin 132, 281
Bouhler, Philipp 132
Brandt, Heinz 106
Brauchitsch, Eberhardt v. 131 f.
Brauchitsch, Walther v. 28, 33, 36, 38 ff., 49, 58, 217, 219 f., 298, 343, 345
Braun, Sigismund Frhr. v. 68
Braun, Wernher v. 123
Brekenfeld, Prof. 17
Broich, Fritz Frhr. v. 64
Brookhardt, Smith W. 211
Büchs, Herbert 120, 220, 237, 280
Buck, Pearl S. 249
Bullion, Franz Gf. 124
Bullion, Hedwig Gfin. 198
Bullion, Irma Komtesse, siehe Jodl
Bullion, Konrad Gf. 124, 198
Bullion, Gf., Vater von Irma und Konrad 91 ff., 252
Bülow, Mary v. 120
Buttlar-Brandenfels, Horst Frhr. v. 93 ff., 237, 280
Bussche, Christa Frfr. v. d. 98
Byron, George Lord 51, 63

Calvocaressi, Peter 341
Canaris, Wilhelm 24, 68, 256, 263, 269, 284, 339 f.
Cavallero, Ugo Gf. 58, 67
Cerbati, ital. Hptm. 80
Chamberlain, Neville 35
Churchill, Sarah 195
Churchill, Sir Winston 46, 49, 105 f., 109, 154, 319, 321
Ciano di Cortellazo, Edda Gfin. 81, 84
Ciano di Cortellazo, Galeazzo Gf. 81, 83 f.
Clausewitz, Karl v. 117
Clemenceau, George 184
Curtius, Ernst Robert 61

Dante Alighieri 68
Darlan, Jean François 64
Deutsch, Hans 343

Dickens, Charles 287
Diels, Rudolf 245
Dietl, Eduard 37, 156, 339
Dix, Rudolf 178 f., 191, 215, 228 f., 232, 244 f., 288, 299, 317
Doderer, Heimito v. 310
Dönitz, Frau 307
Dönitz, Karl 99, 132 f., 136, 143, 185, 227, 232, 234, 248, 276, 282, 286, 288, 293, 301 f., 305, 307, 314 f., 317
Donnedien de Vabres, Prof. 187, 342
Dormann, Feldbischof 33
Dostler, Frau 193
Dostler, General 193
Douglas, Sholto Lord 320

Ebert, Friedrich 93
Ehrenburg, Ilja 121
Eichmann, Adolf 212
Eisenhower, Dwight D. 74, 143, 158 f., 164, 171, 319, 321, 327
Eliot, T. S. 5, 236
Engel, Gerhard 264, 340, 345
Etzdorf, Hasso v. 339
Exner, Franz 176, 178 ff., 187 f., 190, 197 f., 209 f., 213, 217 ff., 225, 228, 230 f., 234 ff., 241, 244, 246 ff., 252 ff., 260 f., 264 f., 267 ff., 277, 283, 287 ff., 294 ff., 303, 307, 310, 315 ff., 318, 320 ff., 325, 331, 336
Exner, Nora, siehe Rohde

Falco, Robert 187
Farago, Anton 340
Farinacci, Roberto 78
Fellgiebel, Erich 106
Franco, Francisco 47, 284, 340
Frank, Hans 286, 302
Freisler, Roland 120
Frick, Frau 191
Frick, Wilhelm 191, 286
Friedeburg, Hans Georg v. 136, 143 f.
Friedrich II., Kg. v. Preußen 247
Frisch, Max 115
Fritsch, Elisabeth Freiin v., siehe Werner
Fritsch, Frfr. v. 32 ff., 168
Fritsch, Werner Frhr. v. 24, 31 ff., 86, 102 f., 113, 189, 216 f., 247
Fritzsche, Hans 286
Frohwein, Dr. 221
Fromm, Friedrich 105
Funk, Walter 131 f., 233, 286

Gaiser, Gerd 11, 214
Garbo, Greta 101
Gaulle, Charles de 23, 158
Gehlen, Reinhardt 44
Gercke, Rudolf 28
Gerecke, Henry F. 193, 304
Gilbert, Gustav M. 111, 193, 222, 332
Gill, General 176, 179
Gill, Henry 197
Gill, Kate Bennet, siehe Benda
Gisevius, Hans Bernd 245, 249, 255, 288
Glasford, amer. Admiral 248
Godau, Doreliese 27, 166
Goebbels, Joseph 55, 123, 278, 347
Goethe, Johann Wolfgang v. 51 ff., 76, 82, 307
Göring, Edda 304 ff., 309
Göring, Emmy 304 f., 309
Göring, Hermann 29, 33, 37, 47, 61, 71, 99, 106, 131 f., 159, 175, 216, 243, 248, 286, 293, 305, 307, 309, 314 f., 343, 347
Grande, Munoz 340
Grandi, Dino 73
Graziani, Rodolfo 79 f.
Gros, André 343
Grüneisen, Amtsleiter beim Deutschen Roten Kreuz in Berlin 115
Guderian, Heinz 39, 105, 122
Gürtner, Franz 32

Haenichen, Hildegard 72
Haensel, Carl 233
Halder, Franz 26 ff., 39 f., 42 ff., 46 f., 51, 54 f., 88, 107, 217, 219, 246, 259, 339 f., 343
Hammerstein-Equard, Kurt Frhr. v. 253
Hamsun, Kurt 335
Hankey, Maurice Lord 340
Hardenberg, Oberleutnant 63
Harris, Sir Arthur 47
Hauser, Heinz 27 f., 30
Haushofer, Albrecht 122
Haushofer, Frau, siehe Jodl
Heiber, Helmut 340
Henckel-Donnersmarck, Gf. 76
Herter, Familie 124
Heß, Rudolf 55, 259, 286, 302, 315
Heusinger, Adolf 35, 106, 340
Hewel, Walter 86
Heydrich, Reinhard 211, 284, 339
Heydte, Friedrich-August Frhr. v. 344 f.
Hierl, Konstantin 93
Higgins, Margaret 153 f.
Hildebrandt, Friedrich 240
Himmler, Heinrich 28, 31, 34, 106, 108, 211 ff., 220, 253, 255, 271, 284, 342
Hindenburg, Paul v. Beneckendorff u. v. 102, 108, 222, 257
Hirohito, Tenno 81
Hitler, Adolf 12 ff., 17, 25, 29 f., 32 f., 35 ff., 42, 45 ff., 49, 52, 55 ff., 63 ff., 69 ff., 83, 85, 88, 93 f., 98 f., 102, 104, 106, 108 ff., 116, 121 ff., 130 ff., 138, 140 ff., 153, 155 f., 182, 185, 189, 191, 193, 212, 214 ff., 219 ff., 224, 227 f., 232 f., 239, 243 f., 246, 248, 253 ff., 275 ff., 284, 287, 289 f., 298, 311, 314, 333 f., 339 ff.
Höllriegel, Zeuge in Nürnberg 213
Hoppe, Helmuth 75, 77 f., 84
Horn, Martin 234, 288
Höß, Lagerleiter von Auschwitz 213
Hoßbach, Friedrich 216 f.
Hubatsch, Walter 339

Huntzinger, Pierre 42
Huss, Pierre 164 f.
Hyde, Charles Cheeny 346

Irving, David 261, 320, 340 f.

Jackson, Robert H. 187, 191, 215, 218, 226 ff., 243, 293 f., 342
Jacobsen, Hans-Adolf 345
Jahreiss, Elfriede 210, 252, 333
Jahreiss, Hermann 180 f., 187, 189, 192, 194, 197 f., 209 f., 218, 221, 234 f., 241, 243, 250, 252, 280 ff., 287, 295, 298, 303 f., 309, 315 ff., 319, 322 f., 325, 331, 336, 344, 347
Jahreiss, Sohn 295
Jandl, Hans 78 f., 85, 88
Jell, Familie 307
Jeschonnek, Hans 47
Jodl, Alfred sen. 88 ff., 252, 328
Jodl, Alfred jun. 12 ff., 25 f., 28, 31 ff., 36 ff., 42, 46, 51, 56 ff., 61, 65 ff., 70, 73 f., 77, 83, 85 ff., 98 ff., 104 ff., 120 ff., 129 ff., 140 ff., 153 ff., 166, 169 ff., 175 ff., 214 ff., 226 f., 233 ff., 237 ff., 248 ff., 311 ff., 325 ff.
Jodl, Ferdinand, sen. 91 f.
Jodl, Ferdinand, jun. 89, 252, 275
Jodl, Frau, Mutter von Alfred jun. 88 f., 309 f., 320, 328
Jodl, Frau, Gattin von Ferdinand sen. 91
Jodl, Friedrich 89, 176, 252
Jodl, Irma 19, 25 f., 36, 46, 51, 65, 67, 70, 77, 83, 85 ff., 90 ff., 104, 107 f., 117, 124, 162, 238, 257, 305, 309, 316, 318, 327, 332
Jodl, Luise 11 ff., 23 ff., 129 ff., 138 ff., 153 ff., 175 ff., 183, 185 ff., 224 f., 227 f., 231 ff., 241 ff., 252, 257, 272, 276 f., 282 ff., 293 ff., 301 ff.
John v. Freyend, Ernst 122
Jost 339
Juin, Alphonse 64, 319
Justinian 239

Kafka, Franz 138
Kaltenbrunner, Ernst 107, 159, 211, 231, 286
Kardorff, Ursula v. 307
Kauffmann, Kurt 231
Kayssler, Friedrich 303
Keitel, Lisa 18, 131, 133, 139 ff., 154, 170
Keitel, Wilhelm 18, 25, 27, 29, 32, 42, 88, 106 f., 111, 122, 130, 141, 143, 159, 164, 170, 190, 211, 219 ff., 226 f., 233, 244, 248, 254, 258, 260, 262, 264 f., 267, 270, 277, 283 f., 286, 289, 306, 314 f., 339, 342 f.
Keller, Gottfried 234
Kelley, Douglas M. 201
Kesselring, Albert 53, 67, 71, 74, 133, 143, 220, 243
Keudell, Familie 302, 304, 307
Kipling, Rudyard 157
Kleinau, Gf. 247
Kleist, Ewald v. 341
Kluge, Günther v. 69
Knudsen, Helge 284
Koenig, Pierre 320
Koestler, Arthur 24 f.
Koller, Karl 131
Konrad, Rudolf 65, 90, 329, 331
Kordt, Erich 340, 344
Kotze, Hildegard v. 340, 345
Kranzbühler, Otto 185, 227 f., 230, 232 ff., 248, 288
Kraus, Herbert 155, 175, 179, 232, 323
Kraus, Tilly 155, 175, 232

Lahousen, Erwin, Edler v. Vivremont 198 f.
Lammers, Hans-Heinrich 88, 130 ff.
Laternser, Hans 221, 233, 250, 271 f., 283, 321, 327
Lawrence, Sir Geoffrey, Lord Oaksey 187, 226, 228 f., 237, 311, 315
Leeb, Wilhelm Ritter v. 278, 347
Lehmann, Rudolf 129, 219 f.
Lenau, Nikolaus 336
Leverkühn, Dr. 221
Lippe, Viktor Frhr. v. d. 232
List, Wilhelm 65
Lochner, Louis 203, 284, 340
Lossberg, Bernhard v. 37, 280
Louis, Prof. 222, 224
Lüdde-Neurath, Walter 144
Ludin, Leutnant 102

MacArthur, Douglas 343
Mackensen, August v. 33
Mackensen, Hans-Georg v. 53, 74, 307
Mackensen, Winifried v. 307, 310, 314 f.
Maizières, Oberst i. G. 132
Mann, Erika 203
Mann, Klaus 85
Mannerheim, Carl Gustaf Frhr. v. 305
Manstein, Fritz Erich v. 40, 59, 220, 285, 298, 340, 343
Marcks, Erich 46
Marras, Efisio Luigi 42, 53
Marshall, George 216, 270
Marx, Karl 307
Matsuoka, Yosuke 217
Maxwell-Fyfe, Sir David 318, 342 f.
McNarney, amer. General 320
Meckel, Hans 185, 232, 301, 326
Meinecke, Friedrich 112
Mendelssohn, Peter de 195
Menthon, François de 226
Menzel, Adolph v. 247
Messe, Giovanni 55
Milch, Erhard 45
Mitscherlich, Alexander 194
Mitteis, Heinrich 175
Moltke, Helmuth Gf. 101
Montgomery, Sir Bernard Law, Viscount of Alamein and Hindhead 63, 69, 317 f., 341, 343
Moskowitsch, Familie 238
Mosler, Hermann 288

Mussolini, Benito 15, 55, 57 ff., 72 ff., 80 ff., 87 f., 95 ff., 107, 130, 132, 305
Mussolini, Familie 82 f.

Napoleon Bonaparte 41, 104, 218
Nath, Frau 233
Nath, Herbert 233
Neave, Airey 176, 191 f., 343
Nelson, Oberfeldwebel 27 f., 30, 41
Nelte, Otto 190, 233, 250
Neurath, Constantin Frhr. v., sen. 216, 286, 302, 307, 313 ff.
Neurath, Constantin Frhr. v., jun. 65
Neurath, Frfr. v. 304, 310, 314 f.
Neurath, Winifred v., siehe Mackensen
Nikischenko, T. L. 187
Nimitz, Chester 317
Nolte, Heinrich 39

O'Connor, Sixtus 179, 193, 209 f., 304, 306, 327, 333 ff., 337
Ohlendorf, Otto 211
Olbricht, Friedrich 107 f.
Ortega y Gasset, José 19
Oulman, Gaston 228, 271, 292

Papen, Franz v. 187, 286, 306, 314
Palmer, amer. Captain 158, 163 f.
Parker, John I. 187
Passos, Dos 195
Patton, George C. 125
Paulus, Friedrich 46, 66 f., 227, 254
Pavolini, ital. Min. 84
Pelckmann, Dr. 233
Petacci, Clara 82, 132
Pétain, Henri Philippe 42, 47, 64
Pflücker, Ludwig 192 f., 315
Pius XII., Papst 72
Planck, Erwin 108
Pöhlmann, Familie 180, 192, 209, 319
Poncet, François 328
Ponomarenko, Vorsitzender der Volkskammer in der UdSSR 236
Popitz, Johannes 108
Prokrowski, russ. Oberst 277 ff.
Puttkamer, Jesco v. 41

Quantz, Johann Joachim 247
Quistorp, Alexander v. 123

Raabe, Wilhelm 336
Raeder, Erich 46, 110, 215 f., 232, 248, 286, 288, 302, 307, 314 f., 343
Raeder, Frau 17, 196, 306
Rahn, Rudolf 74, 79 ff., 83
Raymond, Mitarbeiter des IMT 179
Reichenau, Walter v. 110
Reitsch, Hanna 95
Reitzenstein, Charlotte Freiin v. 38
Rendulic, Lothar 346
Ribbentrop, Frau v. 179
Ribbentrop, Hans Joachim v. 35, 86, 159, 234, 244, 248, 286, 288, 307, 315
Rilke, Rainer Maria 45
Rintelen, Enno v. 53, 55, 58 f., 64, 67, 71, 74, 76
Roatta, Mario 74
Roberts, Dr. 221, 272 ff.
Roeder v. Diersburg, Frhr. 44 ff.
Rohde, Nora 295
Röhm, Ernst 102
Romily, Giles 38, 269
Rommel, Erwin 53, 57 ff., 63 f., 67, 69, 73 f., 76, 97, 156
Rommel, Frau 65
Rooks, Lovell 143
Rosenberg, Alfred 286
Rudenko, Roman A. 244, 283
Rundstedt, Gerd v. 42, 265, 298

Sauckel, Fritz 187, 249, 286
Sauerbruch, Ada 107
Sauerbruch, Ferdinand 77, 83, 85, 107 f.
Sauerbruch, Peter 107
Sauter, Fritz 233, 244
Schacht, Horace Hjalmar 178 f., 191, 232, 286, 299, 307
Scherff, Walter 129, 249 f., 340, 343
Schirach, Baldur v. 249, 286, 302
Schirach, Frau v. 179
Schlabrendorff, Fabian v. 221
Schleicher, Kurt v. 102
Schleiermacher, Friedrich 42, 50
Schlieffen, Alfred Gf. 257
Schlögl, Vorsitzender des Roten Kreuzes in Nürnberg 175
Schmidt, Paul 217
Schmundt, Rudolf 47, 66, 217, 254, 263
Schörner, Ferdinand 136
Schrader, Werner 185 f., 191
Schramm, Percy Ernst 113, 155 ff., 237, 280 ff., 334, 341
Schramm, Wilhelm Ritter v. 159
Schuschnigg, Kurt v. 267
Seeckt, Hans v. 214 f.
Seidl, Alfred 233 f., 245, 288
Senger und Etterlin, Fridolin Frhr. v. 55
Seyß-Inquart, Arthur 233, 286, 312
Shakespeare, William 97
Shirer, William L. 195
Siemers, Hans 230, 232, 288
Sixtus, Pater, siehe O'Connor
Skorzeny, Otto 77
Smith, Prof. 225, 320
Smith, Walter Bedell 137, 159, 171, 192 f., 319, 341
Sodenstern, Georg v. 111
Soltmann, Oberst 237 f.
Sombart, Werner 175
Speer, Albert 286, 302, 315
Speer, Frau 307
Stahmer, Otto 230 f.
Stalin, Josef 56, 121, 154, 244, 319

Stauffenberg, Claus Gf. Schenk v. 64 f., 99, 106, 114, 246
Steengracht van Moyland, Adolf Frhr. v. 284
Streicher, Julius 159, 286, 294, 308, 325
Strewe, Major 27
Strong, Sir Kenneth 341
Student, Kurt 73
Studnitz, Hans Georg 307
Stumpf, Hans-Jürgen 220
Sündermann, Hans 341
Süßkind, W. E. 292, 307
Swabenland, Mrs. 305
Szymonski, V., Major 19 f., 129

Tarbuk, v., Hptm. 28, 30
Taylor, Maxwell 140, 180
Taylor, Telford 214 ff., 218 f., 299, 347
Terboven, Josef 275
Thieß, Frank 166, 239, 316
Thurn und Taxis, Fürst 247
Tippelskirch, Kurt v. 29
Touaillon 26
Toussaint, Rudolf 74
Trainin, A. N. 229
Trenker, Luis 76
Tresckow, Henning v. 43, 48 ff., 52, 57, 100 f., 114, 221, 246
Truman, Harry S. 216, 343
Truskow 143

Uhlig, H. 345

Vierow, Gen. 321
Vittorio Emanuele III., Kg. v. Italien 72 f.
Vormann, Nikolaus v. 253

Wagner, Eduard 211
Waldersee, Etta Gfin. 119
Warlimont, Walter 237, 259 ff., 263, 341, 343 ff.
Watson, amer. Gen. 191 f.
Waugh, Evelyn 23
Wedel, v., General 104, 341, 346
Wedemeyer 319
Wechsler, Diakon 160 ff., 166
Wechsler, Jurist 176
Weinheber, Josef 329
Werner, Elisabeth v. 166, 168
Werner, Ruth v., siehe Benda
Westphal, Siegfried 125, 143, 220, 343
Winter, August 237, 280, 282 f.
Wisliceny, Dieter 211 f.
Witzleben, Erwin v. 69, 220
Wlassow, Andrei 130
Woltschkow, A. F. 187

Yamashita, Touroyoku 59

Zacharias, Dr. 82
Zeitzler, Kurt 340
Zwack, Father 321